U0936167

SHANGHAISHI DIYI ZHONGJI RENMIN FAYUAN
ANLI JINGXUAN

2018年上海市第一中级人民法院案例精选

黄祥青 主编

人民法院出版社

序 言

审判是人民法院的中心工作，司法公正的尺度在相当程度上是由法院审理案件的质量来决定的。于社会公众而言，这种质量一方面表现为司法裁判的一致性，类案的裁判越一致，社会认同感就越强；另一方面，案件质量也表现在法官能“以理服人”，以说理的方式化解社会纷争。案例工作在这两方面都能彰显其重要价值。一方面，案例具有明晰裁判规范、促进适法统一的重要作用；另一方面，案例以说理透彻为第一目标，向社会展示裁判背后的情、理、法联系，传递司法裁判的公平正义价值。

有鉴于此，我院历来高度重视案例工作，积极总结司法裁判经验，着力提升司法裁判品质。经过多年实践，我院形成了一系列案例编纂和质量保证机制，从案例选材到撰写、编辑一以贯之地坚持高标准、严要求，形成了以审判业务庭为基地、研究室为主管职能部门、分管院长质量把关的较为完善的精品案例培育报送及转化机制，注重挖掘逻辑清晰、文字精炼、说理透彻的高品质案例，成功培育了一些具有较大影响力的优秀案例。2018 年，我院共有 3 件案例入选最高人民法院公报案例、2 件案例入选最高人民法院第一批涉互联网典型案例、4 件案例在“全国法院系统 2018 年度优秀案例分析评选活动”中获奖，充分展现了我院法官的裁判能力与司法智慧。

本案例集囊括了我院法官 2018 年度撰写的 60 件精品案件，涵盖了刑事、民商事和行政等多个审判领域，体例上包括案例要旨、案情简介、裁判结论、评析意见以及附录五个部分，力求全面展现案件的基本情况、人民法院的审理思路及裁判理由，充分发挥案例对司法实践的指导作用，助力法律共识凝聚，促进裁判规范建设。

思想因交锋而厚重，技艺因切磋而精湛，司法因其理论品质而更为彰显其公正价值的光芒和归顺人心的力量。生产精品案例，通过裁判建立社会规则，实现社会价值和精神的引领，这是司法价值的最好体现，也是全体法官孜孜以求的司法境界。

是为序。

上海市第一中级人民法院院长　黄祥青

二〇一九年一月

目 录

刑 事

民　事

（一）民事合同纠纷

（二）房地产纠纷

（三）侵权纠纷

（四）婚姻家庭纠纷

（五）劳动争议纠纷

商　事

（一）商事合同纠纷

（二）公司纠纷

（三）金融纠纷

行 政

执 行

刑　事

1. 利用关联公司名义出租被查封的房屋导致房屋拍卖后无法交付买受人的行为构成拒不执行裁定罪

——被告人施某某拒不执行裁定案

【案例要旨】

房屋在被查封前是否存在真实的租赁关系，应结合租赁合同及相关证据综合予以认定。在明知法院将其房屋进行查封并拍卖的情况下，仍以涉案房屋在查封前存在租赁关系为由，将房屋出租并导致法院长时间无法将拍卖成交的房屋交付给买受人的，属于故意在执行标的物上设置障碍、导致执行工作无法正常进行，且情节严重，应当以拒不执行裁定罪追究刑事责任。对于债务人逃避或者抗拒执行的行为导致人民法院执行机构通过法定执行措施无法继续执行或者根本无法运用法定执行措施时，即使最终实现了债权也仍应认定出现了“致使判决、裁定无法执行”的结果，可以追究债务人的刑事责任。

【案情简介】

上诉人：施某某。

原公诉机关：上海市松江区人民检察院。

被告人施某某系上海信兴实业有限公司（以下简称信兴公司）、上海璀信电线制品有限公司（以下简称璀信公司）的法定代表人。信兴公司欠上海南汇建工集团东海建筑有限公司（以下简称东海公司）工程款未支付。2013 年 6 月，上海市仲裁委员会作出仲裁裁决，裁定信兴公司应支付东海公司相应的工程款及利息等共计人民币 3000 余万元。

2013 年 7 月，东海公司向上海市第一中级人民法院（以下简称上海一中院）申请执行上述裁决。同月，上海一中院依法裁定执行该裁决。同年8月，因信兴公司未履行生效法律文书确定的义务，上海一中院依法查封信兴公司位于松江区九亭镇九泾路8××号1—3幢房屋。

同年9月，上海一中院裁定上述裁决由松江区人民法院执行，松江区人民法院据此通知信兴公司履行。同年11月，松江区人民法院因信兴公司未履行义务，裁定拍卖松江区九泾路8××号1—3幢房屋，并委托相关机构对上述房屋（土地面积26802平方米）进行评估。2014年5月，松江区人民法院委托拍卖机构对上述房屋（土地面积26802平方米）进行公开拍卖，因无人应价而流拍。2014年6月，上海航天工业（集团）有限公司（以下简称航天公司）向松江区人民法院提出执行异议，认为其公司与信兴公司系相邻关系，而松江区人民法院评估、拍卖的松江区九泾路8××号土地使用权及房屋中包含信兴公司前期侵占其公司的土地（3412平方米），应当在拍卖中予以剔除。同年9月，东海公司向松江区人民法院申请对信兴公司与航天公司有争议的部分予以隔离，对剩余部分（土地面积23390平方米）进行评估、拍卖。[①] 2015年2月，松江区人民法院重新委托相关机构对上述房屋（土地面积23390平方米）再次进行评估，并于2015年5月委托拍卖机构进行公开拍卖，因无人应价而流拍。

2016年4月，被告人施某某以其担任法定代表人的璀信公司的名义与冯氏（上海）仓储有限公司（以下简称冯氏公司）签订租赁合同，将上述房屋出租给冯氏公司，租赁期限自2016年5月1日至2028年12月31日止。冯氏公司继而将房屋转租给50余家商户。2016年6月，松江区人民法院再次委托拍卖机构对上述房屋（土地面积23390平方米）进行公开拍卖并成交。同年7月，松江区人民法院裁定松江区九亭镇九泾路8××号1—3幢房屋产权转移给买受人。因上述50余家商户拒不离场，导致涉案房屋始终无法交付给买受人。2017年8月，松江区人民法院在多个部门的协助下，动用大量人力完成对上述房屋清场并将房屋交付给买受人。2017年4月6日，被告人施某某被公安机关抓获。

---

① 2004年8月12日信兴公司出具的《关于松江758号地块面积变更的情况说明》以及2004年10月28日上海市松江区房屋土地管理局与信兴公司签订的《补充合同》证实，因松江高科技园区规划调整，信兴公司已同意将其受让的松江区松江758号地块（即本案中被执行拍卖的房屋所在地块）土地面积由26802平方米变更为23390平方米。但上述地块的面积并没有进行变更登记，松江区房地产交易中心向信兴公司颁发的涉案房屋产权证上记载的土地面积仍为26802平方米。

上海市松江区人民检察院指控被告人施某某犯拒不执行裁定罪，于2017年11月16日向松江区人民法院提起公诉。

一审期间，被告人施某某向法院提供了一份信兴公司与璀信公司关于涉案房屋的租赁合同（复印件），该合同的签约日期为2009年3月，并加盖了信兴公司与璀信公司的公章，此外，还提供了璀信公司支付涉案房屋水电费的部分付款凭证以及向信兴公司支付部分钱款的凭证。辩护人认为：松江区人民法院按照土地面积23390平方米对涉案房屋进行评估、拍卖，程序违法，损害了信兴公司利益。出租房屋的主体系璀信公司而非信兴公司。上诉人施某某的行为不构成拒不执行裁定罪。

二审辩护人认为：本案执行冲突由执行对象权属纠纷引起。本案执行对象与拍卖对象不一致是产生冲突的根源，导致上诉人施某某为维护其合法权益而产生抵触情绪，故对上诉人施某某的行为仅能处司法拘留。信兴公司与璀信公司是同一法定代表人的关联公司，但涉案财产是归信兴公司的。涉案房屋在建成验收后，双方就已经签订了《租赁协议》。璀信公司的租赁行为在拍卖前就告知过松江法院。璀信公司的租赁经营行为合法。现有证据不能证明璀信公司与冯氏（上海）仓储公司串通故意签订《租赁协议》，制造妨碍执行的目的。上诉人施某某的行为不构成拒不执行裁定罪。

【裁判结论】

一审判决认为：被告人施某某在明知法院将其房屋进行查封并拍卖的情况下，仍将房屋出租给冯氏公司，放任冯氏公司将房屋转租给50余家商户，使得法院长时间无法将拍卖成交的房屋交付给买受人，其行为属于故意在执行标的物上设置障碍、导致执行工作无法正常进行，且情节严重，应当以拒不执行裁定罪追究刑事责任，遂判决：被告人施某某犯拒不执行裁定罪，判处有期徒刑两年。

二审裁定：驳回上诉，维持原判。

【评析意见】

本案中主要有两个争议焦点：第一，松江区人民法院按照土地面积23390平方米对涉案房屋进行查封、评估、拍卖，是否损害了信兴公司利益。该问题涉及人民法院裁定执行的合法性问题。如果人民法院对涉案房屋的查封、评估、拍卖程序违法并侵犯了信兴公司的合法权益，那么法律也不能期待被告人施某某能作出适当的行为。评估、拍卖程序违法会导致对被告人施某某进行刑法上的责难缺乏足够的正当性基础，至少在主观上很难认定被告人具有妨害法院正当执行的犯罪故意。第二，上诉人施某某以信兴公司与璀信公司在涉案房屋查封之前就已存在租赁关系为由，利用璀信公司名义出租涉案房屋是否属于对人民法院的裁定有能力执行而拒不执行，且情节严重的行为。

一、本案中对涉案房屋进行查封、评估、拍卖并未侵犯信兴公司的合法权益

本案中，松江区人民法院依法作出裁定查封涉案房产，并送达了被执行人和申请执行人。查封涉案房产时，在涉案房屋入口处的显眼位置张贴了法院公告，后依法委托相关具有资质的评估机构对涉案房屋进行了评估，并依法进行了公开拍卖。本案中的查封、评估、拍卖流程符合《民事诉讼法》及《最高人民法院关于人民法院民事执行中查封、扣押、冻结财产的规定》的相关要求。被告人施某某认为，评估、拍卖的涉案房屋使用范围内的土地使用权面积有误，将实际土地面积26802平方米缩减为23390平方米，致使信兴公司的利益受损。但是，上海市松江区房屋土地管理局与信兴公司签订的《上海市国有土地使用权出让合同》及配套合同、《补充合同》以及信兴实业公司出具的《关于松江758号地块面积变更的情况说明》证实，因松江高科技园区规划调整，上海市松江区房屋土地管理局与信兴公司均同意将涉案房屋使用范围内的土地使用面积由26802平方米变更为23390平方米，只是没有进行变更登记。由此可知，涉案房屋使用范围内的实际土地面积为23390平方米，对此信兴公司是明知的。信兴公司作为房屋所有权及土地使用权人，并非产权人以外的善意第三人，其以产证面积登记为26802平方米为由对实际评估、拍卖的面积提出抗辩，没有法律依据。松江区人民法院最终拍卖的房屋及土地（面积23390平方米）权属明确，且评估、拍卖的对象与实际成交的对象一致，即松江区九泾路8××号1－3幢房屋（土地面积23390平方米），故并未侵犯信兴公司合法权益。

二、利用关联公司出租被查封的房屋导致拍卖成交后无法交付买受人的行为属于有能力执行而拒不执行，且情节严重的行为

根据《刑法》第313条的规定，拒不执行判决、裁定罪是对人民法院依法作出的生效判决、裁定，有能力执行而拒不执行，且情节严重的行为。本罪的

认定主要集中在“有能力执行”“拒不执行”“情节严重”三个方面。在本案中，被执行人信兴公司具有清偿裁定确定的金钱债务相应价值的财产，即位于松江区九亭镇九泾路8××号1－3幢房屋，其属于有能力执行。因此，判断被告人施某某是否构成拒不执行裁定罪，主要看其是否实施了拒不执行且属于情节严重的行为。

（一）本案中“拒不执行”客观要件的具体认定

1. 涉案房屋被查封前是否存在真实租赁关系的判断

一般认为，在我国的司法实践中，对于强制拍卖引起的所有权变动仍然适用所有权变动不破租赁原则。查封、扣押、冻结在后，而租赁权设定在先的，可以适用所有权变动不破租赁原则。人民法院对被执行人财产进行查封、冻结时，如果被查封、冻结的财产上尚未设定租赁权，而是在查封、冻结之后，被执行人才设定的租赁权的情形，不适用上述原则。从《最高人民法院关于人民法院民事执行中查封、扣押、冻结财产的规定》第26条“财产执行人就已经查封、扣押、冻结的财产所作的移转、设定权利负担或者其他有碍执行的行为，不得对抗申请执行人”的规定中可以看出，在所有权人对财产享有的所有权能受到人民法院强制措施的限制时，所设定的租赁权在所有权变动时不再适用所有权变动不破租赁原则。[①]《最高人民法院关于审理城镇房屋租赁合同纠纷案件具体应用法律若干问题的解释》第20条对此也予以了明确，租赁房屋在租赁期间发生所有权变动，承租人请求房屋受让人继续履行原租赁合同的，人民法院应予支持。但租赁房屋具有下列情形或者当事人另有约定的除外：（1）房屋在出租前已设立抵押权，因抵押权人实现抵押权发生所有权变动的；（2）房屋在出租前已被人民法院依法查封的。

本案中，被告人施某某及其辩护人提出，信兴公司与璀信公司在涉案房屋建造时就已签订了租赁合同，且在涉案房屋被拍卖之前告知了法院，璀信公司有权再次转租涉案房屋，故被告人施某某没有妨碍拍卖，也没有阻碍执行，其行为不构成犯罪。被告人施某某为此提供了一份信兴公司与璀信公司租赁合同的复印件（签约日期为2009年3月）、璀信公司支付涉案房屋水电费的部分付款凭证以及向信兴公司支付部分钱款的凭证。如果信兴公司在涉案房屋被查封之前确实与璀信公司存在真实租赁关系，按照上述所有权变动不破租赁原则，

---

① 最高人民法院民事审判第一庭编著：《最高人民法院关于审理城镇房屋租赁合同纠纷案件司法解释的理解与适用》，人民法院出版社2009年版，第270页。

瑺信公司当然有权继续租赁涉案房屋并予以转租，那么被告人施某某作为瑺信公司的法定代表人将涉案房屋出租应属合法正当。但是信兴公司与瑺信公司的法定代表人均是被告人施某某，其完全有可能在涉案房屋被查封后，通过倒签日期的方式来签订该合同，而且该租赁合同系复印件，真实性存疑。因此，该租赁关系是否成立还需结合本案其他证据来综合认定。按照该租赁合同的约定，瑺信公司应支付涉案房屋的水、电、煤、电话、通讯等费用，且每三个月向信兴公司支付一次租金。但是，从被告人施某某提供的瑺信公司向信兴公司支付钱款的凭证来看，仅仅能证明双方存在资金往来而无法证实系支付租金，而且支付凭证上的数额也与合同租金数额不符，故上述付款凭证无法认定为瑺信公司向信兴公司支付租金的凭证。从瑺信公司支付涉案房屋水电费的部分付款凭证来看，瑺信公司仅支付了 2010 年和 2011 年两年间部分月份的水电费用，在长达六年的合同履行期间内仅支付了极少部分费用显然有悖常理。因此，根据被告人施某某提供的上述证据，无法认定瑺信公司与信兴公司存在真实的租赁关系。被告人施某某的相关辩解不能成立。

2. 被告人施某某以瑺信公司名义将涉案房屋转租给冯氏公司属于“拒不执行”

查封、冻结的实质在于禁止或者限制被执行人处分其特定财产，直接影响被执行人对该财产的占有、使用和收益。如前所述，被告人施某某关于瑺信公司与信兴公司之间租赁关系的辩解不能成立，信兴公司对房屋的处分权已经受到了禁止或限制。如果仍然在该财产上设定权利负担，则可能妨碍人民法院对该财产进行强制执行。本案中，被告人施某某同时担任信兴公司与瑺信公司的法定代表人，在明知信兴公司名下的涉案房屋被法院查封、即将被拍卖的情况下，仍以信兴公司已将涉案房屋租赁给瑺信公司为由，利用瑺信公司的名义将涉案房屋再转租给冯氏公司。即便在涉案房屋被查封后被告人施某某出于合理使用房屋的目的将房屋出租，也应该告知承租人该房屋已被法院查封，在法院要求离场时应立即离场，但信兴公司并未告知承租人，且和承租人合同约定了长达十二年的租赁期。因此，被告人施某某的行为显然是故意在执行标的物上设置执行障碍，妨碍人民法院对该财产进行强制执行。其行为属于《刑法》第 313 条规定的“拒不执行”的行为。

（二）被告人施某某的行为属于“情节严重”

成立拒不执行裁定罪不仅要求行为人有能力执行而拒不执行，还要求达到情节严重的程度。从《全国人大常委会关于〈中华人民共和国刑法〉第三百一十三条的解释》以及《最高人民法院关于审理拒不执行判决、裁定刑事案件适用法律若干问题的解释》可以看出，拒不执行要达到“致使判决、裁定无法执行”“致使执行工作无法进行”“债权人遭受重大损失”的程度才属于“情节严重”。立法和司法解释不可能穷尽列举所有拒不执行的行为方式，故会设立“其他有能力执行而拒不执行，情节严重的情形”条款，同时该条款与前列行为应具有法益侵害上的同质性。因此，以其他方式拒不执行法院判决、裁定的行为，对法益的侵害程度也应达到“致使判决、裁定无法执行”“致使执行工作无法进行”“债权人遭受重大损失”的程度。

应当注意的是，拒不执行判决、裁定罪所侵犯的法益主要是司法秩序和司法权威，故应当从影响人民法院执行工作的角度来理解“致使判决、裁定无法执行”，而不能从债权人是否最终实现债权角度来分析。对于债务人逃避或者抗拒执行的行为导致人民法院执行机构通过法定执行措施无法继续执行或者根本无法运用法定执行措施时，即使最终实现了债权也仍应认定出现了“致使判决、裁定无法执行”的结果，可以追究债务人的刑事责任。如果把“致使判决、裁定无法执行”狭隘地理解为债权最终无法实现，则背离了刑法规定拒不执行判决、裁定罪所要保护的法益初衷，难以实现发挥刑罚威慑作用解决“执行难”问题的目的，造成实践中人民法院依法执行工作无法顺利开展。[①]

在本案中，松江区人民法院于 2016 年 6 月委托拍卖机构对涉案房屋进行公开拍卖，买受人拍得上述房屋并于同年 9 月取得产权证书。因冯氏公司将房屋再转租给 50 余家商户，该 50 余家商户拒不离场，导致涉案房屋在拍卖成交后长达一年多的时间里无法交付给买受人。此外，执行标的价值越大，拒不执行判决、裁定造成的危害就越大，情节就越严重。本案中涉案房屋的拍卖价格达 9726 万元，虽然检察机关未提供买受人所受具体损失的证据，但不难想象房屋未能交付的一年多时间里，房屋买受人因此遭受了不小的经济损失。直到 2017 年 8 月，松江区人民法院在多个部门的协助下，动用大量人力才完成对上述房屋清场，并将房屋交付给买受人。被告人施某某的上述拒不执行生效裁定行为导致房屋在拍卖完成之后长时间无法交付买受人，严重妨害了司法秩序，故应以拒不执行裁定罪定罪处罚。

---

① 最高人民法院刑事审判第一、二、三、四、五庭主办：《刑事审判参考》2008 年第 1 集（总第 60 集），法律出版社 2008 年版，第 57 页。

【附录】

编写人：陈星、卢进（分别系刑一庭副庭长、法官助理）

一审案号：（2017）沪 0117 刑初 1892 号

二审案号：（2018）沪 01 刑终字第 639 号

二审合议庭：陈星（审判长兼主审法官）、王晓越、陈兵

2. 轻伤害刑事案件中人民调解协议的效力

——吴某自诉钱某故意伤害暨附带民事诉讼上诉案

【案例要旨】

轻伤害案件中的人民调解协议仅具有民事合同性质，并无刑事契约属性，不能参照刑事和解的相关规定进行审理。受害方在人民调解协议中“不再追究对方法律责任”的承诺，不能阻却其刑事自诉权的行使，加害人的行为确属犯罪的，应依照相关法律予以定罪，已经履行完毕的人民调解协议可在量刑中予以综合考量。

【案情简介】

上诉人（原审自诉人）：吴某。

原审被告人：钱某。

2016年11月9日15时30分许，自诉人吴某与案外人郭某至上海市浦东新区东绣路10××弄×号×××室被告人钱某住处，因琐事与被告人钱某发生冲突，继而相互扭打，造成自诉人吴某受伤。经鉴定，自诉人吴某因外力致：(1) 多处软组织挫伤（面积大于15cm^2），该损伤构成轻微伤；(2) 双侧鼻骨骨折伴下榻移位，该损伤构成轻伤。

案发后，被告人钱某与自诉人吴某经人民调解委员会调解，各方自愿达成人民调解协议书，被告人钱某一次性赔偿自诉人吴某医疗费等各项费用共计人民币五万元，协议签字后生效，各方不再追究对方法律责任。被告人钱某已履行协议内容，当场向自诉人吴某支付人民币五万元。

后自诉人吴某向上海市浦东新区人民法院提起刑事附带民事诉讼，请求以故意伤害罪依法追究被告人钱某的刑事责任，并要求钱某赔偿其经济损失人民币三十万元。

【裁判结论】

一审法院经审理认为：被告人钱某故意伤害自诉人吴某的身体，致自诉人轻伤，其行为已构成故意伤害罪。对于自诉人吴某提出的要求被告人钱某赔偿其经济损失人民币三十万元的诉讼请求，因没有相应证据予以佐证，故不予支持。被告人钱某对基本犯罪事实无异议，并对自诉人进行了赔偿，犯罪情节轻微，依法免予刑事处罚。遂依照《刑法》第234条、第37条、《最高人民法院关于适用〈中华人民共和国刑事诉讼法〉的解释》第163条、《最高人民法院关于适用〈中华人民共和国民事诉讼法〉的解释》第90条之规定，对被告人钱某犯故意伤害罪，免予刑事处罚；驳回自诉人吴某其余诉讼请求。

吴某上诉认为，应当对钱某予以刑事处罚，钱某应赔偿其经济损失人民币三十万元，请求二审法庭依法改判或者发回重审。

一审被告人钱某及其辩护人提出：虽钱某未对原审判决提出上诉，但其认为在本案中吴某具有重大过错在先，且双方已经签订了人民调解协议书，并当场履行完毕，原判在此基础上仍认定钱某构成故意伤害罪是有失公允的。

二审法院认为：原审被告人钱某故意伤害上诉人吴某的身体，致吴轻伤，其行为已构成故意伤害罪。原审被告人钱某犯罪情节轻微，并对上诉人吴某进行了赔偿，根据《刑法》第37条之规定，可以免予刑事处罚。上诉人吴某关于要求给予钱某刑事处罚的上诉理由，无法律依据，不予采纳。原审判决因上诉人吴某所提要求钱某赔偿经济损失人民币三十万元的诉讼请求无证据证明而不予支持，符合法律规定，上诉人吴某的相关上诉理由，不予采纳。故依照《刑事诉讼法》第225条第1款第（1）项之规定，裁定驳回上诉，维持原判。

【评析意见】

轻伤害案件中，加害人与被害人签订人民调解协议，并在协议中约定各方不再追究对方责任，待调解协议履行完毕后，被害人反悔又向人民法院提出自诉，要求追究加害方刑事责任并赔偿损失时如何处理，法律并无明确规定。在审理该类型案件时，存有争议。一种观点认为，轻伤害案件中的人民调解协议具有刑事契约和民事契约的双重属性，人民法院在受理被害人的自诉后，审查的内容应参照当事人刑事和解的公诉案件和人民调解法的相关规定，即审查该和解协议是否违反自愿、合法原则，如协议系自愿、合法，可作出情节轻微、社会危害性不大的，不构成犯罪的无罪判决。另一种观点认为，人民调解协议仅具有民事合同性质，并无刑事契约属性，不能参照刑事和解的相关规定进行审理，受害人在人民调解协议中“不再追究对方法律责任”的承诺，不能阻却其刑事自诉权的行使，加害人的行为确属犯罪的，应依照相关法律予以定罪，已经履行完毕的人民调解协议可在量刑中予以考量。我们认同第二种观点，主要理由如下：

一、人民调解协议与刑事和解协议性质不同

刑事和解，是指在刑事诉讼程序运行过程中，被害人和加害人（即被告人或犯罪嫌疑人）以认罪、赔偿、道歉等方式达成谅解以后，国家专门机关不再追究加害人刑事责任或者对其从轻处罚的一种案件处理方式，即被害人和加害人达成一种协议和谅解，促使国家机关不再追究刑事责任或者处罚的制度。[①] 2012 年 3 月修正后的《刑事诉讼法》增设了“当事人和解的公诉案件诉讼程序”，正式在立法层面对刑事和解制度作出了规定。我们认为，应严格遵循立法，区分公诉案件中的刑事和解与自诉案件中的刑事和解，未进入公诉程序的调解、和解均不能适用《刑事诉讼法》“当事人和解的公诉案件诉讼程序”章节中刑事和解制度的相关规定进行审理。同时，从刑事和解协议的形式要件和人民调解协议的法律规定看，人民调解协议亦不能等同于具有刑事契约属性的刑事和解协议。(1) 我国刑事和解制度建立于刑事谅解基础之上，刑事和解的本质应理解为犯罪嫌疑人或被告人以承认行为构成犯罪为基础，获得被害人谅解，并向公安机关、公诉机关或人民法院承认犯罪，以换取从宽承担刑事责任的法律后果。[②]《刑事诉讼法》第 277 条第 1 款亦规定：“犯罪嫌疑人、被告人真诚悔罪，通过向被害人赔偿损失、赔礼道歉等方式获得被害人谅解，被害人自愿和解的，双方当事人可以和解。”这就对刑事和解协议的形式要件提出了要求：第一，加害人需承认自己的行为构成犯罪；第二，加害人需取得被害人谅解。(2)《人民调解法》第 2 条规定：“本法所称人民调解，是指人民调解委员会通过说服、疏导等方法，促使当事人在平等协商基础上自愿达成调解协议，解决民间纠纷的活动。”《最高人民法院关于审理涉及人民调解协议的民事案件的若干规定》第 1 条规定：“经人民调解委员会调解达成的、有民事权利

---

① 陈光中：《刑事和解的理论基础和司法适用》，载《人民检察》2006 年第 5 期。

② 黄京平：《刑事和解的政策性运行到法制化运行——以当事人和解的轻伤害案件为样本的分析》，载《中国法学》2013 年第 3 期。

义务内容，并由双方当事人签字或者盖章的调解协议，具有民事合同性质。”上述规定均表明人民调解协议调整的是双方当事人间的民事法律关系，具有民事合同性质，并不具备刑事契约属性。

本案中的人民调解协议，系双方经人民调解委员会主持下自愿签订，未进入公诉程序，且调解协议仅对民事赔偿部分作出约定，并未有加害人承认自己行为构成犯罪和取得被害人谅解的内容，不符合刑事和解协议的形式要件，故其系单纯民事协议，不具备刑事契约属性，不属于刑事和解的范畴，不能依据刑事和解的相关规定进行审理。

二、人民调解协议中放弃诉权的约定不能阻却自诉权的行使

被害人的刑事自诉权，是指受到犯罪行为直接侵害的被害人及其法定代理人在法律规定的案件范围内依法直接向人民法院提起刑事诉讼，请求追究被告人刑事责任的权利。我们认为，民事责任与刑事责任作为两种不同性质的责任，两者实现的根据是不同的。前者重点在于通过对受害人损害的弥补，以民事赔偿修复受损的社会关系，后者核心在于实现惩罚和预防犯罪的功能。在民事合同性质的人民调解协议中作出不再追究对方法律责任的承诺，应理解为不再追究加害方的民事赔偿责任，而民事责任无法替代刑事责任，不能阻却被害人刑事自诉权的行使。

首先，刑事责任的承担具有不可替代性。在民事责任和刑事责任的二元分离理论下，两者源于不同的理论基础和价值取向，其责任产生前提、责任承担主体、责任承担方式以及通过责任追究所体现的国家法律评价性质等方面都存在着质的显著差异，两者不能相互转换与代替。[①] 因此，加害人对民事责任的承担并不能阻却对其刑事责任的追究。其次，根据《刑事诉讼法》的规定，自诉案件的范围有三类，即告诉才处理的案件、被害人有证据证明的轻微刑事案件及被害人有证据证明被告人侵犯自己人身、财产权利的行为应当依法追究刑事责任，而公安机关或人民检察院不予追究被告人刑事责任的案件。上述三类案件的被害人，均可依法享有向人民法院提起刑事诉讼，请求追究加害人刑事责任的权利。

本案系被害人有证据证明的轻微刑事案件，属于自诉案件的范围。加害人

---

① 参见杨忠民：《刑事责任与民事责任不可转换——对一项司法解释的质疑》，载《法学研究》2002年第4期。

钱某履行和被害人吴某签订的人民调解协议，赔偿吴某相应的经济损失，系对其民事赔偿责任的承担，该民事责任不能替代其刑事责任的承担。被害人吴某在人民调解协议履行获得民事赔偿后，仍有权向人民法院提起自诉，请求追究钱某的刑事责任。

三、已经履行完毕的人民调解协议可以在量刑中予以考量

刑事责任是质与量的统一。刑事责任的“质”体现为行为人因实施犯罪行为而必然承担刑事责任，即对犯罪行为的定性；而刑事责任的“量”体现为刑事责任承担的程度，即对犯罪行为的量刑。[①] 在现行刑事司法制度下，加害人就其犯罪行为一方面应向国家承担刑事责任，另一方面应向被害人承担民事责任。那么民事责任的承担状况能否对刑事责任的质与量产生影响？我们认为，民事责任的承担不影响对犯罪行为的定性，但可以在量刑中作为酌定量刑情节予以考量。根据罪刑法定原则及罪责刑相适应原则，行为人的行为一旦符合刑法规定的具体罪名的犯罪构成，就意味着其社会危害性达到了应当承担刑事责任的程度，就应当追究行为人的刑事责任并处以相应刑罚。而刑事责任的程度既取决于犯罪行为的社会危害性，也取决于犯罪人的人身危险性。[②] 加害人向被害人积极主动承担民事责任的积极承担，不仅反映其人身危险性的降低，也体现出加害人对自己行为后果的悔过和积极弥补心理，属于酌定量刑情节。人民法院对于审理附带民事调解协议的刑事自诉案件，应首先审查该人民调解协议是否由双方自愿作出，如系自愿处分其民事权利，在不违背公序良俗的前提下可以结合案件性质、损害后果和加害人的悔过程度等，参照《最高人民法院关于适用〈中华人民共和国刑事诉讼法〉的解释》第 505 条之规定，[③] 将调解协议作为积极赔偿的酌定量刑情节予以考量。对于犯罪情节轻微，社会危害性不大的，不需要判处刑罚的，可以根据《刑法》第 37 条的规定免除处罚。

本案中，被告人钱某与被害人吴某已自愿达成人民调解协议，且已由钱某

---

① 参见王志祥主编：《刑事和解制度的多维探究》，北京师范大学出版社 2013 年版，第 71～72 页。

② 参见王志祥主编：《刑事和解制度的多维探究》，北京师范大学出版社 2013 年版，第 77～78 页。

③ 《最高人民法院关于适用〈中华人民共和国刑事诉讼法〉的解释》第 505 条：对达成和解协议的案件，人民法院应当对被告人从轻处罚；符合非监禁刑适用条件的，应当适用非监禁刑；判处法定最低刑仍然过重的，可以减轻处罚；综合全案认为犯罪情节轻微不需要判处刑罚的，可以免除刑事处罚。

根据协议赔偿吴某人民币五万元，该赔偿行为虽不能免除对钱某刑事责任的追究，但在审理中可认定被告人钱某已积极履行赔偿责任，并作为量刑因素予以考量。

【附录】

编写人：陈光锋、王骐（分别系刑一庭审判员、法官助理）

一审案号：(2017) 沪0115刑初1188号

二审案号：(2017) 沪01刑终2094号

二审合议庭：王家新（审判长）、洪卫军、陈光锋（主审法官）

3. 单位构成自首时不违背单位自首意志的单位成员亦能构成自首

——丁某等非法吸收公众存款案

【案例要旨】

单位构成自首的，自首效力应及于单位成员。单位成员只要不违背单位自首意志，即使未自动投案，但能如实供述犯罪事实并愿意接受法律追究的，亦能构成自首。但若有拒不交代单位犯罪事实或逃避法律追究等违背单位自首意志的行为，则不构成自首。

【案情简介】

上诉人：丁某、张某良、刘某洲、张某华。

2012 年至 2016 年 10 月，涉案人姜某以其实际控制的四家公司等单位名义（姜某及四家单位均另案判决，被认定为自首），通过下属业务人员丁某、张某良、刘某洲、张某华随机拨打电话、在公共场合发放传单等方式，公开宣传上述公司的理财产品、化妆品众筹项目、股权转让等，并承诺保本付息的高额回报吸引社会公众投资。四名被告在上述单位中担任经理等职务，带领各自的业务团队分别吸收社会公众存款。案发后，丁某、刘某洲分别退赔违法所得人民币 15 万元和 30 万元。

2017 年 2 月至 3 月间，被告人丁某在接到公安人员电话通知后，主动至公安机关投案；被告人张某华、张某良、刘某洲先后被公安机关抓获。四名被告人到案后均如实交代了基本犯罪事实。

【裁判结论】

一审法院认为，被告人丁某、张某良、刘某洲、张某华作为四家公司等单位的其他直接责任人员，未经有关部门批准，变相吸收公众存款，扰乱金融秩序，其行为均已构成非法吸收公众存款罪，且属数额巨大。鉴于被告人丁某、张某良、刘某洲、张某华系自首，依法予以从轻或减轻处罚。根据被告人丁某、刘某洲退赔部分赃款情况，酌情予以从轻处罚，遂作出判决：以非法吸收公众存款罪对被告人丁某、张某良、刘某洲、张某华分别判处有期徒刑两年三个月、三年六个月、二年、一年十个月。

判决后四名被告人均不服，以原判量刑过重为由向上海一中院提出上诉。

二审法院经审理后认为：原审判决认定事实清楚，证据确实、充分，定罪准确，量刑适当且审判程序合法，遂裁定驳回上诉，维持原判。

【评析意见】

本案的争议问题在于：在已经认定单位构成自首的情况下，被告人张某良、张某华、刘某洲均系被公安机关抓获到案，如实供述公安机关已经掌握的单位犯罪事实，能否认定为自首。

一种观点认为，三人构成自首。理由为：《最高人民法院、最高人民检察院、海关总署关于办理走私刑事案件适用法律若干问题的意见》（以下简称《走私案件意见》）和《最高人民法院、最高人民检察院关于办理职务犯罪案件认定自首、立功等量刑情节若干问题的意见》（以下简称《职务犯罪意见》）均提出：单位自首的，直接负责的主管人员和直接责任人员未自动投案，但如实交代自己知道的犯罪事实，可以视为自首；拒不交代自己知道的犯罪事实或者逃避法律追究的，不应当认定为自首。虽然上述两个意见只针对特定犯罪领域，且非强制性法律规范，但最高司法机关在这个问题上的鲜明观点，对下级法院具有重要的指导意义。据此，上述三名被告人在单位已经构成自首的情况下虽系被抓获到案，但是能如实供述犯罪事实，应认定为自首。

另一种观点认为，三人不能构成自首。理由为：《刑法》第67条明文规定的一般自首是指犯罪以后自动投案，如实供述自己的罪行；准自首是指被采取强制措施的犯罪嫌疑人、被告人和正在服刑的罪犯，如实供述司法机关还未掌握的本人其他罪行。上述三人系被公安机关抓获到案，且供述的事实是公安机关已经掌握的事实，显然不符合一般自首和准自首的法律规定，但可以认定为坦白。

上述两种观点，均是从现有的法律规定或司法文件中寻找依据，并未能从单位犯罪原理出发解释问题的实质。刑法总则中的自首以自然人为规范样式进行规定，实践中对于单位自首等问题存在诸多争议，有必要从单位犯罪的原理出发，探究单位自首效力能否及于单位成员的正当性依据和普适性理由，给司法实践中的困境提供解决路径。我们认为，单位成员具有“单位人”和“自然人”的双重属性，[①] 单位成员基于个人的自首意志，以自然人的身份自动投案并如实供述的，能构成自首；对单位成员基于“单位人”的身份认定自首则需考量单位意志这一关键要素，若单位成员违背单位自首意志的不能认定为自首。具体分述如下：

一、单位自首的效力应当及于单位成员

（一）单位自首的效力及于单位成员是单位自首整体性的要求

单位犯罪构成中的单位意志具有整体性，正如有学者指出：“单位成员或是单位犯罪意志的肇始者，或是单位犯罪意志的具体实行者，单位成员意志属于单位意志的一部分，其意志内容是统一的。”[②] 正因如此，从单位角度而言，单位将单位成员统一于单位意志之下实施犯罪活动，故能成为法律拟制的犯罪主体；从单位成员角度而言，单位成员的意志具有从属于单位意志的特性，其所实施的犯罪行为是单位犯罪的组成部分，不能以个人犯罪来评价。

单位要构成自首当然需以单位自首意志为前提，然而单位自首意志是单位意志的一种衍生，同样具有整体性。换言之，单位自首意志之下的自首是单位整体的自首，单位成员作为单位这一主体的构成要素，在没有证据可以证明单位成员违背单位意志的前提下应视为自首，在逻辑上是由整体推及部分的关系。

（二）单位自首效力及于单位成员符合刑法对单位的处罚原则

单位自首意志的整体性决定了单位自首意志并不是为单位某个个人服务的，而是基于单位整体利益的考虑，谋求单位犯罪行为获得法律上的从宽处罚。而我国对单位犯罪大多数采双罚制——即同时处罚单位和单位成员；少数罪名采单罚制，即只处罚单位成员。可见，无论是双罚制还是单罚制都要处罚单位成员。从这个角度而言，单位自首意志谋求单位成员获得从宽处罚亦属于单位的自首目的。否则，单位自首的作用和司法效果必将大打折扣，特别是在单罚制的罪名中，单位自首效力若不能及于单位成员，那么单位自首的意义便不存在。

（三）单位自首效力及于单位成员是司法实践的需要

单位自首，是指单位自愿置于司法机关控制之下，如实供述单位的犯罪事

---

① 周加海、庄丽丽：《试论单位自首》，载《国家检察官学院学报》2003 年第 6 期。

② 周加海、庄丽丽：《试论单位自首》，载《国家检察官学院学报》2003 年第 6 期。

实，配合司法机关追究单位的刑事责任。因此，单位犯罪的基本事实在单位自首后已经为侦查机关所掌握，侦查机关可以根据办案人员工作节奏和案件实际情况，适时掌握调查取证的方向和进度，单位成员未全部自动到案并不会增加侦查机关的调查难度、浪费司法资源。因此，在单位自首的前提下，要求单位成员必须自动投案才可能被认定自首，不仅没有必要，也不现实。①

二、单位成员不违背单位自首意志的应认定为构成自首

单位自首效力能及于单位成员，并不意味着单位成员必然、绝对地构成自首。我们认为，单位构成自首前提下，单位成员不违背单位自首意志的，才能构成自首。

最高人民法院、最高人民检察院有关部门负责人就《职务犯罪意见》答记者问时亦明确指出，单位自首的效果可及于个人，但需以个人如实交代其掌握的罪行为条件。② 我们认为，最高司法机关在走私犯罪和职务犯罪两个领域就同一问题表达了同样的观点，显然是基于理论和实践方面的考量，这也从侧面反映了单位自首的效力能及于单位成员这一结论应当是普适的，不受特定犯罪领域所限制。得出“单位自首效力能及于单位成员”这一结论主要是从单位意志的整体性等理由进行考察，但单位自首意志形成后，还有赖于单位成员贯彻执行才能实现。单位成员的意志除了具有单位从属性外，还具有个人独立性，其个人意志必然对单位的整体意志作出反应，或遵从，或违背。对于遵从单位自首意志的单位成员，其行为与单位自首行为保持一致性，当然能构成自首。

司法实践中，许多作出单位自首意志的单位负责人或直接负责的主管人员在未告知其他单位成员的情况下自动投案，许多单位成员直到被侦查机关讯问或采取强制措施甚至直到庭审阶段才知晓单位自首的情况。我们认为，这些单位成员只要不违背单位自首意志——即不逃避法律追究和能如实供述单位犯罪事实的，应该与遵从单位自首意志的单位成员一视同仁。理由有如下两点：(1) 根据单位犯罪的实际情况来看，由于单位成员众多，单位往往难以做到及时、完全地传达自首意志。因此，将不知晓单位自首意志的单位成员排除在自首范围之外，无疑剥夺了他们获取从宽处罚的机会，不符合刑法的谦抑精神，也容

---

① 石磊：《单位犯罪适用》，中国人民公安大学出版社 2012 年版，第 213 页。

② 徐日丹：《最高人民法院、最高人民检察院有关部门负责人就〈关于办理职务犯罪案件认定自首、立功等量刑情节若干问题的意见〉答记者问》，载《检察日报》2009 年 3 月 20 日。

易造成量刑失衡。(2) 不知晓单位自首意志的单位成员，只要能如实交代单位犯罪事实和不逃避法律追究的，则在认罪悔罪、帮助司法机关查明案件事实和追责等方面与遵从单位自首意志的单位成员具有同质性，故不应对两者区别对待。

三、单位成员违背单位自首意志的不应当认定为自首

对于违背单位自首意志的单位成员而言，其个体行为必然表现出对抗单位自首意志，不能认定为自首。一般而言，在单位已经自首、单位犯罪事实已经被司法机关基本掌握的情况下，单位成员一般不会违背单位自首意志从而丧失从宽处罚的机会，但仍不能排除有单位成员存在侥幸心理的可能性。结合司法实践，违背单位自首意志的行为可以表现在两个方面，对这两种类型不应认定为自首：一种表现为逃避法律追究。例如：拒捕、逃匿、转移资产、毁灭罪证、串供等对抗司法机关调查、妄图逃避追责的行为。另一种表现为拒不交代自己知道的单位犯罪事实。因为单位犯罪是单位成员犯罪行为的综合体，所以单位成员如实供述的犯罪事实不应仅限于自己实际参与实施的犯罪事实，还应包括自己所知道的单位架构、组织关系、成员分工等其他单位犯罪事实，这样才能体现出单位成员的认罪悔罪态度和接受法律追究的诚意。否则，对于拒不交代单位犯罪事实或者只交代自己的犯罪事实，而故意隐瞒其他单位犯罪事实、帮助他人逃避法律追究的，显然不是单位自首意志的应有体现，故不能认定为如实供述，进而不能认定为自首。

此外，从实际操作层面而言，如果在裁判文书中表述“被告人被抓获到案，能如实供述犯罪事实，应认定为自首”则存在违反罪刑法定原则的风险，容易造成社会公众对法院裁判的误解。在当前关于单位自首相关规定存在立法空白的情况下，建议可以采用“在被告单位构成自首的情况下，被告人作为被告单位直接负责的主管人员（或直接责任人员）能如实供述单位犯罪事实，自愿接受法律追究，应当认定为自首”的表述方式。

【附录】

编写人：黄思嘉（刑二庭法官助理）

一审案号：(2017) 沪 0104 刑初 695 号

二审案号：(2018) 沪 01 刑终 230 号

二审合议庭：胡洪春（审判长）、韦庆（主审法官）、吴循敏

4. 出具证明文件重大失实罪的司法认定

——杨某等人出具证明文件重大失实案

【案例要旨】

本案系上海首例出具证明文件重大失实罪案件，审理的要点有三：(1) 单位犯罪适格主体的认定标准，应当厘清涉案单位与其分支机构的关系、明确出具证明文件的法律主体；(2) 行为人是否明知证明文件失实的判断标准，应当严格依据在案证据考察行为人主观故意，确实无法查明时应采存疑有利于被告人的原则认定；(3) 被告人严重不负责任的入罪标准，应当根据被告人违反相关工作准则的行为对出具失实证明文件结果的影响作用大小来进行判断。

【案情简介】

公诉机关：上海市人民检察院第一分院。

被告单位：A会计师事务所有限责任公司浙江分所（以下简称A公司浙江分所）。

被告人：杨某、陈某、王某、徐某。

A公司浙江分所为A会计师事务所有限责任公司（以下简称为A公司）的分公司，无注册资本，负责人为黄某。被告人杨某、陈某、王某、徐某在涉案期间均系A公司浙江分所的注册会计师。

2013年8月，B公司董事长卢某（另案处理）为解决公司资金困难，欲发行B公司中小企业私募债券，杨某遂以A公司名义承接了B公司审计项目，并指派被告人陈某为项目负责人，进驻B公司进行现场审计。审计期间，杨某和陈某根据卢某提出的要求，违反审计准则，在缺少相关证明材料的情况下，将B公司巨额帐外收入计入营业收入，对净利润进行调整，并把股东捐赠转为公司资本公积金。陈某在起草了审计报告初稿后，拒绝以项目负责人名义签名。嗣后，杨某安排他人代替陈某签名，还安排王某、徐某作为“签字会计师”签名。王某以及徐某均未对审计初稿进行审核，直接予以签名。同年12月，A公司在复核后正式出具了标准无保留意见审计报告。B公司据此获准发行1亿元的中小企业私募债券，并最终无力偿付该私募债本息。

2016年9月，被告人杨某在得知公安机关正在侦查B公司涉嫌欺诈发行债券案后，多次组织被告人陈某、徐某等人进行商议和自查、更换内部审核表，还就审计过程等进行了串供。

【裁判结论】

一审判决：一、被告人杨某犯出具证明文件重大失实罪，判处有期徒刑两年，缓刑三年，并处罚金人民币十万元。二、被告人陈某犯出具证明文件重大失实罪，判处有期徒刑一年六个月，缓刑两年，并处罚金人民币五万元。三、被告人王某犯出具证明文件重大失实罪，判处拘役六个月，缓刑六个月，并处罚金人民币五万元。四、被告人徐某犯出具证明文件重大失实罪，判处有期徒刑六个月，缓刑一年，并处罚金人民币五万元。

一审判决后，被告人陈某、王某、徐某以定性错误和量刑过重等理由分别提出上诉。上海市高级人民法院经审理后依法裁定：驳回上诉，维持原判。

【评析意见】

本案的主要争议焦点有三：（1）A公司浙江分所能否构成本案单位犯罪的适格主体；（2）如何认定行为人对证明文件存在明知；（3）在出具证明文件失实罪中如何确定行为仍构成刑法上的严重不负责任。

一、单位犯罪适格主体的认定标准

由于现实生活中出具证明文件的主体一般表现为单位，故理应追究单位主体的刑事责任。通常情况下，在证明文件上署名或盖章的主体就是承担刑事责任的主体。然而，在涉及单位的分支机构或者内设机构、部门实施犯罪的案件中问题较为复杂，有必要根据实际案情厘清它们与单位的关系，划清各自的职责界限。具体而言，在出具证明文件重大失实类型案件中，单位的分支机构或内设机构、部门是否构成单位犯罪主体同时需考虑以下三个要素：

（一）“实施犯罪的名义”是否为分支机构、内设机构、部门

根据最高人民法院印发的《全国法院审理金融犯罪案件工作座谈会纪要》

（以下简称《座谈会纪要》）的意见，“以单位的分支机构或者内设机构、部门的名义实施犯罪，违法所得亦归分支机构或者内设机构、部门所有的，应认定为单位犯罪”。可见，单位的分支机构、内设机构、部门能够成为适格主体的一个要件是“以分支机构、内设机构、部门的名义实施犯罪”。具体到出具证明文件重大失实罪案件中，不能简单根据实施犯罪的具体人员的劳动关系隶属于单位还是其分支机构、内设机构、部门来评判，而应当考察具体人员是接受谁的指派、代表谁实施行为、接受谁的监督管理，结合作出“出具证明文件”这一法律行为的主体以及落款的主体来综合判断。

（二）“违法所得的归属”是否为分支机构、内设机构、部门

《座谈会纪要》认为，单位的分支机构、内设机构、部门能够成为适格单位犯罪主体的另一要件是“违法所得亦归分支机构或者内设机构、部门所有”。出具证明文件通常需要收取一定的费用，在刑事案件中即为违法所得，故应当考察该违法所得的归属主体是单位还是其分支机构、内设机构、部门，并注意排除“走账”的形式表象，确定违法所得的真正利益归属方，只有违法所得确实归属于分支机构、内设机构、部门的才可以认定其为单位犯罪的主体。

（三）分支机构、内设机构、部门能否独立完成主要、重要的犯罪行为

出具证明文件重大失实罪案件中，有必要根据实际案情厘清分支机构、内设机构、部门与单位的关系，划清各自的职责界限，重在考察分支机构、内设机构、部门能否独立完成出具证明文件中主要、重要的工作，还是必须要借助单位的力量才能完成。如果证明文件上加盖的是单位的公章，而非分支机构、内设机构、部门的印章，则需要作实质性审查，即如果单位盖章只是走个流程，分支机构、内设机构、部门可以轻易取得盖印权的，一般不宜追究单位责任。如果单位盖章前负有实质审核的义务，则单位应作为犯罪主体。

结合本案，法院认为公诉机关将A公司浙江分所作为被告单位，并不妥当。主要理由为：首先，从实施犯罪的名义上来看，被告人杨某虽然作为A公司浙江分所的注册会计师，具体洽谈承接了B公司的审计项目，但应当看到承接审计项目的合同以及审计报告上加盖的公章均是A公司，而非A公司浙江分所。而且在整个审计活动中，虽然大部分审计工作人员都来源于A公司浙江分所，但有少数审核人员来自于A公司。因此，应当认为本案系以A公司的名义实施犯罪。其次，从违法所得的归属权来看，B公司支付的审计费用即违法所得，除少部分作为签字费支付给各名被告人和相关人员外，大部分

流向A公司，而非A公司浙江分所。因此，应当认为A公司享有违法所得的归属权。再次，从审计报告的制作流程来看，包含了撰稿、现场负责人复核、部门经理复核、质量监管部复核、项目合伙人复核、质监会办公室意见、质量与技术标准委员会意见等诸多环节，参与这些环节的审计工作人员不仅包括A公司浙江分所的本案被告人，还包括A公司的工作人员。特别是A公司法定代表人黄某不仅对B公司审计项目明确知晓，还授权王某作为签字注册会计师。显然，A公司浙江分所无法独立地完成整个证明文件的出具工作，其中一些重要的审核、授权职责掌握在A公司手中，如果把A公司浙江分所作为单位犯罪主体，则不利于对A公司其他经办人员作出责任评价。综上，法院对公诉机关指控A公司浙江分所构成单位犯罪不予支持。

二、行为人是否明知证明文件失实的判断标准

行为人对证明文件失实是否明知，是出具证明文件重大失实罪和出具虚假证明文件罪的重大区别点，如果系明知而故意出具且情节严重的则应认定为提供虚假证明文件罪，如果确系不明知而因严重不负责任导致严重后果发生的则应认定为提供证明文件重大失实罪。然而，“明知”作为行为人的主观要件要素在具体案件中判断比较困难，需要结合客观证据加以推定。在一些含有“明知”规定的司法解释中，往往采取“概括＋列举式”的表述方式，有学者将此表述方式定义为“可反驳的客观推定”，一方面，在总结案例的技术上，将司法实践中普遍和成熟的客观事实情况予以列举，作为推定的基础事实；另一方面，推定必须是可辩解的，否则就会违背合法性的最低标准。[①] 目前最高人民法院尚未就出具证明文件重大失实类型案件出台相关司法解释对“明知”的情形加以概括和列举，司法机关需要个案分析。我们认为，行为人对证明文件失实是否明知，应当基于其具有的专业知识和职权职责进行判断，注重审查其是否具有认知的义务和可能性。

结合本案，被告人杨某和陈某是否明知审计报告不属实这一问题存疑，表现为：杨某、陈某到案后供称他们明知B公司未提供相关合同、询征函、缴税凭证等证明巨额帐外收入的基础材料，不明知股东会决议系虚假，但因审计任务紧、期限短等原因，在未要求补全和核实清楚相关材料的情况下匆忙出具

---

① 王新：《我国刑法中“明知”的含义和认定——基于刑事立法和司法解释的分析》，载《法制与社会发展》2013年第1期。

了审计报告。依据《中国注册会计师审计准则》的相关规定，对于上述情况审计人员应当出具保留意见或者否定审计报告。本案中，虽然存在杨某授意陈某如何落实B公司的审计要求、陈某未在审计报告底稿和结论上标注或提示重大瑕疵且拒绝签名等异常情况，但在案其他证据难以印证两人对审计报告虚假事项如股东决议会议系虚假等情况的明知，结合B公司的涉案人员否认双方有任何利益输送的情况，可按照存疑有利于被告人的原则，最终支持公诉机关起诉指控的出具证明文件重大失实罪。

三、被告人严重不负责任的入罪标准

出具证明文件重大失实罪的构成要件之一是，被告人是否属于严重不负责任。我们认为，要判断案情是否符合该构成要件需要考察具体的责任内容和严重程度。具体而言，责任应当指行为人工作中应遵守的工作规范和职责，而严重程度应当指行为人违反工作规范和职责对造成证明文件失实的影响作用大小。

本案中，证明文件是审计报告，被告人是审计人员，其责任当然地指相关审计规范和职责。严重程度是指被告人违反审计规范和职责的行为对最终出具失实审计报告的影响大小。(1) 杨某在审计期间，指派被告人陈某等人进行现场审计，与陈某商议如何落实B公司的相关要求，在陈某拒绝签名后又安排他人代替陈某签名，还安排王某、徐某作为“签字注册会计师”签名。此举严重违反审计准则，存在严重的管理不善。因此，杨某系中恒通审计项目的负责人，系单位犯罪直接负责的主管人员。(2) 陈某系中恒通项目的现场负责人和审计报告初稿的起草者，未按审计准则要求对B公司帐外收入和股东捐赠等进行审核，亦未在审计报告底稿和结论上标注或提示上述重大瑕疵，最终出具无保留意见的审计结论。不论其出于何种原因拒绝签名，都不能成为正当的免责事由。因此，陈某应认定为中恒通审计项目的实际执行者，系单位犯罪的直接责任人员。(3) 王某作为A公司法定代表人授权的签字注册会计师，理应对中B公司审计报告的真实性、完整性进行复核。然而，王某不仅没有核实B公司巨额帐外收入和股东捐赠等重要审计调整事项，甚至都未发现徐某并非B公司项目现场负责人等重大瑕疵。因此，王某系B公司项目审计报告的签发人，系单位犯罪的直接负责的主管人员。(4) 徐某作为A公司浙江分所的注册会计师，在未实际参与B公司项目现场审计的情况下，应被告人杨某要求在审计报告上署名，严重违反了《财政部关于注册会计师在审计报告上签名盖章有关问题的通知》中"出具审计报告应当由会计师事务所主任会计师或其授权的副主任会计师和一名负责该项目的注册会计师签名盖章并经会计师事务所盖章方有效"的规定。因此，徐某系B公司项目的违法签字人，系单位犯罪的直接责任人员。综上，上述被告人的行为可以归纳为管理不善、审而不签、签而不审三种类型，已经严重违背了相关审计工作规范和应尽职责，对最终出具失实的审计报告造成了直接的、重大的影响，故应当以严重不负责任予以评价。特别需要指出的是，杨某在案发前多次组织陈某、王某、徐某以及其他涉案人串供、隐藏罪证，以推脱罪责，对抗司法机关调查，理应受到刑事制裁。

【附录】

编写人：黄思嘉（刑二庭法官助理）

一审案号：（2017）沪01刑初80号

二审案号：（2018）沪刑终9号

一审合议庭：胡洪春（审判长、主审法官）、吴循敏、闻富国（人民陪审员）

5. 骗取小额贷款公司贷款的行为定性

——邹某贷款诈骗案

【案例要旨】

小额贷款公司依《公司法》和《关于小额贷款公司试点的指导意见》规定的程序设立，且被中国人民银行认可，应认定为金融机构。盗用他人支付宝账户进而骗取小额贷款公司贷款的行为是构成贷款诈骗罪还是骗取贷款罪，应当根据行为人的履约能力、取得贷款的手段、贷款使用去向、无法还贷原因等因素判断骗贷人主观上是否具有非法占有目的。如果具有非法占有目的的，应构成贷款诈骗罪。

【案情简介】

公诉机关：上海市松江区人民检察院。

被告人：邹某。

2016年2月，被告人邹某伙同他人采用盗取并篡改天猫商家A、B、C三家公司支付宝账号、密码以及换绑手机号的方式，冒充上述商家向阿里巴巴公司申请天猫订单贷款；阿里巴巴公司将贷款发放至上述三家公司相应支付宝账户中，被告人邹某随后将三个支付宝账户中的部分钱款转入林某、黄某、陈某等人账户。三家公司发现账户被盗事实后通知支付宝公司，支付宝公司遂将在A、B、C三家公司支付宝账户中尚未转走的钱款截留。上海市松江区人民检察院指控被告人邹某犯诈骗罪，向松江区人民检察院提起公诉，后变更起诉罪名为贷款诈骗罪。

【裁判结论】

一审法院认为，被告人邹某以非法占有为目的，冒用他人名义，骗取金融机构贷款，数额特别巨大，其行为已构成贷款诈骗罪。据此判处被告人邹某有期徒刑十三年六个月，剥夺政治权利三年，并处罚金人民币十万元。

一审判决后，邹某不服提起上诉。其辩护人提出，被告人不具非法占有故意，因此不构成贷款诈骗罪。

二审法院经审理后认为：邹某盗用他人支付宝账户后冒用他人名义向阿里巴巴公司申请贷款，在贷款到账后即刻将钱款转至其控制的银行账户内，足见其主观上以非法占有为目的，且客观上实施了诈骗金融机构贷款的行为，符合诈骗贷款罪的构成。遂裁定驳回上诉，维持原判。

【评析意见】

行为人骗取小额贷款公司贷款的行为应如何定性，关键在于如下两个方面：被骗的小额贷款公司是否属于金融机构，以及行为人对骗取的贷款是否具有非法占有目的。

一、小额贷款公司性质认定

小额贷款公司自出现以来，其性质问题一直存在争议。主要有三种观点：观点一“金融机构说”，理由是小额贷款公司的经营业务具有金融属性。观点二“准金融机构说”，此观点并没有否认小额贷款公司的金融属性，而是出于未取得金融许可证的考虑，折中地认为小额贷款公司属于准金融机构。观点三“非金融机构说”，理由是小额贷款公司作为在工商部门登记注册具有营利目的的企业法人，既不同于政策性金融机构，又不同于正规的商业性金融机构，因此定性为从事部分金融业务的非金融机构较为妥当。[①]

判断小额贷款公司是否属于金融机构首先需要明确金融机构的判断标准。我国对金融机构作出解释的有《反洗钱法》《金融违法行为处罚办法》《非法金融机构和非法金融业务活动取缔办法》等。其中，《反洗钱法》将金融机构定义为：“依法设立的从事金融业务的政策性银行、商业银行、信用合作社、邮政储汇机构、信托投资公司、证券公司、期货经纪公司、保险公司以及国务院反洗钱行政主管部门确定并公布的从事金融业务的其他机构。”根据该规定，中国人民银行作为国务院反洗钱行政主管部门，其确定并公布的从事金融业务

---

① 小额贷款公司性质认定在理论上的争议可参见刘宪权、吴波：《骗取小额贷款公司贷款行为的定性研究》，载《中国刑事法杂志》2012 年第 9 期；小额贷款公司性质认定在实践中的争议可参见雷明波：《小额贷款公司金融机构法律性质浅析》，载《海南金融》2018 年第 1 期。

的其他机构属于金融机构。国务院颁布的《金融违法行为处罚办法》将金融机构定义为依法设立和经营金融业务的机构。国务院颁布的《非法金融机构和非法金融业务活动取缔办法》规定："本办法所称的非法金融机构，是指未经中国人民银行批准，擅自设立从事或者主要从事吸收存款、发放贷款、办理结算、票据贴现、资金拆借、信托投资、金融租赁、融资担保、外汇买卖等金融业务活动的机构。"据此可以推断出经中国人民银行批准，从事金融业务活动的机构为合法金融机构。结合上述法律规定，法律意义上的金融机构是指经中国人民银行批准或认可，并依法定程序设立的，经营金融业务的机构。在具体认定中需注意以下几点：

1. "经中国人民银行认可"主要表现为以下三个方面：(1) 所从事的金融活动需获得央行的批准；(2) 从事的金融活动应遵从央行出台的一系列金融管理规范；(3) 央行对其开展的金融活动进行监管。

2. "依法定程序设立"是指金融机构的名称、组织形式、注册资本、资金来源、股东人数、章程及管理制度需要按照《公司法》及相关法律规定予以设立。需要特别指出的是，相关金融牌照的获取并非设立金融机构的必要程序。虽然根据《中国人民银行贷款通则》的规定，贷款人必须持有人民银行颁发的金融机构法人许可证或金融机构营业许可证方能经营贷款业务，但是作为设立上述两项许可的《金融机构管理规定》已被废止。①

3. "经营金融业务"是指以货币与信用为经营对象，并从中获取利润的金融服务。② 根据《非法金融机构和非法金融业务活动取缔办法》的规定，我国目前的金融业务主要包括存款、贷款、结算、保险、信托、金融租赁、票据贴现、融资担保等。

根据上述认定标准，对小额贷款公司的性质进行判断：

首先，小额贷款公司获得了中国人民银行的认可。这种认可表现在：(1) 小额贷款公司经营贷款业务是由中国人民银行、中国银行业监督管理委员会两个部门依法批准的。上述两个部门联合下发的《关于小额贷款公司试点的指导意见》(以下简称《指导意见》) 第 1 条第 1 款明确，小额贷款公司是由自然人、企业法人与其他社会组织投资设立，不吸收公众存款，经营小额贷款业务

---

① 该法规已被中国人民银行、中国银行业监督管理委员会公告 (2010) 第 15 号《废止 131 件规范性文件、宣布失效 76 件规范性文件的公告》废止。

② 苏桂平主编：《金融学》，清华大学出版社 2007 年版，第 13 页。

的有限责任公司或股份有限公司。(2) 央行出台的一系列金融管理规范对小额贷款公司具有约束力。《中国人民银行关于印发〈金融机构编码规范〉的通知》规定:"本规范规定了金融机构的编码对象、编码结构和表示形式,使每个编码对象获得一个唯一的代码,以适应金融机构信息系统建设和数据交换的需求。"其中小额贷款公司对应的编码为金融机构二级分类码 Z—其他。同时,小额贷款公司在经营过程中亦适用央行确立的金融统计制度。(3) 央行对小额贷款公司开展的金融活动进行监管。《指导意见》中指出:"中国人民银行对小额贷款公司的利率、资金流向进行跟踪监测,并将小额贷款公司纳入信贷征信系统。小额贷款公司应定期向信贷征信系统提供借款人、贷款金额、贷款担保和贷款偿还等业务信息。"

其次,小额贷款公司是依法定程序设立的。《指导意见》第 2 条明确规定了小额贷款公司的设立程序,并依据《公司法》规定了小额贷款公司的名称、组织形式、注册资本、资金来源、股东人数、管理制度等。《金融许可证管理办法》系银监会于 2007 年修改发布的,而明确小额贷款公司设立程序的《指导意见》系银监会、央行于 2008 年发布的。根据新法优于旧法的原则,小额贷款公司作为创新金融的试点,《指导意见》未规定金融许可证制度适用于小额贷款公司,故金融许可证的获取并非设立小额贷款公司的必要程序。因此也不能仅凭是否获取金融许可证来判断小额贷款公司是否属于金融机构。①

最后,小额贷款公司的主营业务是发放贷款,该业务属于金融业务范畴。虽然小额贷款公司只贷不存且经营业务较为单一,但是我国并不要求金融机构具备从事全部金融业务的规定。换言之,小额贷款公司所经营的贷款业务属于金融业务范畴。

二、骗取小额贷款公司贷款行为的认定

在明确小额贷款公司属于金融机构的前提下,对于骗取金融机构贷款的行为定性,应重点审查骗贷人主观上是否具有非法占有目的。如果有非法占有目的,构成贷款诈骗罪;如果没有非法占有目的,则构成骗取贷款罪。所谓非法占有目的,是指行为人将他人财物非法转为已有或者第三人所有,且没有归还

---

① 参见任素贤、秦现锋、苗有水:《骗取小额借贷公司贷款的,构成骗取贷款罪——江树昌骗取贷款案》,载最高人民法院刑事审判第一、二、三、四、五庭主办:《刑事审判参考》2011 年第 2 辑(总第 97 辑),法律出版社 2011 年版。

意图的主观心理状态。[①]

最高人民法院印发的《全国法院审理金融犯罪案件工作座谈会纪要》明确，实践中认定行为人是否具有非法占有目的应当坚持主客观相一致的原则，既要避免单纯根据损失结果客观归罪，也不能仅凭被告人自己的供述定罪，而应当根据案件的具体情况具体分析。实践中，行为人是否具有非法占有目的可以根据以下方法判断：

1. 基于行为人的认罪供述来认定其主观目的。我国《刑事诉讼法》第55条确定的定罪原则是“对一切案件的判处都要重证据、重调查研究、不轻信口供。”即使在有口供的情况下，也需审查口供与其他证据有无矛盾之处，待多方印证属实后才能认定行为人主观上具有非法占有目的。

2. 从客观方面推断行为人之主观目的。主要基于行为人的履约能力、取得贷款的手段、贷款使用去向、无法还贷原因等因素综合推定骗贷人主观上是否有非法占有目的。

实践中，对于行为人通过欺骗的方法非法获取资金，造成数额较大资金不能归还，并具有下列情形之一的，可认定为具有非法占有目的：（1）明知没有归还能力而大量骗取资金；（2）非法获取资金后逃跑的；（3）肆意挥霍骗取资金的；（4）使用骗取的资金进行犯罪活动的；（5）抽逃、转移资金、隐匿财产，以逃避返还资金的；（6）隐匿、销毁账目，或者搞假破产、假倒闭，以逃避返还资金的；（7）其他非法占有资金、拒不返还的行为。[②]

本案中，邹某具有非法占有目的。（1）邹某对贷款存在实际控制。被盗支付宝账户已处于上诉人邹某的实际控制下，阿里巴巴小额贷款公司在贷款转入三家公司的账户时就失去了对上述钱款的控制。（2）上诉人没有归还贷款的意愿。邹某冒用他人名义获取巨额贷款后又在极短的时间内将上述钱款分散转移至其控制下的多人银行账户内，其目的是为了转移资金，以逃避返还资金。（3）邹某本人处于无业状态，不具有归还巨额贷款的能力。因此，可以推断出被告人邹某主观上具有非法占有的目的，其构成贷款诈骗罪。

---

① 参见张明楷：《如何理解刑法中的“以非法占有为目的”》，载《人民法院报》2003年7月25日。

② 参见《最高人民法院关于印发〈全国法院审理金融犯罪案件工作座谈会纪要〉的通知》（法〔2001〕8号）。

【附录】

编写人：巩一鸣、张亚男（分别系刑二庭审判员、刑二庭法官助理）

一审案号：（2016）沪0117刑初2223号

二审案号：（2017）沪01刑终1964号

二审合议庭：李长坤（审判长）、巩一鸣（主审法官）、吴循敏（审判员）

6. 加重情节的证据认定应达到确实充分和排除合理怀疑的标准

——徐某猥亵儿童案

【案例要旨】

多数情况下加重情节的认定对被告人刑罚的影响比定罪情节更大。因此，认定加重情节的证据也应达到确实、充分，排除合理怀疑的证明标准。

【案情简介】

抗诉机关（原公诉机关）：上海市浦东新区人民检察院。

原审被告人：徐某。

2017年7月26日，被告人徐某在上海市D区某培训中心一楼书法教室内，为被害人陆某（11岁）等三名学生上课，期间趁陆某练习书法之机，借贴身手把手教陆某写字机会，或隔着衣服或伸手入牛仔短裤内，多次对被害人陆某实施猥亵。公诉机关认为，徐某在公共场所当众猥亵儿童，情节恶劣，其行为已构成在公共场所当众犯猥亵儿童罪，依法应处五年以上有期徒刑。

【裁判结论】

一审判决认为，被告人徐某对儿童实施猥亵，其行为已构成猥亵儿童罪。徐某实施猥亵犯罪时除了被害人之外，虽然有两名学生在场，但并无确实充分的证据证明另一名老师刘某也在场，因此没有达到“当众”所要求的“其他三人以上在场”的要件，不能认定被告人徐某“当众”实施猥亵，遂判决：被告人徐某犯猥亵儿童罪，判处有期徒刑三年。

一审判决后，检察机关提出抗诉，认为在校园等公共场所对未成年人实施猥亵犯罪，只要有多人在场，不论在场人员是否实际看到，均可认定在公共场所“当众”猥亵，“在场”不能单独地理解为多人全程在场，只要性侵害行为具备随时被多人发现的可能性即可，一审判决未认定“在公共场所当众”加重情节，导致法律适用错误和量刑畸轻。

二审法院经审理后认为：对被告人定罪的证据和从重、加重情节的量刑证据均应严格坚持证据确实充分，排除合理怀疑的证明标准；在不能排除合理怀疑的情况下，应遵循存疑有利于被告人的原则。在无充分证据证实猥亵儿童犯罪行为发生时证人刘某确实在场的情况下，原审未认定徐某“在公共场所当众猥亵”并无不当，遂维持原判。

【评析意见】

本案在审理中主要有以下几个争议焦点：第一，社会培训机构的教室能否认定为“公共场所”。第二，“当众”等加重情节的证明标准应达到何种程度，即在案证据能否认定原审被告人徐某“当众”实施了猥亵儿童行为。第三，对徐某的量刑是否与其行为的危害程度相适应。

一、社会培训机构的教室可认定为“公共场所”

对“公共场所当众”情节的认定，需要先判定案发场所是否属于公共场所。基于对未成年人利益特殊保护等因素的考量，将一般意义上的学校校园（教室）解释为公共场所在司法实践中争议不大。但是，实践中对于与本案类似的课外补习（培训）教室是否属于公共场所仍存有争议。有观点认为，课外补习（培训）教室的设立目的和运行特征与公共场所空间开放性、共享性和人员不特定性、高流动性以及活动公开性和透明化的本质特征不相符。补习（培训）学校教室不具有空间开放性、共享性特点，其提供补习服务的对象特定，人数规模较小，不应当认定为公共场所。我们认为，对于具有开放性和涉众性的社会培训机构教室也应认定为公共场所。理由如下：

“公共场所”的日常语义一般是指公众可以去的地方。我国刑法在某些条文中对“公共场所”做了列举式规定，《刑法》第291条列举的“公共场所”包含车站、码头、民用航空站、商场、公园、影剧院、展览会、运动场或者其他公共场所。从上述列举来看，“公共场所”应具有供不特定人员进出的开放性以及使用的涉众性。此外，对“公共场所”的认定，不仅要考虑场所的基本功能属性，还应考虑案发时该场所是否处于对不特定对象开放和使用的状态，若没有不特定公众在场的可能性，则无法认定严重扰乱了公共秩序或者对被害人权利造成更严重的侵害。有的公共场所，如马路、广场，公众随时可以出入，这类完全开放的场所一般应直接认定为公共场所；有的公共场所，如影剧院、展览会场馆、运动场，只有在特定的时间段才向公众开放，这类限制开放的场所通常只有在向公众开放期间才能认定为公共场所。

涉案的某艺术培训中心属于民办培训机构，虽然与一般国民教育序列学校的办学模式和规模存在较大区别，但从功能属性上来看，事发教室内设置的习字书桌有四张，至少可供四名学生同时学习，而且每天不同的时间段都有不同的学生前来上课，学生流动性大，因此该培训中心从长期来看具有供不特定多数人使用的特征。该培训中心租借临街两层楼房作为教学点，没有围墙、门岗等与外界隔离的基础设施。在上课期间，接送学生培训的家长、前来咨询、报名的不特定人员均可以自由出入，涉案教室离该培训中心的咨询接待处不过几米的距离，而且教室门经常处于开启状态，培训中心的老师、工作人员亦可自由出入该教室。虽然学生数量少于一般学校校园，但其对外界的开放性远高于普通学校的校园。总的来说，该培训中心教室在上课期间具有涉众性和开放性，应认定为“公共场所”。

二、对加重被告人刑罚的量刑证据应严格坚持确实、充分，排除合理怀疑的证明标准

认定具有“公共场所当众”的情节既要求行为发生在公共场所，又要求行为是当众实施，需要明确“当众”（加重情节）的认定标准。在刑事诉讼中，需要运用证据证明的案件事实既包括认定被告人行为构成犯罪的事实，也包括加重、从重、减轻、从轻、免除处罚的量刑事实。根据我国刑事诉讼法的规定，认定被告人有罪的证据应当达到确实、充分，排除合理怀疑的标准。相关法律法规并未对量刑证据标准作出特别的规定。罪与非罪的认定固然重要，然而在定罪证据确实、充分的前提下，加重量刑情节的认定对被告人的影响可能比认定是否构成犯罪的影响更大，加重情节的适用可能导致被告人实际判处的刑期比不适用该情节时提高数倍。本案中如果未认定被告人具有在公共场所当众猥亵儿童之情节，会在五年以下处刑，否则会在五年以上处刑。

由于从重、加重情节会对被告人产生重大实质性不利影响，从保障被告人权利的角度考虑，对从重、加重量刑证据的认定应与定罪证据的认定采用一致的证据标准，特别是对影响法定刑升格的加重量刑情节认定应特别谨慎。随着以审判为中心的刑事诉讼制度改革的推进，审判机关对量刑证据的认定标准也得到了初步明确。最高人民法院在《关于全面推进以审判为中心的刑事诉讼制

度改革的实施意见》《人民法院办理刑事案件第一审普通程序法庭调查规程（试行）》中均规定，定罪证据确实、充分，量刑证据存疑的，应当作出有利于被告人的认定。据此，如果没有确实、充分的证据证实被告人具有从重、加重情节，应作出有利于被告人的认定。

猥亵儿童罪中，"在公共场合当众"的情节是法定加重情节，对被告人之刑罚会产生实质性不利影响，因此对于该情节的认定必须从严把握，证据必须达到确实充分的标准。"当众"实施猥亵犯罪一般要求其他多人（三人以上）在场，申言之，行为人实施犯罪时应在其他多人视力所及的范围之内。本案现有证据能够证实徐某在实施猥亵行为时，除被害人外还有两名学生始终在教室。因此，证人刘某当时是否也在教室成为认定徐某能否构成"在公共场所当众"猥亵儿童的关键。

徐某在到案后第一次询问中，供述其实施侵害行为时他们都在；但是在原审审理中，徐某辩称其所说的都在并不是说其摸女童时刘某在场，而是他趁刘某出去时摸被害人，刘在教室时，其不敢摸被害人。证人刘某则陈述，他坐在涉事教室里休息，顺便管理学生上课纪律；徐某上课时，他不是一直坐在教室里，还要负责培训中心其他事情，期间进出教室几次，没有看到异常。被害人陆某则陈述，徐某前后多次对其实施猥亵时有时刘某在场，也有刘某走出教室不在场的情形。

从全案证据来看，对于徐某实施猥亵时刘某是否在场，被害人的陈述与刘某的证言存在矛盾，徐某关于刘某在场时其不敢实施猥亵行为的辩解与被害人关于"后来刘某进来，徐某马上将手从我裤子里抽回去"的陈述相符合。可以看出徐某实施猥亵行为时还是有所顾忌，符合其犯罪心理。因此，其辩解具有相当合理性。本案能证明徐某猥亵儿童时刘某在场的证据仅有被害人的陈述，但被害人的陈述又与证人刘某的证言相左。被告人徐某的辩解存在相当的合理性。综合来看，认定原审被告人徐某当众猥亵的证据是存疑的，尚没有达到确实、充分的标准，应当作出有利于被告人的认定。

三、原判决对被告人徐某的量刑符合罪刑相适应的刑法基本原则

为保护儿童身心健康，我国刑法规定对猥亵儿童行为应比照一般猥亵犯罪从重处罚。在司法实践中，猥亵儿童犯罪一直以来也都是司法机关严厉打击的对象。在从严惩治猥亵儿童罪的同时，本罪量刑既要考虑到行为的社会危害性，还需兼顾相似性质行为在不同条款下适用不同罪名之间的量刑平衡，不可

顾此失彼，以防造成罪刑失衡。以强奸（幼女）罪与猥亵儿童罪为例，两罪都是针对未成年人的性犯罪，猥亵儿童罪的法定刑为五年以下有期徒刑或者拘役，强奸（幼女）罪的法定刑幅度为三年至十年有期徒刑。根据相关量刑指导意见的规定，强奸幼女一人的，在四至七年有期徒刑内确定量刑起点。就行为实施方式、侵害后果而言，强奸幼女犯罪较猥亵儿童更为严重，因此实践中强奸幼女的量刑通常应高于猥亵儿童犯罪。本案案发地点不在校园中而是在上课学生人数相对较少和人员流动性相对较小的社会培训机构教室内，属于在非典型的公共场所，虽然原判未认定徐某具有“在公共场所当众猥亵”的加重情节，但考虑到徐某系培训机构教师，其利用学生对教师怀有善良的崇敬之心在教室内猥亵儿童，严重挑战社会伦理道德底线，社会影响恶劣，依法应从严惩处，在猥亵儿童罪基本法定刑幅度内对徐某从严判处三年有期徒刑，该量刑相当于一般强奸案件的起点刑，总体而言，对徐某的量刑与其行为的危害程度是相适应的。

【附录】

编写人：陈星、卢进（分别系立案庭副庭长、刑一庭法官助理）

一审案号：（2017）沪0115刑初3995号

二审案号：（2018）沪01刑终106号

二审合议庭：陈星（审判长兼主审法官）、王晓越、陈兵

7. 犯贩卖毒品罪被暂予监外执行期间又犯毒品犯罪的应当认定为毒品再犯

——倪某运输、非法持有毒品案

【案例要旨】

毒品再犯是刑法分则中法定的再犯，不同于一般累犯、特别累犯和一般的再犯。毒品再犯要求的前罪“被判过刑”应当包含刑罚正在执行中。在被告人因犯走私、贩卖、运输、制造、非法持有毒品罪被判过刑，但因不宜收监被法院决定暂予监外执行期间又犯毒品犯罪的，应当认定其构成毒品再犯，依法从重处罚，并与前罪未执行完毕的刑罚按照“先减后并”的原则数罪并罚。

【案情简介】

公诉机关：上海市人民检察院第一分院。

被告人：倪某。

被告人倪某2013年2月因犯贩卖毒品罪被判处有期徒刑四年，并处罚金人民币八千元，2014年1月16日被暂予监外执行。

监外执行期间，倪某于2016年在其租住的屋内被公安人员抓获，公安人员当场查获净重为516.37克的白色、粉色晶体等，均检出甲基苯丙胺成分，之后倪某因涉嫌犯非法持有毒品罪被取保候审。2017年被告人倪某伙同他人在四川将藏有毒品的包装盒通过快递公司寄往上海，倪某返回上海后在收包裹时被公安人员抓获，公安人员从其接收的包裹内查获净重为1855.95克的白色晶体10包，均检出甲基苯丙胺成分。

【裁判结论】

一审法院经审理后认为，被告人倪某因犯贩卖毒品罪被判过刑，又犯非法持有毒品罪和运输毒品罪，应当依照《刑法》第356条之规定，依法从重处罚。遂作出判决：被告人倪某犯运输毒品罪，判处死刑，缓期二年执行，剥夺政治权利终身，并处没收个人全部财产；犯非法持有毒品罪，判处有期徒刑十年，剥夺政治权利三年，并处罚金人民币二万元；决定执行死刑，缓期二年执行，剥夺政治权利终身，并处没收个人全部财产；连同前罪没有执行的刑罚，决定执行死刑，缓期二年执行，剥夺政治权利终身，并处没收个人全部财产。

判决后，倪某提出上诉，上海市高级人民法院驳回上诉，维持原判。

【评析意见】

为落实宽严相济的刑事政策，依法从严打击毒品犯罪，我国《刑法》第356条规定了毒品再犯制度，规定："因走私、贩卖、运输、制造、非法持有毒品罪被判过刑，又犯本节规定之罪的，从重处罚。"这是刑法分则条文中关于再犯从重处罚的唯一法定条款。但是，由于语词表达上的相对宽泛，对于"被判过刑"的理解、毒品再犯的性质、其与累犯的关系以及罪犯在暂予监外执行期间又犯新罪的该如何处理等问题产生诸多争议。

本案中，被告人倪某2013年曾因犯贩卖毒品罪被判处有期徒刑四年，2014年1月被暂予监外执行，被暂予监外执行期间又犯本案所涉运输毒品罪、非法持有毒品罪。实践中，对于在缓刑、假释和暂予监外执行期间又犯毒品犯罪的，在实行数罪并罚之前，是否应认定为毒品再犯予以从重处罚，尚缺乏统一的适用标准。

一种观点认为，被告人倪某不构成毒品再犯，仅应依照《刑法》第71条之规定数罪并罚。主要理由是：认为毒品再犯属于一种特殊累犯，应当受到刑法总则中关于累犯的规范限制，对"判过刑"应当限缩解释为"刑罚执行完毕或者赦免以后"，否则打击面太大。①

另一种观点认为，被告人倪某属于毒品再犯，应对后罪适用《刑法》第356条从重处罚，再与前罪尚未执行完毕的刑罚合并执行，认为毒品再犯不同于累犯，毒品再犯是刑法分则为从严打击毒品犯罪而规定的法定再犯从重情节，其适用标准上与累犯存在不同。②

我们认可第二种观点，理由如下：

---

① 参见马克昌：《刑罚通论》，武汉大学出版社2002年版，第434页。

② 参见袁登明：《毒品再犯制度适用问题研究》，载《法律适用》2014年第9期。

一、毒品再犯是区别于累犯和普通再犯的法定从重处罚情节

再犯与累犯是两个相近的刑法概念，我国《刑法》在总则中对累犯做了明确规定，而再犯理论上通常是指“曾因犯罪受过刑事处罚，又重新犯罪的犯罪分子”。① 二者的共同点在于均将行为人无视以往的刑罚处罚而再次犯罪所体现出的人身危险性作为后罪中从重处罚的依据。但是，关于《刑法》分则第356条毒品再犯的法律性质及其与累犯的适用关系，在理论上有特殊累犯、特别再犯等不同说法，实践中，最高人民法院对这一问题的态度也发生过变化。2000年《全国法院审理毒品犯罪案件工作座谈会纪要》（以下简称《南宁会议纪要》）中规定：同时构成再犯和累犯的被告人，一律适用毒品再犯条款从重处罚。2008年《全国部分法院审理毒品犯罪案件工作座谈会纪要》（以下简称《大连会议纪要》）中规定：同时引用《刑法》关于累犯和毒品再犯的条款从重处罚，并废止了《南宁纪要》的相关规定。

我们认为应采特别再犯的观点，理由是再犯的外延远大于累犯，毒品再犯更不是特殊的累犯或一般的再犯，毒品再犯在适用上无需遵循累犯的限定条件。

首先，毒品再犯与累犯在适用条件上存在差异。适用的罪名范围上，累犯适用于分则中所有可被判处有期徒刑以上刑罚的罪名，而毒品再犯的前罪仅限于走私、贩卖、运输、制造、非法持有五种毒品犯罪，后罪范围限于《刑法》分则第六章第七节的所有毒品犯罪；刑度条件上，累犯要求前后罪均被判处有期徒刑以上刑罚，毒品再犯无此要求；时间条件上，累犯要求在前罪刑罚执行完毕或者赦免以后五年内，毒品再犯无此要求。

其次，毒品再犯与特别累犯存在区别。《刑法》总则第66条对特别累犯作了明文规定：“危害国家安全犯罪、恐怖活动犯罪、黑社会性质的组织犯罪的犯罪分子，在刑罚执行完毕或者赦免以后，在任何时候再犯上述任一类罪的，都以累犯论处。”后两种罪名为2011年《刑法修正案（八）》所新增。说明《刑法》对于累犯制度已在总则中具有完整的体系和定位，因此从条文在刑法中所处的体系地位来看，分则中的毒品再犯并非总则中的特殊累犯。② 毒品再犯的适用并不要求特殊累犯所要求的“在刑罚执行完毕或者赦免以后”的

---

① 参见陈兴良：《刑法适用总论》（下卷），中国人民大学出版社2006年版，第404页。

② 参见李炜、华肖：《论毒品再犯与一般累犯之适用关系》，载《法学》2011年第9期。

条件。

最后，毒品再犯是法定的加重量刑情节。从立法精神看，立法者为从严惩处毒品犯罪，将毒品再犯规定为法定加重量刑情节，其属于再犯的范畴但又不同于一般的再犯，因为普通的再犯只是法官在量刑时酌定考量的情节，而毒品再犯则是刑法条文明确规定的法定从重处罚情节。①

二、毒品再犯中的“被判过刑”包含“刑罚正在执行中”

对条文的理解应当从字面出发并结合立法原意得出一个相对合理的解释。《刑法》第356条对毒品再犯要求因前罪“被判过刑”，即因犯走私、贩卖、运输、制造、非法持有毒品罪被人民法院判处刑罚且已发生法律效力，但没有像累犯一样作出刑罚层面的要求。这体现了对毒品犯罪的从严打击，因为毒品犯罪严重危害社会风气和人民群众身心健康。这种规定考量重点是人身危险性和主观恶性等行为人不法要素。

对毒品再犯中的“被判过刑”应当解释为包括前罪被判了缓刑、前罪的刑罚正在执行当中、前罪的刑罚已经执行完毕或赦免、被假释等情形。如果把“被判过刑”限定为刑罚已经执行完毕或者赦免，则是对其进行了不当的限缩。只有当文字的字面含义过宽，依字面意思解释的结论有违立法目的或导致不合理的结论时方会适用限缩解释。立法将《刑法》第356条规定于分则条文中并在表述上明显区别于累犯，正是突出了毒品再犯与总则中累犯在构成条件上的区别，反映了对毒品再犯从严打击的立法本意。在实践中也不是一味从严，而是在前罪的罪名范围上限制为五种毒品犯罪类型，体现宽严相济的刑事政策。②

三、《大连会议纪要》精神和最新案例展现了毒品再犯的特殊性

目前，在毒品再犯没有具有法律强制力的立法或司法解释的情况下，实践审判中最新的案例和会议精神对毒品再犯的适用具有较强的指导价值。

2008年《大连会议纪要》第8条规定：“只要因走私、贩卖、运输、制造、非法持有毒品罪被判过刑，不论是在刑罚执行完毕后，还是在缓刑、假释

---

① 参见李岚林：《我国毒品再犯制度之反思与重构》，载《河南财经政法大学学报》2014年第2期。

② 参见高贵君、方文军：《数罪并罚情形中毒品再犯的认定问题》，载《人民法院报》2007年9月26日。

或者暂予监外执行期间，又犯刑法分则第六章第七节规定的犯罪的，都是毒品再犯，应当从重处罚。”“应当在对其所犯新的毒品犯罪适用《刑法》第356条从重处罚的规定确定刑罚后，再依法数罪并罚。”

在2012年第8期《最高人民法院公报》上刊登的毒品犯罪典型案例“黎某某等贩卖毒品案”中，判决认为第二被告人赵某某曾因贩卖毒品罪被判刑，在暂予监外执行期间又犯贩卖毒品罪，系毒品再犯，应依法从重处罚。这就从司法判例的角度进一步认可了前述会议纪要中关于毒品再犯认定方面的会议精神，也为司法实践提供了明确的指引。

【附录】

编写人：张明莹（刑一庭法官助理）

案号：（2018）沪01刑初9号

合议庭：吴斌（审判长）、张金玉（主审法官）、张自强（人民陪审员）

8. 利用第三方支付平台获取关联银行卡内钱款行为的定性

——卫某盗窃案

【案例要旨】

第三方支付平台用户在前期已经完成账户绑定及信用卡授权，行为人采用猜配密码等方式登录第三方支付平台账户后，输入第三方支付平台的支付密码即可直接调配平台账户内或信用卡内的资金。此时，行为人在消费或转账过程中并未使用绑定信用卡的信息资料，没有侵害信用卡管理秩序，其行为在本质上仍属于以非法占有为目的秘密窃取他人财物的性质，应以盗窃罪论处。

【案情简介】

原公诉机关：上海市奉贤区人民检察院。

上诉人（原审被告人）：卫某。

2017年3月至2018年5月期间，上诉人（原审被告人）卫某在被害人孙某不知情的情况下，猜配密码后使用被害人孙某绑定QQ上的建设银行信用卡，通过QQ钱包、深圳财付通支付的方式多次进行手机充值、网上购物等日常消费，合计金额人民币7700余元。

【裁判结论】

一审法院认为：被告人卫某违反国家金融法规，以非法占有为目的，冒用他人信用卡进行诈骗活动，诈骗数额较大，其行为构成信用卡诈骗罪。遂作出判决：卫某犯信用卡诈骗罪，判处有期徒刑八个月。上诉人卫某以原判量刑过重为由提起上诉。

二审法院经审理后认为：上诉人卫某全程未通过窃取等非法方式获取被害

人的信用卡卡号、密码等信息资料，只实施了猜配QQ钱包密码并输入这一行为，该行为没有侵害信用卡管理秩序，其行为是以非法占有为目的，秘密窃取孙某绑定于第三方支付平台内的钱款，应构成盗窃罪，依法对原判定性予以纠正，维持原判有期徒刑八个月的量刑。

【评析意见】

司法实践中对利用第三方支付平台侵占他人财产的行为定性存在较大争议，主要涉及盗窃罪、诈骗罪、信用卡诈骗罪等。该类行为一般有两种方式：(1) 直接窃取第三方支付平台账户内的钱款，如支付宝内的余额和微信钱包内的零钱等；(2) 窃取与第三方支付平台绑定的信用卡内的钱款。

对上述行为的定性，司法实践中有不同的观点：

第一种意见认为，上述两种行为均构成诈骗罪。行为人未经允许冒充第三方支付账号的所有人，使用用户名和密码的行为属于虚构事实，隐瞒真相，第三方支付公司代行为人支付款项或转账，系基于错误认识处分财产，因此这类行为均构成诈骗罪。

第二种意见认为，利用第三方支付平台侵占他人财产的行为应分情况处理：对窃取第三方支付平台账户余额内钱款的行为，应认定为盗窃罪；对窃取第三方支付账户绑定的信用卡内钱款的行为，应根据《最高人民法院、最高人民检察院关于办理妨害信用卡管理刑事案件具体应用法律若干问题的解释》(以下简称《妨害信用卡解释》) 第5条规定[①]认定为冒用他人信用卡，本质上是以无磁交易方式实施的诈骗行为，应以信用卡诈骗罪论处。

第三种意见认为，上述两种行为均构成盗窃罪。第三方支付平台设置的系统针对客户的转账请求，只作形式审查，即判断提出请求者是否系该公司用户，并不做进一步判断。行为人在登录他人账户时他人并不知情，行为人的行为存在秘密性，属于以窃取方式获取他人信用卡信息并使用，与盗窃他人信用卡并使用的行为并无本质区别，故应以盗窃罪论处。

第四种意见认为，上述两种行为属于想象竞合犯。行为人的行为不仅符合《妨害信用卡解释》第5条第2款第 (3) 项关于信用卡诈骗罪的规定，也符合

---

① 《最高人民法院、最高人民检察院关于办理妨害信用卡管理刑事案件具体应用法律若干问题的解释》第5条第2款第 (3) 项规定："窃取、收买、骗取或者以其他非法方式获取他人信用卡信息资料，并通过互联网、通讯终端等使用的"，属于冒用他人信用卡，构成信用卡诈骗罪。

《刑法》第196条第3款关于构成盗窃罪的规定，同时构成信用卡诈骗罪与盗窃罪两罪，应从一重处，即以盗窃罪定罪处罚。

我们认为上述两种行为均应定为盗窃罪，具体分述如下：

一、通过第三方支付平台进行支付的行为不属于信用卡支付

第三方支付平台的性质决定了通过第三方支付平台进行消费的行为是否可以认定为传统的银行卡支付方式或信用卡支付方式，进而决定了相关侵权行为是否足以侵害信用卡管理秩序。

有观点认为通过第三方平台进行支付的行为属于信用卡支付方式。不能偏执地纠结于第三方支付平台系非金融机构，而忽视第三方支付方式与信用卡支付方式之间千丝万缕的联系（尤其是功能与使用方式完全一致），应将第三方支付方式视为信用卡的一种新型支付方式。①

另一种观点认为通过第三方平台进行支付的行为不属于信用卡支付方式。其认为第三方支付本质是网络支付方式，第三方支付平台是指具备一定实力和信誉保障的独立机构，其采用与各大银行签约的方式，提供与银行支付结算系统对接的交易支持平台，进而实现网络支付。②

我们认为通过第三方支付平台进行支付的行为不属于信用卡支付行为，单纯的支付行为不涉及信用卡管理秩序。首先，第三方支付平台不属于金融机构。2010年9月中国人民银行出台的《非金融机构支付服务管理办法》将包括第三方支付在内的第三方支付平台定性为非金融机构，非金融机构发行的第三方支付也不能视为金融机构发行的信用卡支付方式。其次，第三方支付业务属于具有中介性质的“类清算”业务。用户在使用第三方支付平台时，通常会绑定信用卡进行消费、充值或者转账等。根据第三方支付平台与银行的协议，平台为商家和银行之间提供“类清算”业务。③ 用户在完成绑定之后只要输入第三方支付平台的支付密码即可调配信用卡内的资金用以消费转账等。以支付宝为例，银行卡或信用卡绑定在支付宝账户之后，支付宝用户在进行转账消费

① 参见刘宪权：《论新型支付方式下网络侵财犯罪的定性》，载《法学评论（双月刊）》2017年第5期。

② 何俊：《论非法使用他人第三方网络支付账户行为之定性——以支付宝为例》，载《武汉交通职业学院学报》2017年第3期。

③ 参见李真：《互联网金融体系：本质、风险与法律监督路径》，载《经济与管理》2014年第5期。

时，不需要重复验证银行卡或信用卡信息。换言之，通过第三方平台进行单纯的支付行为并不涉及信用卡的管理和使用。

二、第三方支付平台没有处分财产的权限

支持上述两种行为构成诈骗罪的观点是在三角诈骗的理论下，认为行为人欺骗了第三方支付平台，第三方支付平台基于瑕疵给付意思处分了用户财产，用户因此受损。我们认为，根据既有支付规则，第三方支付平台对客户的财产不具有处分权限，也不处于可以处分用户财产的地位，因此对上述两种行为不宜认定为诈骗罪。

首先，第三方支付平台账户余额属于预付价值。以支付宝和财付通为例，根据《支付宝服务协议》及《财付通服务协议》的规定，第三方支付账户所记录的资金余额不同于银行存款，不受《存款保险条例》的保护，其实质为委托支付宝保管的、所有权归属于用户的预付价值，该预付价值对应的货币资金虽然属于用户，但不以用户名义存放在银行，而是以支付宝或财付通的名义存放在银行，并且由支付宝或财付通向银行发起资金调拨指令。[①] 据此，支付宝或财付通账户内的钱款和存款人直接储存在银行账户的钱款并不相同。

其次，第三方支付平台与用户间处于委托保管关系。以支付宝为例，支付宝用户注册账户并且将钱款存入其中后，支付宝用户和支付宝平台形成的是委托保管关系，支付宝没有任何处分用户账户内钱款的权限或者地位。

最后，用户对账户钱款有绝对的管理和控制能力。根据第三方支付平台的支付协议，只要用户登录用户名和登录密码，输入支付密码，第三方支付平台接到指令后需无迟延地履行转账付款的义务，即相关财产的处分权只属于平台用户。

综上，第三方支付平台实际上并不享有对用户钱款的处分权，因此不应通过三角诈骗的构成要件来认定上述两种行为。

三、利用第三方支付平台侵占他人财产的行为应认定为盗窃罪

对于直接窃取第三方支付平台账户内钱款的行为，因为钱款不是来源于信

---

① 参见《支付宝服务协议》第5条第（4）项第3款，载 https：//ds.alipay.com，访问日期：2018年11月29日。参见《财付通服务协议》第9条第（1）项第16款，网址：https：//tenpay.com，访问日期：2018年11月29日。

用卡内，行为人的行为与信用卡没有关联性，更不涉及对信用卡管理秩序的侵犯，因此应当认定为盗窃罪。

对于窃取与第三方支付平台绑定的信用卡内钱款的行为，我们认为行为人转移第三方支付平台账户内的钱款与转移该平台绑定的信用卡内的钱款的行为方式没有区别，只是资金来源不同，也应当认定为盗窃罪。具体而言，应重点从行为人采取的主要手段的性质和有无妨害信用卡管理秩序等方面予以考量。

(1) 从行为方式看，当行为人利用第三方支付平台仅仅将绑定的信用卡内的钱款转移或者消费时，既不属于窃取信用卡并使用的情形，也不属于窃取信用卡信息资料，通过互联网、通讯终端进行使用的情形，而属于以秘密手段非法转移他人占有财物的情形，应认定为盗窃罪。(2) 从侵害法益看，由于被害人绑定信用卡时已通过输入信用卡卡号和密码完成授权，行为人输入第三方支付平台的支付密码后，支付平台接受支付指令并发送相应指令给银行，银行根据指令作出支付动作，以此完成钱款的转移，行为人自始至终并未使用绑定信用卡的信息资料，并无侵害信用卡管理秩序，不宜以信用卡诈骗罪定罪处罚。如果行为人通过第三方支付账户对他人信用卡重新绑定或对已经绑定的信用卡做一些关键指令的修改，此时才体现出了对银行信用卡管理秩序的破坏，符合《妨害信用卡解释》第5条第2款第(3)项关于冒用信用卡的规定，应以信用卡诈骗罪认定。

本案中，卫某猜配QQ钱包等第三方支付平台的支付密码后，并未通过窃取等非法方式获取被害人的信用卡卡号、密码等信息资料，与信用卡诈骗罪中获取他人信用卡信息资料并使用有明显区别，没有侵害信用卡管理秩序，其秘密窃取被害人孙某绑定于该第三方支付平台的信用卡内的钱款，应构成盗窃罪。

【附录】

编写人：黄琦（刑二庭法官助理）

一审案号：(2018) 沪0120刑初880号

二审案号：(2018) 沪01刑终1750号

二审合议庭：任素贤（审判长）、于书生、秦现锋（主审法官）

9. 勒索型非国家工作人员受贿罪与敲诈勒索罪的区别

——陈某敲诈勒索案

【案例要旨】

勒索型非国家工作人员受贿罪与敲诈勒索罪的主要区别在于行为人在索取财物时是否利用了职务便利以及索取行为是否与职权直接关联，需重点考察三个方面：(1) 行为人索取财物的事由是否基于职务便利获取；(2) 行为人利用职权要挟他人并索取财物是否与职权直接关联；(3) 被害人给付钱款是否基于行为人利用职权要挟所产生的恐惧或担忧。

【案情简介】

原公诉机关：上海市松江区人民检察院。

上诉人（原审被告人）：陈某。

陈某系K公司审计经理。2016年11月1日，K公司人力资源总监曾某因被举报在职期间存在财务及私生活问题被公司停职，K公司安排陈某及公司法务罗某对曾某进行稽核调查。稽核过程中，陈某掌握了曾某存在侵吞公司“交际费”、生活作风混乱、谎称岳父是公安局领导等问题。

后陈某隐瞒自己的真实身份，以“特朗普”的昵称添加曾某微信。在微信交流中，陈某始终以“特朗普”名义全程隐匿自己姓名。陈某威胁曾某将相关问题通知其妻子和相关部门等，并以能帮助曾某解决相应麻烦为由，向曾某索要钱款200万元。期间，陈某还以曾某家人会被骚扰、黑社会将拜访曾某家人为由进行威胁。曾某向侦查机关报案，在警方未告知案件进展的情况下，曾某分别向陈某指定的银行账户转账10万元、40万元。

【裁判结论】

一审法院认为：被告人陈某以非法占有为目的，采用威胁手段，敲诈他人钱款，其行为已构成敲诈勒索罪，且数额特别巨大，遂作出判决：被告人陈某犯敲诈勒索罪，判处有期徒刑十年。

一审判决后，陈某以原审判决定性有误为由提出上诉，认为其应构成非国家工作人员受贿罪而非敲诈勒索罪。

二审法院经审理后认为：从要挟事由、联系方式、给付钱款理由等方面看，如认定陈某的行为构成非国家工作人员受贿罪，存在对其行为评价不足、评价不充分的问题，应认定陈某的行为构成敲诈勒索罪，遂裁定驳回上诉，维持原判。

【评析意见】

本案中，行为人陈某虽然多次微信联系被害人曾某并以多个理由对曾某进行威胁，但是这些威胁勒索信息是针对同一法益的、且在同一犯意下所为的具有持续性的一次行为，应当对陈某的多个勒索举动进行整体评价，其实质上属于单纯的一罪，不能适用数罪并罚规则。为了对陈某的行为进行正确评价，需要考量选择适用的罪名是否可以对其不法行为进行全面、充分的评价。这涉及勒索型非国家工作人员受贿罪与敲诈勒索罪的区分问题。两罪的主要区别在于行为人实施勒索行为是否利用了职务便利或勒索事由是否超出了利用职务便利的范围。通常认为非国家工作人员受贿罪中的利用职务上的便利索取贿赂，是指他人有求于行为人的职务行为，或者行为人事实上正在或者已经实施了职务行为，而向他人索取财物，使该财物成为其将要实施的或许诺的、正在实施的或者已经实施的职务行为的不正当报酬，这种不正当报酬成为职务行为的对价。[①] 我们认为，对该要件的审查需同时考察三个方面：第一，行为人索取财物的事由是否基于职务便利获取；第二，行为人是否利用职权要挟他人并索取财物；第三，被害人给付钱款是否基于行为人利用职权要挟所产生的恐惧或担忧。只有全部满足前述三个条件的情况下，才构成非国家工作人员受贿罪。

---

① 参见张明楷：《刑法学》（第五版），法律出版社2016年版，第1209～1210页。

一、行为人索取财物的事由是否基于职务便利获取

“利用职务上的便利”是指利用本人职务范围内的权力，即自己职务上主管、负责或者承办某种公共事务的职权所造成的便利条件。[①] 只有非国家机关工作人员的行为人索取财物的事由均基于其职务便利获取时，才可能构成非国家工作人员受贿罪。审判实践中，需要区分“利用职务便利”和“利用工作便利”。“利用工作便利”既可被理解为利用执行职务行为所产生的权力制约作用，也可被理解为利用从事某种工作的时机、对工作环境的熟悉、在工作过程中建立的人际关系、在工作单位偶然获得的某种信息等。[②] 显然，“利用工作便利”的范围大于“利用职务便利”的范围，如果行为人对被害人的威胁内容超出了行为人的职权范围，则至多算作利用工作便利获得勒索事由，此时便应构成敲诈勒索罪而不是非国家工作人员受贿罪。其中，索取钱款所涉事由的真伪与与利用职务便利的认定并无关联，即使勒索事由本身虚假，也不影响勒索型非国家工作人员受贿罪的认定。

本案中，陈某索要钱款的事由确系其利用职务便利获取，理由是：其一，陈某对曾某进行稽核是基于公司的安排，属于其职责范围。陈某作为K公司稽核长，曾某被停职后，公司让陈某等对曾进行稽核，陈某具有负责调查曾某的职务便利。其二，陈某所掌握的向曾某索要钱款的事由，如侵吞公司“交际费”、生活作风混乱、谎称岳父是公安局领导等，均系陈某利用稽核调查陈某的职务便利、通过职务行为获得。

二、行为人的勒索行为是否与职权产生的权力具有直接关联性

勒索型非国家工作人员受贿罪是利用职务上的便利来勒索他人，其索要财物的行为与行为人因职务所产生的权力有直接关联性，这种关联性主要体现在行为人将自己的职务行为与他人财物结成不正当的对价关系，进而主动向他人讨要财物。对此需重点考察两个方面：第一，被索贿人对于索贿人的职务行为以及该职务行为与被勒索财物的对价关系应有明确认知。第二，勒索行为的根源在于职务产生的权力。如果勒索事由与职务权力没有直接关联，以非国家工作人员受贿罪进行评判会存在评价不足或评价不充分的问题。

---

① 朗胜：《刑法释义》（第五版），法律出版社 2011 年版，第 660 页。

② 朱启鹤：《受贿罪中的“利用职务便利”解读》，载《中国检察官》2012 年第 9 期。

本案中，陈某向曾某索取财物的主要事由是曾某侵吞公司财物被稽查并将移送司法机关，另两个事由分别是个人私生活问题将通知其妻子、因谎称岳父是公安局领导会导致岳父接受调查。第一个事由确系陈某利用其稽核、调查职权实施要挟，但后两个事由与陈某职务产生的权力没有直接关联：其一，被害人在案发前并不明确知晓“特朗普”即陈某。陈某匿名联系被害人索取钱款，在微信联系中也一直表述“他们要对曾某采取什么措施”以及“帮曾某摆平他们”等，属于特意隐瞒自己身份，被害人曾某在陈某被抓前也并不知晓索要钱款人的身份。其二，单位稽核部门无法对个人私生活问题和谎称岳父身份问题进行处罚，陈某以这两项事由进行勒索，已经超出了其职务所产生的权力范围，被害人不会对该项事由产生基于陈某职务权力的恐惧或担忧。

三、被害人给付钱款是否基于职权要挟所产生的恐惧或担忧

无论是敲诈勒索罪还是勒索型非国家工作人员受贿罪，被害人都是受到威胁或强迫，因陷入恐惧而不敢或不能反抗并作出不真实的意思表示。两罪的区别在于被害人的恐惧或担忧是否因行为人的职权所产生进而给付钱款。勒索型非国家工作人员受贿罪中行为人的职务身份或职务权力是对被害人产生心理强制的关键。通常情况下行为人利用职权要挟的手段相较于敲诈勒索罪而言，采用暴力威胁的可能性较低。

本案中，被害人曾某给付钱款并非完全基于陈某利用职权要挟所产生的恐惧或担忧，理由是：第一，陈某以曾某家人会被骚扰为由进行威胁，曾某给付钱款很大程度上是因为自己和家人不胜其扰，并非仅仅基于陈某的职权而担心公司稽核问题。第二，陈某曾以黑社会将拜访曾某家人为由进行威胁，曾某担心家人的健康安危而不得不给付钱款，这种以恶害相通告的恐吓程度已经超过了陈某利用职务便利所能产生的威胁，此种人身威胁的暴力程度也已经超出一般索贿行为。因此，曾某给付钱款并非完全基于陈某利用职权要挟所产生的恐惧或担忧。虽然陈某索取财物的事由是利用其职务便利获取，但是陈某的勒索行为并非全部与其职务产生的权力有关，被害人给付钱款亦非基于对陈某职权的恐惧或担忧。如认定陈某的行为构成非国家工作人员受贿罪，存在对其行为评价不足、评价不充分的问题，故应认定陈某的行为构成敲诈勒索罪。

【附录】

编写人：侯文静（刑二庭法官助理）

一审案号：（2017）沪 0117 刑初 920 号

二审案号：（2018）沪 01 刑终 299 号

二审合议庭：李长坤（审判长兼主审法官）、巩一鸣、韦庆

10. 非法利用信息网络传授犯罪方法的行为定性

——刘某传授犯罪方法案

【案例要旨】

非法利用信息网络传授犯罪方法的，同时构成非法利用信息网络罪和传授犯罪方法罪，其中非法利用信息网络的行为是手段行为，传授犯罪方法的行为是目的行为，二者构成牵连犯，需择一重罪处罚，应当以传授犯罪方法罪定罪量刑。

【案情简介】

原公诉机关：上海市徐汇区人民检察院。

被告人：刘某。

2016年10月起，被告人刘某在互联网建立名为“J幼儿园”的QQ聊天群，通过收费方式传授破解软件操作技巧并发布相关平台漏洞“线报”。该软件可在网络环境中抓取并修改相关数据包。2017年2月27日，刘某从他人处获得N金融信息服务公司运营的N金融平台充值漏洞包的“线报”（含操作方法），随即在“J幼儿园”聊天群内予以转发。群内成员赵某、汤某及董某获悉上述“线报”后，各自利用破解软件，在注册充值N金融平台账户过程中通过修改充值数据的方式实施盗窃，共计39900余元。董某又将该线报传授给冯某，冯某采用相同方法盗窃199900余元。

上海市徐汇区人民检察院认为被告人刘某的行为应当以传授犯罪方法罪追究其刑事责任。

【裁判结论】

一审法院认为：被告人刘某向多人传授犯罪方法，造成公司财产损失，其行为已构成传授犯罪方法罪。被告人刘某到案供述自己的罪行，依法予以从轻处罚，遂判处其有期徒刑两年六个月。上诉人刘某以原判量刑过重为由提起上诉，请求二审法院对其减轻处罚并适用缓刑。

二审法院经审理后认为：一审判决根据被告人犯罪的事实、性质、情节、社会危害程度及损失追回情况，对上诉人刘某所作出的判决，定罪准确，量刑适当，且诉讼程序合法。遂驳回上诉，维持原判。

【评析意见】

近年来信息网络犯罪数量日益增多，立法机关根据实践情况适时将网络犯罪的预备行为实行化，作为犯罪处理。《刑法修正案（九）》规定，利用信息网络实施下列行为之一且情节严重的构成犯罪：（1）设立用于实施诈骗、传授犯罪方法、制作或者销售违禁物品、管制物品等违法犯罪活动的网站、通讯群组的；（2）发布有关制作或者销售毒品、枪支、淫秽物品等违禁物品、管制物品或者其他违法犯罪信息的；（3）为实施诈骗等违法犯罪活动发布信息的。该项规定把网络信息犯罪的预备行为作为犯罪处理，不管犯罪行为人最后是否实施了违法犯罪活动，只要行为人利用信息网络实施了上述法定预备行为并且情节严重，均构成非法利用信息网络罪。

该罪系新设罪名，在具体运用中需注意以下几点：

一、准确认定该罪的手段行为和内容行为

非法利用信息网络罪的手段行为是利用信息网络，内容行为是为了实施特定的违法犯罪活动。该罪中的信息网络是指以计算机、电视机、固定电话机、移动电话机等电子设备为终端的计算机互联网、广播电视网、固定通信网、移动通信网等信息网络，包含向公众开放的局域网络。该罪中的“违法犯罪活动”是法律明文列举的特定行为类型，具体行为方式包括：（1）设立违法犯罪活动的网站、通讯群组。这里的设立既包括注册域名、制作界面、购买或者租赁服务器等建立网站行为或者注册通讯群组行为；也包括在已有合法网站或者通讯群组基础上，更改网站内容或者变更通讯群组人员，从而使更改后的网站和通讯群组主要用于实施诈骗、传授犯罪方法、制作或者销售违禁物品、管制物品等违法犯罪活动。网站是指可以通过互联网域名、IP 地址等方式访问的内容提供站点。通讯群组是指利用互联网建立的主要用于传播淫秽电子信息的群组，比如微信群、QQ 群、聊天室。（2）发布违法犯罪信息。发布关于毒品、枪支、淫秽物品等违禁物品、管制物品的制作或者销售信息，以及其他违

法犯罪信息。(3)为实施诈骗等违法犯罪活动发布信息。强调发布信息的目的，主要针对近年来人民群众反映强烈的短信诈骗、电信诈骗、网络诈骗等违法犯罪活动。

利用信息网络准备违法犯罪活动的行为实质上是预备行为，立法者基于“打早打小”的策略将其实行化，将该类行为的规制时间提前，把可能造成法益侵害结果的行为扼杀于萌芽之中。与此同时，立法者为了防止刑法提前介入的过度泛化，选择“列举式条文”明确预备行为的后续犯罪类型，并要求达到情节严重才可以认定为犯罪，以此限制该罪的处罚范围。因此，在处理非法利用信息网络行为时，应当重点考察行为人的手段行为及内容行为是否符合该法条规定。

二、综合认定非法利用信息网络行为的情节是否严重

非法利用信息网络罪属于情节犯，必须满足情节严重的明文规定。由于本罪是把犯罪预备的状态拟制为犯罪，因此其犯罪行为一直停止在预备阶段，而网络空间中预备行为后续的实行行为在数量和性质上都具有高度的不确定性，继而易导致犯罪预备行为无法定性。[①] 因此在实践中还需要进一步明确如何认定情节严重。

虽然刑法及相关司法解释尚未对非法利用信息网络罪中“情节严重”的标准进行细化规定，但在类似犯罪中有相近规定，并提示了认定该类犯罪时需要着重考虑的要素。通过电信网络实施诈骗的行为与非法利用信息网络的行为具有相似性。2016年最高人民法院、最高人民检察院、公安部共同颁布的《关于办理电信网络诈骗等刑事案件适用法律若干问题的意见》，对电信网络诈骗的“其他严重情节”作出了具体规定：因犯罪嫌疑人、被告人故意隐匿、毁灭证据等原因，致拨打电话次数、发送信息条数的证据难以收集的，可以根据经查证属实的日拨打人次数、日发送信息条数，结合犯罪嫌疑人、被告人实施犯罪的时间、犯罪嫌疑人、被告人的供述等相关证据，综合予以认定。该条规定也将电信网络诈骗中的预备行为实行化作为犯罪处理，区别仅在于该罪中的预备行为被认定为诈骗罪的犯罪未遂。

因此对非法利用信息网络罪情节严重的认定，可以参考本条规定中考量的核心要素，具体而言，可以结合行为人所发布信息的具体内容、数量、扩散范

① 丁志刚：《网络空间中犯罪预备行为的制裁思路与体系完善》，载《法学家》2017年第6期。

围，获取非法利益的数额，受害人人数，造成的社会影响等因素进行综合考量。

三、非法利用信息网络同时构成其他犯罪应择一重罪处罚

非法利用信息网络同时构成其他犯罪的，依照处罚较重的规定定罪处罚。非法利用信息网络罪实质上属于一种“兜底性罪名”，主要适用于无法以实行行为评价的网络犯罪预备行为，一定程度上可以视为一个新设的“口袋罪”，所以立法机关设定的法定刑相对较轻。在与其他罪名发生竞合时，应根据想象竞合犯或牵连犯的法理，适用较重刑罚的罪名，以实现对预备行为的充分评价。具体而言，可以分为以下三种情况：

1. 如果行为人明知他人要实施犯罪，为其利用信息网络，设立了用于实施该犯罪方法的网站、通讯群组，情节严重的，既构成非法利用信息网络罪，也构成他人实施犯罪的帮助犯。此时构成想象竞合犯，应择一重罪处罚。

2. 行为人为了自己实施犯罪，设立用于实施犯罪的网站、通讯群组，情节严重的，既符合本罪的犯罪构成，也成立准备实施犯罪的预备犯，也构成想象竞合犯，需择一重罪处罚。

3. 行为人设立用于实施犯罪的网站、通讯群组，情节严重的，后又在该网站、通讯群组中传授犯罪方法的构成牵连犯，属于手段行为和目的行为的牵连，也应择一重罪处罚。

本案中，被告人刘某在互联网上建立了QQ聊天群，并且在群里通过收费方式传授犯罪方法，促使多人使用该方法实施了犯罪，既有非法利用信息网络的行为，也有传授犯罪方法的行为，二者系手段行为和目的行为的关系，属于牵连犯，应择一重罪处罚，以传授犯罪方法罪定罪量刑。

【附录】

编写人：陈霄（刑一庭法官助理）

一审案号：（2017）沪0104刑初1070号

二审案号：（2018）沪01刑终234号

二审合议庭：吴斌（审判长）、陈兵、王晓越（主审法官）

11. 因被害人反抗致被告人生理不能而放弃强奸的应认定为强奸未遂

——南某强奸抗诉案

【案例要旨】

强奸犯罪中被告人因被害人反抗、被告人生理不能、被害人处于生理期等综合因素而强奸未逞的，应综合案件事实，准确把握导致被告人未得逞的主要原因，以区分强奸中止和强奸未遂。对于因被害人反抗致被告人生理不能而放弃强奸的，应认定为强奸未遂。

【案情简介】

被告人：南某。

2018年4月，被告人南某在上海市D区某宾馆附近将同事被害人魏某（女，2003年11月生）拦下，并以躲雨为由欲将魏某带至宾馆开房，遭到拒绝后，被告人南某将魏某强行抱至宾馆旁的小弄堂内，欲强行与被害人魏某发生性关系，后因被害人处于生理期、被害人挣扎反抗、被告人因生殖器无法勃起而放弃犯罪。案发后，被告人南某在家属的帮助下对被害人魏某进行了赔偿并取得谅解。

【裁判结论】

一审法院经审理认为：被告人南某违背妇女意志，采用暴力手段欲强行与未成年人发生性关系，其行为已构成强奸罪。南某因被害人处于生理期及挣扎反抗而自动放弃犯罪，是犯罪中止，依法减轻处罚，判决被告人南某犯强奸罪，判处有期徒刑六个月。检察机关以一审判决认定强奸中止错误，量刑畸轻为由提起抗诉。

二审法院经审理后认为：原审被告人南某实施强奸犯罪行为发现被害人处于生理期时并未放弃犯罪，被害人持续挣扎反抗并打了南某一记耳光，南某才放开被害人。原审被告人南某已经着手实行犯罪，由于其未能勃起，属于意志以外的因素而未得逞，是犯罪未遂。原审被告人南某系对未成年人实施强奸犯罪，依照相关依法惩治性侵害未成年人犯罪的规定，应当从重处罚。遂撤销原审判决，判处原审被告人南某有期徒刑一年六个月。

【评析意见】

本案争议焦点有三个方面：(1) 因综合事由导致强奸未得逞时如何正确区分犯罪未遂和犯罪中止。(2) 强奸犯罪中被告人积极赔偿并取得被害人谅解的是否应当大幅从轻处罚。(3) 性侵害未成年人的犯罪是否从重处罚。

一、强奸犯罪中被告人因生理不能未得逞的应认定强奸未遂

犯罪中止与犯罪未遂的关键区别在于是否因意志以外的原因导致犯罪未能完成，如果发生了意志以外的原因导致犯罪未完成，构成犯罪未遂；如果不受意志以外的原因影响自动停止犯罪行为或自动有效防止犯罪结果发生的，构成犯罪中止。司法实践中，意志以外原因的认定较为复杂。我们认为，如果意志以外的原因只是使犯罪意志受到一定影响，犯罪意志仍能抵消意志以外原因的作用时，即行为人仍可掌控犯罪的进程及结果时，此时停止犯罪的，仍然属于主动放弃犯罪，应认定为犯罪中止；如果意志以外的原因完全抑制犯罪意志，此时未能完成犯罪行为则属于被动停止犯罪，应认定为犯罪未遂。意志以外的原因应当同时包含行为人身外的原因和行为人自身的与犯罪意志相悖的原因。

本案中，南某对被害人实施了脱衣、摸胸、亲嘴等猥亵行为，已经着手强奸行为，如果在发现被害人处于生理期时自动停止犯罪，则属于犯罪中止，因为生理期属于身外的但不足以抑制行为人犯罪意志的原因，停止犯罪属于主动停止；但南某在发现被害人处于生理期时，仍继续实施侵害行为，被害人从始至终都在进行激烈呼救、反抗和抵制，在这种抵抗下，行为人因生殖器无法勃起而无法完成强奸，应当认定为犯罪未遂，原因在于南某发现被害人处于生理期时，并未自动放弃犯罪，只是在被害人激烈反抗这个意志以外的原因作用下，导致其生殖器勃起不能，这属于行为人自身的与其犯罪意志相悖的原因，且该原因完全抑制了强奸意志，因此南某属于欲为而不能。

二、强奸犯罪中被告人赔偿并取得被害人谅解的亦不宜大幅从轻处罚

实践中，对于赔偿和被害人谅解等情节一般遵循“悔罪—赔偿—谅解—从

宽”的处理思路。在这一思路中，赔偿被认为是被告人悔罪的证据，被害人的谅解则被视为修复被破坏的社会关系，通常认为在赔偿基础上的谅解是被告人人身危险性降低以及对被破坏社会关系的修复。高院的量刑指导意见规定，对被告人积极赔偿被害人经济损失的，综合考虑犯罪性质、赔偿数额、赔偿能力、被害人或家属的谅解程度等情况，可以减少基准刑的30%以下。

但在具体适用中，需要考虑到犯罪性质、罪行轻重和谅解的因素。强奸犯罪中的谅解应与轻伤害等一般犯罪相区别，强奸罪不仅侵害妇女的身体权、性自主权，也严重破坏社会秩序和公序良俗。即使被害人表示谅解，但因为强奸罪的敏感性、特殊性，其危害程度远远高于普通的轻伤害犯罪，不能较大幅度地从轻处罚。对于符合《刑法》第236条第2款、第3款，奸淫不满14周岁幼女以及在公共场所当众强奸妇女、2人以上轮奸等情形的，即便赔偿并取得被害人谅解，在量刑上也可酌情不予从轻处罚。

三、强奸及其他性侵害未成年人的犯罪应从重处罚

未成年人身心发育尚未成熟，一旦遭受强奸其身体和心理都会受到严重创伤，甚至在多年以后都难以恢复，会给正常的婚姻、工作和生活带来不可估量的消极影响。行为人的人身危险性和犯罪对社会的危害性都远远高于一般强奸犯罪，对之应当从重处罚。

《最高人民法院、最高人民检察院、公安部、司法部关于依法惩治性侵害未成年人犯罪的意见》明确对强奸未成年人犯罪依法应当从严惩处。本案中一审判决对这一重要量刑情节有所忽视，仅考虑到南某具有犯罪中止、坦白、赔偿并取得谅解三个从轻情节，最终判处有期徒刑六个月，造成了量刑畸轻。法院在审理强奸及其他性侵害未成年人案件时应坚持从严惩处的原则，依法从重处罚，切实保障未成年人的合法权益。

【附录】

编写人：王晓越、孟凡具（分别系刑一庭审判员、刑一庭法官助理）

一审案号：（2018）沪0115刑初2176号

二审案号：（2018）沪01刑终1548号

二审合议庭：吴斌（审判长）、陈兵、王晓越（主审法官）

12. 准备投案型自首的认定标准

——李某故意杀人案

【案例要旨】

准备投案型自首的认定应严格坚持主客观相一致的标准：(1) 行为人主观上有准备自动投案的意愿且有证据印证该意愿；(2) 客观上有准备投案的行为表现；(3) 到案后的如实供述具有连贯性和稳定性。

【案情简介】

公诉机关：上海市人民检察院第一分院。

被告人：李某。

2016 年 10 月 18 日，G 派出所民警接群众报案后，至本市 L 镇 P 路某小区 A 楼 201 室，发现被害人费某尸体，经排查后锁定李某具有重大作案嫌疑。10 月 19 日，公安人员排查至李某妹妹暂住处时，将在此处经家人规劝准备前去投案的李某抓获。到案后，李某对因情感纠葛而对费某扼压颈部致死的事实供认不讳。

【裁判结论】

法院经审理后认为：被告人李某构成故意杀人罪。李某逃至其妹妹暂住处后，在家人规劝下确已准备投案，在公安人员对其实施抓捕时亦未反抗。到案后，李某对杀人事实供认不讳，其行为构成自首，可对其从轻处罚，遂判处被告人李某死刑，缓期二年执行，剥夺政治权利终身。判决后，李某未上诉。

【评析意见】

本案争议焦点在于李某是否构成自首。这涉及准备投案型自首的认定标准，根据《最高人民法院关于自首和立功具体应用法律若干问题的解释》，准备投案型自首是指行为人虽然没有主动、直接的投案行为，但经查证确已准备投案且到案后如实供述的情形。[①] 准备投案型自首的认定，应从以下三个方面进行考量：行为人是否具有明示或默示的投案意思表示、行为人客观上是否有准备投案的外在表现、行为人到案后是否对其罪行进行持续且稳定的如实供述，具体分述如下：

一、主观上有准备自动投案的意思表示

司法实践中，有行为人坚持其具有投案意图或准备去投案，但在被司法机关抓获前没有投案行为，司法机关对此应严格审查其是否存在投案意思表示。我们认为，行为人主观上是否具有自动投案意愿，可以根据其自身供述及客观证据来综合认定。行为人主观上的投案意愿通常可以通过其客观行为表现出来，对于没有实际投案行为的，在没有证据足以证明其确有投案意愿的，一般不能视为自动投案。本案中，李某在公安机关询问时当即表示其已准备次日早晨去自首，本案其他证人的证言也证明李某在被公安机关抓获前在亲人的劝说下已同意次日前往自首。李某的供述与其他证人的证言相互印证，可以证明李某具有准备投案的主观意愿。

二、客观上有准备投案的外在表现

自首是法定从轻或减轻情节，其根据在于自首行为人的主观恶性和人身危险性较其他行为人有所降低。“视为自动投案”是特殊自首的构成要件，其适用也需要以行为人的主观恶性和人身危险确实降低为必要条件。我们认为，通过行为人客观行为对其投案是否构成障碍，可以判断出行为人的主观恶性和人身危险性是否降低，进而可以决定能否对行为人适用“视为自动投案”的规定。只有当行为人的客观行为对司法机关的控制行为不构成障碍时，才可以适用“视为自动投案”的规定。具体而言，行为人的行为通常表现为以下几种形式：（1）行为人在客观上为自首积极地创造条件、安排自己的家事或者处理其他事情；（2）行为人被抓捕时无反抗或逃跑行为。但是如果时间和条件允许，行为人没有正当理由却一直没有投案迹象的不应视为自动投案。

本案中，李某虽然没有实质性的投案行为，系在公安机关排查时被抓获，

① 《最高人民法院关于处理自首和立功具体应用法律若干问题的解释》第1条第（1）项规定：“经查实确已准备去投案，或者正在投案途中，被公安机关抓获的，应当视为自动投案。”

但其在被公安机关抓获时即表示准备次日早晨在家人陪同下前往自首，相关证人证言证明其的确存在投案的意愿，李某的行为没有给投案造成障碍；李某在被公安机关抓获时，并未有逃跑或者反抗的行为，而是主动坦白身份积极归案，符合准备投案型自首的客观行为要求。

三、到案后的如实供述具有连贯性和稳定性

《上海市高级人民法院关于对刑法总则适用若干问题的解释》明确："投案的内涵必然要求犯罪嫌疑人应当认罪或者至少应当承认自己的行为与犯罪案件存在关联或者一定的责任。否则犯罪嫌疑人虽然自动来到司法机关，但不能认定为自动投案。"准备投案型自首对"如实供述"的要求应当比一般自首要更加严格，原因在于：（1）准备投案型自首通常发生在公安机关即将抓获行为人的时间点，行为人在投案的自动性上有所降低，只有对如实供述从严要求，才能与人身危险和主观恶性更低的一般自首实现同质评价。（2）准备投案型自首发生时通常已经启动了侦查程序，占用了办案资源，司法机关对其自首的期待性同一般自首相比大大降低，需要对其适用与一般自首相比更为严格的标准。如果犯罪嫌疑人或者被告人在庭审之前或者庭审中翻供，即使在庭审结束前又如实供述，那么其自首的主动性和自动性就大大减低，不能证明其人身危险和主观恶性有明显减弱，不能将其认定为自首，只有行为人到案后如实供述，且供述稳定没有翻供行为时，才可以认定为自首。

本案中李某到案后即清楚地供述杀人的事实和时间、地点。在之后历次公安机关和检察机关的讯问中，李某均表示认罪、悔罪；在法庭的庭审阶段，李某对于公诉机关指控的事实和相关证据没有异议，再次表示认罪悔罪，供述具有连贯性和稳定性，应当认定为准备投案型自首。

【附录】

编写人：李璟钰、曾筱宇（分别系刑一庭法官助理、实习生）

一审案号：（2017）沪01刑初28号

一审合议庭：吴炯（审判长）、王传伟（主审法官）、张自强

13. 伪造并使用虚假银行存单取款的行为定性

——何某伪造金融票证案

【案例要旨】

对行为人明知他人名下无存款而伪造该人名下的银行存单取款未得逞的，危险并不实际存在，使用该虚假银行存单的行为是不能犯，只能以伪造金融票证罪一罪处罚。

【案情简介】

原公诉机关：上海市浦东新区人民检察院。

被告人：何某。

2016年6月，被告人何某在明知其母亲龚某在工商银行并无任何存款的情况下，通过互联网以人民币5000元的价格让他人伪造了三张以龚某为存款人的、总面额为645万元的工商银行定期储蓄存单，交由龚某保管。2018年3月，因银行工作人员上门催收信用卡欠款，何某与不知道实情的龚某持上述三张伪造的银行存单至工商银行取款，被银行工作人员识破后报警。

【裁判结论】

一审法院认为：被告人何某违反金融票证管理法规，伪造银行存单，其行为已构成伪造金融票证罪，遂判决被告人何某犯伪造金融票证罪，判处有期徒刑两年，罚金四万元。一审判决后，被告人何某以量刑过重为由提起上诉。

二审法院经审理后认为：原判认定事实清楚，证据确实、充分，适用法律正确，故依法裁定驳回上诉，维持原判。

【评析意见】

本案中，何某伪造银行存单的行为构成伪造金融票证罪并无争议，但对何某使用伪造的银行存单取款的行为如何定性存在不同观点。这涉及如何区分痴愚犯、不能犯和未遂犯。我们认为，痴愚犯与不能犯的区别在于，痴愚犯行为人的认知能力弱于一般社会成员，且其客观行为不具有任何科学基础或一般社会经验基础。不能犯与未遂犯的区别在于，不能犯虽然在形式上着手实行行为，但一般人在其行为实施的时点，基于社会一般认知，通常认为其行为不存在引起或支配既遂结果的现实、紧迫危险。我们认为何某的行为只构成伪造金融票证罪，其使用伪造银行金融票证的行为由于银行系统的电子化联网，不具有银行钱款被骗的现实紧迫危险，属于不可罚的不能犯。

一、何某使用伪造的银行存单取款的行为不属于痴愚犯

我国传统观点认为，痴愚犯（或称为愚昧犯、迷信犯）是“行为人由于极端愚昧无知，而采取没有任何客观依据、在任何情况下都不可能产生实际危害结果的手段，意图实现自己所追求的危害结果”，[①] 这是“行为人出于愚昧无知，把实际生活中根本不可能发生的事，作为自己行为的基础，这种行为并不存在社会危害性，当然不负刑事责任”。[②] 根据这一定义，痴愚犯主体的认知能力是弱于一般人的，痴愚犯的客观行为不具有任何科学或社会经验基础，且任何时候均不会发生现实的法益侵害结果。

本案中，何某持虚假存单至银行取款并非是由于极端愚昧无知。何某原本想通过伪造银行存单骗取小额贷款公司贷款，后因故将存单暂放于母亲处，何某母亲在不知道该存单系伪造的情况下将该虚假存单出示给信用卡催收人员，希望信用卡催收人员给予适当的还款宽限期，但信用卡催收人员强行将坐在轮椅上的何某母亲抬上车并要求何某共同去银行取款，何某无奈之下随同前去取款。由此可见，何某并非由于极端愚昧无知而使用虚假银行存单，不应认定为痴愚犯。

二、何某使用伪造的银行存单取款的行为属于不能犯

不能犯是一种不可罚的行为，其本质是缺乏实现犯罪的危险性，所以不可能成立犯罪；而未遂犯是具有法益侵害的紧迫危险的行为。[③] 我们认为，不能犯与未遂犯区别在于行为的危险性不同，行为具有法益侵害的现实危险性时成

---

① 陈兴良主编：《刑法学》（第二版），复旦大学出版社 2010 年版，第 171 页。

② 高铭暄主编：《刑法学》（修订本），法律出版社 1984 年版，第 179 页。

③ 张明楷：《刑法学》（第四版），法律出版社 2011 年版，第 329 页。

立未遂犯，行为不具有法益侵害的现实危险性时成立不能犯。行为危险性的判断需要考察三个维度：（1）从客观的角度，判断行为本身是否有引起、支配既遂结果的危险。这一危险不是绝对客观的概念，而是一种可感知的危险。（2）从主观的角度，判断行为人是否由于经验知识上显而易见的无知，才使得既遂结果未发生。（3）从判断主体的角度，应当以行为时一般人所认识到的情况以及行为人特别知道的情况为基础进行判断，如果一般人能够感受到结果发生的危险，则成立未遂犯。①

对本案中何某行为的认定也需要进行三个维度的考察：首先，从客观方面看，何某的客观行为表现为明知其母亲名下没有存款的情况下，仍持虚假银行存单到银行取款，在银行系统电子化联网的情况下，该取款行为不会产生银行钱款被骗取的危险。其次，从主观方面看，银行系统的电子化联网已经成为社会共同的经验知识，何某的使用行为是在主观经验知识严重欠缺的情形下实施的行为。从判断主体的角度看，何某并无高于一般人的特别认识，仍需从一般人的认识角度进行判断。本案中，一般人均可认识到在何某母亲无存款时，后续使用虚假存单的行为不会成功取款，该行为并不具有导致银行资金流失的风险，不具有法益侵害的客观现实危险。何某使用虚假存单的行为是不能犯，而不构成金融凭证诈骗罪的未遂犯。然而，如果行为人明知其他人名下有存款，并在他人不知情的情况下伪造了银行存单后至银行存款的，根据社会一般人的认识，行为人有可能在银行工作人员未能识破虚假存单的情况下将他人名下的存款冒领，所以行为人的行为仍具有法益侵害的现实危险性，此时可以成立金融凭证诈骗罪和伪造金融票证罪的牵连犯，根据从一重罪处罚原则，应当以金融凭证诈骗罪定罪处罚。

综上所述，何某伪造银行存单的行为已构成伪造金融票证罪，何某持该伪造的银行存单取款的行为属于不能犯，不构成金融凭证诈骗罪，故何某的行为仅成立伪造金融票证罪一罪。

【附录】

编写人：秦现锋、张鑫（分别系刑二庭审判员、实习生）

一审案号：（2018）沪0115初2292号

二审案号：（2018）沪01刑终1519号

二审合议庭：任素贤（审判长）、于书生、秦现锋（主审法官）

---

① 参见周光权：《区分不能犯和未遂犯的三个维度》，载《清华法学》2011年第4期。

民　事

（一）民事合同纠纷

14. 委托人提前解除法律服务合同的律师费应综合考量律所过错、工作量等因素予以认定

——张某与L律所法律服务合同纠纷上诉案

【案例要旨】

律所提供法律服务过程中，委托人提前解除法律服务合同的，如律所已经提供相应法律服务，委托人应当支付相应律师服务费。在法律服务合同对此未作明确约定的情况下，支付律师服务费之具体金额，应综合考量律所是否存在过错、提供法律服务的工作量等因素予以认定。法律服务作为一种高附加值的专业化服务，其价值应得到尊重并正确衡量。

【案情简介】

上诉人（原审原告）：张某。

被上诉人（原审被告）：L律所。

2013年1月7日，张某（甲方）与L律所（乙方）签订聘请律师合同，约定就张某（甲方）与H水电开发有限责任公司、牟某某借贷纠纷一案，聘请L律所（乙方）律师担任诉讼代理人，L律所（乙方）指派杨某某律师担任张某（甲方）的一审、二审、执行阶段的代理人，代理权限为特别授权（包括代为调查、提供证据、代为出庭、自行和解、接受调解、代为承认、变更、放弃诉讼请求、提起反诉、提起上诉、申诉撤诉、申请执行、代为签署有关法律文书、转委托等），律师服务费为执行到位额的25%。签约后，L律所在上述

案件的一审、二审阶段为张某提供了相应法律服务，并于2014年4月代理张某向浦东新区法院申请了强制执行。2016年8月，L律所收到张某邮寄的解除函，要求解除双方的聘请律师合同。此后，L律所未再就上述案件提供法律服务。另浦东新区法院的执行款到位情况如下：2014年7月21日实收59912.15元，2016年11月24日实收5365617.81元，2017年2月20日实收2000000元，合计7425529.96元。现L律所诉至法院，请求判令张某支付L律所律师服务费1856382.49元，且继续按照合同约定，按照执行到位额25%支付律师服务费。

二审查明，浦东新区法院于2013年1月出具的（2013）浦民二（商）初字第2××号案件的协助执行通知书显示，当时浦东新区法院要求云南省红河哈尼族彝族自治州L县房地产管理处协助执行以下事项：查封牟某某名下坐落于L县Z镇某街某号的房地产，期限为2013年1月25日至2015年1月24日。同时，通知书上注明了房产证号及地产证号。

二审中，双方当事人均表示，就张某与H水电开发有限责任公司、牟某某民间借贷纠纷一案，张某未向L律所支付过任何费用。

【裁判结论】

一审法院认为：根据《合同法》的规定，受托人完成委托事务的，委托人应当向其支付报酬。L律所接受了张某的委托，并按照约定为张某提供了相应的法律服务，张某亦应按约支付代理费用。现L律所要求张某支付已经到位的执行款的25%律师服务费，应予支持。此外根据聘请律师合同约定，律师服务费应为执行到位额的25%，现L律所要求张某按照合同约定，继续支付律师服务费，但剩余执行款目前并未到位，故L律所的该项诉请不予支持。张某的抗辩意见，于法无据，不予采信。一审法院遂判决：张某支付L律所律师服务费1856382.49元，驳回L律所的其他诉讼请求。

张某不服一审判决，提起上诉，请求撤销一审判决，依法改判驳回L律所的全部起诉请求。张某主张：L律所在代理张某与H水电开发有限责任公司、牟某某民间借贷纠纷一案中，存在重大过错。当时张某要求L律所的杨某某律师对牟某某位于云南省红河哈尼族彝族自治州L县Z镇某街某号的土地及房产进行诉讼保全，但2013年1月杨某某律师提出申请时仅要求对房产进行查封，导致法院未对土地进行查封，使得2014年9月法院强制执行时，该房产产权人已被变更，故无法执行，严重影响张某的利益。而且该民间借贷纠纷案二审期间，均由案外人周某代理实施诉讼活动，L律所并未开展实质性工作，未按合同约定完成法律事务。该案最终的执行结果与L律所也没有任何关系，2016年11月24日法院执行到账的500余万元，是在双方聘用律师合同解除后，张某通过自己努力向法院提供被执行人财产线索并再次提出执行申请的情况下执行到位的。一审法院仍按照风险代理的方式而不是案件审理的实际工作量来结算律师费用并作出判决，对张某不公正。

L律所辩称，张某考虑到上述民间借贷纠纷一案的复杂性及可能会存在的风险，当时自愿采取风险代理的方式，L律所除了约定执行到位额25%的律师服务费，并未收取相应的前期费用。L律所在接受委托期间，并未存在过失行为。而且，根据该民间借贷纠纷一案的卷宗材料可知，L律所提供了法律服务，特别是二审中，L律所反复阐明观点，多次提供代理意见，最终二审判决支持了张某的全部诉讼请求。张某称L律所在执行阶段未提供服务，但律所及律师并非执行阶段的主导者，2014至2015年间，律所也指派律师前往云南，查封相应账号，并积极与执行法官沟通等，并非未提供服务。双方聘用律师合同解除时，L律所已按约履行了义务，故其根据约定主张律师费有事实和法律依据。L律所请求驳回上诉，维持一审判决。

二审法院经审理认为：受托人完成委托事务的，委托人应当向其支付报酬。本案中，L律所接受张某委托，按约向张某提供了法律服务，张某亦应按约支付报酬。双方聘请律师合同约定，律师服务费为执行到位额之25%，该约定并未违反相关法律及律师收费标准，亦未附加其他任何条件。除此之外，双方未约定其他费用，张某亦未向L律所就该案支付过任何费用。截至2017年2月，该案实际执行到位金额为7425529.96元，现L律所要求张某支付该金额的25%即1856382.49元作为律师服务费，合法有据，应予支持。至于L律所主张张某按照合同约定，继续支付律师服务费，因相关事实尚未实际发生，缺乏事实依据，不予支持。最终二审法院判决驳回上诉，维持原判。

【评析意见】

律所及律师给委托人提供法律服务，是为了更好地预防和解决法律问题或纠纷。然而在提供法律服务过程中，因为法律服务内容之复杂、最终结果之不确定、收取律师服务费之高昂等因素，委托人和律所之间亦会产生纠纷。特别是法律服务合同尚未履行完毕，委托人一方提前解除合同的，委托人是否应当支付律师服务费、应支付多少律师服务费等问题，往往并非一目了然，且颇费思量，司法实践中亦有不同之观点和做法。

一、风险代理律师服务费之收取，应以双方合同约定为据

《律师法》第25条第1款规定，律师承办业务，由律师事务所统一接受委托，与委托人签订书面委托合同，按照国家规定统一收取费用并如实入账。《律师服务收费管理办法》第11条规定，办理涉及财产关系的民事案件时，委托人被告知政府指导价后仍要求实行风险代理的，律师事务所可以实行风险代理收费，但下列情形除外：（1）婚姻、继承案件；（2）请求给予社会保险待遇或者最低生活保障待遇的；（3）请求给付赡养费、抚养费、扶养费、抚恤金、救济金、工伤赔偿的；（4）请求支付劳动报酬的等。该办法第13条亦规定，实行风险代理收费，律师事务所应当与委托人签订风险代理收费合同，约定双方应承担的风险责任、收费方式、收费数额或比例。实行风险代理收费，最高收费金额不得高于收费合同约定标的额的30％。

由上述规定可知，律师服务费之收取，应以双方合同约定为据。风险代理收费作为收费方式之一种，应当符合案件类型、收费比例方面之特殊规定。本案中，根据聘请律师合同的约定，L律所的收费方式为风险代理收费。同时执行到位额应当等于或小于案件标的额，故本案聘请律师合同约定的执行到位额的25％显然不高于“双方收费合同约定标的额的30％”。此外民间借贷纠纷亦不在不得约定风险代理收费情形之列，且合同亦系张某与L律所之真实意思表示，因此，本案风险代理收费之约定应属合法有效。从双方约定的内容来看，仅仅为单纯的执行到位额的25％，并未附加其他金额、期限方面之条件。

二、委托人提前解除法律服务合同的，律师服务费之支付应综合考量律所是否存在过错、提供法律服务之工作量等因素

根据《合同法》第410条的规定，委托人或者受托人可以随时解除委托合同。可见，委托人提前解除双方委托关系，系行使《合同法》第410条所规定

之任意解除权。[①] 双方法律服务合同虽提前解除，但律所如已经提供相应之法律服务，理应收取相应之律师服务费。然此时律师服务费应如何计算？特别是法律服务合同就提前解除委托关系后的费用收取没有约定的情况下，应如何处理？

《合同法》第405条规定，受托人完成委托事务的，委托人应当向其支付报酬。因不可归责于受托人的事由，委托合同解除或者委托事务不能完成的，委托人应当向受托人支付相应的报酬。当事人另有约定的，按照其约定。根据该规定，如委托人提前解除委托关系的，应要考虑如下几点：(1) 双方就此是否有过约定，有约定，从约定；(2) 如无约定，就看委托关系的解除是否存在可归责于受托人之事由，如不存在，委托人应支付报酬；[②] (3) 如应支付报酬，系相应的报酬。"相应的报酬"，还是较为笼统，"相应"究竟为多少，还需根据案件的具体情况来进一步明确。[③]

关于《合同法》第405条，根据该规定，如因可归责于受托人的事由而导致委托合同解除的，似乎委托人无需支付报酬。但现实情况千变万化，如委托人一方在受托人业已完成大部分服务内容时，以受托人的某一轻微过错将委托关系提前解除，此时一刀切地认为委托人无需支付报酬，显然有欠妥当。因此，笔者认为，对于《合同法》第405条中之"可归责于受托人的事由"之理解适用，即受托人之过错程度，应当慎重把握，否则，将会使任意解除权成为个别委托人轻易逃避报酬支付义务之手段。在法律服务合同中，亦是如此。

对于律师收费可能会涉及的因素，《律师服务收费管理办法》第9条有过明确规定："律师事务所与委托人协商律师服务收费应当考虑以下主要因素：

---

① 关于委托合同中任意解除权之行使以及可否约定放弃，学界有不同观点，有的认为委托合同当事人行使任意解除权解除合同主要是基于合同的无偿性和当事人之间特殊的信赖关系，对于具有商事委托性质的合同可根据实际情况限制任意解除权的行使，当事人在合同中约定放弃任意解除权的原则上可予以承认；有的则认为无论是有偿还是无偿，还是其他何种情况，法定任意解除权都不可以通过约定抛弃。参见吕巧珍：《委托合同中任意解除权的限制》，载《法学》2006年第9期；蔡恒、骆电：《我国〈合同法〉上任意解除权的理解与适用》，载《法律适用》2014年第12期。

② 与《合同法》第405条类似，该法第410条后半款规定了提前解除委托合同时，损失的赔偿。第410条规定：委托人或者受托人可以随时解除委托合同。因解除合同给对方造成损失的，除不可归责于该当事人的事由以外，应当赔偿损失。但与第405条不同，第410条考量的是解除委托合同一方的过错情况。

③ 2017年4月1日施行的《上海市律师服务收费管理办法》第21条规定，因律师过错或其无正当理由要求终止委托关系的，或因委托人过错或其无正当理由要求终止委托关系的，有关费用的退补和赔偿事宜，依据律师服务收费合同或者委托代理合同约定的收费条款处理，没有约定的，依据《合同法》的原则处理。该规定之思路，与《合同法》第405条应当是一致的。

(一)耗费的工作时间;(二)法律事务的难易程度;(三)委托人的承受能力;(四)律师可能承担的风险和责任;(五)律师的社会信誉和工作水平等。”当然,上述规定所考虑的因素,主要是就双方在签署法律服务合同的当时而言,特别是律师的社会信誉和工作水平等。如果是委托人提前解除法律服务合同的情况,笔者认为,应当考虑的因素则包括:双方约定之服务内容、律所已提供之服务内容、律所已提供服务之期限、委托人是否已支付一定金额的律师服务费、律所是否存在过错等。其中,应着重考量以下两点:(1)律所在提供法律服务过程中是否存在过错,亦即委托人解除法律服务合同是否可归责于律所;(2)律所提供法律服务的工作量大小,占双方所约定的服务内容比重为多少。上述两因素,一则考虑到了合同履行过程中之过错因素,二则考虑到了合同履行过程中之可量化的内容因素。

本案中,关于L律所是否存在过错的问题。张某称其之所以解除合同,系因L律所在民间借贷案件的执行过程中存在重大过错,即2013年1月申请财产保全时仅要求法院查封房屋而未查封相应土地,终导致无法对该处房产强制执行,影响了张某利益。但根据已查明的事实,浦东新区法院于2013年1月出具的协助执行通知书写明:查封牟某某名下坐落于L县Z镇某街某号房地产,同时注明房产证号及地产证号。因此张某的辩称显与事实不符。此外,在案亦无证据显示L律所在提供法律服务过程中存在其他过错。因此有理由认定本案中聘请律师合同系因不可归责于受托人的事由而解除,L律所对此并无过错。

关于L律所的工作量问题。从提供法律服务的内容上来看,聘请律师合同约定的服务阶段包括一审、二审、执行阶段,而L律所在案件的一审、二审及部分执行程序中均为张某提供了法律服务。从提供法律服务的时间上来看,双方于2013年1月签署聘请律师合同,直至2016年8月张某解除聘请律师合同,L律所提供法律服务的时间超过三年半,而其中执行程序持续时间有两年多。而且聘请律师合同约定了风险代理收费,但双方并未约定过任何前期费用,张某在L律所提供法律服务的三年多时间里亦未向L律所支付过任何费用。

三、法律服务之价值应得到尊重并正确衡量

我国社会的进一步法律化和法律对改革的更大规模地参与,将使社会对法

律服务的需求大大增加。[①] 然而，法律服务作为一种高附加值的专业化服务，有其可量化的一面，亦有其无法简单计算的一面；有其被高度重视、无法替代的时候，亦有其被忽视甚至无视的时候。司法实践中，常常能听到法律服务合同的委托人提出种种不满："为什么律师仅仅帮我提供了几次咨询，都没打官司，就要收取那么多费用"；"为什么明明是我自己做的工作，还要向律师支付律师费"等。这就涉及如何正确衡量法律服务价值的问题。

有关法律服务之价值，具体到律师服务费之收取，应当注意：

1. 充分尊重双方法律服务合同之约定。律师收取律师服务费，绝大部分情况都是依据双方合同约定。只要合同是双方真实意思表示，且约定的收费方式未违反法律法规之规定，依据约定来收费，并无任何不当。即便律师以委托人未曾预料到的、并不繁杂的方式解决了法律问题或纠纷，虽看似是"不费吹灰之力"，但只要这种解决方式不违背双方约定，按约收取费用，亦是应有之义。更何况，看似简单的方式背后，往往亦是蕴含着不简单的智慧和能力。

2. 法律服务系为当事人解决法律问题或纠纷提供助力。打个不恰当的比方，当你肩颈不舒适时，你可以购买按摩服务，让专业人士帮你解决身体不适，当然，自己也可以加强相关方面的运动锻炼，毕竟身体是自己的，只有自己才能负最终的责任。接受法律服务亦是如此，服务仅是当事人解决法律问题的一种渠道选择，在聘请律师的同时，当事人自己付出努力去解决问题，实属人之常情，并不能以此即简单否定法律服务的质量或效果。

3. 法律服务往往并不必然对应某一特定结果。法律问题或纠纷发生后，最终会产生怎样的结果，会受到主客观多方面因素之影响。特别是如果法律纠纷进入诉讼，审理的期限、能否胜诉、能否执行到位等，均非某一方之主观意愿所能左右。如委托人十分介意某种结果，那就在双方法律服务合同中将律师服务费之收取与结果"挂钩"，否则，律师正常提供了相应法律服务后，就应收取律师服务费。

本案中，张某坚持认为，已执行到位的钱款系因其向法院提供财产线索所得，而非L律所之功劳，故不应支付律师服务费。对此本院认为，L律所代理张某进行诉讼并取得生效判决后，还在执行程序中代理张某长达两年多，虽在两年多时间里，生效判决的执行情况并不理想，但不可否认，生效判决能否有效执行到位系受到主、客观多方面因素之影响，显非一方之力或愿望所能掌控，

① 参见王人博、程燎原：《法治论》，广西师范大学出版社2014年版，第393页。

张某在聘请律师合同中约定律师服务费为执行到位额的25%，理应是对案件执行结果的不确定性非常清楚。当事人聘请律师提供法律服务，是为其有效维护自身合法权益提供助力，并不代表当事人自身即可置身事外或一劳永逸。当事人为自身利益付出努力，系理性人之正常合理行为，但不能因当事人自身有所付出，就以此否认律师所提供法律服务的价值。法律服务系一种高附加值的专业化服务，其服务事项分散于整个诉讼过程，服务内容包含了大量的思考、衡量与判断，往往很难精确量化，提供的服务与实际达到的结果间，更非简单、机械的一一对应关系。因此，张某作为案件当事人，以自己提供过财产线索并因此执行取得进展为由而拒付律师服务费，显然于法于理有悖，本院不予认可。

此外，律所及律师提供法律服务不仅有专业性的一面，亦有职业伦理的一面。司法实践中，一些法律服务合同的委托人虽然无法举证证明律所提供法律服务不符合双方约定，但其对律师的工作态度、责任心、敬业精神等均会提出质疑，对支付律师服务费存在抵触心理，这就涉及职业伦理的问题。中华全国律师协会于2001年曾发布《律师职业道德和执业纪律规》,[①] 其中规定："律师应当诚实守信，勤勉尽责，尽职尽责地维护委托人的合法利益""律师应当遵循诚实守信的原则，客观地告知委托人所委托事项可能出现的法律风险，不得故意对可能出现的风险做不恰当的表述或做虚假承诺"等。如律师未能恪守职业道德，不仅影响当事人及其家属对律师的信任，而且使整个社会也难以对律师队伍形成正面评价,[②] 自然，外界对相应法律服务价值的尊重，亦会大打折扣。因此，形成尊重法律服务价值、科学衡量法律服务价值的社会共识，还需要包括法律服务提供者、法律服务接受者在内的各方的相互理解和共同努力。

【附录】

编写人：黄蓓、潘静波（分别系民一庭审判长、审判员）

一审案号：(2017) 沪0116民初4394号

二审案号：(2017) 沪01民终9313号

二审合议庭：黄蓓（审判长）、单文林、潘静波（主审法官）

---

① 2014年，为切实加强律师职业道德建设，促进律师依法规范诚信执业，中华全国律师协会还制订发布了《律师职业道德基本准则》。

② 参见郭志媛、焦语晨：《对律师职业道德弱化的规范与反思——以律师惩戒制度为视角》，载《中国司法》2015年第1期。

15. 在普通食品中添加可用于保健品的物品的责任认定

——湖南某酒业公司与赵某网络购物合同纠纷上诉案

【案例要旨】

《可用于保健品的物品名单》中所列物品仅限于保健食品，除已公布可用于普通食品的物品外，《可用于保健食品的物品名单》中的物品不得作为普通食品原料生产经营。如需开发该物品名单中所列物品用于保健食品的生产经营，应当通过相关程序审批申报。

【案情简介】

上诉人（原审被告）：湖南某酒业公司。

被上诉人（原审原告）：赵某。

2017 年 6 月 2 日，赵某在某网络购物平台上以 15 元/瓶的单价购买了湖南某酒业公司出售的、获得食品生产许可的金樱子酒 15 箱，共 312 瓶，计算折扣后实际支付价款 4368 元。赵某饮用后略感身体不适，认为该药酒所添加的金樱子属于《中国药典》2015 年版中载明的中药原材料，并且未被列入原卫生部 2002 年公布的《既是食品又是药品的物品名单》，不符合《食品安全法》的规定。赵某遂诉至法院，要求湖南某酒业公司返还其购物款 4368 元，并承担十倍赔偿责任计 43680 元。

一审审理中：湖南某酒业公司辩称：涉案金樱子酒使用的是新鲜的金樱子果实加工，并非中药；涉案金樱子酒是“以金樱子为主要原料经发酵、蒸馏、勾兑而成”，符合《食品安全国家标准蒸馏酒及其配制酒》（GB2757－2012）中蒸馏酒的定义，并不存在不符合食品安全标准的情形。

【裁判结论】

一审法院经审理认为：金樱子被收录于《中国药典》2015年版，属于中药材，不得在普通食品中添加；金樱子虽然属于可用于保健食品的物品之列，但可用于保健食品添加的药品应经安全性评价证明其食用安全性，并向有关部门进行申报，取得生产许可，但湖南某酒业公司所销售的金樱子酒并没有相关的保健食品生产许可，因而该金樱子酒应被认定为不符合食品安全标准的食品。在审理过程中，赵某与湖南某酒业公司对赵某的退货请求达成了一致意见，一审法院在此基础之上，依据《食品安全法》第38条、第148条第2款判决湖南某酒业公司返还赵某购物款4368元，并赔偿赵某十倍惩罚性赔款43680元。

湖南某酒业公司不服一审判决提起上诉，称：第一，涉案金樱子酒中添加的为金樱子鲜果，而非中药材金樱子。第二，一审判决进行事实认定时所参考的《既是食品又是药品的物品名单》不属于食品安全国家标准，不能作为判断的依据。第三，赵某为职业打假人，并且所购商品均在七天内申请退货退款，并没有遭受任何危害和损失。

赵某辩称，涉案金樱子酒中添加的金樱子属于《中国药典》2015年版所收录的中药材之列，且金樱子被列入《可用于保健食品的物品名单》，涉案金樱子酒作为普通食品生产销售不符合《食品安全法》的规定。

二审法院在确认原审法院认定事实的同时，另查明湖南某酒业公司生产、销售的金樱子酒外箱包装上载有："食用量及使用方法：直接饮用，每日50—150ml"，"适量饮用金樱子酒，有固精补肾、降血压、降血脂、助消化、祛风湿、预防老年痴呆症等功效"。

二审法院认为：根据原国家卫生和计划生育委员会（以下简称原国家卫计委）政务公开办在2014年发布的《关于新食品原料、普通食品和保健食品有关问题的说明》，结合原国家食品药品监督管理总局（以下简称原国家食药监总局）办公厅在2015年发布的《关于销售罗恩蜂胶行为定性问题的复函》中的意见，本案涉案金樱子属于《可用于保健食品的物品名单》中所列物品，且不属于《既是食品又是药品的物品名单》中所列物品，不得作为普通食品原料生产经营。且湖南某酒业公司在涉案金樱子酒外箱包装上载有该金樱子酒具体的食用量，并载明"适量饮用金樱子酒，有固精补肾、降血压、降血脂、助消化、祛风湿、预防老年痴呆症等功效"，该外包装说明已明显超过普通食品的销售形式。然而，湖南某酒业公司将涉案金樱子酒作为普通食品销售，并未取得保健食品生产许可，不符合原国家卫计委和原国家食药监总局的规定，一审法院认定并无不当。湖南某酒业公司如需开发金樱子用于普通食品生产，可参照原国家卫计委《关于新食品原料、普通食品和保健食品有关问题的说明》中的规定，通过相关程序进行申报批准。故二审法院依法判决：驳回上诉，维持原判。

【评析意见】

本案中，湖南某酒业公司因生产、销售金樱子酒被赵某起诉至法院。金樱子为《中国药典》2015年版所收录，具有一定的药用价值。湖南某酒业公司将其作为酒品的生产原料并进行销售，该种添加行为是否符合《食品安全法》的规定？以及应当如何进行责任认定？

本案的审理可遵循以下思路：第一，湖南某酒业公司将涉案金樱子酒作为普通食品还是保健食品生产销售。第二，判断该产品在生产、销售过程中是否符合相关的规范。最后，考虑法律责任的适用，即该酒业公司是否需要承担十倍赔偿责任。

一、金樱子酒普通食品与保健食品之辩：保健食品应当进行保健食品注册申报

我国《食品安全法》在对食品的生产、经营等进行了一般性的规定之外，还专列了“特殊食品”一节，对包含“保健食品”在内的各种用途特定的食品进行了严格的规制。根据《国家安全标准保健食品（GB 16740－2014)》中对“保健食品”所做的定义，保健食品为“声称并具有特定保健功能或者以补充维生素、矿物质为目的的食品”，其与一般食品的区别就在于保健食品具有特定功能，含有能够调节人体机能的功效成分。因而，生产、销售保健食品相较普通食品而言，需遵循特定的注册和备案程序。根据《食品安全法》第75条、76条、77条之规定，保健食品的生产、销售根据其所使用的原料和所声称的保健功能的不同，分别适用注册和备案程序，同时，国家层面制定了相关目录以作为注册和备案的依据。

本案中，上诉人湖南某酒业公司所生产、销售的商品名为金樱子酒，根据其商品标签显示，其主要原料为“金樱子、糁子、湘妃泉水”，所执行的标准为GB 2757－2012，即有关“蒸馏酒及其配制酒”的食品安全标准，而非有关保健食品的安全标准。根据双方当事人所提供的材料，可知上诉人取得的是生产白酒的许可证，而并未进行任何保健食品生产、销售的申报；该酒的包装、标签、广告等也并未印刷保健食品标志。因而，可以认定该酒业公司将涉案金樱子酒作为普通食品生产、销售。

此外，值得注意的是，上诉人在未取得保健食品生产、销售许可的情况下，售酒时在酒的外包装上注明具有“固精补肾、降血压、降血脂、助消化、祛风湿、预防老年痴呆症等功效”，此类文字表述属于宣传疾病预防、治疗功能的范畴。根据《食品安全法》第 71 条、[①] 第 73 条、[②] 第 78 条[③]以及第 79 条[④]之规定，对于普通食品和保健食品，要求相关标签、说明书以及广告都不得涉及“涉及疾病预防、治疗功能”的内容。

二、金樱子药食属性之辩：未被列入“药食同源”物质名单的中药材，及被列入《可用于保健食品的物质名单》的物品不可作为普通食品原料添加

在查明上诉人将该金樱子酒作为普通食品生产、销售的基础上，可以继续关注上诉人的另一上诉理由，即涉案金樱子酒中添加的为金樱子鲜果，而非中药材金樱子，且在湖南当地有食用金樱子的历史渊源。《食品安全法》第 38 条[⑤]首先确定了一般性的规则，即普通食品中一般不能添加药品，其次在但书条款规定按照传统既是食品又是中药的物质可以添加入食品。

金樱子被收录于《中国药典》2015 年版中，但由于金樱子鲜果在某些地

① 《食品安全法》第 71 条：“食品和食品添加剂的标签、说明书，不得含有虚假内容，不得涉及疾病预防、治疗功能。生产经营者对其提供的标签、说明书的内容负责。食品和食品添加剂的标签、说明书应当清楚、明显，生产日期、保质期等事项应当显著标注，容易辨识。食品和食品添加剂与其标签、说明书的内容不符的，不得上市销售。”

② 《食品安全法》第 73 条：“食品广告的内容应当真实合法，不得含有虚假内容，不得涉及疾病预防、治疗功能。食品生产经营者对食品广告内容的真实性、合法性负责。县级以上人民政府食品药品监督管理部门和其他有关部门以及食品检验机构、食品行业协会不得以广告或者其他形式向消费者推荐食品。消费者组织不得以收取费用或者其他牟取利益的方式向消费者推荐食品。”

③ 《食品安全法》第 78 条：“保健食品的标签、说明不得涉及疾病预防、治疗功能，内容应当真实，与注册或者备案的内容相一致，载明适宜人群、不适宜人群、功效成分或者标志性成分及其含量等，并声称‘本品不能代替药物’。保健食品的功能和成分应当于标签、说明书相一致。”

④ 《食品安全法》第 79 条：“保健食品广告除应当符合本法第七十三条第一款的规定外，还应当声明‘本品不能代替药物’；其内容应当经生产企业所在地省、自治区、直辖市人民政府食品药品监督管理部门审查批准，取得保健食品广告批准文件。省、自治区、直辖市人民政府食品药品监督管理部门应当公布并及时更新已经批准的保健食品广告目录以及批准的广告内容。”

⑤ 《食品安全法》第 38 条：“生产经营的食品中不得添加药品，但是可以添加按照传统既是食品又是中药材的物质。按照传统既是食品又是中药材的物质目录由国务院卫生行政部门会同国务院食品药品监督管理部门制定、公布。”

区有食用习惯，所以需要求诸于第 38 条但书规定，即金樱子是否收录于但书所指向的“按照传统既是食品又是中药材的物质目录”。考察原国家卫生部 2002 年发布的《关于进一步规范保健食品原料管理的通知》其中包含《既是食品又是药品的物品名单》《可用于保健食品的物品名单》等，而金樱子被列于《可用于保健食品的物品名单》，未被列入《既是食品又是药品的物品名单》内。且根据原国家卫计委与食药监总局的规定，被列于《可用于保健食品的物品名单》中所列物品仅限于保健食品，除已公布可用于普通食品的物品外，该物品名单中的物品不得作为普通食品原料生产经营。换言之，尽管金樱子在某些地区具有一定的食用历史，但根据国家相关部门的现行规定，并未将金樱子纳入到既是食品又是药品的名单中，且金樱子又属于可用于保健食品的物品，因而不可随意在普通食品中进行添加。

三、十倍赔偿责任适用与否:《食品安全法》第 148 条的适用

本案二审中，湖南某酒业公司亦就赔偿责任提出异议，认为赵某为“职业打假人”，并非消费者，且双方已经通过网络平台完成了网购退货手续，合同业已解除，赵某没有任何损失，不应获得十倍赔偿。

就此问题，需要对《食品安全法》第 148 条所规定的惩罚性赔偿进行分析和解读。《食品安全法》第 148 条规定：“……生产不符合食品安全标准的食品或者经营明知是不符合食品安全标准的食品，消费者除要求赔偿损失外，还可以向生产者或者经营者要求支付价款十倍或者损失三倍的赔偿金……”。结合本案，应着重对于该条款的两个关键点进行分析：第一，适用前提为“生产不符合食品安全标准的食品”；第二，消费者为惩罚性赔偿的主张主体。对于第一点，前文已作详细分析。

对于第二点，主张惩罚性赔偿的主体为“消费者”，该如何定义“消费者”是需要解决的问题。有部分学者提出对于“消费者”应当做狭义解释，即只有购买仅为日常生活而非作为职业牟利行为的商品购买者才能够认定为“消费者”。司法实践中，对此问题的处理大致可分为两类，第一种是绝对适用惩罚性赔偿责任，只要商家生产不符合食品安全标准的食品或者经营明知是不符合食品安全标准的食品，即应当承担惩罚性赔偿责任；第二种是相对适用惩罚性赔偿责任，主要表现为法院对主张惩罚性赔偿的主体是否为“适格”的“消费者”作出认定，通常是从购买的行为过程、购买数量、购买目的角度出发，并

结合该主张主体过往涉诉此类纠纷的情况进行分析认定，在适用《最高人民法院关于审理食品药品纠纷案件适用法律若干问题的规定》第3条上亦有相应突破。具体参见下表：

主要观点	法院	案号索引	裁判观点
支持十倍赔偿	北京一中院	（2016）京01民终2974号	食品安全事关公共利益，每一起消费者针对经营者生产不符合食品安全标准的食品或销售明知是不符合食品安全标准的食品提起的诉讼都会或多或少促使经营者更加重视食品安全，促使消费者更加关注食品安全，进而提高大众的健康水平与生活质量。不应因消费者可能存在获利结果或获利的动机，而否认此类事件对于维护食品公共安全的积极意义。
	北京二中院	（2017）京02民终12473号	《消费者权益保护法》第2条是对消费者权益保护法适用范围的调整，不是对消费者身份的定义，经营者不能以此条的规定否认购买者具有消费者的身份。对于购买动机是否用于牟利，在现有法律规定下，无法用来否认购买者的消费者身份。《食品安全法》第148条的规定并未对购买人的主观动机作出限制性规定。据此，对商家提出的购买者购买涉案商品的行为属于“牟利打假”，无权主张十倍赔偿的抗辩意见，不予采纳。
	北京三中院	（2016）京03民终504号	结合《消费者权益保护法》第2条及《最高人民法院关于审理食品药品纠纷案件适用法律若干问题的规定》第3条的规定，商家虽抗辩称购买者非法律意义上的消费者，但未能举证证明购买者系以非生活消费需要而购买商品，故对于商家关于购买者并非消费者不适用《消费者权益保护法》的上诉主张，不予采纳。

续表

主要观点	法院	案号索引	裁判观点
	成都中院	(2017) 川 01 民终 10171 号	依据《最高人民法院关于审理食品药品纠纷案件适用法律若干问题的规定》第 3 条的规定，对商家提出的购买者多次知假买假以此索赔牟利，不属于一般消费者的上诉意见，不予采纳。
	广西高院	(2017) 桂民申 1267 号	我国法律对“职业打假人”没有明确规定，被申请人多次购买申请人食品没有违反法律、行政法规的禁止性规定，故再审申请人以被申请人为“职业打假人”为由主张其不承担民事责任，没有法律依据。
未认定购买者为正常消费者，未支持其十倍赔偿的诉请	苏州中院	(2017) 苏 05 民终 5050 号	综合购买者购买的数量、退货后继续购买的行为，以及购买者在原审法院有多起网络购物合同纠纷诉讼等因素，认为购买者购买涉案商品并非用于生活消费，其牟利意图较为明显，并非一般善意消费者，对其十倍赔偿的诉请，不予支持。
	北京三中院	(2017) 京 01 民终 13090 号	购买者协同公证处工作人员一同至销售者处购买茅台酒，在购买涉案酒后，即请贵州茅台酒股份有限公司的鉴定人员对该批酒进行鉴定，并公证了鉴定过程，其行为与一个正常的消费者买酒消费的行为迥异。结合该购买者的数次诉讼及涉案茅台酒的购买细节来看，法院有理由认为，该购买者大量购买涉案酒在很大程度上是出于通过诉讼手段为自身牟利，以获得巨额赔偿，获取巨大经济利益为目的。此种行为不仅与《消费者权益保护法》保护普通消费者的立法本意不符，更重要的是，这种以诉讼手段、以法院为工具的行为，不仅造成司法资源的巨大浪费，也极大影响法院司法权威。

续表

主要观点	法院	案号索引	裁判观点
			据此，认定该购买者不符合《消费者权益保护法》所保护的消费者身份。

笔者认为：首先，食品的生产、销售作为直接关系到公民身体健康、公共利益的领域，在食品领域以惩罚性赔偿责任对生产者、经营者加以规制存在较大的积极意义。其次，从现已施行的法律法规角度出发，对于“职业打假人”及“消费者”的界定尚缺乏法律上的依据。何为“适格”的“消费者”？购买多少商品属于正常生活所需？何种购买行为属于异于普通消费？在未解决上述问题的情况下，难以对“职业打假人”予以界定。故而在法律未作修改的情况下，仍然应当依照《最高人民法院关于审理食品药品纠纷案件适用法律若干问题的规定》第3条之规定予以适用。再次，从价值取向上衡量，笔者认为在食品安全领域通过惩罚性赔偿对生产不符合食品安全标准食品的生产者以及经营明知是不符合食品安全标准食品的销售者进行规制，更有益于食品生产、销售领域的发展和规范，有益于公共利益的保护。但在认可“职业打假人”对净化市场有一定积极作用的同时，仍然应当注重对商家合法权益的保护以及正常经营秩序的保护。因而，二审法院在维持原判的同时向该酒业公司指出，其如需开发金樱子作为普通食品生产经营，可参照原国家卫计委《关于新食品原料、普通食品和保健食品有关问题的说明》中的规定，通过相关程序进行申报批准。

综上，在本案中，湖南某酒业公司生产、销售的金樱子酒不符合食品安全标准，应当向赵某承担“十倍赔偿”责任。

【附录】

编写人：姚夏海（申诉审查庭庭长）、诸方卉（申诉审查庭法官助理）

一审案号：（2017）沪0115民初48955号

二审案号：（2017）沪01民终12316号

二审合议庭：姚夏海（审判长兼主审法官）、魏海虹、毛慧芬

16. 未告知超出 PDI 检测的车辆瑕疵维修构成消费欺诈

——邓某某诉 Y 公司买卖合同纠纷案

【案例要旨】

在新车售前 PDI 质量检测过程中发生的维修内容是否属于消费者知情权的范围，应根据一般消费者的认知能力、消费心理及对消费者选择权行使的影响作出判断，对于直接影响消费者选择权行使和真实意思表示的信息，经营者负有主动告知义务。

消费者购买新车后发现系维修或使用过的汽车，销售者不能证明已履行告知义务且得到消费者认可，侵犯消费者的知情权、选择权，使其陷入错误认识，属于故意隐瞒真实情况，构成消费欺诈。消费者要求经营者按照《消费者权益保护法》赔偿损失的，经营者应承担车辆三倍价款的惩罚性赔偿责任。

【案情简介】

上诉人（原审原告）：邓某某。

被上诉人（原审被告）：Y 公司。

2016 年 8 月 30 日，邓某某至 Y 公司下属的 4S 店订购价款为 25 万元的轿车一辆。同年 10 月 2 日，Y 公司向邓某某交付车辆。系争车辆维修记录显示：2016 年 9 月 12 日，维修项目“拆装后保、后保整喷”，里程数 1 公里。2016 年 11 月，邓某某向法院起诉，请求判令 Y 公司退还其购车款并赔偿三倍价款。

一审庭审中，法官就后保险杠瑕疵问题询问 Y 限公司，其答复：进入 4S 店就有了瑕疵，车是从长春运过来的，可能系厂方出厂运输到 Y 公司过程中造成的，具体不清楚。长途运输可能会造成瑕疵，所以厂方都会要求出售前对车辆进行PDI检测。二审中，Y公司确认与系争车辆同型号新车当时对外售价为25万元，本车系作为新车按此价格出售。

【裁判结论】

一审法院认为：2016年9月12日的维修记录系为车辆做售前检查(PDI)，根据现有证据及查明事实，无法认定Y公司的销售行为构成欺诈，故对邓某某要求退还购车款并三倍赔偿的诉请不予支持。邓某某不服，提起上诉。

二审法院认为：车辆后保险杠外观瑕疵予以“拆装后保、后保整喷”的维修超出了车辆售前正常维护和PDI检测的范围，经过维修的车辆不符合一般消费者的“新车”认知标准，Y公司负有告知义务，应以消费者能够接受和理解的方式特别提示PDI检测的性质、目的、范围、内容以及车辆发生质量瑕疵后的修理情况。Y公司未履行告知义务，侵犯了消费者的知情权、选择权，使其陷入错误认识，属于故意隐瞒真实情况，构成消费欺诈。故依照《消费者权益保护法》第55条之规定，邓某某提出要求Y公司退还购车款并三倍赔偿的诉讼请求于法有据，应予支持。二审法院遂依法改判Y公司退还购车款25万元并赔偿邓某某75万元。

【评析意见】

本案主要涉及三个问题：(1) 新车售前检测、维修是否属于经营者主动告知义务范围；(2) 概括性格式条款的效力如何认定，消费欺诈如何认定；(3) 惩罚性赔偿赔付标准如何确定。

一、新车售前检测、维修是否属于经营者主动告知义务范围

《合同法》和《消费者权益保护法》对告知义务都有相应的规定，但是两部法律所规定的告知义务在范围界定上均有所不同。《合同法》上的告知义务一般是作为附随义务体现，并无另一方知情权与之相匹配，而《消费者权益保护法》上的告知义务直接对接消费者的知情权、选择权。《消费者权益保护法》规定了消费者的知情权、选择权和经营者的相应义务，消费者享有知悉其购

买、使用商品或者接受服务的真实情况的权利，经营者应告知消费者。[1] 但如何判断需要主动告知消费者的内容范围，经营者告知义务边界如何确定仍存在一定程度上的争议。笔者认为，一方面，应基于消费者在交易信息不对称中的弱势地位，给予特别保护，经营者不能以行业认知、行业惯例来对抗消费者所享有的知情权。仅根据行业内的惯例或者交易习惯，不能直接推定消费者对相关信息明知。另一方面，并非所有信息均应告知消费者。相关的商品信息是否属于消费者知情权的范围，应根据一般消费者的认知能力、消费心理及对消费者选择权行使的影响作出判断，直接影响消费者选择权行使和真实意思表示的信息，属于经营者应当主动披露的信息。

汽车属于比较复杂的商品，涉及大量的专业知识，消费者对相关领域的专业知识和信息知悉有限，在经营者和消费者之间存在严重的信息不对称。PDI检测（Pre—Delivery Inspection）是汽车行业特殊的做法，其目的在于判断车辆是否符合应有的安全标准和质量要求。因此，只有属于该目的范围内的检测才可以被归于 PDI 检测，而不能将其范围任意扩大。但在实际销售过程中，PDI 检测并不规范，经营者常常将不属于 PDI 检测范围的车辆维修项目也纳入 PDI 检测之中，且不告知消费者，由此引发众多纠纷。本案中，经营者实施的行为是对系争车辆的后保险杠外观瑕疵予以“拆装后保、后保整喷”的维修，即已超出了车辆售前正常维护和 PDI 质量检测的应有含义和合理范畴。经过维修的系争车辆不符合消费者的“新车”认知标准。对于新车，按照一般消费者的心理，指的是全新、未经使用、未经维修的车辆。本案中，超出正常维护范围的拆装后保险杠、漆面维修显然不符合上述一般消费者对于新车的认知和理解。经营者对系争车辆进行的油漆修补与原厂喷漆存在着工艺和质量上的差异，此类维修亦不能使车辆部件和整车外观恢复至原装状态。

根据《消费者权益保护法》关于保护消费者知情权和选择权的有关规定、经营者交付新车的合同义务以及交易上所要求的信义义务，经营者理应交付未经维修或使用的新车。一方向另一方提供了给付以后，就应获得“适当的”、

---

① 《消费者权益保护法》第 8 条规定，消费者享有知悉其购买、使用的商品或者接受的服务的真实情况的权利。该法第 9 条规定，消费者享有自主选择商品或者服务的权利。消费者有权自主选择提供商品或者服务的经营者，自主选择商品品种或者服务方式，自主决定购买或者不购买任何一种商品、接受或者不接受任何一项服务。消费者在自主选择商品或者服务时，有权进行比较、鉴别和挑选。

与给付的价值相适应的对待给付（客观等价原则）。[①] 一旦其交付的车辆存在瑕疵并经维修，经营者应负有说明义务，须告知消费者瑕疵维修的事实；同时消费者也有权期待经营者对维修事实作出说明，因为这些信息会对消费者选择权的行使和真实意思表示产生直接影响。在此种情况下，按照一般消费心理，消费者通常会放弃购车或者在更有利于自己的价格条件下购车。

二、概括性格式条款的效力及消费欺诈如何认定

（一）概括性格式条款的效力认定

格式条款，是指当事人为了重复使用而预先拟定，并在订立合同时未与对方协商的条款。[②]《合同法》第39条规定，当一方提供格式条款时，需要提请对方注意免除或者限制其责任的条款，且需要按照对方的要求对该条款予以说明。根据司法解释和实践，通常认为合理提示方式应当参考如下因素：文件的外观是否能够起到提醒相对人主动阅读的作用；清晰明白的程度，该条款的语言文字需要清晰、明白、易懂，并以醒目的字体、字号、颜色或者下划线的方式标明。[③]《关于适用〈中华人民共和国合同法〉若干问题的解释（二）》第10条进一步规定，若违反《合同法》第39条的特殊告知说明义务且具有《合同法》第40条规定的情形之一的，法院应当认定该条款无效。

本案中，从《订单》第4条[④]内容的意思看，双方对车辆交付时符合厂方新车标准的检验标准和方法作了约定，邓某某亦签字确认，但是该条款系格式条款。经营者虽然在《订单》上进行了概括性的格式告知，但是不能据此认定其履行了事前的说明义务而因之免责。因为，经营者未以消费者能够接受和理解的方式特别提示PDI检测的性质、目的、范围、内容以及车辆发生质量瑕疵后的修理行为亦包括在PDI检测范围内。同时，经营者并未采取合理、显著的方式提请消费者注意免除或者限制其责任的条款，或者按照消费者的要求，对该条款予以说明。因此，该条款实际上排除了消费者的知情权和选择

---

① ［德］卡尔·拉伦次：《德国民法通论》，王晓晔、邵建东、程建英、徐国建、谢怀栻译，法律出版社2013年版，第60页。

② 李昌麒、许明月：《消费者保护法》，法律出版社2005年版，第240页。

③ 转引自万方：《我国〈消费者权益保护法〉经营者告知义务之法律适用》，载《政治与法律》2017年第5期。

④ 涉案《订单》第4条注明：“卖方将车辆交予买方前，已根据厂方要求为该车辆做了交付前PDI检测，并根据PDI检测检测结果进行车辆检修、调校，确保该车辆符合厂方新车交付标准。”

权，应属于无效条款。

（二）消费欺诈认定

关于欺诈的内涵，学界观点不一。史尚宽认为，欺诈谓故意以不真实之事项为真实而表示之行为，虚构、变造或隐蔽事实，在所不问。① 王泽鉴认为，欺诈，又称诈欺，指使人陷于错误而为意思表示的行为。② 韩世远认为，欺诈是指以使他人陷于错误并因而为意思表示为目的，故意陈述虚伪事实或隐瞒真实情况的行为。③ 我国大陆地区学者普遍认为欺诈具有积极欺诈和消极欺诈两种类型。马俊驹、余延满认为，构成欺诈的欺诈人的行为既可以是积极作为，如故意制造虚假或歪曲的事实；也可以是消极的不作为，如故意隐匿事实真相，但在不作为的情况下，只有行为人按照法律或习惯负有告知义务而故意不告知时，才构成欺诈。④ 韩世远认为，欺诈行为通常表现为积极的作为，如故意告知对方虚假情况，将赝品说成真品、将低劣产品说成优质产品等；原则上当事人并没有普遍的揭示义务（或告知义务），但是根据特别的法律规定、诚实信用原则或者交易习惯的要求，可以认为有这种告知义务（作为一种先合同义务时），单纯的沉默也可以构成欺诈。⑤ 笔者认为，不作为（沉默）欺诈，是指在双方法律行为中，于缔结法律行为时，一方当事人依照法律规定、合同约定、交易习惯以及诚实信用原则，负有对可能影响对方当事人通常情况下的缔约意思形成的重要事实的告知义务而消极不告知。

事实上，关于欺诈《民法总则》《合同法》《消费者权益保护法》及相关司法解释都有所涉及，虽内涵不尽相同，但笔者认为，在某种程度上，都肯定了负有告知义务时的不作为可以构成欺诈。民法上的欺诈较之《消费者权益保护法》上的欺诈，举证责任分配上应当向消费者倾斜，只要经营者客观上存在欺诈行为，应当由经营者就主观上不存在故意、重大过失等承担举证责任。《民法总则》中，要构成欺诈行为，须具备以下条件：（1）欺诈行为，既可表现为积极行为，亦可表现为消极不作为；（2）欺诈故意，包括告知对方虚假情况或隐瞒真实情况之故意和使对方陷于错误判断并基于错误判断而作出意思表示之故意；（3）被欺诈方须因欺诈行为而陷于错误认知，并基于错误认知作出意思

---

① 史尚宽：《民法总论》，中国政法大学出版社 2000 年版，第 424 页。

② 王泽鉴：《民法总论》（增订版），中国政法大学出版社 2001 年版，第 391 页。

③ 韩世远：《合同法总论》（第三版），法律出版社 2011 年版，第 184 页。

④ 马俊驹、余延满：《民法原论》（第四版），法律出版社 2010 年版，第 197 页。

⑤ 韩世远：《合同法总论》（第三版），法律出版社 2011 年版，第 210 页。

表示；（4）被欺诈方的意思表示违背真实意思，即与当不存在该欺诈行为时其会作出的意思表示不一致。[①]《合同法》中，故意隐瞒与订立合同有关的重要事实，可因此发生损害赔偿责任，实际上也肯定了消极的不作为可以构成欺诈。《消费者权益保护法》中，经营者提供商品或者服务有欺诈行为的，予以三倍价款赔偿。相关司法解释中，故意隐瞒真实情况，诱使对方作出错误意思表示的，可以认定为欺诈行为（《最高人民法院关于贯彻执行〈中华人民共和国民法通则〉若干问题的意见（试行）》第68条）。

本案中，系争车辆确实存在瑕疵，车辆维修已经超出正常的售前检测范围，经过维修的车辆不符合一般消费者的"新车"认知标准，经营者对此负有告知义务而不告知消费者（上文对此已阐述），即是沉默的不作为行为，且以概括性的格式条款告知（上文对此已阐述）为藉，误导和欺骗消费者，使消费者基于对知名汽车供应商的信任而陷入错误认识，误以为是新车从而订立买卖合同、受领车辆，其相关行为违反了民事活动中的诚实信用原则，限制了消费者知情权和选择权的行使，并使消费者因之蒙受损失，属于故意隐瞒真实情况，构成欺诈，应当于法律上加以惩罚和制裁。

三、惩罚性赔偿赔付标准如何确定

惩罚性赔偿（Punitive Damages），即除填补性损害赔偿外，在一定要件下，尤其是加害人的行为出于恶意、轻率不顾他人权益时，为惩罚加害人，令其应对被害人支付一定的金额，此系英美法系所创设的制度。[②] Punitive Damages，有人称之为"惩罚性赔偿"，亦有人称之为"惩罚性损害赔偿"。英美法系上，惩罚性赔偿金额量定因素主要包括：非难因素、吓阻因素、诉讼辅助因素和与填补性赔偿额的比例性。台湾地区特别法参酌美国法的经验及改革方案采取赔偿额倍数或最高数额的方法，使惩罚性赔偿金与填补性损害保持合理的比例。台湾地区"消费者保护法"第51条规定，故意加害行为，损害额5倍；重大过失，损害额3倍；过失，损害额1倍以下。[③] 我国深受前苏联的民法理论影响，承袭大陆法系制度，长期坚持赔偿的补偿性立场。直到1993年制定

① 沈德咏主编：《〈中华人民共和国民法总则〉条文理解与适用》，人民法院出版社2017年版，第988页。《民法总则》第148条规定，一方以欺诈手段，使对方在违背真实意思的情况下实施的民事法律行为，受欺诈方有权请求人民法院或者仲裁机构予以撤销。

② 王泽鉴：《损害赔偿》，北京大学出版社2017年版，第355页。

③ 王泽鉴：《损害赔偿》，北京大学出版社2017年版，第378页。

《消费者权益保护法》，第一次通过立法确立了惩罚性赔偿制度。我国惩罚性赔偿的两个主要功能是惩罚和威慑，其目的在于使不法行为人受到惩罚和威胁，从而减少或避免类似不法行为的发生。

《消费者权益保护法》第 55 条规定，若经营者的行为构成消费欺诈，应予以三倍惩罚性赔偿，增加赔偿的金额不足五百元的，为五百元。但惩罚性赔偿赔付标准具体如何确定，存在较大的争议。一种观点认为，《消费者权益保护法》第 55 条仅赋予裁判单一赔偿计算标准，只要构成欺诈，应当是对整体商品负责，故应以商品整体价值为赔付标准。另一种观点认为，应参考实际损失，实现利益平衡，如欺诈仅针对商品的某一部分，应以此部分价值为赔付标准。笔者赞同第一种观点，理由如下：（1）从立法目的看，经营者向消费者提供商品或者服务，应当恪守社会公德，诚信经营，保障消费者的合法权益。对于违反诚信的欺诈行为，《消费者权益保护法》明确规定了经营者要向消费者承担三倍价款或者费用的惩罚性赔偿制度。惩罚性赔偿制度设立的目的就是不仅要使受害人所遭受的实际损失得到赔偿和填补，还要让经营者对其欺诈经营行为承担更大的责任，付出更大的代价，从而对其产生惩罚作用，并威慑、警告其他经营者，防止类似或更为严重的商业欺诈行为的发生，从而净化市场环境，保护处于弱势地位的消费者的合法权益。（2）从法条文义看，只要经营者提供商品或者服务有欺诈行为，则需要按照商品价款或接受服务的费用的三倍进行赔偿。该法条未对消费者受到损失的大小进行区分。故本案中，应按照整车价款的三倍予以赔偿。

此外，笔者认为，惩罚性赔偿具有长远的社会意义：（1）引导社会预期，让经营者预见欺诈行为所要承担的严重法律后果，在开展经营活动时恪守诚信、守法经营，防止类似欺诈行为的发生；（2）促进行业规则的树立，使流程更加规范，程序更加透明，促进行业健康、高质量发展；（3）保护消费者的合法权益，营造安全、放心的消费环境，服务我国从制造大国向制造强国质量转型之路的发展大局。

【附录】

编写人：刘力（副院长）、梁春霞（民一庭法官助理）

一审案号：（2016）沪 0115 民初 81221 号

二审案号：（2017）沪 01 民终 7144 号

二审合议庭：刘力（审判长兼主审法官）、黄蓓、潘静波

17. 在网络二手物品交易平台上从事持续性和营利性销售行为的出卖人应认定为经营者

——张某诉宋某等网络购物合同纠纷上诉案

【案例要旨】

网络二手物品交易平台上的出卖人的销售行为如果具有持续性和营利性，应对其经营者的身份予以认定，适用《消费者权益保护法》对其经营行为予以规范。确认上述民事主体是否系经营者，可以结合出卖人的用户注册时间、账户交易记录、评价详情、出卖人与买受人的沟通记录等证据，从出卖人的交易频率和数量、出售商品时是否具有获利意图等方面进行重点审查。若出卖人的销售行为显然已超过一般用户在二手平台上转让、处置闲置物品的节奏和合理范围，其在网络二手物品交易平台上买卖二手物品系以营利为目的，则应认定其为经营者。若其在销售时存在欺诈买受人的情形，应判令其承担相应的法律责任。

【案情简介】

上诉人（原审原告）：张某。

被上诉人（原审被告）：宋某。

被上诉人（原审被告）：H公司。

花粉儿平台系H公司旗下的闲置品交易平台。宋某系花粉儿平台的注册用户，昵称为“静默如初”。2016年10月7日，张某通过该平台向宋某购买品牌为Loropiana的方巾一条，花费925元。该网上交易于同年10月9日确认完成。2016年10月至11月的聊天记录显示“静默如初”曾向张某介绍涉案商品的货物来源、验货渠道。同年11月4日，张某向H公司客服投诉称其向宋某购买的上述商品系假货。2017年2月9日，张某向一审法院起诉，要求宋某及H公司就涉案商品退一赔三。

二审法院另查明，用户“静默如初”曾在花粉儿平台上销售商品阿玛施大衣（售价900元）、阿玛施皮毛一体大衣（售价4000元）、Maxmara羊毛披肩（售价650元）。而该平台上卖家李珊珊曾售出同款阿玛施毛呢大衣（标价500元）和阿玛施皮衣（标价3000元），卖家ZHYI售出Maxmara披肩（标价630元）。“静默如初”曾给予出售Maxmara披肩的卖家ZHYI“满意”评价，并对两件阿玛施大衣作出系统默认好评。“静默如初”于2016年7月30日在花粉儿平台上注册，截至张某二审举证时，该用户收到评价共计196条。“静默如初”在与上诉人沟通记录中曾推送多款服装，并告知有其他顾客已通过微信拍走部分商品。

【裁判结论】

一审法院认为：“欺诈”是指当事人一方故意制造虚假或歪曲的事实，或者故意隐瞒事实真相，使表意人陷入错误而作出意思表示的行为。本案中，因无法对涉案方巾的真伪进行司法鉴定，故张某主张涉案商品系假货的事实，法院难以确认。张某还主张宋某在销售中就涉案方巾的商品信息、商品来源、验货渠道、个人信息等进行虚假陈述，故宋某存在欺诈行为，并提供了其与花粉儿平台用户“静默如初”即宋某的聊天记录佐证。鉴于张某未能提供该证据的原件，宋某亦对该证据的真实性有异议，故法院对该证据的真实性难以采信。但宋某在庭审中确认其曾向张某表示其居住在高档社区，涉案方巾系其在北京国贸商厦专柜购买，并反复强调可通过其提供的手机号向专柜验货。关于商品来源，宋某提供由Loropiana品牌法国专柜出具的购买记录、DHL国际快递查询单、DHL快递单，欲证明涉案方巾系正品，并解释称该方巾系其在北京国贸商厦的专柜购买，该专柜可提供查询，但不提供书面的购买记录，故其与法国专柜销售联系后，由该法国专柜提供了购买记录。该组证据由国外公司出具，属涉外证据，但宋某未对该证据进行认证，且未提供翻译件，故该组证据不符合法定条件，法院不予采信。对于北京国贸商厦专柜不提供书面购买记录的解释，宋某亦未进一步提供证据予以佐证。关于验货渠道，宋某曾向张某表示可用手机号187××××9252至专柜查询购买记录，其在庭审中亦表示在张某购买方巾时，其因不清楚购买时留在专柜的是其自己的手机号码还是其前男友的，故向张某提供电话187××××9252、158××××6973用于查询。但宋某亦未提供证据证明可通过该两个手机号在专柜查询到涉案方巾的购买记录等信息。故法院认为，对于宋某在销售时陈述的货物来源、验货方式，其均未提供证据证明其陈述系事实，故对张某主张宋某存在虚假陈述、欺诈张某，法院予以确认。现张某因受宋某欺诈而购买方巾之合同，可予撤销，宋某应予退货。宋某还抗辩称双方约定二手商品不可退货不退款，但未提供证据证明有此约定，故法院对该抗辩意见不予采纳。至于张某主张H公司退还货款的诉讼请求，根据H公司提供的注册条款，可明确其实际为提供二手商品交易平台的中介方，对买卖双方的交易仅提供平台服务。鉴于张某未举证证明H公司在本次交易中存在过错，法院对张某的该项诉请不予支持。

经营者是从事生产、销售商品或者提供服务等经营活动的民事主体，故其从事的相关活动应具有经营性和持续性。宋某通过二手商品交易平台出售方巾，出售价格为925元，低于同品牌的同类产品，故其出售行为并非具有盈利的经营行为。另根据现有证据，未能充分证明宋某在花粉儿网上出售商品的行为具有持续性和经营性，故其不是《消费者权益保护法》所指的经营者，其与张某的交易行为不属于该法调整的范围。综上，张某主张三倍赔偿于法无据，法院不予支持。张某主张宋某、H公司赔偿其律师咨询费5000元、交通费300元、误工费12000元、精神损失2000元，但均未提供相关证据予以佐证，故法院对此亦难以支持。

综上，一审法院判决：一、宋某应于判决生效之日起十日内退还张某货款925元，张某同时退还涉案产品“Loropiana”方巾一件；二、驳回张某的其余诉讼请求。

一审判决后，张某不服，上诉称：其因生活需要购买商品，属于《消费者权益保护法》的保护范围。宋某所售商品为赝品，其在花粉儿平台上不仅仅是处理闲置物品，还低买高卖，从其注册时间及交易记录看，其交易行为并非偶然，其持续性地以营利为目的交易，符合经营者的特征。H公司在一审时否认保存张某与静默如初（宋某）的交易沟通记录，未提供商家信息，也没有组织调解，显然是与卖方勾结侵害消费者权益。H公司未对平台上的商品发布方进行规范和筛选，利用母婴闲置的概念吸引用户涉嫌欺诈，应当与宋某同时承担赔偿责任。故上诉请求：撤销原判第二项，改判宋某、H公司赔偿张某三倍货款2775元。

二审审理中，张某提供证据：（1）宋某在花粉儿平台上低买高卖的交易记录及评价详情，证明其存在在同一平台上低买高卖情形；（2）宋某在花粉儿平台上发布后又（被）删除的部分商品信息及用户注册时间、交易记录，证明其交易非偶然进行；(3) 上诉人与宋某在花粉儿平台上的沟通记录，证明被上诉人向上诉人推销商品，并告诉上诉人其不止在花粉儿一个平台进行交易；(4) 涉案商品鉴定结果，证明被上诉人宋某销售的商品真假存疑，被上诉人 H 公司未像其他二手交易平台一样承担辨别商品真伪的责任。

经质证，二审法院认为，上诉人于二审中提供的商品交易图片、评价详情、沟通记录等均是以网络数据截屏形式体现，在无相反证据推翻上述证据形式上真实性和合法性的前提下，可作为证据采纳。

二审法院认为：消费者为生活消费需要购买、使用商品或者接受服务，其权益受《消费者权益保护法》保护。经营者为消费者提供其生产、销售的商品或者提供服务，也应当遵守该法规定。在一审法院已认定被上诉人宋某在涉案商品买卖关系中存在虚假陈述、欺诈上诉人，且各方当事人均未对此提出异议的情形下，宋某是否符合经营者身份，应否按《消费者权益保护法》第 55 条规定向上诉人承担退一赔三责任是本案的争议焦点。根据二审法院查明的事实，宋某自在花粉儿平台注册后一年多时间内已获得近 200 条交易评价，由此推断宋某的交易数量已不下百条，显然已超过在一般二手平台用户转让、处置闲置物品的节奏和合理范围。结合宋某还向提出购买意向的上诉人另行推送其他多款服装及陈述另有销售渠道的事实，而且，宋某确有在同一平台低买高卖同一物品的行为，其在花粉儿平台上频繁地出售商品，显非偶然、少量地处置闲置物品。花粉儿平台仅是为二手闲置品交易提供中介信息服务，该平台并非注册用户规避法律约束规范经营行为之地，平台的性质也并非考量注册用户身份的必要因素。因此，宋某在花粉儿平台上买卖二手物品是以营利为目的的个人经营行为，即系经营者。上诉人虽然提供其他二手平台对涉案商品真伪所作的鉴定意见，但两被上诉人均予以否认，且该案外人平台无法定鉴定资质，因此，上诉人主张涉案商品系赝品一节，法院难以采信。但是，宋某作为经营者，在销售时存在对货物来源、验货方式虚假陈述、欺诈上诉人的情形，符合《消费者权益保护法》适用欺诈退一赔三的责任构成要件认定。上诉人要求宋某支付 2775 元赔偿款的请求，于法有据，应予支持。被上诉人 H 公司作为二手商品交易平台运营者，无法定义务须对平台上的商品真伪承担鉴别责任，且在案亦无证据证明其在涉案交易中存在过错，因此，上诉人要求 H 公司共同承担赔偿责任，不予支持。

二审法院据此判决：一、维持一审判决第一项；二、撤销一审判决第二项；三、宋某应于判决生效之日起十日内赔偿张某 2775 元；四、驳回张某其余诉讼请求。

【评析意见】

本案的争议焦点在于宋某作为网络二手物品交易平台上的出卖人，是否应认定为经营者。

一、认定经营者的关键——经营行为的持续性和营利性

（一）经营者的概念

经营者是经济法中的一个重要概念，一般见于《反垄断法》《反不正当竞争法》等市场规制法律中。《反垄断法》第12条第1款规定："本法所称经营者，是指从事商品生产、经营或者提供服务的自然人、法人和其他组织。"《反不正当竞争法》第2条第3款规定："本法所称的经营者，是指从事商品生产、经营或者提供服务（以下所称商品包括服务）的自然人、法人和非法人组织。"经营者在《消费者权益保护法》中并无明确的概念表述，但其是该法中的一个重要主体，是与消费者相对应的一个概念。《消费者权益保护法》第3条规定："经营者为消费者提供其生产、销售的商品或者提供服务，应当遵守本法……。"《现代汉语词典》对"经营"一词解释为：（1）运营（营利性事业），从事（营利性的工作）；（2）苦心筹划；（3）为一定目的而设法使机构或组织运转。

（二）经营者的特征

通过上述分析，可以归纳得出经营者一般应具有以下特征：

1. 从内涵上讲，经营者是从事生产、销售商品或者提供服务等经营活动的民事主体。根据前述相关法律的规定，经营者通常是为了从事一定的商业经营活动而存在的，其生产、销售商品或者提供服务应具有持续性，偶尔、零星地售出商品或者提供服务的，不宜认定为经营者，如个人在网上偶尔出售自有的二手物品等。

2. 经营者从事的行为应是有偿的，即以营利为目的，具有获利的意图。从事的行为是否具有营利性，是判断某一主体是否为经营者的主要标准。也正是因为经营者从事的行为具有营利性，决定了其应当对消费者负有较高的注意义务，承担较重的法律责任。

3. 从外延上看，《消费者权益保护法》规定的经营者不以公司等企业法人

为限。凡是持续有偿地向消费者从事了商品生产、销售或者提供服务的法人、其他组织和自然人，均可成为经营者。

从上述分析可以看出，认定民事主体是否具有经营者身份主要应从其从事经营活动是否具有持续性和营利性进行考量。这也是本案认定宋某是否具有经营者身份的关键。

二、交易场所的性质并非经营者身份认定的必要考量因素

一般情况下，网络二手物品交易平台系用户处理个人闲置物品的交易平台，出卖人与买受人因在该类平台上进行交易而产生的争议一般按照《合同法》等法律处理，不认定出卖人为经营者。在这种情况下，买受人往往不能按照《消费者权益保护法》的相关规定来主张自己的权利。以“咸鱼”为例，咸鱼是淘宝公司旗下为淘宝会员提供便捷交易服务的在线闲置社区、二手交易平台。该平台的风险提示就表示，个人闲置物品的交易并非商品经营行为，“咸鱼”的卖家并未缴纳任何形式的交易或店铺保证金。因此，若买家对交易存有争议，应当在交易的售中阶段向卖家申请退款或要求咸鱼客服介入。但是，有部分商家利用这种网络二手物品交易平台进行销售经营，在出现纠纷后又以其并非经营者为由进行抗辩，以此来规避法律责任，如此一来，该类平台就成为了经营者规避法律约束规范经营行为的法外之地。但该类平台系为用户处理个人闲置物品而提供的交易场所，其仅为二手闲置品交易提供中介信息服务，本身并不负有鉴别出卖人身份性质以及所售物品属性的义务，用户在该类平台上发布商品信息、进行交易均比较自由随意，该类平台的性质也并非考量注册用户身份的必要因素，在此情形下，认定经营者的身份不能拘泥于销售平台的性质，而应看其出卖行为是否具有持续性和营利性，如果出卖人的出卖行为符合上述特征，则应对其经营者的身份予以认定，适用《消费者权益保护法》对其经营行为予以规范。

三、认定网络二手交易平台上的出卖人是否系经营者，应结合网络交易的特点，从多方面进行考量

根据 2005 年 4 月中国电子商务协会发布的《网络交易平台服务规范》，网络交易指发生在信息网络中企业之间（Business to Business，简称 B2B）、企业和消费者之间（Business to Consumer，简称 B2C）以及个人与个人之间（Consumer to Consumer，简称 C2C）通过网络通信手段缔结的交易。通常有

用户注册、浏览产品、与卖方就产品进行洽谈、选购产品、订购产品、付款至第三方（或货到付款）、送货上门、确认收货并给予评价等流程。在网络交易平台信息处理程序完善的情况下，相关步骤均有网络留痕记录。认定网络二手交易平台上的出卖人是否系经营者，即可综合审查出卖人的账户注册时间、账户交易记录、评价详情、出卖人与买受人的沟通记录等证据，从其交易的频率与数量、交易的价格、与买受人的洽谈过程等方面进行确认。本案中，宋某在相关二手交易平台上注册后短时间内就获得大量的交易评价，并有在同一平台低买高卖同一物品、向提出购买意向的买受人另行推送其他同类商品及陈述另有销售渠道的行为，说明其交易次数极为频繁，显然已超过一般用户在二手平台上转让、处置闲置物品的节奏和合理范围，并有明显的获利意图，符合销售行为具有持续性和营利性的特征，故应对其经营者的身份予以认定，同时适用《消费者权益保护法》的规定判决其承担相应的法律责任。

【附录】

编写人：陈敏（民一庭审判员）、王文静（民一庭法官助理）

一审案号：（2017）沪0115民初13372号

二审案号：（2018）沪01民终815号

二审合议庭：丁慧（审判长）、陈敏（主审法官）、马丽

18. 给付性不当得利的认定方法

——黄某诉岳某、孟某不当得利纠纷再审案

【案例要旨】

不当得利的法律规范较为疏简，可借助学说理论提供裁判方法，严格认定全部构成要件。审理给付性不当得利纠纷，应考察因给付行为而发生的财产利益转移及给付行为的目的，在此基础上判断给付行为是否“没有法律根据”。不能因为被告所主张的个别法律根据不存在，就当然认为成立不当得利。原告也应就其给付行为“没有法律根据”负举证责任。

【案情简介】

重审上诉人（一审被告）：岳某、孟某。

重审被上诉人（一审原告）：黄某。

2011年7月，黄某与岳某、孟某及案外人李某签订《投资合作协议》，约定共同发起设立D信息技术公司，持股比例为：黄某40%、岳某20%、孟某20%、李某20%。黄某应提供设立D公司所需注册资金500万元，及前期经营所需资金1500万元。为便于工商注册，500万元注册资金中，200万元由黄某直接向公司出资，300万元先给予岳某等三人，再由三人向公司出资。上述资金按时、足额到位是黄某保持其40%股权的保证条件。《协议》签订次月，黄某依约向设立中D公司账户划款200万元；向岳某等三人账户各划款100万元，再由三人划款至设立中D公司账户，作为三人的出资。经验资后，D公司全额出资到位而依法设立，注册资金500万元。此后，黄某始终未向D公司提供后续资金。经股东会决议，黄某后以1元价格出让部分D公司股权。嗣后，岳某依股东会决议，向D公司增资300万元。至2012年6月，工商登记显示D公司注册资本800万元，黄某持股比例21%，岳某等股东持有其余

股权。2012年11月，黄某与岳某签订《股权转让备忘录》，随后黄某依约将其名下21%D公司股权以550万元转让岳某。

2013年2月，黄某诉至法院，认为D公司设立时岳某等三人未实际出资，系名义股东，岳某等人与黄某系代持股关系，故请求法院确认岳某、孟某二人所持相应D公司股份为黄某所有。该案经历一、二审，法院生效判决认为，根据当事人间《投资合作协议》约定及实际履行情况，主张岳某、孟某为名义股东缺乏合同及事实依据，故未支持黄某诉请。

2014年4月，黄某转而向本案原审法院起诉，认为其向岳某、孟某划款共200万元系借款，请求判令岳某、孟某二人还款付息（向案外人李某划款100万元，黄某未请求返还。）原审法院认为当事人间存在借款关系，判决支持黄某诉请。本案因涉外诉讼程序瑕疵，经上级法院再审后发回重审；重审判决后又因基本事实认定不清，被二审法院发回重审。本案再次重审中，黄某变更基础法律关系，选择以不当得利为由请求判令岳某、孟某向其返还钱款共200万元。经审理，法院判决支持黄某诉请。经本院对该案二审，改判撤销一审判决，驳回黄某的诉请。

【裁判结论】

重审一审法院认为：黄某要求岳某、孟某返还钱款共200万元的诉讼请求始终未变，且原审判决均已被撤销，故准许其变更基础法律关系。黄某认为其与岳某、孟某之间实为代持股关系，岳某、孟某则认为其系接受黄某赠与，无偿获得系争款项，双方主张均缺乏证据支撑。现收取钱款的岳某、孟某不能证明其无偿获得系争款项的合法根据，应当承担不利法律后果。故认定不当得利成立，判令岳某、孟某向黄某归还钱款200万元。岳某、孟某不服判决，认为一审法院认定不当得利错误，且未合理分配举证责任等，遂提起上诉。

重审二审法院认为：《民法总则》第122条对于不当得利有明确的规定，即因他人没有法律根据，取得不当利益，受损失的人有权请求其返还不当利益。综合当事人间《投资合作协议》的约定、具体履行、标的公司的运营以及各方当事人在历次诉讼中的陈述，黄某关于岳某、孟某取得钱款系不当得利的主张不能成立，一审判决有误，应予纠正。

重审二审法院改判：撤销重审一审判决，驳回黄某诉讼请求。

【评析意见】

本案系再审重审的二审案件，案由为不当得利纠纷，案件争议焦点为：岳某、孟某自黄某处取得钱款共200万元是否构成不当得利。本案历经一审、二审，重审一、二审，再次重审一、二审的诉讼程序，当事人陈述繁杂、主张多变且有矛盾，增加了审理难度。本案系给付性不当得利纠纷，故审理中考察两项要件事实：(1) 因给付行为而发生的财产利益转移；(2) 给付行为的目的。在此基础上，判断构成要件是否全部具备。详述如下：

一、构成要件概述及学说借鉴

我国不当得利制度现由《民法总则》第122条明确规定："因他人没有法律根据，取得不当利益，受损失的人有权请求其返还不当利益。"据此条文，不当得利的构成要件包括：(1) 民事主体一方取得利益；(2) 民事主体他方受到损失；(3) 一方取得利益与他方受到损失之间有因果关系；(4) 没有法律根据。[①] 全部构成要件均须得到认定，才能构成不当得利。

四项构成要件中，取得利益、受到损失及因果关系三项，显示为当事人间存在财产利益转移的要件事实。取得利益可分为积极得利与消极得利，表现为财产总额的增加或不减少。受到损失，表现为财产总额的减少或应得利益丧失。受益和受损须有因果关系，但这并非"前因后果"的关系，而是基于某原因而发生受益、受损两个结果。故不当得利的因果关系实际上是受益、受损两个结果之间的牵连关系。[②]

"没有法律根据"是核心要件，且属于消极要件，无法从中推导出具体的规范内容，而必须外求于形形色色的相关法律根据。[③] 如能认定存在法律根据，则主体间的财产利益的转移具备正当理由，原则上即不构成不当得利。反之，只有当一切可能的法律根据都不存在时，才能认定财产利益的转移没有法律根据。

由于不当得利的法律规范较为疏简，实务中可借助成熟的学说理论，以缩小对法律根据的考察范围。学说上最主要的分类，为给付性不当得利与非给付

---

① 李适时：《民法总则释义》，法律出版社2017年版，第377～378页。

② 郑玉波：《民法债编总论》（修订2版），中国政法大学出版社2004年版，第93页。

③ 黄茂荣：《无因管理与不当得利》，厦门大学出版社2014年版，第38页。

性不当得利，其划分标准为财产利益转移是否基于给付行为，即是否为了履行对他方的特定债务，有意识地给予他人财产利益，产生增加他人财产的效果。给付行为应有其经济目的，此种目的系出于给付关系当事人的合意，故给付目的在客观上表现为法律行为，此即为财产利益发生转移的法律根据；如存在欠缺给付目的之情形，则受给付一方保有该给付没有法律根据，违背公平理念，即可发生给付性不当得利。采此标准，认定是否成立给付性不当得利，应着眼于考察两项要件事实：(1) 因给付行为而发生的财产利益转移；(2) 给付行为的目的。在此基础上，认定四项构成要件是否具备。认定顺序上，宜以“没有法律根据”要件为先，继而考察受益、受损及因果关系要件。

二、确认给付行为及其目的

岳某、孟某自黄某处取得钱款共200万元，系通过黄某向岳某、孟某个人账户划账方式实现。此为本案的基本事实，殆无争议。划账之前，黄某与岳某、孟某及案外人李某订立《投资合作协议》，约定设立D公司所需资金全由黄某提供。岳某、孟某收到黄某划账钱款后，及时将该笔钱款划入设立中D公司的账户，后成为D公司注册资金。由此可知，黄某的划账行为系出于履行《投资合作协议》约定，有意识地向岳某、孟某移转财产，当属给付行为无疑。

围绕黄某划账行为的目的，本案历次诉讼程序中，双方当事人提出不同主张。(1) 代持股，黄某通过直接投资及岳某等三人为其代持股份，实际享有D公司100%股权，此为黄某在另案股东资格纠纷中的主张，亦在本案中始终坚持。(2) 借款，黄某借予岳某、孟某钱款200万元，以助其向设立中D公司出资，此为本案中黄某初始主张。(3) 赠与，岳某、孟某辩称，黄某无偿赠与二人钱款200万元，以资助其向设立中D公司出资。上述主张皆存在合同依据不足的问题，无法证明双方当事人间存在明确的代持股、借款或赠与合意。其实，黄某划账行为既然是出于履行《投资合作协议》相关约定，明确其目的应本于各当事人订立《协议》时所达成的完整合意：各当事人相约共同创业，黄某提供D公司设立所需500万注册资金及前期经营所需1500万资金，获得D公司40%股份；岳某等三人以其对公司开业经营的贡献，各获得20%股份。一项潜在的基本共识是：D公司设立后，各方应继续合作使D公司长期持续经营。正因如此，《协议》未对合作终结后黄某提供资金的归属问题作出安排。上述合同行为，即黄某向岳某、孟某作出划账给付的目的。

三、"没有法律根据"要件的认定

"没有法律根据"系消极要件，如不先界定一定范围，举证难以穷尽，故一般应先由被告提出支持其受益的法律根据，而后由原告证明该法律根据并不存在。但在给付性不当得利，"没有法律根据"表现为给付目的之欠缺。原告当初作出给付的事实，依社会经验即是自证存在法律根据的证据，故无论被告是否举证，原告应就其给付存在目的欠缺的情形负举证责任。[①] 学说中，给付目的欠缺情形不外乎三种：(1) 自始无目的。给付目的本身应为法律行为，如该行为未成立或无效，则给付行为自始无目的。(2) 目的不达，即拟实现某种目的而为给付，但日后并未达成其目的。(3) 目的消灭，即给付行为虽已一度达成目的，但其后目的消灭。[②]

本案所考察的给付目的，客观上即各当事人订立《投资合作协议》的合同行为。关于是否自始无目的，双方当事人对于《协议》的成立和效力并无争议。况且即使《协议》存在不成立或无效情形，岳某、孟某应依《合同法》第58条的规定负返还财产义务，由于没有折价补偿的问题，无涉不当得利制度。[③]

关于是否目的不达，D公司设立后，黄某拒绝履行提供剩余1500万元资金的合同义务，但经各方协商，黄某最终降低持股比例至21%，综观《协议》履行情况，D公司得以设立并持续经营，黄某提供的500万注册资金也维持在D公司内，《协议》部分目标已经实现。虽发生黄某拒绝提供后续资金的情况，但各方当事人能够达成合意调整《协议》相关约定，使《协议》继续履行。故本案没有给付目的不达的情形。

关于是否目的消灭，在D公司设立一年三个月后，黄某将其所持D公司21%股权以550万元全部转让岳某。由于《股权转让备忘录》仅载明转让标的和价金，故审理中双方当事人就该合同提出不同解读。按黄某主张，550万元转让款仅反映D公司21%股权的实际价值，由于岳某等人仍代黄某持有部分D公司股权，故黄某并未完全退出D公司。按岳某、孟某主张，550万元的价格包括返还黄某所提供500万元资金以及50万元投资收益两部分，以达到使

---

① 黄茂荣：《无因管理与不当得利》，厦门大学出版社2014年版，第258～259页。

② 郑玉波：《民法债编总论》(修订2版)，中国政法大学出版社2004年版，第98～99页。

③ 崔建远：《合同法总论（上卷）》(第二版)，中国人民大学出版社2011年版，第435页。

黄某彻底退出D公司的目的。如果各当事人间《投资合作协议》仍然处于履行状态，则本案没有给付目的消灭的情形。如果对于黄某来说，《投资合作协议》的履行因《股权转让备忘录》而终止，则黄某通过D公司所欲实现的经济目的宣告消灭，本案存在给付目的消灭的情形。

由上述分析可知，黄某主张的不当得利如能成立，则其给付行为必须“没有法律根据”。但黄某关于股权转让性质及代持股的相关主张，如能成立，反而为本案给付行为提供了“法律根据”，无由发生不当得利。根据本案《股权转让备忘录》书面明确记载的内容，结合黄某本人自相矛盾的认识，不足以认定本案系争给付行为已具备“没有法律根据”要件，黄某负有进一步举证之责任。

四、其余构成要件的认定及本案结论

在具备“没有法律根据”要件的前提下，才有必要认定取得利益、受到损失及因果关系三项构成要件。笔者基于《投资合作协议》对于黄某已终止履行的假设，对其余要件略作讨论。

因黄某向岳某、孟某划账的给付行为，在双方当事人间发生共200万钱款的财产移动，此事实已无争议。依黄某主张，双方受益、受损的财产数额也以200万元为限。需认定的是，《股权转让备忘录》所约定的550万股权转让款，是否包括对系争200万给付款项的返还。

笔者认为，《股权转让备忘录》签订时D公司注册资金已增至800万元，现并无证据显示D公司另有资本公积和留存收益，结合D公司当时经营状态，黄某所持21%股权的实际价值，可按其对应比例的注册资金加以认定，即168万元。黄某实际得到股权转让款550万元，较168万元多得382万元。黄某多得的382万元实际已覆盖向岳某等三人划转的300万元款项（本案系争款项包括在内），此认识更符合常理。黄某如坚持认为其多得的382万元与本案系争200万元给付款项无关，则应对其出让D公司股权的实际价值进一步举证。故本案中，即使具备“没有法律根据”要件，是否具备取得利益、受到损失要件，也成疑问。

本案中，黄某主张岳某、孟某取得其钱款共200万元系不当得利。综合上述分析，仅依据在案事实及双方当事人的陈述，不足以认定黄某的给付行为“没有法律根据”，亦不足以认定岳某、孟某取得利益，黄某实际受到损失。故本案最终判决黄某所主张的不当得利不能成立，依法驳回黄某的诉请。

检讨黄某与岳某、孟某的纠纷历程，法院最初审理仅否定了当事人间存在代持股关系，而没有明示纠纷的本质为当事人因对《投资合作协议》及后续《股权转让备忘录》持不同解释而产生的合同纠纷。法院首先应当明确本案《投资合作协议》有关设立D公司的条款是否符合《公司法》相关规定。设若《协议》存在规避《公司法》规定的情形而有效力问题，则纠纷可由返还财产等途径解决。如认定《协议》合法有效，则纠纷的焦点在于当事人通过《股权转让备忘录》是否达成合意、达成何种合意，及对黄某来说《投资合作协议》的履行是否由《备忘录》协议终止。法院如能就上述问题作出判断，或对当事人充分提示引导，使其围绕纠纷本质开展诉讼活动，则可避免后续讼累的发生及司法资源的浪费。对此值得引起重视。

至于本次审理，主要涉及不当得利成立的认定问题。因相关法律规范较为疏简，审理中借助学说理论提供裁判方法，严格认定全部构成要件。由于“没有法律根据”要件的消极属性，不当得利易成为当事人寻求救济的兜底选择。需注意的是，不能因为被告所主张的个别法律根据不存在，就当然认为成立不当得利。且在给付性不当得利的认定过程中，原告也应就其给付行为“没有法律根据”负举证责任。

【附录】

编写人：赵卫平、张弘毅（分别系审监庭庭长、法官助理）

重审一审案号：（2017）沪0115民再15号

重审二审案号：（2018）沪01民终3418号

重审二审合议庭：蔡茜芸（审判长、主审法官）、王伟、沈洁

19.《药典》中所列物质并不当然等同于药品

——江西某药业有限公司与李某网络购物合同纠纷上诉案

【案例要旨】

《药典》一部中“药材和饮片”大类所列物品，如冬瓜皮，因其具备一定的药用价值而被确定为药材（即制药原材料）。该制药原材料如果按规定流程和要求进行加工，进而符合药品标准，具备了药品属性，才属于药品。《药典》中所列属于制药原材料的物品，并不等同于药品，即便添加于食品中，也不必然适用“退一赔十”罚则。

【案情简介】

上诉人（原审被告）：江西某药业有限公司（以下简称某药业）。

被上诉人（原审原告）：李某。

2017年3月12日，李某通过网络交易平台向某药业订购了系争产品“某美主粮包”120盒，合计支出4800元。收到货物后，李某发现系争产品包装上注明的产品配料表中含有“冬瓜皮”，营养成分表中的能量值不符合法定标准，故诉至法院要求某药业“退一赔十”。

法院另查明，吉安市食品稽查支队于2017年4月17日就李某对系争产品所作的举报向其出具《回复函》，吉安市食品药品监督管理局于2017年5月19日作出《关于对信访人李某信访内容的答复》（以下简称《答复》）。《答复》第五点理由记载，国家食品药品监督管理总局在答记者问时明确，收录在药典中的所有物质，是针对药品在生产和经营过程中使用这些物质必须遵循的国家标准，《药典》（以下简称《中国药典》）中收录的物质，其中既有抗生素、生物制品等，也有既可作为药品又可作为食品的物质，这些物质也均未列入“既是食品又是药品的物品名单”中，但都可以作为食品原料使用。

法院还查明，《中国药典》2015版中，一部，药材和饮片，载明“冬瓜皮：……【检查】水分 不得过 12.0%（通则 0832 第二法）；总灰分 不得过 12.0%（通则 2302）……。”

【裁判结论】

一审法院认为：食品生产经营者对其生产经营食品的安全负责。生产经营的食品中可以添加按照传统既是食品又是中药材的物质，但不得添加药品。“冬瓜皮”作为药材被列入《中国药典》，属于药品，但未被相关部门确认为药食同源的物质。某药业将“冬瓜皮”作为系争产品的配料，明显违反了《食品安全法》的强制性规定，系争产品依法属于不符合食品安全标准的食品。某药业作为系争产品的生产者，依法应当承担退货和赔偿的责任。遂判决：（1）某药业于判决生效之日起十五日内返还李某价款 4800 元，李某同时返还某药业本次购买的 120 盒“某美主粮包”；（2）某药业于判决生效之日起十五日内支付李某价款十倍的赔偿金 48000 元。

某药业不服原审判决，提起上诉称：《中国药典》是保证公众用药安全，保证标准质量的法定技术规范，列入其中的物品不能一概认为属于药品。而本案所涉冬瓜皮为冬瓜的一部分，其长期作为人们日常生活所食用的食品，并非药品，且相关部门并未认定其所添加的冬瓜皮为药品，故不适用《食品安全法》第 38 条的规定，请求依法改判驳回李某的全部诉请。

二审法院认为：对某药业关于“列入中国药典的物质不能一概认为属于药品”，“不能以是否列入中国药典来作为判定某种物质是否属于药品的法定依据”之意见，予以采信。职能部门经核查后并未认定涉案冬瓜皮为药品，在此情形下，李某若仍主张涉案冬瓜皮为药品，则应提供相关证据证明上述认定存在错误，或提供其他更为充分的证据以证明其主张可成立，但李某所提供的证据尚不足以证明涉案冬瓜皮为药品，故李某要求某药业退还货款并赔偿损失的理由无法成立，其诉讼请求不应支持。二审法院遂改判驳回李某要求某药业退还购物款 4800 元并赔偿 48000 元的诉讼请求。

【评析意见】

本案中，李某通过网络购物平台向某公司购买了“某美主粮包”，后以系争产品违法添加配料“冬瓜皮”为由，起诉要求某公司承担退一赔十责任。目前此类案件的数量增长迅速，但对相关问题的观点存在争议，值得深入研究。

一、在食品中添加列入《中国药典》物品的司法处理现状

实践中，有一些物品被添加到食品中，消费者购买后以经营者在食品中非法添加药品为由，主张经营者应当“退一赔十”。以下是几个典型案件：

1.（2017）沪0110民初468号裁判文书载明：“乌蒙韵·沉香红茶”中含有沉香。沉香被列入《中国药典》，性质属于药品，并非食药同源的材料。沉香作为单纯的药品，应当适用于有专门疾病的特定人群，被普通消费者饮用或食用后，显然具有危害消费者身体健康的潜在危险。“乌蒙韵·沉香红茶”的生产者及销售者在涉案产品中添加了中药材违反了《食品安全法》第38条的规定，应当承担共同赔偿责任。

2.（2017）沪02民终8996号裁判文书载明：系争产品为天然莲子脱水干燥而成，其内含的莲子心。莲子与莲子心分列于《中国药典》，《既是食品又是药品的物品名单》中包含莲子。法院认为，《中国药典》均在对莲子的释义中明确描述其含有绿色的莲子心，将莲子心单列一条仅说明莲子心可以分离出来独立作为一个名词或一味药材，无法解读为食品莲子不应含有莲子心。莲子被列入《既是食品又是药品的物品名单》，且并未说明列入该名单的莲子不应包含莲子心。本案系争产品为天然莲子脱水干燥而成，其内含的莲子心为天然莲子自然生长的一部分，而非人工添加。购买人未能举证证明现有的食品安全法律法规中已明确规定莲子必须去除莲子心后方可销售，或已禁止经营者销售天然含有莲子心的莲子，故二审驳回了购买人的诉讼请求。

3.（2015）松民一（民）初字第6011号裁判文书载明：涉案产品三花茶配料中“月季花”被列入《中国药典》一部中，应属药品。《既是食品又是药品的物品名单》中未包含“月季花”，故月季花不得添加在食品中，现本案中月季花被添加至食品中，违反了《食品安全法》的相关规定。销售者明知涉案产品不符合食品安全标准仍进行销售，故应退还货款并支付价款十倍的赔偿金。

4.（2016）沪0115民初38910号裁判文书载明：38度竹叶林酒的原料包括当归。食品安全，指食品无毒、无害，符合应当有的营养要求，对人体健康不造成任何急性、亚急性或者慢性危害，《食品安全法》的立法原意在于打击制售不安全食品的行为，不能扩大适用。中华饮食源远流长，当归目前虽然尚未列入“按照传统既是食品又是中药材物质目录”，但正处于拟列入目录的征求意见过程中，且无论是国内传统还是国外使用状况，经营者的证据可以证明

竹叶林酒加入当归不违反食品安全的基本标准，故根据实际情况本案不适用十倍惩罚性赔偿。

5.（2016）沪0112民初23402号裁判文书载明："核桃芝麻黑豆粉"中配料显示含有黑豆。黑豆列入《中国药典》，国家食品药品监督管理局发布的《既是食品又是药品的物品名单》中没有黑豆。虽然黑豆系药品，但本案系争商品系固体饮料，其中所含的黑豆粉系谷物碾磨加工品而非药品。现窦某以经营者在食品中添加药品，不符合食品安全标准，要求支付十倍价款之诉请，无事实和法律依据，不予支持。

分析上述判决理由可知，实践中存在一种思维逻辑，即一种物品如果被列入《中国药典》，则该物品就应被认定为药品。如果该物品又未被列入《既是食品又是药品的物品名单》，那么在食品中加入该物品就容易被解读为在食品中添加了药品。前述案例2、4、5所涉及的含莲子心的莲子、当归和黑豆开始也受到了上述逻辑思路的影响，但法院进一步从系争被添加物品的安全性、饮食习惯、国内传统、国外使用状况等进行论证，最后得出不适用惩罚性赔偿的结论。

二、《中国药典》中所列物品不能一概认为属于药品

自1953年编订《中国药典》以来，至2015年共有十个版次，其结构包括凡例（名称与编排、检验方法与限度、标准品对照品、精确度），正文（名称、结构式、性状鉴别、检查、含量测定、类别、贮藏、制剂），附录（制剂通则、检测方法和指导原则等）及索引（分为一部、二部、三部）。

本案第一个争议焦点是《中国药典》是否可作为判定某种物品为药品的直接法定依据。

首先，根据《药品管理法》的规定，药品是指用于预防、治疗、诊断人的疾病，有目的地调节人的生理机能并规定有适应症或者功能主治、用法和用量的物质，包括中药材、中药饮片、中成药、化学原料药及其制剂、抗生素、生化药品、放射性药品、血清、疫苗、血液制品和诊断药品等。《中国药典》一部中"药材和饮片"为一大类，本案所涉"冬瓜皮"即在此类下。

我们认为，药材为可供制药的原材料，任何物质只要具备药用价值，具有一定治疗效果，即可被确定为制药原材料，依此引申出的药材概念颇为广泛，普通食品亦涵盖在此概念中，但此种未经制作加工的制药原材料因其不具备药品属性，不可直接入药。另一种则是作为药品范畴下的制药原材料，是按规定

流程和规定要求加工而成的符合药品标准的原材料，具备了药品属性而可直接入药。

其次，本案在案《答复》第五点理由记载，国家食品药品监督管理总局在答记者问时明确，收录在药典中的所有物质，是针对药品在生产和经营过程中使用这些物资必须遵循的国家标准，《中国药典》中收录的物质，其中既有抗生素、生物制品等，也有既可作为药品又可作为食品的物质，这些物质也均未列入“既是食品又是药品的物品名单”中，但都可以作为食品原料使用。

其三，索查《中国药典》一部，“冬瓜皮”项下详细罗列了性状、鉴别方法、检查标准及作为饮片时的药性、功能、用量等内容，根据分项【检查】中关于水分和总灰分的量值规定可以看出，作为具备药品属性的药用原材料的“冬瓜皮”必须经一定处理，并在相关指标上达到相关特征要求，此与国家食品药品监督管理总局答记者问时的说明相符。

据此，我们认为，某药业提出的“列入中国药典的物质不能一概认为属于药品”，“不能以是否列入中国药典来作为判定某种物质是否属于药品的法定依据”之意见，符合《中国药典》中收录物质的基本属性，也与国家食品药品监督管理总局答记者问时阐述的意见相一致，故二审法院采纳了某药业关于《中国药典》中所列物质不能一概认为属于药品的上诉意见。

三、涉案冬瓜皮难以认定为药品

本案的第二个争议焦点为，涉案冬瓜皮是否已达到《中国药典》所规定的药用规范标准，是否属于纳入药品概念下的药材范围并被定义为药品。

在案吉安市食品稽查支队向李某出具的《回复函》中载明，某药业的产品中使用了“冬瓜皮”原料，但该产品是一款膳食补充产品，主要原料为膳食纤维和维生素、矿物质等营养成分，其中冬瓜皮作为果蔬类膳食纤维原料之一予以添加。冬瓜是我国传统食用农产品，冬瓜皮是冬瓜的可食用部分，以冬瓜（包括冬瓜皮）为原料的菜肴在百姓日常饮食中非常普遍。冬瓜皮被列入《中国药典》，未被列入《既是食品又是药品的物品名单》。存在同样情况的还有作为中国传统饮食、在食品中普遍被使用的“大蒜”“生姜”，它们也被列入《中国药典》，同时也未列入《既是食品又是药品的物品名单》。故职能部门经核查后并未认定涉案冬瓜皮为药品。

我们认为，冬瓜皮被列入《中国药典》，故冬瓜皮属于可供制药的原材料。与西药不同，冬瓜皮本身并非用化学方法人工合成的物质，考虑到其本身的特性及中国传统饮食习惯，不可否认以冬瓜（包括冬瓜皮）为原料的菜肴普遍被我国百姓食用。且《中国药典》2015版中，一部，药材和饮片，载明“冬瓜皮：水分不得过12.0％（通则0832第二法）；总灰分不得过12.0％（通则2302）……。”故在我国作为普通食品被广泛种植、销售的冬瓜（含冬瓜皮），只有冬瓜皮符合药品标准，即水分、总灰分等指标要求时，该冬瓜皮才属于药品。

本案中，李某若主张涉案冬瓜皮为药品，必须提供相关证据证明吉安市食品稽查支队所作的上述认定存在错误，或提供其他更为充分的证据以证明其主张可成立。但审查李某所提供的现有证据，尚不足以证明涉案冬瓜皮的水分、总灰分符合相关标准并属于药品，故李某要求某药业退还货款并赔偿损失的理由无法成立，其诉讼请求不应支持。

【附录】

编写人：刘江、庄人杰（分别系民一庭审判员、法官助理）

一审案号：（2017）沪0115民初43484号

二审案号：（2017）沪01民终13973号

二审合议庭：沙茹萍（审判长兼主审法官）、刘江、韩卫旭

20. 未经法院审判不得擅自否认公司法人独立人格

——J公司诉B银行储蓄存款合同纠纷再审案

【案例要旨】

公司人格否认作为公司独立人格的例外，只能经法院审判在个案中认定，且应适用严格标准。未经个案司法认定，债权人在商业活动中不得擅自否认其他公司的独立人格。

【案情简介】

再审申请人（一审原告、二审上诉人）：J公司。

被申请人（一审被告、二审被上诉人）：B银行。

一审第三人：K公司、汤某、郑某及Z、Y、G三家公司。

汤某、郑某系夫妻，同时系J公司及Z、Y、G三家公司的实际控制人。J、Z、Y、G四家公司的办公地址均为杨浦区某写字楼，经营业务均为钢材、金属材料。J公司系经自然人股东设立的有限责任公司，其系B银行储户，并在该银行设有专有账户。

2011年7月31日，K公司与B银行签订《流动资金借款合同》，合同约定B银行向K公司提供不超过2000万元的流动资金贷款额度，合同项下贷款额度的有效期自2011年9月13日至2012年9月12日，贷款用途为购买钢材。同日，Z公司、K公司、茂如公司、健特公司、红树叶公司、汤某、郑某、郑某林、黄某梅与B银行签订了《最高额保证协议》，同意向B银行提供无条件不可撤销的最高额连带责任保证，以担保K公司按时足额清偿其在主合同及具体业务合同项下产生的全部债务。2011年9月13日，B银行向K公司放款1000万元，贷款起息日为2011年9月13日，贷款到期日为2012年9月12日。

2012年9月12日16点47分，J公司涉案账户自Y公司转入500万元。同日，19点44分，由B银行自J公司涉案账户转账入K公司还贷账户500万元。之后，B 银行系统自 K 公司账户自动扣款 10185325.83 元以归还上述借款合同项下贷款本息，至此贷款结清。

J 公司遂向法院起诉，请求判令 B 银行返还 J 公司存款 500 万元并支付相应的利息。

【裁判结论】

一审法院认为：B 银行就其“本案转账交易系经 J 公司实际控制人授权交易”的主张所提供的证据已达到高度盖然性的标准，B 银行扣款行为系 B 银行依据其与 K 公司的贷款合同依法行使合同权利。故一审法院判决驳回 J 公司的诉讼请求。J 公司不服一审判决，提起上诉。

二审法院经审理，同意 B 银行有关 J 公司未能举证证明自己具有独立人格以及公司财产独立于股东财产或其他关联公司财产的意见，故认定 J 公司不具有独立人格。鉴于郑某、汤某夫妇是 K 公司向 B 银行借款的连带保证人，现涉案贷款到期，根据《最高额保证协议》的约定，郑某、汤某夫妇有义务归还贷款，而 J 公司的财产无法独立于其实际控制人汤某的财产。郑某、汤某利用实际控制的公司，逃避银行债务，严重损害债权人利益，其行为背离了法人制度设立的初衷，违反了诚实信用原则，公司实际上沦为股东违法逃债、谋取私利的工具，应当参照《公司法》第 20 条第 3 款的规定，刺破公司面纱，保护债权人的合法权益。故 B 银行自 J 公司账户内将资金划转至 K 公司的账户用于偿还到期贷款是维护自身债权的合法行为，B 银行扣划 J 公司存款于法不悖。二审法院判决维持了一审判决。J 公司不服二审判决，申请再审。

本院再审认为：B 银行作为正规的商业银行，应依照《商业银行法》有关规定和与 J 公司的有关合同约定，只有在具有完备手续的情形下，才可对 J 公司存款予以划款，但 B 银行始终未提供合法、合约的划款依据，故 B 银行应当承担由此导致的不利后果。J 公司经合法设立，应认为其具有独立人格。即使要否定其人格，应通过专门诉讼由法院依法作出个案认定。B 银行在本案中未经专门诉讼即以 J 公司不具有独立人格为由，直接将 J 公司的存款用于偿付 K 公司债务，该行为缺乏相关依据，故改判 B 银行返还 J 公司存款 500 万元及相应的利息。

【评析意见】

本案的争议焦点为 B 银行扣划 J 公司在该银行所设账户内的存款 500 万元

有无依据，即B银行是否有权在业务活动中自行认定J公司不具有独立人格进而直接以此为理由扣划储户J公司的存款。在此涉及公司人格否认制度的性质、涵义及其适用和辨析等基础问题。

一、公司人格否认的概述

公司法通说认为，通常情况下，公司具有独立的人格，表现为公司作为独立的商事主体，其财产与股东的财产严格区分。但是在例外的情况下，可以揭开公司面纱，否认公司所具有的独立人格，责令股东对公司的债务承担连带责任；或者在法律上将数个关联公司视为一体，共同对外承担法律责任。这也就是公司法理论中所谓的“揭开公司面纱”或“法人人格否认”制度。我国《公司法》第20条对此进行了相关规定，公司股东滥用公司法人独立地位和股东有限责任，逃避债务，严重损害公司债权人利益的，应当对公司债务承担连带责任。

在此，需要明确的是，公司法人人格否认的实质是以承认公司具备独立法人人格为前提条件，只针对特定个案中公司独立人格予以否认，并对特定个案中失衡的利益体系进行事后的调整和规制。公司法人人格否认制度的出现，使得有限责任制度本身的相关弊端得到了克服，二者形成和谐的功能互补，使得公司法人制度更加有活力，平衡了债权人的利益和股东的权益。

二、如何认定公司与股东人格混同

可从四种情形考量是否存在股东和公司的人格混同：（1）财产混同情形。存在股东与公司资金混同、财务管理不清晰区分等财产混同情形的。（2）业务混同情形。存在股东与公司业务范围重合或大部分交叉等业务混同情形的。（3）人事混同情形。存在股东与公司法定代表人、董事、监事或其他高管人员相互兼任，员工大量重合等人事混同情形的。（4）场所混同情形。存在股东与公司使用同一营业场所等情形的。依据最高人民法院第15号指导性案例，财产混同是人格混同的核心和关键，缺少此情形，则不符合人格混同。

司法实践的总结可见，公司法人人格否认制度不是对公司法人人格独立的全面、永久的否认，而是限于特定的个案和法律关系中。公司独立人格在某些个案件中被否认，并不影响承认公司是一个具有独立人格的实体。因此在本案中，J公司是经合法设立的有限公司，应当认定其具有公司法意义上的独立人格。本案中，一、二审根据B银行的举证、只查明J公司和Z、Y、G公司之间在经营、业务、人事等方面有交叉类同，但是纵观本案的所有证据材料，并没有证据可以证明K公司本身已缺乏偿债能力，也未举证J公司与K公司存在股东与公司关系或者关联公司关系，更未证明该两公司间存在财产方面的混同。

我们认为，本案并无适用公司人格否认制度的基本条件，本案与涉公司人格否认的案件存在以下明显的区别：

1. 关于案由。《最高人民法院民事案件案由规定》并未将“公司法人人格否认纠纷”作为独立的案由，所以在司法实践中，能否提起法人人格否认诉讼取决于个案的案情。在涉及公司法人人格否认纠纷的诉讼中，一般当事人之间存在着两种法律关系：一种是债权人与公司之间的债权债务关系，另一种是债权人与公司股东之间因其滥用公司独立人格而引发的法律关系。两种法律关系是或多或少存在一定联系的。如前所述，公司法人人格否认是在具体个案中的否认，不是永久的否认，所以涉及公司法人人格否认纠纷的案件的案由，还是应当以有关的纠纷为案由。而本案的案由是储蓄存款合同纠纷。

2. 关于基础法律关系。涉及公司法人人格否认案件的基础法律关系是债权人与滥用法人地位的股东及公司之间涉及公司法内容的关系。本案的基础法律关系是作为商业银行的B银行与作为储户的J公司之间建立的储蓄存款合同关系。

3. 关于当事人地位。在涉及公司法人人格否认案件中，可以诉请否认法人人格的原告，只能是因股东滥用公司法人人格的行为而受到损害的公司债权人。就被告而言，也应只限于实施了滥用公司人格的股东或实际控制人等。本案中，B银行与J公司是单纯的银行和储户关系，并不是债权人和滥用公司人格的股东等。本案中，B银行和J公司之间并不存在债务纠纷。

4. 关于适用法律。涉及公司法人人格否认的案件所适用的法律是《公司法》及相关的司法解释，而本案双方当事人之间是银行与储户的关系，适用《商业银行法》及《合同法》的相关规定。

5. 关于主要事实。涉及公司法人人格否认的案件的主要事实，通常作为被告的公司股东应有实施了滥用公司人格的行为，且该行为造成了债权人利益的损失。同时，被告本身无清偿债务的能力。本案的主要事实为K公司债务到期，B银行扣划J公司存款的事实。并不涉及K公司是否失去偿还能力而未还款以及J公司与K公司是否有关联关系并存在财产混同等事实。

6. 关于举证责任。法院在审理公司法人人格否认案件的时候，应当慎用法人人格否认制度，遵循“司法谨慎干预”的原则。除非受到损害的公司债权人能够举证证明公司法人人格存在混同，且这种混同已经损害了作为债权人的原告的利益，法院才能适用揭开公司面纱。依照《公司法》第20条第3款的规定，否认公司的法人人格，作为债权人的原告需要证明公司已经丧失独立性，即由原告举证公司人格混同。《公司法》第63条对于一人有限责任公司的法人人格否认明确规定适用举证责任倒置规则，需要一人公司的股东对于公司人格独立性承担举证责任，如其无法证明公司具有独立人格，则在法律上推定为公司人格不具有独立性，从而责令其对公司债务承担连带责任。

综上，除一人有限责任公司以外的有限责任公司人格否认案件，较为稳妥的举证责任分配方式是，债权人（原告）提交公司人格否认的初步证据，重点证明财产等混同事实，再转由公司及其股东等举证该公司未有人格混同的情形，从而达到查明全案事实的目的。而本案则是按照一般合同类案件分配举证责任，即J公司起诉B银行需举证该银行违反双方当事人之间的合同约定，违规扣划其存款，B银行则应当举证证明其扣划J公司存款有事实和法律的依据。

三、同类案件审判实践中应当注意的问题

（一）防止“揭开公司面纱”适用的任意性

在成文法系国家，适用公司法人人格否认制度，一般均要通过严格规定的适用条件和程序。在判例法系国家，适用这一制度也是较为慎重的，法院所掌握的条件相当严格。从各国司法实践来看，均只能由法院在个案中判定被诉公司人格否认，没有法律授予其他公司、个人擅自否定公司独立人格的权利。我国则应严格遵守《公司法》第20条规定，不得随意扩大。

（二）严格把握公司法人人格否认的适用基础

在处理个案时，法官应当明确诉讼案件基础关系，不能随意适用“揭开公司面纱”。法官在审理公司法人人格否认案件时也应严格从如下几方面把控：（1）债权人的主体是否适格；（2）债权人有关公司人格否认的举证是否充分；（3）债权人的利益是否受到损害，损害是否因被告滥用法人独立地位，利用财产混同等所致；（4）被告是否有相应的反驳证据。这些基本的审理要求可以防范公司法人人格否认制度在审判中被错用。

结合本案，为使公司人格否认制度更好地实现效用，不应允许债权人在商

业活动中擅自否认其他公司的独立人格。公司人格否认只能经法院审判在个案中认定，且应适用严格标准。

【附录】

编写人：赵卫平（审监庭庭长）、宋宇佳（审监庭法官助理）

一审案号：(2015) 浦民六（商）初字第5578号

二审案号：(2016) 沪01民终11043号

再审案号：(2018) 沪01民再41号

再审合议庭：赵卫平（审判长）、王伟、蔡茜芸（主审法官）

21. 招聘期间用人单位所作允诺的性质认定

——D公司与刘某合同纠纷上诉案

【案例要旨】

用人单位在招聘期间向特定求职者作出的允诺，符合要约构成条件且对双方订立劳动合同有重大影响的，应视为要约的一部分，该求职者与用人单位签订劳动合同构成对该要约的承诺，该允诺内容应作为双方劳动合同的组成部分。用人单位未履行该项允诺内容的，应当承担违约责任。

【案情简介】

上诉人（原审被告）：D公司。

被上诉人（原审原告）：刘某。

2017年4月3日，刘某与D公司签订劳动合同。招聘期间，D公司曾向刘某承诺公司具备2017年落户申请资格且可以协助刘某申办本市户籍。5月，刘某与D公司人事部门多次通过电子邮件及微信的方式，就申办材料准备及提交进行了沟通。6月，D公司向上海市学生事务中心（以下简称学生事务中心）递交了刘某的落户申请材料。7月24日，学生事务中心向D公司发出了沪学事进（17）第1706176《关于同意非上海生源高校毕业生办理本市户籍的通知》（以下简称《办理户籍通知》），同意刘某办理本市户籍。后学生事务中心通过人工筛查发现D公司于2016年成功办理了两名非上海生源应届毕业生的直接落户，但不满一年该两名毕业生均与D公司解除了劳动关系，该行为违反了2017年非上海生源应届普通高校毕业生进沪就业申办本市户籍办法规定，故学生事务中心告知D公司其不具有2017年落户申请资格，前述《办理户籍通知》无效。

刘某认为，D公司实际不具有2017年落户申请资格但又向其承诺具有该资格，最终致使其无法成功办理落户，丧失了其作为非上海生源应届毕业生仅此一次的落户机会，而通过就读国外大学作为留学回国人员是重新申办本市户籍的最高效途径，故刘某诉至一审法院，要求D公司赔偿其留学就读费用80万元。

【裁判结论】

一审法院认为：D公司对其不具有申办户籍资质的情况应当是明知的，然其从未告知刘某上述情况，直至学生事务中心发出的《办理户籍通知》被撤回，刘某才得以知晓，D公司的行为有违诚信，应向刘某承担赔偿责任。户籍并不具有直接的经济价值，但D公司的行为确对刘某产生了不利影响。综合各种因素，酌情认定D公司应赔偿刘某5万元。

D公司不服一审判决，提起上诉。D公司认为，双方之间对申办户籍未作出任何约定，申办户籍亦非双方劳动合同的附随义务。其与刘某之间不存在所谓办理户籍的信赖利益，刘某未成功获得本市户籍亦非D公司原因。同时，户籍不具有任何经济价值，刘某亦无任何实际损失。

二审法院经审理认为：D公司的招聘条件中对于其单位具备2017年度申请落户资格的意思表示真实，符合要约的构成要件。D公司作为用人单位，对于相关的落户规定及自身的条件是否相符等与其招聘条件息息相关的内容，均应全面了解，并向相对方提供真实的招聘信息。就本市户籍本身而言，依据现行政策，本市户籍内含的隐性价值客观存在。二审期间刘某为证明其损失，提供了其博士研究生录取通知书作为新证据，证明其在一审审理后为再次以应届毕业生的资格获得本市户籍已考取博士研究生。虽然进一步深造对刘某自身发展也更为有利，但不可否认刘某作出此选择与D公司的过错存在间接的关联，故刘某此后将承担的学费、收入损失等，对于证明其实际损失的存在，已达到最低证明标准。综合当事人的违约情节、损害后果等各种因素，二审法院认为，一审法院酌情认定D公司应赔偿刘某5万元尚属合理。综上，二审法院判决驳回上诉，维持原判。

【评析意见】

本案中，双方当事人就招聘磋商及申请落户过程等事实部分均无争议。主要争议焦点在于D公司应否履行其在招聘过程中向刘某作出的允诺；D公司是否存在违约行为；刘某未能成功办理本市户籍而产生的损失该如何认定。

一、用人单位在招聘时向特定求职者所作出的意思表示符合要约构成条件的，应视为要约的一部分

根据《合同法》第14条之规定，要约是希望和他人订立合同的意思表示，且有两项构成要件：(1) 要约内容须具体确定；(2) 表明经受要约人承诺，要约人即受该意思表示约束。有学者将该两项构成要件总结为要约需包含特定的效果意思，一方面表示意思必须指向拟订立合同的必备条款或要素，另一方面表示意思必须指向法律约束力。① 除《合同法》规定的上述两项构成要件外，我国民法学界还提出了其他若干构成要件，如要约必须是特定人所为的意思表示且须向相对人发出，② 亦有学者认为原则上要约必须向特定相对人发出，仅在例外情形下才可以向不特定多数人发出，③ 综合《合同法》规定及学说观点，可以将要约的构成要件归纳为以下三项：第一，要约须是特定人作出的意思表示，该意思表示为将其欲发生法律效果的意思表示于外的行为；④ 第二，该意思表示原则上应向特定人作出，特殊情况下可以向不特定人作出；第三，该意思表示应具有特定的效果意思。

用人单位在与特定求职者就聘用事宜进行磋商时，往往会根据每位求职者的不同资质或条件，提出相应的招聘条件，如向求职者允诺若入职则可以为求职者提供住房补贴等。一般而言，该类可以明确给付或直接履行的招聘条件通常会以具体的条款在双方最终签署的劳动合同中予以固定，进而构成劳动合同的一部分，对用人单位与劳动者产生拘束力。但对于用人单位具有落户申请资格且可以协助申请办理本市户籍等隐性的招聘条件，一般不会被写入最终的劳动合同中。然而依据本市现行政策，本市户籍关系到购房资格、子女就学等事项，因此对于计划在本市工作、定居的非本市生源应届毕业生而言，能否申请办理本市户籍往往是其在求职时考虑的重要因素之一，此类隐性条件对其作出是否与该单位建立劳动关系的决定有着较大影响。用人单位在招聘时与特定求职者进行磋商过程中所作出的此类明确具体的允诺，如符合要约构成要件的，则应当视为向该求职者发出的要约的一部分，用人单位为要约人，该求职者为受要约人。

---

① 参见杨代雄：《〈合同法〉第十四条（要约的构成）评注》，载《法学家》2018年第4期。

② 崔建远主编：《合同法》（第六版），法律出版社2016年版，第28页。

③ 李永军：《合同法》（第四版），中国人民大学出版社2016年版，第41页。

④ 朱庆育：《民法总论》（第二版），北京大学出版社2016年版，第188页。

就本案而言，首先，D公司所作出的其具有落户申请资格及可以协助刘某办理落户申请的允诺，系特定人即D公司所为的意思表示。其次，该意思表示系向特定相对人即刘某发出。第三，该意思表示具有缔结合同的目的，D公司作出该意思表示的目的系希望加大刘某与其签订劳动合同的可能性，即促成双方建立劳动关系；且该意思表示的内容明确具体。虽然双方在最终签订的劳动合同中并未就协助落户事宜进行约定，但对于D公司作出过该意思表示的事实双方均无争议，且根据双方后续的往来邮件亦可以反映D公司曾向刘某多次强调其单位满足2017年申请办理本市户籍的相关条件、具有2017年申请办理本市户籍的资格。因此，D公司在与刘某磋商签订劳动合同期间所作出的关于其具有该年度落户申请资格且可以协助刘某申请本市户籍的允诺，构成该公司向刘某要约的一部分。

二、求职者与用人单位签订劳动合同视为对用人单位要约的承诺

承诺是受要约人作出的同意要约以成立合同的意思表示。[①]《合同法》第22条规定，承诺应当以通知的方式作出，但根据交易习惯或者要约表明可以通过行为作出承诺的除外。对于究竟以何种方式通知，法律并未作出限定。因此，承诺的通知既可以采用口头方式，也可以采用书面方式，只要能够明确表达承诺意思即可。[②]

本案中，受要约人刘某基于D公司的要约与其签订劳动合同，该缔约行为已包含了向要约人承诺的意思表示，即直接向要约人D公司作出同意要约的意思表示，从承诺的方式来看，刘某通过缔约行为作出的该承诺属于明示的承诺。尽管双方在劳动合同中并未就落户事宜予以约定，但在双方订立劳动合同后实际履约过程中，D公司与刘某均在积极履行关于落户的允诺内容，从双方实际履约行为可以确定双方将该项允诺内容作为劳动合同的组成部分予以履行的合意。因此，尽管双方并未将D公司具有该年度落户申请资格且将协助刘某办理本市户籍的允诺写入劳动合同中，但该允诺内容作为要约的一部分，在受要约人业已承诺的情况下应当得到履行。

---

① 崔建远主编：《合同法》（第六版），法律出版社2016年版，第32页。

② 韩世远：《合同法总论》（第四版），法律出版社2018年版，第146页。

三、用人单位应当就其未履行该要约内容承担违约责任

违约责任系合同当事人不履行合同义务或者履行合同义务不符合约定时，依法产生的法律责任。用人单位应就其未履行合同义务的行为承担相应的违约责任。

（一）D公司的违约行为认定

本案中，刘某符合2017年度落户上海的申请人资格。根据D公司向刘某所作允诺，其具有该年度落户申请资格且可以协助刘某申请落户，实际履行过程中D公司亦履行了协助刘某申请落户的合同义务。学生事务中心曾发出《办理户籍通知》，同意刘某办理本市户籍。但由于D公司于上一年度成功办理了两名非上海生源应届毕业生的直接落户，且不满一年该两名毕业生均与D公司解除了劳动关系，该行为违反了2017年办理本市户籍的相关规定，故D公司不具备该年度申请落户资格，因此之后《办理户籍通知》又被撤回。D公司作为用人单位，在向求职者作出其具有落户申请资格的允诺前，应当依据相关的落户政策就其是否具有该资格作出合理预判，以确保其作出允诺内容的真实性。因此，本案中可以认定系由于D公司的原因，向刘某提供了不实信息，最终导致刘某未能成功办理本市户籍。D公司应当对其提供不实信息的行为承担违约责任。

（二）D公司的违约责任承担

《合同法》规定的违约责任包括强制履行、赔偿损失、支付违约金、退货、减少价款或者报酬等方式。本案中，刘某所主张的系D公司因违约行为而产生的相关损失，即赔偿其通过留学重新获取本市户籍的相关费用共计80万元。刘某向D公司所主张的违约责任系赔偿损失，是违约方因不履行或不完全履行合同义务而给对方造成损失，依法或根据合同规定应承担的损害赔偿责任。损害赔偿的目的在于填补受害人所遭受的损害，[①] 作为一种补救措施，其目的是使由于对方违约而蒙受损失的一方的全部损失都得到赔偿，从而在经济上相当于合同得到正常履行情况下的同等收益。[②] 换言之，就是通过赔偿损失使受害人处于合同已经履行的状态。[③]

---

① 韩世远：《合同法总论》（第四版），法律出版社2018年版，第818页。

② 李京生：《确定违约损害赔偿范围的几个原则》，载《政治与法律》1985年第2期。

③ 崔建远主编：《合同法》（第六版），法律出版社2016年版，第264页。

本案中，由于D公司实际不具备该年度落户申请资格，导致刘某未能取得本市户籍。刘某作为原告主张违约损害赔偿，应当就其损失承担举证责任。就本市户籍本身而言，其并不具有实际经济价值，难以以本市户籍的价值直接确定刘某的损失。但根据相关政策规定，本市户籍在购房资格、子女就学等方面的附加价值及隐性价值客观存在。故本案中，刘某因D公司违约不仅失去了本市户籍，同时也失去了其作为非沪籍应届毕业生申请落户的资格。因此，可以从刘某再次取得本市户籍所需要花费的开支对其本次损失予以评定。刘某为再次取得非沪籍应届生申请落户资格于2018年考取了本市某高校博士研究生。尽管刘某自身也会因考取博士研究生而获益，但不可否认其作出此选择与D公司违约致其未能落户之间存在间接的关联，故刘某此后的学费支出、收入损失等对于证明其实际损失的存在，达到了最低的证明标准。因此，结合刘某在D公司工作期间的工资报酬、其就读博士期间的学费、生活费等，酌情认定刘某因D公司违约而产生的损失为5万元。

【附录】

编写人：方方（民一庭副庭长）、诸方卉（民一庭法官助理）、罗里达（实习生）

一审案号：（2017）沪0115民初93257号

二审案号：（2018）沪01民终7386号

二审合议庭：方方（审判长兼主审法官）、杨奇志、吴慧琼

22. 公益基金会受遗赠财产的范围认定及相关问题辨析

——李某成等与Q基金会合同纠纷重审上诉案

【案例要旨】

确定公益基金会受遗赠财产的范围，应根据遗产范围、有效遗嘱及遗产分配方案综合认定。经税务机关同意缓征并由公益基金会使用的相关税款，应参照适用《公益事业捐赠法》关于受赠财产的规定，遵照捐赠人的公益意愿使用，不得挪用分配。

【案情简介】

重审上诉人（一审原告）：李某成、王某永、李某麒（以下统称李某成等）。

重审被上诉人（一审被告）：上海市Q发展基金会（以下简称Q基金会）。

一审第三人：徐某谦、徐某俊。

徐某村未婚，无子女，无其他法定继承人。李某成、李某麒、徐某谦、徐某俊均系徐某村的亲戚，王某永系李某成的丈夫。2011年1月，徐某村在居委会见证下，立遗嘱委托徐某谦办理后事、清偿债务，其余遗产全部捐给希望工程，并由居委会监督。徐某村的主要财产，系位于淮海中路的一幢房屋。同年3月，徐某村去世。Q基金会负责管理希望工程的社会捐赠。6月，徐某谦、居委会与Q基金会基于上述遗嘱签订协议，由Q基金会接受徐某村遗产捐赠并负责援建希望工程小学。

同年8月，徐某村的亲属李某成等以徐某村生前已将后事及遗产委托其处理、分配、继承为由，向法院起诉徐某谦、徐某俊，请求确认其对徐某村部分遗产拥有继承权。Q基金会作为有独立请求权的第三人参加诉讼。该案审理过程中，李某成等、徐某谦、徐某俊及Q基金会达成和解，共同签订《和解协议》约定出售上述房屋，所得房屋转让款扣除所需缴纳的营业税、土地增值税、所得税、房屋手续交易费及其他一切实际发生的税费，以及扣除办理后事、清偿债务等各项合理开支之后，剩余款项的80%由Q基金会取得，作为接受徐某村遗产捐赠所得；8%由李某成等取得；12%由徐某谦和徐某俊取得。后李某成等向法院申请撤诉，获法院准许。

2012年9月，徐某谦、Q基金会向案外人H公司转让上述房屋，由Q基金会接受房屋转让款2800万元，后完成产权变更登记。该交易过程发生相关税款1200余万元，除印花税1万余元已由Q基金会缴纳外，税务机关应Q基金会申请，至今未实际征收其余税款。2013至2014年间，Q基金会依照系争《和解协议》约定，共向徐某谦、徐某俊和李某成等支付210万元。

李某成等认为Q基金会错误计算上述房屋转让后可分配款项，不应扣除未实际缴纳的税款，故于2014年11月起诉要求Q基金会再向其支付100余万元。本案原一、二审认为上述系争税款未实际缴纳，故判决支持李某成等诉请。经高院指令本院再审后，本案发回原一审法院重审。

【裁判结论】

重审一审法院认为：本案争议款项应按照《公益事业捐赠法》规定，其使用应当尊重捐赠人的意愿，符合公益目的，不得挪作他用。李某成等的诉求有违徐某村的意愿，也不属于处理处理房屋发生的必要支出，明显不符合公益目的，故判决驳回李某成等全部诉讼请求。

李某成等不服判决，认为《和解协议》合法有效，Q基金会应当将未实际缴纳的税款作为出售房屋所得，按约定比例向其分配，遂向本院提起上诉。

重审二审法院认为：本案争议款项系Q基金会出于公益目的向税务机关申请缓缴的税款，经税务机关同意目前由Q基金会使用，应参照公益受赠财产的使用标准，符合《公益事业捐赠法》相关规定，不能认定为《和解协议》约定的可分配财产。故判决驳回上诉，维持原判。

【评析意见】

本案系再审重审的二审案件，案由为合同纠纷，案件争议焦点为：Q基金会受遗赠财产的范围，以及税务机关根据Q基金会申请尚未征收的系争税款，是否应参照适用公益受遗赠财产的使用标准。本案历经一、二审、再审、重审一、二审的诉讼程序，涉及合同法、继承法及公益事业民政法律法规的综合适用。

一、Q基金会法律地位及法律适用

Q基金会负责管理希望工程的社会捐赠。确定其法律地位、调整其法律行为的法律法规，包括《民法总则》《合同法》以及《慈善法》《公益事业捐赠法》及国务院《基金会管理条例》等。

现行法律框架下，Q基金会自身的法律地位已十分明确。2004年国务院《基金会管理条例》第2条规定，基金会是利用他人捐赠财产，以从事公益事业为目的成立的非营利性法人。2016年《慈善法》第8条规定，基金会为慈善组织的组织形式之一，是依法成立并以面向社会开展慈善活动为宗旨的非营利性组织。2017年《民法总则》第87、92条规定，基金会属于非营利法人，具体而言，是为公益目的以捐助财产设立的捐助法人。

在本案中，徐某村系通过遗嘱的形式向希望工程捐赠遗产，故Q基金会作为公益基金会，属于《继承法》规定的受遗赠人，属于《慈善法》《公益事业捐赠法》等法律法规规定的慈善捐赠、公益事业捐赠的受赠人。需注意的是，《慈善法》同时规定了慈善捐赠与慈善信托制度，本案中徐某谦、居委会与Q基金会虽约定成立“徐某村教育基金”及后续监督等事项，但纵观徐某村遗嘱及后续协议措辞，属于将遗产无偿赠与Q基金会，不再保留财产所有权，更符合《慈善法》第34条对慈善捐赠“自愿、无偿赠与财产”的定义，而不同于该法第44条规定的“将财产委托给受托人”的慈善信托。对于受赠财产的使用，Q基金会应尊重徐某村的意愿，且符合公益目的，不得挪作他用。本案系争税款如认定为按照公益受遗赠财产标准使用，则该款项应全部用于希望工程，而不能在当事各方之间协议分配。

由于本案所涉事实发生于2011至2014年间，又系再审后重审案件。故重审一审法院在判决文书中选择适用1999年颁行的《公益事业捐赠法》相关规定，且具体规定没有与《慈善法》《民法总则》等新法存在冲突之处，故在法律适用方面并无不妥。

二、Q基金会受遗赠财产范围的确定顺序

（一）徐某村的遗产范围

本案中，继承从徐某村死亡时开始。所需继承的遗产，主要为徐某村生前

拥有的位于淮海中路的一幢房屋，此事实殆无争议。

（二）徐某村遗嘱及后续捐赠协议的安排

根据徐某村 2011 年 1 月所立遗嘱，徐某村选择遗赠的方式处分其遗产。亲属徐某谦受托成为遗嘱执行人、居委会受托成为遗嘱见证人并监督遗嘱执行，遗产在用于办理后事、清偿债务后，全部捐给希望工程，上述继承安排合于《继承法》第 5、16、18、34 条等规定。经徐某谦、居委会与 Q 基金会于 2011 年 6 月签订捐赠协议，Q 基金会成为受遗赠人，此时其受赠财产范围，按照上述遗嘱及后续捐赠协议，可确定为涉案房屋出租、出售所得钱款在扣除办理后事、归还债务部分后的剩余款项。

（三）继承纠纷中《和解协议》对遗产分配的确认

2011 年 8 月李某成等起诉徐某谦、徐某俊，Q 基金会作为有独立请求权的第三人参加诉讼，该继承纠纷使得 2011 年 1 月遗嘱及 2011 年 6 月捐赠协议确定的遗产继承方式及 Q 基金会受遗赠财产范围均处于未决状态，需由法院认定。诉讼过程中，徐某谦、徐某俊、Q 基金会与李某成等于 2011 年 12 月达成《和解协议》，约定出售上述涉案房屋，所得房屋转让款扣除所需缴纳的营业税、土地增值税、所得税、房屋手续交易费及其他一切实际发生的税费，以及扣除办理后事、清偿债务等各项合理开支之后，按比例分配。

实质上，该《和解协议》形成于解决继承纠纷的诉讼过程中，对徐某村遗产继承方式及 Q 基金会受遗赠财产范围均作出了再次确认，既确认了 Q 基金会接受徐某村大部分遗产的捐赠以用于希望工程，也确认了李某成等对徐某村部分遗产亦有其正当利益，具备遗产分配的性质。

需要说明的是，Q 基金会作为非营利法人，享有平等民事主体的各项合法权益，包括接受或拒绝遗产捐赠的权利，也包括参加诉讼并就确定受赠财产范围协商和解的权利。根据 Q 基金会与徐某谦、居委会之间的捐赠协议，Q 基会以涉案房屋出租、出售收益作为受赠财产，而非直接获得房屋所有权。李某成等起诉的继承纠纷中，Q 基金会尚未实际取得受赠财产，故其通过《和解协议》重新确定其受赠财产的范围，属于合法行使接受遗赠的权利，并不违反《公益事业捐赠法》相关规定。故《和解协议》的相关约定于法无悖，应为当事各方恪守。根据《和解协议》约定，Q 基金会受赠财产范围明确为：出售上述涉案房屋所得钱款扣除实际发生税费，并扣除办理后事、归还债务及处置房屋过程中发生的合理开支后，剩余款项的 80%。

（四）出售涉案房屋的税款问题

2012年9月，上述涉案房屋由徐某谦、Q基金会共同向案外人H公司转让，由Q基金会办理相关手续并实际接受H公司给付房屋转让款2800万元。该交易过程在已享受涉公益捐赠相关税费优惠之外，仍实际发生1200余万元应纳税款。应Q基金会申请，税务机关至今未征收上述税款，由于本案未涉及法定减免税款情形，且税务机关没有作出任何酌定减免税款的书面行政决定，故上述系争税款应认定为处于缓征状态。

对于上述尚未实际征收的税款，李某成等主张应按《和解协议》约定，作为出售上述涉案房屋所得钱款并按比例分配。对此有必要进一步明确上述系争税款的性质。

首先，系争1200余万元税款属于转让涉案房屋实际发生的纳税义务，待实际缴纳后，该款项即应归于国家。故系争税款已不属于《和解协议》约定中可分配的财产范围。其次，税务机关作出各类税收优惠行为，应符合税收法律法规的要求，且扣缴义务人利用相关优惠也应符合规定要求。由本案事实显然可以推知，如非Q基金会申请，税务机关不可能对系争税款予以缓征；税务机关同意缓征系争税款，其出发点在于支持、鼓励Q基金会将相关款项用于希望工程事业。再次，将缓征的系争税款作为遗产分配给自然人李某成等、徐某谦，显然不符合税务机关支持公益事业初衷，且无税收法律法规依据。倘若当事各方实际分配了系争税款，一旦税务机关需实际征收该笔税款，将导致缴税事项再生争议。最后，处于缓缴状态的系争税款目前用于希望工程事业，符合徐某村的遗愿及公益目的。所以，重审二审认为本案系争税款目前应由Q基金会使用，且使用标准应参照受遗赠财产的要求，而非《和解协议》所约定的可分配财产。

三、结　论

综合上述分析，本案中Q基金会受遗赠财产范围是基于系争《和解协议》约定的分配方案，按80%比例分得的款项。本案中经Q基金会申请、税务机关缓征的1200余万元系争税款，应参照适用《公益事业捐赠法》关于“受赠财产”的规定，不得挪作他用，即不应作为系争《和解协议》约定的可分配财产处理。

检讨本案纠纷的诉讼历程，原一、二审判决将系争《和解协议》中“实际发生的税费”等同于“实际缴纳的税费”，继而误将处于缓缴状态的系争税款认定为可分配遗产，致判决错误。经再审程序，尤其是重审二审法院审理本案时，对Q基金会受遗赠财产的范围及系争税款的性质予以厘清，驳回李某成等上诉，维持了重审一审判决。

本案的审理在社会引导与类案指导两方面可发挥一定作用。对于《民法总则》规定的为公益目的以捐助财产设立的基金会、社会服务机构等捐助法人而言，本案提示其自身应在接受捐赠或遗赠过程及后续使用受赠财产过程中遵守相关法律法规，重视程序规范，处置相关财产时符合捐赠人的公益目的。对于法院今后审理类似案件，本案的审理过程从正确认定受遗赠财产范围的方法及认定相关税款的法律性质等方面作出了有益提示，并明确以下裁判规则：确定公益基金会受遗赠财产的范围，应根据遗产范围、有效遗嘱及遗产分配方案综合认定。经税务机关同意缓征并由公益基金会使用的相关税款，应参照适用《公益事业捐赠法》关于受赠财产的规定，遵照捐赠人的公益意愿使用，不得挪用分配。

【附录】

编写人：赵卫平（审监庭庭长）、张弘毅（审监庭法官助理）

重审一审案号：（2017）沪0104民初29197号

重审二审案号：（2018）沪01民终9571号

重审二审合议庭：王伟（审判长兼主审法官）、蔡茜芸、沈洁

（二）房地产纠纷

23. 商场租赁中排他性条款的认定与适用

——A公司与B公司房屋租赁合同纠纷上诉案

【案例要旨】

排他性条款是商铺租赁合同中出现的排除或者限制特定类型的商户入驻商场的条款，其目的在于实现特定经营目的，避免出现同业竞争或者无法实现品牌效应。对排他性条款的理解应遵循合同解释的方法，探求签约双方的真实意思表示。当商铺出租方存在违反排他性条款的行为时，承租方行使权利应遵循诚实信用原则。司法适用上述条款应遵循合理限度规则、利益衡量规则。

【案情简介】

上诉人（原审被告、反诉原告）：A公司。

被上诉人（原审原告、反诉被告）：B公司。

涉案房屋产权登记在B公司名下。

2014年9月21日，B公司、A公司签订《商铺租赁合同》一份，约定B公司将涉案房屋租赁给A公司，出租面积为1598平方米；A公司承诺租赁该房屋从事“乐贝尼”品牌的销售经营活动；租赁期限为9年，自2015年1月1日起至2023年12月31日止；2015、2016年度保底租金为1.80元/平方米/日，2017、2018年度保底租金为1.90元/平方米/日。合同第6.2条约定，A公司应于每月25日前预付下1个月的保底租金。合同第6.5条约定，A公司逾期支付租金的，每逾期一日，则A公司需按未付租金的千分之一支付滞纳金；如A公司逾期30天以上，B公司有权解除合同，没收租赁保证金，并要求A公司承担相应的违约责任。合同第15.2条约定，有下列情形之一的，一方可书面通知另一方解除本合同，违反合同的一方应向另一方按相当于三个月的租金承担违约金，给对方造成损失的，支付的违约金不足抵付一方损失的，还应赔偿造成的损失与违约金的差额部分：……（6）乙方逾期不支付租金、物业管理费或本合同约定其他费用累计超过30日的；……。补充条款第4条约定，B公司在A公司经营期间，可另引进不超过1家儿童游乐类店铺，面积不超过300平方米，此外不得再引进其他同业态儿童游乐商户，如违反此条，A公司有权不支付租金并向B公司追偿损失，电影院、家乐福、电玩设置零星设施，不适用于排他条款。

合同签订后，A公司向B公司支付了装修保证金2万元以及租赁保证金174981元，并自2016年1月1日起未付B公司租金。

2015年7月6日，A公司向B公司发送《公函》一份，言明A公司获悉B公司将引进一家面积超过300平方米的儿童游乐类店铺，该行为违反了合同约定，若B公司执意引进，A公司将追索违约损失。7月15日，B公司回复《回函》一份，言明B公司新引进的店铺并非儿童游乐类店铺，其经营业务为儿童职业体验及教育配套服务，与A公司经营的儿童游乐类业务范围不同，不存在同业竞争，B公司没有违约行为。

2016年5月23日，B公司向A公司发送《催缴函》一份，言明A公司拖欠租金多月，违反了合同约定，B公司保留行使法律手段的权利；C公司经营的成长湾属于儿童成长体验型的体验馆，是以美式儿童体验为核心的主题商业场馆，设有职业体验、灾难体验、科技体验、体育体验、军事体验、嘉年华体验等六大体验区，使得职业体验项目更多样化、更有趣；而A公司“乐贝尼”儿童主体乐园完全是儿童娱乐性为核心的游乐场馆，二者虽然都以儿童设计考虑出发，但性质却截然不同，业态也完全不同。

2016年10月，B公司向一审法院起诉请求判令：（1）解除B公司与A公司签订的《商铺租赁合同》，A公司返还租赁房屋；（2）A公司支付B公司自2016年1月1日起至实际返还房屋之日止的欠付租金及使用费（按人民币1.80元/平方米/日的标准，不再逐年递增，每月87490.50元，暂计算至2016年8月31日为699924元）；（3）A公司支付B公司逾期支付租金滞纳金（计算至2016年8月31日，为100964元）；（4）A公司支付B公司解除合同的违约金262471.50元。

审理中，A公司提起反诉，要求B公司赔偿A公司商业损失100万元。同时，A公司提交《乐贝尼松江某商场店开业至今业绩变化汇总表》，拟证明成长湾项目的引入导致A公司客源分流、营业额下降，且成长湾对商场通道结构予以改变，直接影响了A公司顾客的进出。B公司认为该表格是A公司自行制作，真实性无法确认。

【裁判结论】

一审法院经审理认为，A公司自2016年1月1日起欠付租金，B公司要求解除租赁合同，符合合同的约定，法院予以支持。虽然A公司与三家商户的服务对象都是儿童，但从双方提供的证据材料及实地情况来看，A公司主要提供各种室内游戏玩具、电子游戏机器、游戏设备供儿童使用；成长湾主要提供各种成人社会的职业服装、道具，供儿童模拟、体验社会职业分工；海贝贝主要提供脚手架类攀爬设施，供儿童攀爬锻炼平衡感；酷宝主要提供碰碰车、摩托车、充气城堡、蹦床等室外娱乐设备，供儿童感受剧烈碰撞、高空弹跳与掉落等感官刺激性的乐趣。由此可知，四家商户提供服务内容存在明显的不同，故对A公司关于该三家商户与A公司为同业态儿童游乐类项目，B公司引入商户应属违约的意见，法院难以认同。

合同既已解除，A公司应返还B公司涉案房屋，并支付B公司欠付租金及参照租金标准计算的合同解除之后的占有使用费，故对B公司的相应诉请，法院予以支持。B公司主张合同解除违约金、逾期支付租金的滞纳金，符合合同的约定，法院予以支持。滞纳金性质上属于逾期付款违约金，但A公司提出违约金标准过高，需要调整，法院考虑到违约金应具备一定补偿性和惩罚性功能，酌情予以调整。A公司对其主张的经济损失仅有其自行制作的业绩表格，未提供充分证据予以证明。

一审法院判决：一、B公司与A公司于2014年9月21日签订的《商铺租赁合同》于2016年10月12日解除；二、A公司于判决生效之日起十日内返还B公司铺位；三、A公司于判决生效之日起十日内支付B公司欠付租金及使用费（自2016年1月1日起至实际返还之日止，按1.80元/平方米/日的标准计算）；四、A公司于判决生效之日起十日内支付B公司逾期付款违约金50000元；五、A公司于判决生效之日起十日内支付B公司合同解除违约金63895元（已抵扣保证金194981元）；六、驳回A公司的反诉请求。

一审判决后，A公司不服，提起上诉称，本案双方在租赁合同中设定排他条款的本意即排除其他儿童游乐类商户的入驻，避免A公司经营利益受损。B公司引进成长湾项目违反排他条款，除存在争议的租金没有支付外，A公司按时支付相关的物业管理费及水电等费用，故A公司拒付租金只是正常维权而无任何恶意违约的意思。请求二审撤销一审判决第一至五项，改判驳回B公司一审诉请，支持A公司的一审反诉请求。

被上诉人B公司辩称，针对是否属于同业态的问题，A公司对儿童游乐类作了缩小解释，成长湾、酷宝、海贝贝的服务模式与A公司存在很大差别。请求二审驳回上诉，维持原判。

二审经审理认为，双方签订的租赁合同第4条约定为典型的排他性条款。成长湾租赁面积为3000平方米，经营品类为儿童职业体验、儿童娱乐项目及培训等内容，虽然从实地情况来看，成长湾为儿童提供的具体服务内容与A公司经营的乐贝尼有所不同，但在本质上两者皆为儿童游乐类店铺，而且商场指引牌显示成长湾和乐贝尼均被划分为“儿童体验区”，故乐贝尼与成长湾已构成竞争关系，B公司应承担违反排他性条款的违约责任。

根据合同约定，A公司拒付的租金以及追偿的损失为B公司应承担的违约责任。其中，A公司拒付的租金实质为B公司应承担的违约金。考虑到商场经营的聚集效应及规模效应，B公司违反排他性条款的行为并非当然会对A公司的经营造成不利影响。实际上，A公司于本案中除自行制作的业绩表格外，尚未提供具有证明力的证据初步证明B公司违约行为致其产生重大损失。鉴于A公司在本案中坚持要求继续履行合同，而其不支付租金将导致B公司作为房屋出租人在履行提供租赁场所主要义务的情况下不能享有收取租金的主要权利，造成严重利益失衡，A公司的行为不应视为对其合同权利的正当行使。因此在双方合同继续履行的情况下，法院根据本案实际情况，从公平原则和诚实信用原则出发，酌定A公司应按合同约定标准的70%支付B公司租金。鉴于A公司先前拒付租金系双方对B公司是否违反排他性条款存在争议，故B公司主张逾期支付租金的滞纳金，缺乏依据，法院不予支持。

二审法院判决：撤销一审判决，改判为《商铺租赁合同》继续履行，A公司支付B公司自2016年1月1日起至2017年10月31日止的欠付租金1383037.04元。

【评析意见】

本案纠纷由B公司将C公司经营的成长湾引进某商场所引发，A公司与B

公司签订的租赁合同对B公司再行引进儿童游乐商户约定了限制条件，即合同补充条款的排他性条款，双方争议的主要问题为如何正确理解与适用上述排他性条款，对该条款的不同适用将导致不同的判决结果。

一、商铺租赁中排他性条款的认定

排他性条款是商铺租赁合同中出现的排除或者限制特定类型的商户入驻商场的条款，其目的在于排除同业竞争，实现特定经营目的，避免出现经营利益受损或者无法实现品牌效应。

根据签订的背景及具体目的差异，排他性条款可以分为两种类型：一为在商场开发初期，因缺乏人气，出租方急于招租，商铺承租方为将来独享其开发经营的某类商品或服务的经营利益，在磋商缔约时提出在租赁合同中约定不得再引进其他同业态的商户，以预先排除将来可能发生的同业竞争；二为在相对成熟的商场或商圈，商户作为承租方为维护商场的品质，与出租方约定不得再引进其他经营普通品牌的中低档次商户，以实现商场经营的品牌效应。

对于违反排他性条款的法律后果约定亦存在两种类型：一为直接约定承租方享有解除租赁合同的权利并可以据此主张违约责任。此种约定显然将违反排他性条款的行为定性为根本违约行为，已达到承租方不能实现租赁商铺达到盈利目的的程度，其可以主张支付违约金、赔偿损失等一系列权利。二为约定承租方享有拒付租金的权利并有权向出租房追偿损失，而未直接赋予承租方解约权。此种约定显然更为灵活简便。如果出租方违反排他性条款未达到根本违约的程度，承租方可以优先选择拒付租金，当然其拒付租金的程度应当与出租方的违约情形相匹配；如果承租方能够提供充分的证据证明存在较大经济损失，出租方的行为已构成根本违约，那么承租方可以据此解除租赁合同并要求赔偿损失。

本案中，A公司与B公司签订的商铺租赁合同补充条款第4条约定为典型的排他性条款，A公司在签约当时提出该条款的背景为某商场尚未开业，商场作为出租方急于招租以聚集人气，A公司希望通过限制其他儿童游乐类商户的入驻以保证将来其独享开发经营儿童游乐类店铺的经营利益，故签订的排他性条款属于排除同业竞争的类型。并且，排他性条款本身对违约法律后果进行了约定，即A公司有权不支付租金并向B公司追偿损失。

二、对排他性条款理解应遵循合同解释的方法

（一）正确理解排他性条款中关键词的解释方法

《合同法》第125条规定，当事人对合同条款的理解有争议的，应当按照合同所使用的词句、合同的有关条款、合同的目的、交易习惯以及诚实信用原则，确定该条款的真实意思。鉴此，《合同法》所确立的合同解释方法是以文义解释为基础，以整体解释、目的解释为支撑，以习惯解释、诚信解释为补充的三位一体解释方法。在具体解释排他性条款的关键词时，应从文义解释入手，但由于文义有一定局限性，存在内涵过于宽泛或者内涵过于狭窄的可能，由此引发争议。整体解释、目的解释有助于弥补文义解释的不足，并检验文义解释的正确性。

本案A公司与B公司争议的主要焦点之一在于引进成长湾是否已违反排他性条款，其根本在于如何正确理解“儿童游乐类店铺”以及“同业态儿童游乐商户”，300平方米的限制对象为何？对此，存在两种不同观点。一种观点认为，“儿童游乐类店铺”指的是“提供各类儿童游乐、玩耍设施的店铺”，“同业态儿童游乐商户”指的是“经营内容基本相同并且提供的儿童游乐、玩耍设施基本相同的商户”，300平方米限制的是“同业态儿童游乐商户”，C公司经营的成长湾提供的儿童游乐设施与A公司明显不同，因此，B公司未违反排他性条款的约定。另一种观点认为，“儿童游乐类店铺”“同业态儿童游乐商户”在本质上皆为为儿童提供游乐、玩耍设施的店铺，且根据整体解释足以得出300平方米约束的对象是“儿童游乐类店铺”，因成长湾的经营面积为3000平方米，远远超过300平方米的限制，故B公司已违反排他性条款的约定。我们认为，第二种观点遵循了合同解释的方法，不仅符合当事人签约的真意，而且与常理相符。

（二）对违反排他性条款的后果应从法律分析的角度探求真意

合同解释方法的适用旨在探求合同各方在签约当时的真实意思，力求合同解释的结论公平合理。但是，签约各方由于法律知识的欠缺，在排他性条款的词句表达方面可能不够规范，特别是对于违约后果的约定内容需要法院运用法律分析方法确定合同各方如此约定的动机、意图以及约定的法律性质。本案中，对“如违反此条，A公司有权不支付租金并向B公司追偿损失”进行法律解读，可以得出如下结论：

1. 如果B公司存在违反排他性条款的违约行为，A公司拒付的租金以及追偿的损失为B公司应承担的违约责任形式。虽然排他性条款未提及违约金的概念，但只要B公司违约，A公司无需举证其是否存在实际损失以及实际损失的大小，即有权拒付租金，双方在签约时做此约定的目的即在于A公司举证的便利，只要举证B公司违反排他性条款，A公司就有权拒付租金。从法律角度分析，实际可以得出A公司拒付的租金实质为B公司应承担的违约金。至于违约金是否需要调整以及如何调整，亦需要遵循相关法律的规定。

2. 我国《合同法》第113条确立完全赔偿原则，即与违约行为具有因果关系的一切损害，都应赔偿，这是保护非违约方利益的当然要求。[①] 针对B公司违反排他性条款的行为，双方约定的A公司有权向B公司追偿损失，实质即为A公司有权主张损害赔偿，包括直接的损害赔偿以及可得利益的赔偿。对于构成同业竞争的情况，A公司的主要损失为可得利益的损失，即其在一审中主张的经营损失，法院在具体认定时应根据证据规则予以确定，即A公司需要提供成长湾入驻某商场前后其经营状况下滑的证据以及举证证明成长湾入驻是经营状况下滑的唯一因素。

三、对排他性条款的司法适用应遵循的规则

（一）合理限度规则

权利之行使，必有一定界限，超过正当之界限而行使权利，即构成权利滥用。现代民法关于权利之行使，从正面规定须遵循诚实信用原则，复于反面规定禁止权利滥用原则。[②] 我国《民法总则》第132条亦规定，民事主体不得滥用民事权利损害社会公共利益或者他人合法权益。这是首次在法律层面确定权利不得滥用原则。排他性条款主要赋予商场承租方权利，包括排除特定类型商户进驻的权利、追究出租方违约责任的权利等。承租方在行使上述权利时，应当坚持诚实信用原则、遵循合理限度，不得滥用合同赋予的权利损害出租方的合法权益。法院在具体适用排他性条款时，应着重考察商场承租方是否存在滥用权利的情形，结合双方约定，合理确定出租方应承担的违约责任内容。具体而言，商场承租方不得干涉出租方自由引进排他性条款所涉之外的商户类型；在出租方存在违反排他性条款的轻微违约行为时，商场承租方不可采用拒付租

① 韩世远：《合同法总论》（第三版），法律出版社2011年版，第631页。

② 梁慧星：《民法总论》（第三版），法律出版社2007年版，第265页。

金或者解除租赁合同的行为侵害出租方在合同项下的主要权利，即承租方根据排他性条款追究出租方违约责任的形式应当与出租方的违约程度相匹配。

本案中，B公司将C公司经营的成长湾引进某商场确实违反排他性条款的约定，但是对A公司造成的影响尚不明显。其一，根据商场经营的聚集效应及规模效应，B公司违反排他性条款的行为并非当然会对A公司的经营造成不利影响；其二，A公司主张B公司违约行为致其经营困难乃至亏损，但A公司于本案中除自行制作的业绩表格外，尚未提供具有证明力的证据初步证明存在重大损失；其三，A公司在主张B公司违约致其重大损失的同时，经法院反复释明，A公司却坚决不同意解除租赁合同，表明其在涉案房屋经营状况良好，B公司未构成根本违约。据此，A公司从起租日起拒付全部租金却要求继续履行合同，剥夺了B公司在租赁合同项下的主要权利，对B公司苛以过重的违约责任，A公司行使排他性条款赋予的权利已超过必要限度，构成权利滥用。因此，二审从权利行使应遵循诚实信用原则的角度出发，酌定B公司应承担的违约金以及A公司应支付的租金。

（二）利益衡量规则

利益衡量是指对双方的利益进行估量后，考虑应置重哪一方的利益。[①] 利益衡量最初是作为民法解释的一种方法论被提出，但之后被广泛适用于民事案件的审理，旨在实现公平正义。在具体适用利益衡量时应遵循的规则是：(1)依法的价值位阶，重权益优先于轻权益，如公共利益优先于私人利益考量，人身权利优先于财产权利保护。(2) 比例原则，即在保护一种较为优越的法价值和利益时须尽量采取最轻微侵害的手段，且不得逾越达此目的所必要的限度。(3) 排除不相关因素考量，比如人种、美丑、财产状况等，不应因其不同影响裁判而差别对待。[②] 商铺租赁合同的出租方通过让渡商铺使用权获取相应租金，承租方通过支付租金获取商铺占有使用利益，双方根据租赁合同约定所享有的权利明显属于同一位阶，不存在高低之分，应当受到同等保护。如果商铺出租方存在违反排他性条款的情况，承租方据此主张权利，法院在具体适用排他性条款时，需要考量在着力保护承租方合同项下权利的同时是否存在对出租方权利的过度克减，任何一方的合同行为是否在法律层面得到客观公正的评

---

① 梁慧星：《民法解释学》，中国政法大学出版社 1995 年版，第 316 页。

② 参见李旭东、段小兵：《论民法中的利益衡量》，载《西南师范大学学报（人文社会科学版）》2005 年第 31 卷。

价，法院对双方利益的调整是否达到均衡状态。

本案中，B公司作为商铺出租人的主要权利在于收取租金，A公司作为承租人的主要权利在于使用涉案房屋。上述两种权利应当予以同等保护，不可偏废。在房屋尚可正常使用、出租人的行为尚不构成根本违约的情况下，A公司根据排他性条款的约定拒付全部租金显然剥夺B公司的主要权利，导致双方利益失衡。因此，二审从公平原则出发，着力平衡双方在租赁合同项下的主要权利，客观评价B公司违反排他性条款对A公司使用涉案房屋造成的影响，酌定A公司应承担的租金数额。

【附录】

编写人：潘俊秀（民二庭审判员）

一审案号：（2016）沪0117民初17310号

二审案号：（2017）沪01民终4030号

二审合议庭：金绍奇（审判长）、许军 、潘俊秀（主审法官）

24. 借名人不能根据借名买房协议的约定直接取得房屋所有权

——金某、沈乙诉朱某、沈甲合同纠纷案

【案例要旨】

借名买房中，登记权利人与第三人之间的房屋买卖合同真实有效，并且已经基于这一基础法律关系完成了房屋所有权登记，是合法的房屋所有权人。借名人与登记权利人之间关于房屋所有权归属的约定只能约束合同双方当事人，没有直接设立房屋所有权的法律效力，借名人不能根据借名买房协议的约定直接取得房屋所有权。

【案情简介】

上诉人（原审被告）：朱某、沈甲。

被上诉人（原审原告）：金某、沈乙。

金某、沈甲与朱某、沈乙系亲戚关系，金某、沈甲系夫妻关系，朱某、沈乙也系夫妻关系。2006 年，朱某夫妇获得安置房屋。两人于 2009 年 4 月交清了所有相关款项，于 2009 年 9 月办理了产权登记，产权证上权利人登记为朱某。金某夫妇于 2009 年 4 月取得了该安置房屋的钥匙，后居住使用并于 2016 年 6 月出租收益。

随后，金某夫妇向法院提起诉讼，称其为实际所有权人，系争房屋系当时因朱某无力购买，便主动要求其购买。其全额出资购买了涉案房屋，因当时该房按政策只能登记在朱某名下，五年内不得转让出租，但房产证及其他一切购房资料均在其处。待到可过户时，朱某以各种借口拖延办理过户手续。遂请求确认房屋所有权归其所有，朱某夫妇协助其办理房屋不动产过户手续。

【裁判结论】

一审法院认为：金某夫妇提供的完整证据链足以证明其对涉案房屋全额出资、实际使用、出租收益，已形成了长期稳定的占有关系，遂支持了金某夫妇的诉讼请求，判决房屋所有权归其所有，朱某夫妇协助办理过户手续。

本院二审认为：根据金某夫妇提供的证据，其关于就涉案房屋实为规避动迁房上市交易政策而借名购房的主张，本院予以支持。但朱某夫妇系作为安置对象而取得涉案房屋，物权登记并不存在登记错误的情形，只是因政策限制，金某夫妇无法立刻成为登记产权人。故房屋在朱某名下确为双方真实意思表示。因此，本案并非所有权确认纠纷，而是因借名购房协议提起的债权给付之诉，一审案由有误。同时，借名购房协议仅发生债权效力，该协议并非涉案房屋物权变动的原因，没有直接设立房屋所有权的法律效力，亦不足以否认不动产物权登记的推定效力，合同一方不能根据借名买房协议的约定直接取得房屋所有权。故本院依法改判驳回了金某夫妇要求确认涉案房屋归其所有的诉讼请求。

【评析意见】

一、借名购房性质争议的观点梳理

借名买房是指实际购房者因不具备购房资格或其他原因借用他人名义购房，由被借名人对外签署房屋买卖合同并将房屋所有权登记在被借名人名下，而购房款由借名人实际支付的行为。近年来随着限购政策及银行贷款政策的日益收紧，因借名买房引起的纠纷日益趋多。审判实践中，对于借名购房协议的效力及性质，是否可以直接确认权属等问题，均存在不同的执法意见，该类案件的处理亟待适法统一。

对于借名购房协议性质的争议，理论界及实践中历来具有不同观点，本文归纳几种主要观点如下：

观点一："物权说"。该说认为如果能够证明乙才是真实权利人，最终导致真实权利状态与登记权利状态不符，此时不动产登记簿的权利推定效力因有证据证明权属的真实状态而遭到否定，从而应回归真实权利状态。其法律依据是《最高人民法院关于适用〈中华人民共和国物权法〉若干问题的解释（一）》第2条，认为当事人请求确认物权的，应予支持。该说认为，不动产物权归属的约定可以分为内部关系和外部关系之说。甲乙之间的约定是内部关系，形成事实上的物权状态，所以乙是可以来确认物权的，乙是真实权利人。

观点二："债权说"。该说认为，当事人间有关借名买房的约定与其他合同效力一样，借名人仅有要求被借名人依据借名协议协助其变更办理登记手续的请求权利，而不能直接依据协议确定权属。该说的法理依据是，房屋所有权登记在被借名人名下，符合我国关于不动产物权变动规则，该登记行为合法有效，权属已经确定，故根据物权法定原则，该约定没有直接设立物权的法律效力，借名人不可直接依据双方约定取得房屋所有权。

观点三：通谋的意思表示无效。通谋虚伪表示是指双方当事人在作出意思表示时一致认为客观表示内容不应该发生效力。行为的双方当事人都欠缺约束意思，其前提为需双方就向第三人表示的虚伪性达成合意，包括明示和默示的合意。① 在借名购房行为中，当事人之间就借名购房达成协议以规避政策约束该行为构成隐藏行为。签订房屋买卖合同并将所有权登记在被借名人名下的行为则构成虚伪表示，故据此作出的权属登记丧失物权变动的基础关系，从而不发生物权变动效果。

观点四：间接代理。该观点认为可以将借名人与被借名人之间的协议理解为间接代理关系，被借名人虽以自己的名义与出卖人签订房屋买卖合同，但其行为的法律后果则由借名人承受，那么在被借名人登记成为房屋所有权人之时，实际系借名人取得了房屋权利。②

二、借名购房协议的性质探析

本文认为，对于借名购房协议的性质应采"债权说"，即认为借名购房协议仅产生借名人具有要求被借名人变更过户的请求权，而没有直接确认权属的效力。本文拟从借名购房纠纷中房屋权属变动的原因、物权登记推定效力规则以及对相关不同论点的检讨三方面入手，对借名购房的法律性质进行分析。

（一）被借名人成为房屋权利人符合当事人之间的约定及不动产物权变动规则

首先需要明确的是，不动产物权变动的原因是什么？此涉及我国不动产物

---

① 杨代雄：《恶意串通行为的立法取舍——以恶意串通、脱法行为与通谋虚伪表示的关系为视角》，载《比较法研究》2014 年第 4 期。

② 李德通：《规避限购令之借名购房行为的性质与效力探讨》，载《法治研究》2012 年第 4 期。

权变动的模式。纵观各国，物权变动模式一般有两种立法例：一种是意思主义，以法国为代表，仅凭当事人的意思即生物权的变动效力，不必另外进行登记或者交付。例如，买卖契约成立，所有权就发生移转，登记此时仅仅为一种宣示效力和对抗效力，未经登记不得对抗善意第三人。另一种立法例便是形式主义的变动模式，指物权的变动还必须践行一种法定方式，一般这种法定方式指的就是物权行为加交付或者登记。[①]

我国采取的正是债权形式主义的物权变动模式。《物权法》已经确立了物权变动效力与债权合同效力的区分处理原则，其第十五条规定："当事人之间订立有关设立、变更、转让和消灭不动产物权的合同，……自合同成立时生效；未办理物权登记的，不影响合同效力"，《最高人民法院关于审理买卖合同纠纷案件适用法律问题的解释》第3条规定："当事人一方以出卖人在缔约时对标的物没有所有权或者处分权为由主张合同无效的，人民法院不予支持。"当事人双方具有物权变动的债权合意之外，还需要进行登记或交付，才发生物权变动的效力。

简言之，我国不动产物权变动模式为：债权合同＋物权合意＋登记（生效要件）＝物权变动。

而借名购房纠纷中，存在两个合同关系：（1）借名人与被借名人之间关于由被借名人登记成为房屋所有权人，而实际权属归于借名人的借名协议，属于当事人对于房屋的权属约定；[②]（2）被借名人与原房屋所有权人之间的房屋买卖合同关系，该合同当事人具有向登记机构表达的关于房屋所有权登记的合意。[③] 若不存在违反法律、行政法规强制性规定或恶意串通等无效情形，上述两个合同关系均合法成立，对当事人产生拘束力。

根据上述分析的物权变动模式，最后使房屋权属由出卖人变更至被借名人名下的债权合同并非借名协议，而是被借名人与出卖人之间的房屋买卖合同，所有权变更登记正是该买卖合同得以正常履行的结果，符合被借名人与出卖人之间关于转移登记的物权合意。而该房屋的所有权登记情况同时又符合借名人与被借名人之间借名协议的约定，也就是说，房屋所有权登记在被借名人名下，系借名人、被借名人、出卖人所共同追求的结果，但出于合同相对性原

---

① 参见杨立新：《物权法》，中国人民大学出版社2016年版。

② 马一德：《借名买房之法律适用》，载《法学家》2014年第6期。

③ 杨代雄：《借名购房及借名登记中的物权变动》，载《法学》2016年第8期。

则，出卖人并无将房屋所有权过户至借名人名下的合同义务，故借名人无权以借名协议直接确认房屋权属。

（二）借名购房协议不足以推翻物权登记推定规则

《物权法》第16条规定，不动产登记簿是物权归属和内容的根据。这便是推定规则的法条体现。与动产相比，不动产物权变动更强调其公示性，以保障不动产物权关系的确定性与清晰度。[1] 一般而言，在没有相反证据证明的情况下，登记簿所记载的事项被推定是正确的，登记的名义权利人就是不动产物权权利人。不动产物权登记的推定效力在维护交易安全方面具有重要意义，在借名购房所引起的纠纷中亦扮演着重要角色。故对于物权登记推定规则的排除适用，应慎之又慎。

有观点认为，无论采取"物权说"还是"债权说"，在最终判决的结果上是殊途同归的。确实如此，但若涉及第三人时，则两种学说判例的结果则大相径庭。试举一例说明：甲与乙之间存在房产代持协议（借名协议），甲为登记权利人，乙是实际出资人及占有使用人，后甲乙产生纠纷，乙起诉要求确认权属并要求变更登记。如果不涉及第三人，则无论乙是否可以直接确权，最终乙均可以依据生效判决至交易机关变更登记。但若在同时，丙作为甲的债权人，已经通过另案诉讼取得了对甲的强制执行债权，并申请诉讼保全，在甲名义下的房屋上设定了司法查封，要求实现其债权。此时，若依据"物权说"，乙被确认为房屋的真实权利人，则其可以提起案外人执行异议之诉，要求撤销对房屋的司法查封；而若采"债权说"，乙无法直接确认权属，司法查封的仍是甲的财产，乙的执行异议确定无法得到支持。再举一例，若此时甲将房屋处分给丙，采"物权说"，则甲确定构成无权处分，丙可以得到救济的方式仅在于是否可以适用善意取得；而采"债权说"，则只需要排除甲丙之间存在恶意串通的情形，则丙依据与甲的有效合同，则可以要求甲继续履行合同。由此可见，采"债权说"，可以最大限度发挥不动产物权登记推定规则的功能，且在法律适用上前后逻辑统一。而若采"物权说"，则不可避免要涉及对执行异议之诉中排除强制措施权利的判断以及善意取得的审查，系人为增加法律适用上的矛盾，徒增审理难度。

有疑问的是，应如何正确理解适用《最高人民法院关于适用〈中华人民共

---

① Vgl. Ralph Weber Sachenrecht Bd. II：Grundstücksrecht 2. Aufl. Nomos Baden－Baden 2008 S. 111.

和国物权法〉若干问题的解释（一）》第2条规定的“有证据证明不动产登记薄的记载与真实权利状态不符”？实践中反对观点认为，借名购房对于房屋权属的约定正属于司法解释中规定的情形，可以依此否定物权登记的推定效力，而直接确认权属。但本文认为，借名协议不足以推翻物权登记的推定效力。

《物权法》为物权的取得提供了两种方式：（1）依民事法律行为而取得，即债权合同＋物权合意＋登记的形式主义变动模式，另一种则是依法律直接规定而取得物权。[1] 登记的效力因取得方式不同而产生区别，一方面以登记作为依法律行为而生物权变动的生效要件（设权登记），另一方面以登记作为依法律直接规定取得物权的处分要件。也就是说，在房屋买卖合同关系中，房屋权属的变动除了当事人的约定以外，还必须要有登记这一生效要件相结合才能产生物权变动的效果。而借名协议的约定虽包含权属合意，但是未经登记，只是在借名人与被借名人之间以何时能在符合法律规定和合同约定条件下完成物权变动为内容的债权债务关系，故该约定仅有债权效力，该效力不足以推翻物权登记的推定规则。

（三）对相关论点的检讨

本文认为，“物权说”主张的物权效力可分为内部关系和外部关系，实际上确立了法律物权和事实物权两种概念。内部关系的约定成立了事实物权，但是由于该内部关系难以被外人所知晓，所以为维护交易安全，内部关系不能对抗代表社会交易秩序的外部关系。一旦法律物权和事实物权产生冲突涉及第三人利益，就必须采取能够保护第三人利益的标准，即物权公示原则。但是首先，这两种概念是没有法律依据予以支持的，该观点其实设立了双重标准，即在没有第三人，不涉及交易安全的情况下，以当事人之间的约定作为权属认定的标准，而在有第三人的情况下，又要以第三人是否善意的判断来决定物权归属，采取双重标准，逻辑不统一，法律概念不严谨；第二，在涉及第三人时，其对于取得强制执行的债权人主张可以实现债权，但是对于以该不动产物权转移为目的的交易，则要以善意取得的条件去判断是否保护第三人的利益，显然造成了以该房屋所有权为目的的债权人获得保护的条件，远远高于不以该房屋作为直接标的的债权人获得保护的条件。

对于虚伪表示的观点，本文认为借名人与被借名人之间，被借名人与房屋

---

① 参见魏振瀛：《民法》，北京大学出版社2017版。

出卖人之间的合同关系均是合法有效的，表意人均表达了真实意思，相对人也予以允诺。两个法律关系中当事人的意思表示都是真实的。对出卖人而言，无论其是否知道借名协议的存在，其将房屋出卖给被借名人的意思是真实的。所以，借名购房中并不存在虚伪表示或隐藏行为，该观点的前提条件不存在。

关于间接代理的观点，本文认为也不足取。首先从其立法初衷来看，间接代理制度是根据英美法系中的隐名代理和不公开代理植入而来，英美法系都允许在一定的条件下，受托人以自己的名义从事活动，其活动后果由委托人承担。其在对外贸易中有其现实价值，是外贸代理商事代理中的制度，我国系因为对外开放过程中对外经贸的介入，以及适应经济贸易中有关代理的不同要求，[①] 才将此制度写入合同法中，但是对于其与一般代理之间的区别并没有比较明确的规范。间接代理是对合同相对性原则的突破，理应对其适用作出严格限制，即只能在外贸商事领域中进行适用。如果在物权纠纷案件中，适用间接代理，则会大大降低不动产登记簿的准确率及公信力，使得物权登记的公示效力大幅降低，作为不动产权属的公示手段一旦失灵，基于此而建立起的登记制度、推定规则、善意取得等重要制度将大厦倾覆，失去存在的基础。

三、由借名买房引发的纠纷案件处理对策及建议

（一）程序上的对策和建议

1. 及时梳理，修改立案案由

所有权确认纠纷系四级案由，安排在物权纠纷、物权保护纠纷中的物权确认纠纷之下，属于确认之诉。而借名购房协议前已述及，并不直接产生物权变动效果，其请求权基础在于依据借名协议所产生的债权请求权，而非基于所有权而产生的物权请求权。即便采“物权说”，若法院支持当事人确权的诉请，作出与不动产登记簿不一致的判决，将直接产生房屋权属变动的法律效果，其实质上系形成判决，而非确认之诉，故本文认为不宜将借名购房纠纷定性为所有权确认纠纷，而应定性为合同纠纷。由于借名购房纠纷法律关系的复杂性，借名人与被借名人之间并非房屋买卖合同关系，房屋出卖人也往往并不参与诉讼，故也不能定性为房屋买卖合同纠纷，合同纠纷下其他 48 个三级案由也均不符合借名购房的特征，故本文建议应统一将借名购房的案由定为其他合同纠

---

① 全国人民代表大会常务委员会法制工作委员会编：《中华人民共和国合同法释义》（第 3 版），法律出版社 2013 年版，第 623 页。

纷为宜。

2. 行使释明权，引导当事人变更诉请

物权行为、不动产权属登记效力等专业概念毕竟较难为大众所认知，当事人就借名协议往往都会提起确权的诉讼请求。故法院应积极行使释明权，引导当事人将直接确权的诉请变更为转移所有权权属登记的诉请。同时，也应释明诉讼风险，若存在限购因素等无法过户的情形，则应引导当事人就无法过户的违约责任进行主张，否则将无法支持其过户的诉请。

（二）实体上的对策和建议

1. 统一认识，明确法律适用

如上文分析，借名购房协议不具有直接产生物权变动的效力，不应适用《关于适用〈中华人民共和国物权法〉若干问题的解释（一）》中关于推翻登记推定规则的条文，而应适用《合同法》中关于合同成立、效力及内容确定等相关规定，进行下判。值得注意的是，“2014 年上海法院房地产审判适法统一研讨会综述”中的倾向性意见认为，借名人可以请求确认房屋权属，建议尽快出台新的执法意见，以统一执法。

2. 厘清思路，规范审理要点

案件具体审理过程中，规范借名购房纠纷的审理重点，以当事人之间是否存在真实的权属约定为事实基础进行审理。由于此类纠纷中，当事人之间往往缺乏书面约定，对案件事实的查明存在一定难度。从实践来看，在标的物（如房屋）价格上涨的情况下，名义人为了获得标的物的所有权，往往主张与借名人之间只是借贷关系或赠与关系。① 建议在具体的审查角度上，从购房的过程、房款的出资、贷款（若有）的实际偿还主体、房屋的占有使用、相关权证资料的保管，结合相关书面约定及证人证言进行查明，合理推断，最大限度还原客观事实。

3. 主动排查，查明房屋是否存在过户障碍及限购因素

判决前，法院应主动审查诉争房屋的性质，是否存在限制交易的状态，如动迁安置房、经济适用房的交易限制政策等，以及是否存在案外司法查封的情形，导致无法过户。同时，法院还应对借名人的购房资格进行主动审查，避免当事人利用生效判决规避限购政策，但是不妨确认该协议的有效性。因为首先

① 冉克平：《论借名实施法律行为的效果》，载《法学》2014 年第 2 期。

限购政策不是一成不变的，其次借名人的购房资格也是可以通过满足一定条件而促成的，在当事人具备购房资格后仍可支持其要求过户的诉请。

4. 积极调解，以其他形式化解权属争议

由于借名购房产生的原因往往出于规避政策（限购、贷款等）等原因，双方诉讼发生时，极有可能诉争房屋仍无法过户至借名人名下，若简单驳回借名人的诉请，必然使权利人主张权利陷入僵局，也为登记名义人擅自处分房屋留下了空间，使借名人日后难以维权，致使诉争房屋无法物尽其用，有违立法初衷。故在具体案件的审理中，法院应积极探寻物权权属之外的调解方法，如将房屋另行出售后对房价款进行分割等，化解权属争议，案结事了。

【附录】

编写人：杨斯空（民二庭审判员）

一审案号：（2017）沪 0116 民初 1039 号

二审案号：（2017）沪 01 民终 6521 号

二审合议庭：潘兵（审判长）、杨斯空（主审法官）、郑卫青

25. 设计咨询合同的性质及效力应予综合认定

——乙公司诉甲公司建设工程设计合同纠纷案

【案例要旨】

当设计方缺乏相应资质时，就设计咨询合同的效力认定，应以合同约定的具体设计内容为基础，探究当事人的真实意思表示，从而认定合同性质为建设工程设计合同或装饰装修设计合同。若系建设工程设计合同，则应当依照《建筑法》等法律法规规定，认定合同无效。若系装饰装修合同，则需进一步审查房屋的性质与用途、设计工程的规模、合同约定的具体内容及难易程度、是否涉及公共安全等因素，综合认定合同效力。

【案情简介】

上诉人（原审原告）：乙公司。

上诉人（原审被告）：甲公司。

2015年11月，甲、乙公司签订《室内设计项目设计咨询合同》（以下简称《设计咨询合同》），约定甲公司委托乙公司进行室内设计咨询，工作范围和内容为：（1）方案设计阶段提交成果文件包括：平面布置图；地面材料；墙体立面图；重要空间表现图或彩色透视效果图；主要材料建议表；家具推荐，色彩面料选择建议清单；（2）施工图阶段提交成果文件包括：全套施工图（不包含机电、消防、给排水、暖通及结构专业图纸）；材料样板；定制家具设计图；选型参考图片资料：家具图片、灯具图片、窗型配饰图片；室内及户外家具清单；软装饰清单；基础照片设备及清单；卫生间洁具及五金设备清单；（3）施工配合阶段服务内容包括：……。

合同签订后，甲公司因内部原因决定终止涉案项目的经营，在乙公司交付第一阶段设计成果后，未依约支付相应阶段设计咨询费。乙公司遂向甲公司寄送解约函，并诉至法院，请求判令：确认《设计咨询合同》解除；甲公司向乙公司支付设计咨询费 36 万元及违约金 27 万元。

双方确认乙公司不具备建筑设计的相关资质，甲公司因此主张《设计咨询合同》无效。

【裁判结论】

一审法院认为：本案双方签订的合同虽名为“设计咨询合同”，但实为工程设计合同。因乙公司不具备设计资质，违反法律强制性规定，故《设计咨询合同》无效。合同无效后，未履行部分不再履行。对于已履行部分的结算事宜，甲公司对乙公司已交付的设计成果及相应设计费用予以确认。因设计成果具有较强的专业性、专属性及专用性，完成并交付之后属无法返还或者已无返还必要，故参照合同约定予以结算。本案纠纷因甲公司停建涉案项目所致，法院对于乙公司参照合同约定的标准要求甲公司支付 36 万元设计费的诉请予以支持，其余诉请因合同无效，已无合同依据，不予支持。一审法院遂判决：《设计咨询合同》无效；甲公司支付乙公司设计费 36 万元；驳回乙公司其余诉讼请求。

二审法院认为：本案《设计咨询合同》系针对 KTV 餐厅的方案设计至施工图设计咨询，从合同具体文字表述显示，甲公司委托乙公司进行的设计工作主要涉及平面功能布局，地面材料及铺装，空间表现或彩色透视效果，软装饰，洁具及五金设备等，明确排除了机电、消防、给排水、暖通及结构专业等方面的内容，故合同约定的工作范围和内容并不涉及工业建筑设计领域，系属室内装饰装修范畴。因此，该合同并未违反我国相关法律法规的禁止性规定，且系双方当事人的真实意思表示，该合同当属合法有效。甲公司违约已达约定解除权条件，乙公司享有合同解除权。乙公司于二审中将违约金诉请调低至 18 万元，二审法院遂改判：《设计咨询合同》解除，甲公司支付设计咨询费 36 万元、违约金 18 万元。

【评析意见】

本案的核心争议在于，《设计咨询合同》约定的权利义务系属建设工程设计范畴，还是室内装饰装修设计范畴，进而认定合同是否有效。以“设计咨询合同”为关键词，在案由检索中包括建设工程设计合同纠纷、装饰装修合同纠纷、服务合同纠纷、委托合同纠纷等。可见，审判实践对设计咨询合同的性质存在不同认定。下文将对设计咨询合同的性质及效力认定进行分析。

一、建设工程设计与装饰装修的概念辨析

就建设工程设计与装饰装修的法学理论研究成果，经检索发现，其在研究深度、发表数量与刊发平台等方面较民商法其他研究领域相对薄弱。建设工程涉及种类繁多、内容复杂、实践性与专业性较强，为使定义有足够的包容性与适用性，理论研究成果难以精确定义各类建设工程合同。[①] 故本文从法律规范和合同特征两方面，探究两者的区别。

（一）法律规范角度

《合同法》为“建设工程合同”专设一章，但并未详细定义建设工程合同，仅在第269条以列举方式明确建设工程合同包含勘察、设计、施工合同，全章未提及装饰装修合同。而最高人民法院相关函复、《建设工程质量管理条例》均明确装饰装修属于建设工程。[②]《民事案件案由规定》亦将四级案由“建设工程设计合同纠纷”与“装饰装修合同纠纷”置于三级案由“建设工程合同纠纷”之下。因此，建设工程设计与装饰装修同属建设工程。

部门规章对建设工程设计与室内装修进行了相对细化的界定。具体而言，建设工程设计，是指根据建设工程的要求，对建设工程所需的技术、经济、资源、环境等条件进行综合分析、论证，编制建设工程设计文件的活动；住宅室内装修，是指住宅竣工验收合格后，业主或者住宅使用人对住宅室内进行装饰装修的建筑活动。[③] 从中可见，建设工程设计与装饰装修存在明显差异，前者侧重建设工程的前期工作，旨在使建设工程能够顺利立项、实施；后者侧重建设工程的后期工作，旨在通过室内建筑装饰、室内设备设施装饰以及室外的建

---

① 如谢怀栻等：《合同法原理》，法律出版社2000年版，第159～160页；崔建远主编：《合同法》，法律出版社2010年版，第455～456页。两书对建设工程合同的定义与《合同法》第269条近乎一致，并分别简要界定了勘查合同、设计合同和施工合同的概念。以设计合同为例，上述《合同法》一书的定义为：“勘察、设计合同是勘察合同和设计合同的统称，系指工程的发包人或承包人与勘察人、设计人之间订立的，由勘察人、设计人完成一定的勘察设计工作，发包人或承包人支付相应价款的合同。”

② 参见《最高人民法院关于装修装饰工程款是否享有合同法第286条规定的优先受偿权的函复》（〔2004〕民一他字第14号）、《建设工程质量管理条例》第2条第2款。

③ 参见《建设工程勘察设计管理条例》第2条第2款、《住宅室内装饰装修管理办法》第2条第2款。

筑结构与环境装饰，使房屋具备基本居住使用功能、甚至给身处其中者带来高层级的享受。

（二）合同特征角度

2000年，建设部等颁发《关于印发〈建设工程勘察设计合同管理办法〉和〈建设工程勘察合同〉〈建设工程设计合同〉文本的通知》（建设〔2000〕50号文），较为详细地规范了建设工程设计合同，同时制定了两份合同示范文本。结合其他资料，本文认为，建设工程设计的以下四点特征值得关注：

1. 设计人主体资格：持有工程设计资质证书、工程设计收费资格证书和企业法人营业执照的工程设计单位。①

2. 合同形式要求：采书面合同形式，合同双方应当将合同文本送所在地省级建设行政主管部门或其授权机构备案，或至工商行政管理部门办理合同鉴证。②

3. 主要设计内容：（1）方案设计文件，在项目取得规划条件和建设用地规划许可证后制作的，以完成方案报批为目的，应当满足编制初步设计文件和控制概算的需要；（2）初步设计文件，应当满足编制施工招标文件、主要设备材料订货和编制施工图设计文件的需要；（3）施工图设计文件，系建设工程规划许可证的申报材料之一，应当满足设备材料采购、非标准设备制作和施工的需要，并注明建设工程合理使用年限，具体而言，包括设计说明、总平面图、各层平面图、各朝向立面图、各主要部位剖面图等，各类详细建筑图与结构图，如楼梯详图、房间用料做法明细表、结构加强层结构平面图、结构加强层梁平法配筋图等。③

4. 其他特殊约定：（1）设计资料及文件中，建筑材料、建筑构配件和设备，应当注明其规格、型号、性能等技术指标，但设计人不得指定生产厂、供应商；（2）设计活动受国家严格监管，建设工程设计文件内容需要作重大修改的，建设单位应当报经原审批机关批准后，方可修改。④

装饰装修合同目前尚无专门的管理办法，相关规范也较建设工程设计合同

---

① 参见《建筑法》第13条、《建设工程勘察设计合同管理办法》第4条。

② 参见《建设工程勘察设计合同管理办法》第9条。

③ 参见高印立、黄丽芳、王芳：《建筑工程设计合同常见争议点及其认定》，载《建筑设计管理》2016年第9期；《建设工程勘察设计管理条例》第25条。

④ 参见《建设工程设计合同（一）》（GF－2000－0209）（民用建设工程设计合同）第8.3.8.10条。

较少，集中体现在《住宅室内装饰装修管理办法》中。该办法着眼于城市住宅室内装饰装修活动的管理，对装饰装修本身包含的项目较少涉及。或许是因为装饰装修活动内容为社会公众所熟知，行业协会及市场能够提供较为完善的各类装饰装修合同文本。装饰装修工程包括室内建筑装饰、室内设备设施装饰以及室外的建筑结构与环境装饰。就室内装饰而言，主要有拆旧工程，水、电、管线等隐蔽工程，墙地面的防水、找平、铺砖等泥瓦工程，油漆工程，橱柜、家具的定制安装工程等。合同主要约定各阶段施工的时间节点、验收的标准、进度款的支付及违约责任，同时多在附件中，以表格形式详细约定装修所用主材、辅材的品牌、规格、价格及人工费用等。

经上文分析可见，建设工程设计与装饰装修在工作内容方面存在明显区别。

二、建设工程设计与装饰装修设计施工的资质要求

（一）建设工程设计的资质要求

《建筑法》等多项法律法规明确规定，从事建设工程设计，应当具备相应资质。[①] 工程设计资质分为工程设计综合资质、工程设计行业资质、工程设计专业资质和工程设计专项资质，取得综合资质的企业，可以承接各行业、各等级的建设工程设计业务；取得后三类资质的企业，可以分别承接相应行业、相应等级、相应专业或本专项的建设工程设计业务。[②]

建设工程设计图纸直接影响施工安全和建筑物质量，涉及社会公共利益，故而国家对建设工程设计企业的资质实施严格的管理。《建筑法》《建设工程勘察设计管理条例》也均明确建设工程设计单位应当在其资质等级许可范围内从事业务。[③] 因此，法律、行政法规就建设工程设计企业的资质要求当属效力性强制性规定。没有相应设计资质的企业签订的《建设工程设计合同》，因违反法律、行政法规的强制性规定而无效。[④]

（二）装饰装修工程设计与施工的资质要求

1. 相关规范。就装饰装修工程设计与施工的资质要求，以下法律规范多

---

① 例如：《建筑法》第13条、《建设工程质量管理条例》第18条。

② 参见《建设工程勘察设计资质管理规定》第6条。

③ 参见《建筑法》第13条。

④ 审判实践亦作此认定，例如：(2018) 沪01民终26号民事判决书、(2016) 沪01民终12685号民事判决书、(2017) 沪02民终5536号民事判决书。

有涉及：

(1)《建筑法》和《建设工程质量管理条例》对“建筑活动”和“建设工程”的含义分别进行规定，且均明确“涉及建筑主体和承重结构变动的装修工程，建设单位应当在施工前委托原设计单位或者具有相应资质条件的设计单位提出设计方案；没有设计方案的，不得施工”。①

(2)《最高人民法院关于审理建设工程施工合同纠纷案件适用法律问题的解释》明确规定，承包人未取得建筑施工企业资质或者超越资质等级的，建设工程施工合同无效。②

(3) 2006 年建设部颁发的《建筑装饰装修工程设计与施工资质标准》，将从事建筑室内、外装饰装修工程（建筑幕墙工程除外）工程设计与施工活动的企业资质等级分为一级、二级、三级三个级别，就各级别的企业资信、技术条件、技术装备及管理水平与承包业务范围进行规定。

(4)《住宅室内装饰装修管理办法》规定，承接住宅室内装饰装修工程的企业必须取得相应的建筑业企业资质证书，并在其资质等级许可的范围内承揽工程。③

2. 不同观点。就装饰装修设计与施工的资质问题，审判实践尚未达成一致，尤其是在室内装饰装修的设计与施工方面。④

认为装饰装修设计与施工应当具备相应资质的，主要理由为：第一，《建筑法》规定：“线路、管道、设备的安装活动”属于“建筑活动”，而“建筑活动”的施工企业与设计单位应当在其资质等级许可的范围内从事建筑活动。⑤并且，涉及建筑主体和承重结构变动的装修工程还需要有资质的设计单位提供设计方案。第二，《建设工程质量管理条例》明确“装修工程”属于“建设工程”，而从事建设工程的设计、施工单位应当在其资质等级许可的范围内承揽工程。⑥ 第三，《关于审理建设工程施工合同纠纷案件适用法律问题的解释》

---

① 参见《建筑法》第 2 条第 2 款、第 49 条，《建设工程质量管理条例》第 2 条第 2 款、第 15 条第 1 款。

② 参见《关于审理建设工程施工合同纠纷案件适用法律问题的解释》第 1 条第 1 款第（1）项。

③ 参见《住宅室内装饰装修管理办法》第 22 条。

④ 例如：(2017) 沪 02 民终 7681 号判决认为，相关资质证书系上海市装修装饰行业协会所颁发，并非有关职能部门颁发，不足以证明施工方违反了有关装修施工资质的强制性规定；而（2016）沪 01 民终 8515 号判决认为，施工方除了营业执照载明的经营范围外，没有其他施工资质证书，故其不具备相应施工资质，装饰装修施工合同应属无效。

⑤ 参见《建筑法》第 2 条第 2 款和第 13 条。

⑥ 参见《建设工程质量管理条例》第 2 条第 2 款、第 18 条第 1 款、第 25 条第 1 款。

第1条规定，承包人没有资质的，合同无效。而装饰装修属于建设工程，其设计与施工也应当具备资质。第四，装饰装修的设计与施工涉及房屋结构安全，事关人们的生命财产安全、甚至公共利益，应当由有资质主体进行。因此，法律、行政法规、司法解释都要求装饰装修应当具备相应资质，否则合同无效，不应作室内装饰装修与室外装饰装修等类别区分。

认为装饰装修设计与施工并非一概需要具备相应资质的，主要理由为：第一，室内装饰装修还是与建筑活动或建设工程存在区别的，不宜一概而论。《建筑法》《建设工程质量管理条例》并未要求从事室内装饰装修的设计与施工必须具备相应的资质，故室内装饰装修设计与施工不适用于上述司法解释，尽管《建筑装饰装修工程设计与施工资质标准》规定了资质，但其为部门规章，不能作为认定合同无效的依据。① 第二，实践中，许多装饰装修，尤其是室内家装，由没有资质的个体装修从业者实施。如果一概认定无效，可能造成不合理的后果。第三，国家对部分设计及施工活动设置资质要求，是基于房屋安全性的考虑。而部分装饰装修并不涉及房屋结构安全，也不就机电、消防、供暖等专业项目进行设计、施工，此时，即便设计、施工主体没有资质，也不会损害社会利益或是有损资质制度的设立初衷与价值取向。第四，合同是当事人间的“法锁”，为充分尊重当事人的意思自治和诚实信用，尽力维护合同效力与履行是当下司法裁判的倾向。

3. 本文观点。本文总体上同意第二种观点及其理由，对装饰装修设计与施工合同的效力不做“一刀切”式的认定，需要综合房屋的性质与用途、工程的规模、合同约定的具体内容及难易程度、是否涉及公共安全等因素，认定装饰装修设计与施工主体在缺乏资质时签订的合同之效力。

然而，不可否认，精准的判断结论需以同样精准的判断标准为前提。但是，案件纷繁复杂，清晰、准确、统一的判断标准难以先置，审判实践中任何精细化处理的企图，都无法与法官个体对事实及法律关系的理解、认定、心证、自由裁量相剥离。因此，本文对装饰装修设计与施工的资质要求的论述，难以完全覆盖情形之外延，亦难划定清晰的适用边界，仅为精准判断的一种尝试。

（1）城市家庭住宅室内装饰装修设计与施工，当事人仅以缺乏资质为由主张合同无效的，一般不予支持，但未经批准及专业设计而变动建筑主体和承重结构、私自拆改专业设施的情形除外。具体分析如下：其一，《建筑法》第83

① 参见最高人民法院（2014）民申字第938号民事裁定书的“本院认为”部分。

条第 1 款规定："小型房屋建筑工程的建筑活动，参照本法执行"，可见小型房屋建筑工程的建筑活动并非当然适用于《建筑法》的全部规定。其二，《住宅室内装饰装修管理办法》第 22 条虽规定承接方应当在资质范围内承揽工程，但该办法为部门规章，并非认定合同无效的依据。其三，一些高院持有类似适法意见。2012 年北京高院《关于审理建设工程施工合同纠纷案件若干疑难问题的解答》第 6 条表明，施工人签订合同进行家庭住宅室内装饰装修，当事人仅以施工人缺乏相应资质为由，主张合同无效的，一般不予支持。2008 年江苏高院《关于审理建设工程施工合同纠纷案件若干问题的意见》第 1 条明确，家庭住宅装饰装修合同纠纷案件不适用本意见的规定。其四，家庭住宅室内装饰装修设计与施工，通常不涉及建筑主体和承重结构变动，或是拆改供暖、燃气管道和设施，对社会公共安全没有直接影响，故而审判实践中对资质要求可从宽把握。然而，实践中，部分家庭住宅室内装饰装修的设计或施工活动，未经行政主管部门批准或专业设施管理单位批准，私自变动房屋所在建筑的主体和承重结构，私自拆改供暖、燃气管道等专业设施，此种情况下，考虑到装饰装修活动对社会公共安全可能产生严重威胁，对此类装饰装修设计与施工合同的效力宜从严把握，引导装饰装修行为趋于规范。

（2）城市非家庭住宅室内装饰装修设计与施工，当事人仅以缺乏资质为由主张合同无效的，应当根据合同约定的具体内容认定合同效力。具体分析如下：其一，区别装饰装修场所的性质与用途。如果是大型商场、酒店、电影院等公共场所，人流量较大，对装饰装修设计与施工的要求较高、难度也较大，此情形下，即便只是室内的装饰装修，但并非前述《建筑法》中的"小型房屋建筑工程"，又涉公共利益，对其资质应从严要求，如果未按法律、行政法规规定在相应资质范围内设计与施工，合同无效。与之相对，如果是小型沿街商铺或建筑物内的单个门店、小型俱乐部等场所，因其工程规模较小，设计与施工难度较低，对公共安全并无明显影响，从尊重当事人意思自治、维护诚实信用的角度，即便设计方与施工方没有资质，也倾向于认定合同有效。其二，区别具体设计与施工的内容。上述家庭住宅室内装饰装修中的例外情形，在此处同样适用。此外，非家庭住宅更可能涉及消防、机电、给排水、电气、暖通、智能化工程等多种专业设计与施工，故而需在个案中审查不同专业的资质要求。因此，对于非家庭住宅的室内装饰装修设计与施工，需要结合场所性质、具体的设计与施工内容等，综合认定缺乏资质的设计与施工合同是否有效。

(3) 室外装饰装修设计与施工及其他。室外装饰装修设计与施工涉及的情形较多，包括低层建筑外墙面或顶面的翻新，高层建筑幕墙的安装与装饰，院落内的植物、灯饰，甚至亭台楼阁的设计与安装等。因此，不宜直接认定室外装饰装修都应当具备相应资质、否则合同无效，同样需要作综合判断。例如，城市中别墅院落内的绿植、栅栏、座椅等的装饰装修设计与施工，其本质上仍属于该住户家庭内部的活动区域，设计施工难度较低，工程量较小，对其资质把握可从宽；与之相对，若是多层或高层建筑的外墙面的装饰装修，如安装玻璃幕墙或是铺贴石材等，该工程的质量安全不仅关乎建筑物本身结构的质量安全，还涉及不特定公众的安全，也正因此建设部制定了《建筑幕墙工程设计与施工资质标准》，该种情形下，对资质要求宜从严。其他情形如农村农民自建低层住宅，考虑到实践中，此类住宅多为乡邻承揽，若严格要求资质，会使绝大多数合同归于无效，故就农民自建低层住宅的装饰装修设计与施工，法律、行政法规并无资质的效力性强制性规定。《建筑法》第 83 条第 3 款明确将抢险救灾及其他临时性房屋建筑和农民自建低层住宅的建筑活动排除适用，《住宅室内装饰装修管理办法》第 2 条第 1 款也明确将适用范围限定于城市。农民自建低层住宅的合同可适用承揽合同的相关规定。

三、本案《设计咨询合同》的评析

(一) 合同性质的认定

本案双方当事人就《设计咨询合同》的性质存在不同观点。甲公司主张合同为建设工程设计合同，乙公司主张合同为装饰装修设计合同。一审法院认为，合同名为咨询合同，实为建设工程设计合同；二审法院经审查认定，合同约定的工作范围和内容属室内装饰装修范畴。就二审认定，具体分析如下：

1.《设计咨询合同》不具备建设工程设计合同的基本特征。其一，设计项目位于酒店内部的两层楼面，设计时酒店大厦已经建成，乙公司作为设计方，并无对工程所需的技术、经济、资源、环境等条件进行综合分析、论证的合同义务。其二，双方明确约定乙方不提供图签与资质，其设计咨询也与规划、报批无涉。其三，合同并未报送行政主管进行备案或鉴证。其四，设计内容不涉及建筑物结构主体的变动或施工。其五，设计中相关材料，乙方需要提供有关图片、品牌和供应商。

2.《设计咨询合同》具备室内装饰装修设计合同的基本特征。该点可以从合同约定的工作范围和内容较为清楚地看出，工作内容具体有：方案设计阶段的平面布置图、地面材料、墙体立面图、重要空间表现图或彩色透视效果图等；施工图阶段的平面功能布局、地面铺装、家具、天花布置等施工图，家具、软装饰、基础照明及洁具五金的有关图片、品牌及供应商等；施工配合阶段的其他协调配合服务。

（二）合同效力的认定

《设计咨询合同》作为装饰装修设计合同，而设计方乙公司并无相应资质。因此，应当在综合考察合同后，对其效力进行认定：

1. 房屋的性质与用途。本案涉讼项目为北京某酒店中两层楼面的房屋，用于开设 KTV 与餐厅，虽有别于开放式商场、大规模的酒店或量贩式 KTV 等，但仍属于为不特定公众提供服务的场所，具有一定的公共性。

2. 设计工程的规模。本案设计面积暂定 2000 平方米，设计费用总计 90 万元。《建筑法》将“小型房屋建筑工程”的认定标准授权给省级政府。根据《北京市建设工程施工许可现场踏勘工作管理办法》，本案项目可视为“小型房屋建筑工程”。①

3. 合同约定的具体内容及难易程度。合同约定的设计内容系对现有房屋进行内部装饰装修，不涉及建筑主体和承重结构的变动，且合同明确约定乙方出具的图纸不包含机电、消防、给排水、暖通及结构专业图纸。合同主要针对墙立面、地面、天花板的装饰设计及家具灯光等设计，属于室内装饰装修设计的常规基础项目。

可见，《设计咨询合同》作为室内装饰装修设计合同，其设计内容对建筑主体和承重结构并无改动，亦不涉及机电等专业项目。立法规范建设工程中的相关资质，其目的是为了保障建设工程的质量、保证建筑物的安全，而本案设计并无违背立法目的之处。加之设计标的并非大规模项目或人流量大的公共场所，对资质并无从严把握的需要，在法律、行政法规对室内装饰装修尚无明确的效力性禁止性规定的情况下，结合目前对合同效力和履行从宽把握的司法趋势，本案《设计咨询合同》应当认定为有效，尊重双方当事人意思自治、维护诚实信用。

---

① 参见《北京市建设工程施工许可现场踏勘工作管理办法》第 5 条。

【附录】

编写人：庞闻淙、朱晨阳（分别系民二庭庭长、法官助理）

一审案号：（2016）沪0104民初24412号

二审案号：（2017）沪01民终13460号

二审合议庭：庞闻淙（审判长）、毛焱（主审法官）、蒋庆琨

26. 未办理不动产抵押登记手续时抵押人之责任承担方式

——孙某某与郭某某、戎某某、郭某抵押合同纠纷上诉案

【案例要旨】

根据物权区分原则，未办理不动产抵押登记手续不影响抵押合同的效力，抵押合同是否有效根据合同自身加以判断。依债权人行使请求权不同，抵押人可能承担继续履行合同、损害赔偿或履行担保义务的责任。审判实践中，抵押人应承担何种责任，需结合当事人的诉讼请求及理由，确定请求权基础，并围绕该请求权作出准确裁判。

【案情简介】

上诉人（原审原告）：孙某某。

上诉人（原审被告）：郭某某。

上诉人（原审被告）：戎某某。

被上诉人（原审被告）：郭某。

郭某某、戎某某系郭某父母。郭某、郭某某、戎某某系涉案房屋登记权利人。郭某因在新疆投资油气回收项目缺乏资金向孙某某借钱。孙某某、郭某于2013年1月17日签订《借款合同》，合同约定郭某向孙某某借款100万元，借期一年（以付款之日起算）；借款利息为每月2%；郭某以涉案房屋作为抵押担保。郭某某、戎某某于当日出具《证明》，其中载明“同意以涉案房屋作为郭某向孙某某借款100万元的抵押担保”。2013年1月18日，孙某某向郭某发放100万元贷款。后因孙某某多次催讨未果，故于2014年4月16日以民间借贷纠纷之由诉至法院。该案中，一审法院判决：一、郭某于判决生效之日起三十日内归还孙某某借款100万元；二、郭某于判决生效之日起三十日内支付孙某某以本金100万元计，按利率每月2%计，从2013年1月18日起至判

决生效日（如实际支付日在判决生效日前，以实际支付日为准）止计算的利息；三、郭某到期不能履行判决主文第一、二条之义务时，孙某某有权以郭某、郭某某、戎某某名下涉案房屋折价或者以拍卖、变卖上述房产的价款优先受偿；上述抵押物折价或者拍卖、变卖后，其价款超过债权数额部分归抵押人郭某某、戎某某、郭某所有，不足部分由郭某继续清偿；四、驳回孙某某其余诉讼请求。一审判决后，郭某、郭某某、戎某某不服，提起上诉。经审理，二审法院作出 1871 号民事判决书，判决：一、维持一审判决第一项、第二项；二、撤销一审判决第三项、第四项；三、驳回孙某某其余诉讼请求。

嗣后，孙某某就 1871 号民事判决书申请执行，法院出具执行裁定书，其中载明：被执行人郭某名下暂无财产可供执行，本案立即执行完毕的条件尚不具备，故裁定终结 1871 号民事判决书的本次执行程序。

孙某认为，郭某某、戎某某故意不履行房产抵押登记的违约行为，致使其抵押物权不生效，并对债权实现造成巨大经济损失，遂以抵押合同纠纷之由提起本案诉讼，诉讼请求为：判令郭某、郭某某、戎某某向孙某某赔偿借款本金 100 万元、借款利息 44 万元、加倍迟延履行债务利息 167 万元。

【裁判结论】

一审法院认为，《关于适用〈中华人民共和国担保法〉若干问题的解释》规定，法律规定登记生效的抵押合同签订后，抵押人违背诚实信用原则拒绝办理抵押登记致使债权人受到损失的，抵押人应当承担赔偿责任，此属违约责任。结合本案，孙某某对于涉案房屋未能完成抵押权登记存在一定过错，其过错行为是导致目前债权未能得以合理合法实现的原因之一，故法院酌定孙某某对此应承担 30％的责任。另考虑到郭某、郭某某、戎某某并非明确拒绝履行抵押权的登记手续，但由于三人怠于履行合同义务的行为，导致了孙某某的借款债权未能实现，故郭某某、戎某某理应在原抵押物价值范围内对郭某经法院强制执行后，仍不能偿还孙某某的部分债务承担赔偿责任，赔偿责任限额以 70％为限。

一审法院判决：一、郭某某、戎某某于判决生效之日起十日内以涉案房屋价值范围内对郭某不能按 1871 号民事判决书所确定的债务经法院强制执行后仍不能偿还的部分承担 70％的赔偿责任；二、驳回孙某某的其他诉讼请求。

一审判决后，孙某某与郭某某、戎某某均不服，分别提起上诉。上诉人孙某某上诉称：一、郭某、郭某某、戎某某违背诚实信用拒绝办理房产抵押登记手续，过错在上述三人，不在孙某某。二、郭某、郭某某、戎某某应对全部损失承担连带责任。据此，请求撤销原判，依法改判支持孙某某在一审中的诉请。

上诉人郭某某、戎某某上诉称：一、涉案房屋为郭某、郭某某、戎某某三人共有，若法院判决郭某某、戎某某承担责任，应以房产价值的三分之二份额为限。二、法院判决郭某某、戎某某对利息承担赔偿责任，明显超出签署协议时可预见范围。三、一审法院认定孙某某仅承担30%的过错责任明显不合理。据此，请求维持原判第二项，撤销原判第一项，依法改判郭某、郭某某、戎某某共同承担赔偿责任；郭某某、戎某某在房产价值范围内对郭某不能偿还的本金100万元承担30%的赔偿责任。

被上诉人郭某辩称，不同意上诉人孙某某以及上诉人郭某某、戎某某的上诉请求。

二审经审理认为，虽涉案房屋未办理抵押登记手续，但当事人之间的抵押合同关系有效成立。在郭某、郭某某、戎某某已明确拒绝办理抵押登记手续的情况下，孙某某有权基于债权请求权向对方主张损害赔偿。一审法院结合本案事实，考虑到孙某某的特殊身份，以及其履行过程中未积极行权等因素，酌情确定孙某某自行承担30%的责任，并无不当。关于赔偿损失范围的确定，第一，抵押人承担赔偿责任需以债权人存在实际损失为前提。第二，抵押人承担的担保责任不应仅限于借款本金之范围。第三，抵押人违约需承担的损害赔偿责任应以抵押物价值为限。因此，一审法院判决郭某某、戎某某在抵押物价值范围内对郭某经法院强制执行后仍不能偿还的债务部分承担70%的赔偿责任，法院予以支持。鉴于本案中郭某的法律地位具有特殊性，且涉案房屋产权份额目前并未在郭某、郭某某、戎某某中进行分割，故郭某某、戎某某应先行在全部房产价值范围内对外承担赔偿责任，之后由三名产权人通过析产方式进行内部追偿。

二审法院判决：驳回上诉，维持原判。

【评析意见】

一、未办理登记的抵押合同之效力认定

我国《物权法》第15条规定，当事人之间订立有关设立、变更、转让和消灭不动产物权的合同，除法律另有规定或者合同另有约定外，自合同成立时

生效；未办理物权登记的，不影响合同效力。此条规定对不动产物权变动的原因与结果作出区分，将抵押合同的订立与抵押权的设立作为两个不同的法律事实加以规范，即为学理上所称的区分原则。所谓区分原则的基本内涵可归纳为两点：其一，物权变动的基础关系即原因行为，债权合同的成立，应当按照该行为成立的自身要件加以判断，而不能以物权变动是否成就作为判断标准；其二，物权变动必须以动产交付或不动产登记作为必要条件，而不能认为基础关系或原因行为的成立生效就必然发生物权变动的效果。[①] 据此，无论不动产是否办理抵押登记手续，只要抵押合同体现签约主体之真实意思表示，且未违反法律禁止性规定，即为合法有效。

二、未办理登记的抵押合同之担保性质

根据物权法定原则，抵押权人与抵押人办理抵押登记手续后，在不动产上合法设立抵押权，当债务无法获得清偿时，抵押权人可直接实现抵押，取得优先于其他债权人之物权担保。在未办理抵押登记手续的情况下，抵押合同债权人[②]与抵押人通过签订有效合同之方式，将担保停留在债权担保状态，实质系以一个债权担保另一个债权。因此，双方之间所创设的该种担保权利在性质上属于债权担保，是介乎于保证与抵押权之间的不规则担保，为非典型性担保。该非典型性担保与保证的相同之处在于均属债权担保，不同之处在于前者以抵押人的特定财产进行担保，后者以保证人的不特定财产进行担保。该非典型性担保与抵押权的相同之处在于抵押人均以特定物提供担保，不同之处在于前者属于债权担保，后者属于物权担保。因此，虽上述非典型性担保在构造、特征、实现方式等方面与典型性担保存有差异，但在司法实践中普遍存在，且具有担保债权不可替代的作用，应参照适用《物权法》《担保法》等相关规定。

三、未办理登记的抵押人之责任承担方式

对于生效但未办理抵押登记手续的不动产抵押合同，由于抵押权尚未设立，故债权人不能直接主张抵押权，但可以基于生效抵押合同向抵押人主张合同权利。依债权人行使请求权不同，抵押人可能承担继续履行合同、损害赔偿

---

① 刘延杰、王明华：《未办理抵押权登记时抵押人应承担何种责任》，载《人民司法·应用》2013年第3期。

② 因抵押权未经登记而没有设立，故该种情况下不可称为抵押权人，本文称其为抵押合同债权人。

或履行担保义务的责任。

（一）继续履行合同

根据《合同法》第107条规定，当事人一方不履行合同义务或者履行合同义务不符合约定的，应当承担继续履行、采取补救措施或者赔偿损失等违约责任。无论抵押合同是否对抵押登记进行了相关约定，根据抵押合同设定抵押权的合同目的，抵押人均负有协助债权人办理抵押登记手续的义务。因此，若抵押合同签订后，仍具备继续办理抵押登记手续可行性的情况下，债权人可依照上述规定，行使登记请求权，要求抵押人承担继续履行合同之违约责任，即协助债权人办理抵押登记，使抵押权得以设立。

（二）损害赔偿

根据《关于适用〈中华人民共和国担保法〉若干问题的解释》第56条第2款规定，法律规定登记生效的抵押合同签订后，抵押人违背诚实信用原则拒绝办理抵押登记致使债权人受到损失的，抵押人应当承担赔偿责任。在抵押人明确拒绝履行抵押登记义务，或者抵押人对抵押物已丧失处分权，导致继续履行登记义务出现履行不能的情况下，债权人可依据上述规定，要求抵押人赔偿因未进行抵押登记而给其造成的实际损失。

（三）担保责任

如前所述，因未办理抵押登记的抵押合同具有债权担保性质，故债权人可要求抵押人承担抵押合同上的担保义务。考虑到当事人在签订抵押合同时具有明确的意思表示，即抵押人同意以抵押权的实现方式来清偿债权，因此，在抵押权未设立，无法就抵押物变现直接实现债权的情况下，债权人可请求抵押人在抵押物价值范围内承担连带清偿的保证责任。

四、抵押人承担损害赔偿责任之要点分析

根据已查明的事实，虽涉案房屋未办理抵押登记手续，但郭某、郭某某、戎某某具有将共有房屋设定抵押担保的真实意思表示，且孙某某予以认可，故当事人之间的抵押合同关系有效成立，对各方均具有法律约束力。因郭某、郭某某、戎某某已明确拒绝履行抵押登记义务，故孙某某根据《关于适用〈中华人民共和国担保法〉若干问题的解释》第56条第2款之规定，有权基于债权请求权向对方主张损害赔偿。

（一）过错责任认定

虽办理抵押登记手续是抵押人的主要合同义务，但我国不动产物权登记以共同申请为原则，办理抵押登记非依抵押人单方行为所能完成，亦需债权人之协力，经由双方配合方能设定抵押权。因此，抵押人承担责任的归责原则应为过错责任原则，以双方当事人办理抵押登记义务的大小决定过错程度的大小，决定该项违约损害赔偿责任的承担。①

本案中，郭某某、戎某某确实出具《证明》愿意为郭某的借款提供抵押担保，但郭某某以其年事已高，患有疾病之由拒绝至房地产交易中心办理抵押权登记手续，孙某某基于该种情形之考虑，遂未强求产权人至房地产交易中心办理抵押权登记。同时，孙某某作为一名职业律师，理应知晓抵押权设立需经登记方能生效的法律规定，且对抵押权未能登记所产生的法律风险亦应较普通债权人更熟知，然其在对方提出无法进行抵押权登记的请求之后，并未表现出更为强烈的权利主张意愿，而是继续依据借款合同向郭某给付借款。因此，在抵押人拒绝履行协力义务的情况下，法院综合考虑孙某某的特殊身份，以及其履行过程中未积极行权等因素，酌情确定孙某某自行承担30%的责任，并无不当。

（二）赔偿损失范围

关于赔偿损失范围的确定问题，第一，抵押人承担赔偿责任需以债权人存在实际损失为前提，只有当主债务人经法院强制执行后，债权仍未获得清偿时，损失才得以确定，抵押人应对此承担补充清偿责任。第二，在未办理抵押登记时，抵押人与债权人之间所创设的担保权利，属介于保证与抵押权之间的不规则担保，应参照适用相关法律规定。根据《担保法》第21条规定，保证担保的范围包括主债权及利息、违约金、损害赔偿金和实现债权的费用。② 因此，抵押人承担的担保责任不应仅限于借款本金之范围，还包括其他费用。第三，根据《合同法》第113条规定，损失赔偿额应相当于因违约所造成的损失，包括合同履行后可以获得的利益，但不得超过违反合同一方订立合同时预见到或者应当预见到的因违反合同可能造成的损失。因签订抵押合同时，债权

---

① 姚敏旭、梁展欣：《谈未办理房屋抵押登记的抵押合同的效力》，载中外民商裁判网，访问日期：2018年4月2日。

② 《物权法》第173条亦作出相类似规定，即担保物权的担保范围包括主债权及其利息、违约金、损害赔偿金、保管担保财产和实现担保物权的费用。

人可以预见的利益状态是以该抵押物的价值优先受偿，因此，当抵押人违约时，其所承担的损害赔偿责任亦应以抵押物价值为限，否则就超过了可得利益损失之范围。综上，法院判决郭某某、戎某某在抵押物价值范围内对郭某经法院强制执行后仍不能偿还的债务部分承担70%的赔偿责任，具有事实和法律依据。

（三）责任承担主体

关于孙某某以及郭某某、戎某某上诉时均提到的郭某是否应共同承担赔偿责任的问题。第一，本案中，郭某的法律地位具有特殊性，其既属借款合同中的主债务人，也属抵押合同中的抵押人。在郭某主体身份混同的情况下，抵押合同的损害赔偿责任被主合同债务清偿责任所吸收，[①] 郭某作为主债务人，应就其所享有的全部财产利益承担还款责任，无需在本案中再履行违约赔偿责任。第二，因涉案房屋属郭某、郭某某、戎某某共同共有，在当事人之间未对房屋产权进行分割的情况下，目前尚不具备确认郭某某、戎某某在涉案房屋中享有相应份额之条件。因此，郭某某、戎某某应先行在全部房产价值范围内对外承担赔偿责任，之后由三名产权人通过析产方式进行内部追偿。

五、结　语

依据《物权法》第15条区分原则，是否办理抵押权登记不影响抵押合同的效力，抵押合同是否有效根据合同自身加以判断。当债权人行使不同请求权时，抵押人承担的责任方式会有不同。当债权人行使继续履行请求权时，抵押人应承担协助办理抵押登记的责任；当债权人行使违约损害赔偿请求时，抵押人应以抵押物价值为限承担补充清偿责任；当债权人行使抵押合同上的担保权时，抵押人应以抵押物价值为限承担连带清偿责任。[②]

上述三种责任对债权人的保护力度不同。第一种请求权保护力度最大，通过该权利的行使，使抵押权得以设立，债权人最终取得优于其他债权人的物权担保。但需注意的是，该请求权的行使以能够继续办理抵押登记手续为前提。第二种请求权与第三种请求权相比，前者抵押人承担的是具有先诉抗辩权的补

---

① 范小华：《未办理抵押登记的不动产抵押合同中抵押人责任研究》，载《法律适用》2015年第4期。

② 刘延杰、王明华：《未办理抵押权登记时抵押人应承担何种责任》，载《人民司法·应用》，2013年第3期。

充责任，后者抵押人承担的是不具先后履行顺序的连带责任，因此，第三种请求权的保护力度显然大于第二种请求权。审判实践中，未办理抵押登记时抵押人需承担何种责任，应结合当事人的诉讼请求及理由，确定请求权基础，并围绕该请求权作出准确裁判。

【附录】

编写人：吴丹（民二庭助理审判员）

一审案号：(2016）沪0112民初29502号

二审案号：(2017）沪01民终14409号

二审合议庭：孔美君（审判长）、杨斯空、吴丹（主审法官）

27. 合同解除权的认定应当适用严格审查标准

——张某、郭某与王某、沈某房屋买卖合同纠纷上诉案

【案例要旨】

基于合同严守原则，并非任何违约行为均可导致合同一方享有合同解除权。合同解除应当以根本违约为前提。审查是否构成根本违约时，首先应当依据合同约定予以判断。合同未作明确约定的，应严格适用《合同法》第94条规定的具体情形。

【案情简介】

上诉人（原审原告、反诉被告）：张某、郭某。

被上诉人（原审被告、反诉原告）：王某、沈某。

2016年7月31日，张某、郭某（乙方）与王某、沈某（甲方）签订《上海市房地产买卖合同》，约定乙方向甲方购买系争房屋，转让价款共计134.50万元，甲方于2016年10月31日前腾出该房屋并通知乙方验收交接，2016年9月20日前双方共同向房地产交易中心申请办理转让过户手续。合同第九条约定，乙方未按本合同付款协议约定期限付款的，应当向甲方支付违约金，违约金按乙方逾期未付款的日万分之五计算，自本合同应付款期限之第二日起算至实际付款之日止；逾期超过7日后乙方仍未付款的，除乙方应向甲方支付7日的违约金外，甲方有权单方解除合同。双方还约定，乙方于2016年6月1日支付甲方定金5万元；于2016年7月31日支付甲方首付款22.50万元；向银行贷款107万元，由银行代乙方支付至甲方指定账户，具体放款时间以银行规定为准，若乙方贷款不足，则乙方应在过户当日以现金方式补足甲方；签约当日，郭某通过银行转账的方式向沈某支付首付款。

2016年9月6日，张某与沈某签订《协议书》一份，约定由于王某、沈某急需资金周转，而张某、郭某的公积金贷款仍在办理中，故张某、郭某向他

人借款47万元并先行向王某、沈某支付该47万元，待王某、沈某收到公积金贷款之日起的两个工作日内向张某、郭某返还该47万元，逾期未偿还的按银行同期贷款利率支付利息。当日，张某通过银行转账的方式向沈某支付47万元。张某、郭某完成公积金贷款信息录入。

2016年9月20日，王某、沈某前往交易中心处准备办理过户手续，但张某、郭某因贷款未审批而未按约前往。

2016年9月23日，张某、郭某完成公积金贷款受理审批后，郭某在发短信给沈某要求过户过程中，曾提及“我们的贷款已经审批通过。今天即可办理过户。通过与您电话沟通，您选择周六（9月24日），请届时准时去房产交易中心协助我办理过户手续。此外由于知晓您目前急需资金用于买房，我通过两种付款方式，请您事先考虑，二选一：（一）107万公积金贷款，银行放款时间约在11月中旬。银行放款成功后，两个工作日内返还47万借款。（二）之前47万转化为购房款，余款60万在过户当日以银行转账方式结清。需签订新的付款协议。如果选择第二种付款方式，请您考虑好交房时间，尾款结清7日内是否能办理交房（由于之前您说房子目前处于租赁状态，请与租客做好沟通）?”

2016年9月23日、12月1日，郭某的银行存款余额均在60万元以上。

一审中，张某、郭某要求王某、沈某继续履行房屋买卖合同，配合将系争房屋过户至张、郭二人名下；王某、沈某向其支付逾期过户违约金；王某、沈某在全款付清之后7日内交付房屋。

王某、沈某不同意张某、郭某的诉讼请求，并提出反诉请求：解除双方签订的房屋买卖合同；张某、郭某赔偿30万元违约金及律师费4万元。

【裁判结论】

一审法院经审理认为，根据查明的事实，导致双方未能按约履行的原因在于张某、郭某未能在2016年9月20日按约办理过户手续，同时，张某、郭某在同年9月23日又要求预留尾款待交房验收付清，上述两项争议均系张某、郭某单方原因所致，王某、沈某要求解除合同的诉请，予以支持。

一审法院判决：张某、郭某与王某、沈某于2016年7月31日签订的《上海市房地产买卖合同》于2016年12月1日解除。

一审判决后，张某、郭某提起上诉称，2016年9月20日未能按约办理房屋过户手续非张某、郭某的主观意志所致，系因银行的公积金贷款审批程序尚未完成。2016 年 9 月 22 日公积金贷款审批通过，同日，张某、郭某即通知王某、沈某办理过户手续，但王某、沈某一直不予配合，致使付款条件至今未能成就。对于张某、郭某后来提出的预留尾款的主张，在未得到王某、沈某认可的情况下，不发生任何效力，也不构成违约。

被上诉人王某、沈某辩称，不同意张某、郭某的上诉请求，请求二审法院维持原判。

二审经审理认为，由于双方合同对于未按约配合办理房屋过户手续的违约行为应如何追责，并未明确约定，王某、沈某和原审法院直接适用《上海市房地产买卖合同》第 9 条逾期付款的违约责任追究张某、郭某的违约行为，缺乏充分的依据。即使根据该条的约定内容，张某、郭某于 2016 年 9 月 23 日提示履行过户的日期仍在 9 月 20 日起计算的 7 日宽限期内，故王某、沈某据此要求解除合同，缺乏充分的依据。张某、郭某愿意支付王某、沈某 40 万元，与其愿意承担的违约责任大体相当。

二审判决：一、撤销一审民事判决；二、王某、沈某应配合张某、郭某办理系争房屋过户至张某、郭某名下的手续；三、张某、郭某向王某、沈某支付剩余房款 60 万元；四、张某、郭某向王某、沈某支付补偿金 40 万元。

【评析意见】

合同严守原则的本旨不仅在于要求合同双方切实按照合同约定全面履行合同义务，亦在于合同双方均有维持合同稳定的义务，据此，并非合同履行过程中的任何违约行为均能导致合同解除的后果。

一、合同解除权的发生通常以违约方根本违约为条件

依据《合同法》第 93 条、94 条的规定，合同当事人的合同解除权可分为约定解除权和法定解除权。其中约定解除又包括当事人事先在合同中约定解除合同的条件以及合同履行过程中协商一致解除两种情况。后一种情况，双方较少就合同解除本身发生争议。审判实践中，当事人就合同解除发生的争议主要集中于合同约定解除权或者法定解除权的条件是否成就。

从《合同法》第 94 条的规定来看，除不可抗力外，只有发生根本违约的情形，守约方才享有法定解除权。该条规定的正当性即来源于合同严守原则。对于根本违约的具体情形，该条规定进行了具体列举。合同双方对是否存在根本违约发生争议时，该规定列举的具体情形就作为最基本的判断依据。

《合同法》第93条基于合同自由的原则，允许合同双方自由约定合同解除的条件，当约定条件成就时，解除权人即可解除合同。该规定在适用过程中的疑问在于，合同双方是否可以完全不受限制地任意约定解除合同的条件，甚至赋予守约方在违约方仅存在轻微或者显著轻微的违约行为时即享有解除合同的权利。正如卢梭所言，"人生而自由，却又无往不在枷锁之中"，虽然合同自由是合同法的基石，但合同双方的自由仍应当受到合同正义原则的规制。从体系解释和目的解释的角度，《合同法》允许合同双方事先约定解除合同的条件，一方面是因为《合同法》第94条规定的根本违约具体情形并不能涵盖根本违约的全部情况，另一方面是因为是否构成根本违约与合同双方的合同目的直接相关，而合同目的除与合同性质相关外，与合同当事人的个体差异息息相关。因此，合同双方对合同解除条件约定的实质不过是事先约定何种违约行为构成根本违约。也就是说，合同双方约定合同解除条件的正当性仍然不能脱离根本违约的藩篱。只有这样，才能真正贯彻合同严守原则，达到鼓励交易，维护交易秩序的目的。所以，当存在合同双方约定的解除条件过于苛刻，与当事人应当承担的权利义务明显失衡等情形时，[①] 可基于禁止权利滥用原则，排除约定解除条件的适用。需要指出的是，所谓根本违约的判断标准在于合同目的不能实现，而何谓合同目的不能实现，合同主体有最为直观的理解和判断，所以，不能轻易地跳出双方约定的具体情形和背景，轻率地排除双方的约定。

二、合同解除条件是否成就的审查判断

（一）约定解除权的优先适用及限制

根据契约自由的原则，约定解除权优先于法定解除权。也就是说，在判断合同一方是否有权解除合同时，首先应当审查双方合同约定，其次才是判断法定解除权的条件是否成就。原则上，当事人主张解除权合同时，应当明确其行使解除权的依据，包括对方的具体违约行为以及究竟系行使约定解除权，抑或法定解除权。基于此，对方当事人才能展开充分的攻击防御，法院的审理对象亦得以固定。但司法

① 上海市第一中级人民法院制定的《房屋买卖案例参考指导纲目》第6条还列举了另外几种情况：（2）违约方的违约行为系对方行为引起，或因法定违约方的违约行为系对方行为引起，或因法定抗辩权而排除违法性，违约程度较轻且已及时弥补，未对对方造成重大经济损失，合同履行并无障碍的；（3）违约方就其违约行为及时与对方沟通磋商，对方亦以书面、口头形式表示接受，或以实际行为表明配合继续履约的；（4）市场行情较合同订立时有重大变化，引发合同当事人非诚意履约，合同解除可能造成双方利益严重失衡的。

实践中，部分当事人由于诉讼能力的欠缺，仅是笼统地基于对方违约行为要求解除合同，无法明确解除的具体依据，或者一并主张根据约定及法律规定行使合同解除权。为了充分保护当事人权益，尽量一次性解决纠纷，此时，需要逐步进行审查。

本案王某、沈某作为房屋出卖方主张的房屋买受人张某、郭某的具体违约行为是指，其银行贷款审批迟延，未能按约定时间即 2016 年 9 月 20 日前至交易中心办理过户手续。买受人对该事实本身并无异议。虽然并不存在恶意不履行合同的情况，但基于合同严格责任的考量，买受人的行为无疑仍应认定为构成违约。但是，双方合同对于逾期过户的违约责任并未作出明确约定，出卖人并不因买受人的上述违约行为而直接享有合同约定解除权。

鉴于银行贷款审批的不确定性，以按揭贷款支付部分房款的房屋买卖交易中，买卖双方通常会约定，若银行贷款审批未获通过或者审批额度不足，买受人应当于过户当日现金支付相应房款。本案系争房屋买卖合同亦作出了类似约定。该合同同时约定，买受人逾期超过 7 日内仍未付款的，除应当向出卖人支付 7 日的违约金外，出卖人有权单方解除合同。据此，因银行贷款未于双方约定过户时间即 2016 年 9 月 20 日前审批通过，买受人负有于过户当日现金支付相应房款的义务。从双方合同履行过程及协商过程来看，2016 年 9 月 6 日，因出卖人急需资金，买受人通过借款筹集资金提前向出卖人支付了 47 万元房款（银行贷款实际发放至出卖人账户后，出卖人再向买受人返还），银行贷款审批迟延后，买受人于 2016 年 9 月 23 日明确表示，愿意于同年 9 月 24 日现金支付相应房款。该履行方式甚至比双方合同原约定对出卖人更为有利，因出卖人不予接受，双方未就此达成一致。也就是说，买受人逾期支付房款实际仅超过 4 天，之后未支付相应房款系出卖方的原因所致，买受人不存在逾期支付房款超过 7 日的问题，上述合同约定解除条件亦不成就。

实际上，买受人银行贷款于 2016 年 9 月 23 日获得审批，仅仅晚于双方约定的最晚过户时间 3 天，双方本可基于诚实信用原则继续按照原约定方式履行合同，即买受人仍以贷款方式支付相应房款。如果此时，买受人不愿意以现金方式补足相应房款，而是坚持以贷款方式支付，出卖人能否援引前述现金补足条款和逾期支付房款超过 7 天可解除合同的约定，行使合同解除权？因买受人原因迟延几天过户，依日常生活经验可知，并不致出卖人合同目的不能实现，基于前述《合同法》关于合同解除条件的立法目的和禁止权利滥用的考量，仍应排除逾期支付房款超过 7 日的出卖人享有合同解除权的约定的适用。买受人通过支付逾期付款违约金或者承担损害赔偿责任足以弥补出卖人的损失。当然，如果买受人贷款审批超过最晚过户时间 7 天，且买受人不愿现金补足的，出卖人可依据上述关于逾期付款的约定享有合同解除权。

（二）法定解除条件具体情形的适用

《合同法》第 94 条规定了合同法定解除权，涉及违约行为的分别是：（2）在履行期限届满之前，当事人一方明确表示或者以自己的行为表明不履行主要债务；（3）当事人一方迟延履行主要债务，经催告后在合理期限内仍未履行；（4）当事人一方迟延履行债务或者有其他违约行为致使不能实现合同目的。其中第（2）项指向预期违约，第（3）项、第（4）项指向迟延履行。

本案依出卖方的主张事实，买受人存在迟延履行债务的行为。《合同法》第 94 条第（3）项、第（4）项存在适用的可能。

如果出卖方主张的迟延行为指向买受人的付款义务，那么应适用《合同法》第 94 条第（3）项的规定。即使不考虑买受人迟延履行的期间长短问题，因出卖人未履行催告义务，出卖人亦不能依据该项规定实际享有合同法定解除权。

如果出卖方主张的迟延履行直接指向过户义务，因过户实系出卖方的主要义务，应适用《合同法》第 94 条第（4）项的规定。判断出卖方是否享有法定解除权的关键即在于因买受人原因迟延 4 天办理过户手续是否导致出卖人合同目的无法实现。通常情形下，房屋买卖合同项下出卖人的合同根本目的在于获得房款，本案房屋出卖人并未主张其合同目的异于一般的房屋买卖合同，[①] 而买受人在因自身原因迟延办理过户后，已经明确表示愿意现金支付绝大部分房款，如前所述，相较于贷款支付房款，该种履行方式的变更反而更加有利于出卖人尽快获得转让房屋的对价，根本不会对其合同目的造成根本影响。据此，出卖人亦不能依据《合同法》第 94 条第（4）项的规定获得合同解除权。

【附录】

编写人：金绍奇、刘皓（分别系民二庭审判员、法官助理）

一审案号：（2016）沪 0117 民初 18092 号

二审案号：（2017）沪 01 民终 8650 号

二审合议庭：金绍奇（审判长）、潘俊秀、翟从海（主审法官）

---

① 一般房屋买卖合同的合同目的于出卖人而言系获得房款，于买受人而言系获得房屋所有权。但仍存在特殊的情况，如出卖人出售该房屋的主要目的系为了消除限购因素，另行购房，又比如学区房的买卖，买受人的合同目的不仅在于获得房屋所有权，更在于该房屋内学籍可正常使用。

28. 恶意磋商导致合同漏洞未能协议填补的解约方应承担违约责任

——毕某某与翁某某房屋买卖合同纠纷上诉案

【案例要旨】

基于履行期限条款不明确不影响买卖合同本约的成立与生效，当事人应当遵循诚实信用原则，通过后续磋商填补合同漏洞。一方当事人拒绝对方的合理补充要约，坚持以明显违反一般交易习惯或合同既定条款的条件作为要约主张，造成补充协议无法达成，属于恶意磋商行为。恶意磋商方以履行期限不明为由提出解约，系明确表示不履行合同义务，构成根本违约行为，相对人主张由恶意磋商方承担违约责任，人民法院应予支持。

【案情简介】

上诉人（原审被告、反诉原告）：毕某某。

被上诉人（原审原告、反诉被告）：翁某某。

上海市松江区××路500弄7号9××室房屋（以下简称涉案房屋）登记在毕某某名下。2017年4月19日，翁某某作为买受方（乙方）与毕某某作为出卖人（甲方）签订《房屋买卖合同》一份，约定：涉案房屋总房价为65万元，乙方于网签合同后10个工作日自行支付或者通过居间方转付给甲方首期房价款（含2万元定金）24万元，于网签合同后3个工作日内向贷款银行申请贷款支付第二期房价款20万元，交易过户前支付甲方房价款21万元；双方于乙方银行贷款划入甲方收款账户后3天内对房地产进行眼看、清点，确认无误后，由甲方交付给乙方；双方于乙方贷款审批通过后向房地产交易中心申请办理产权过户及抵押（若有）登记手续；2万元定金用于担保合同履行；合同解除时，违约方需按总房价款的20%向守约方支付违约金。

《房屋买卖合同》第4.4条约定：如贷款不足，乙方应于本合同约定的过户期限前，将该不足部分补足甲方。第13条约定：甲乙双方一致同意严格按照本合同履行，网签合同仅为办理交易过户手续之需，若网签合同对本合同部分内容变更，以变更后的内容为准；本合同未变更的内容继续有效。翁某某持有的《房屋买卖合同》原件中未约定具体的网签办理时间。

2017年4月21日，翁某某向毕某某支付定金2万元。2017年4月23日，中介人员曾打印了一份网签合同版本，该合同版本载明：于2017年7月31日之前过户。翁某某与毕某某均收到了该合同版本，但并未签署。

2017年5月6日，毕某某与翁某某共同到中介门店商谈网签事宜。翁某某提出，《房屋买卖合同》中约定是贷款审批通过后再办理过户，而网签合同明确为7月3日。因为涉案房屋是商住房，办理购房贷款存在难度，所以其贷款通过时间不能确定，网签合同上的过户期限条款应采取与《房屋买卖合同》一致的表述。中介人员则表示，网签合同版本中必须标明具体的最终过户日期，不能以文字表述代替。翁某某还表示："这20万我肯定是要贷款的，如果贷不下来的话，我肯定是买不了这个房子的。"

2017年5月11日，翁某某电话询问毕某某，过户时间确定为2017年7月31日前，实际过户时间以贷款审批通过为准，毕某某是否同意。毕某某表示同意以2017年7月31日作为过户期限，并反问，如果贷款审批不通过怎么办。翁某某回复称不清楚。

翁某某向一审法院起诉请求：（1）双方签订的《房屋买卖合同》于2017年10月12日解除；（2）毕某某归还翁某某购房定金2万元。

一审中，毕某某同意解除合同，但不同意返还2万元定金，同时提出反诉请求要求翁某某支付违约金13万元。

【裁判结论】

一审认为，双方对于网签合同时间、过户时间、交房时间均未达成一致合意，故网签合同不能签署的原因不能归于任何一方。

一审法院判决：一、翁某某与毕某某签订的《房屋买卖合同》于2017年10月12日解除；二、毕某某返还翁某某定金2万元；三、驳回毕某某的反诉请求。

一审法院判决后，毕某某向二审法院提起上诉称，翁某某存在恶意磋商行为，导致过户期限未能达成补充协议，未能完成网签的过错责任在于翁某某，

2 万元定金应归毕某某所有。请求二审法院撤销一审判决第二项，改判驳回翁某某主张返还定金的诉讼请求。

翁某某辩称，双方对网签时间与过户期限条款未能达成补充协议，不能归责于双方，请求维持原判。

二审法院认为，网签手续未能办理的原因在于双方就过户期限未能达成补充协议，翁某某坚持主张以贷款审批通过作为实际过户条件，不符合合同约定，违反诚信磋商义务，应对补充协议未能达成承担全部过错责任。翁某某诉请解约的行为系以明确的意思表示拒绝履行合同义务，构成根本违约，2 万元定金应当归毕某某所有。

二审法院判决：一、维持一审判决第一、三项；二、撤销一审判决第二项；三、驳回翁某某要求毕某某归还购房定金 2 万元的诉讼请求。

【评析意见】

本案是由合同条款约定不明而引发的解约纠纷，在双方均同意解约的前提下，此类案件的争议焦点在于违约责任的认定。二审中，毕某某将上诉请求明确为没收 2 万元定金，二审法院认定翁某某违反诚信磋商义务，应对补充协议未能达成承担全部过错责任，其解约行为构成违约，故无权主张返还定金。对二审改判结论的解析，需要根据《合同法》关于合同漏洞填补的基本规则进行阐述：

一、非必要条款约定不明确并不影响合同本约的成立与生效

本案中，毕某某与翁某某于 2017 年 4 月 19 日签订了《房屋买卖合同》，由于翁某某所持有的合同原件未载明网签时间，故双方并未就具体网签时间达成合意，合同约定的首付款时间、贷款申请时间均与网签时间有关，在网签时间未定的情况下，上述期限亦均不明确。此外，《房屋买卖合同》仅仅表述“贷款审批通过后过户”，并未记载具体的过户期限。因此，涉案《房屋买卖合同》关于履行期限的约定存在不明确之处。

民法理论根据是否影响基础合意达成的原则，将合同中的内容区分为必要之点与非必要之点。[①] 所谓必要之点是指“某种契约所不可缺的原素（要素），

① 参见王泽鉴：《债法原理（一）债之发生基本理论》，中国政法大学出版社 2001 版，第 188 页。

这些事项必须由当事人自行达成合意。[①] 如当事人对必要之点未达成合意，则应当认定合同不成立。而非必要之点可分为常素（某种合同通常包含的内容）和偶素（经当事人特别约定而成为合同内容）。[②] 非必要之点未约定或不明确并不影响合同的成立与生效，比如我国台湾地区“民法”第153条第2项规定：当事人对于必要之点，意思一致，而对于非必要之点，未经表示意思者，推定其契约为成立，关于该非必要之点，当事人意思不一致时，法院应依其事件之性质定之。《合同法》并未明确使用“必要之点”与“非必要之点”的表述，但在第61条规定，合同生效后，当事人就质量、价款或者报酬、履行地点等内容没有约定或者约定不明确的，可以协议补充；不能达成补充协议的，按照合同有关条款或者交易习惯确定。从文义解释的角度，该条也规定非必备条款未约定或约定不明不影响合同成立生效，[③] 实际上肯定了必要之点与非必要之点的区分。

实践中，关于具体合同中必要之点与非必要之点的界定，需要根据合同类型进行分析，理论通说认为，买卖合同的必要之点就是标的物与价金。[④] 本案中，虽然合同的履行期限有不明确之处，但标的房屋及转让价款均已确定。因此，双方关于房屋买卖的合意已经达成。

合同条款不明确的问题还常常引发另一种争议：该合同应当认定为本约还是预约。从概念角度而言，预约是约定将来订立一定契约的契约。[⑤] 司法实务对二者的区分需要在个案中具体分析，合同主要条款是否完备确实是一个重要的审查因素。笔者认为，这一标准不应绝对化，在个案中全面分析合同内容才能准确判断当事人是否约定以将来订立的合同作为履行依据，非必要之点的条款不明并不绝对导致合同属于预约。本案中，《房屋买卖合同》约定办理网签手续是后续履行的第一步。所谓网签是目前房屋交易中通行的行政备案手续，主要功能在于以公示锁定已签约的房屋，防止一房多卖引发纠纷。根据实践通说，网签行为虽然在形式上履行了签约程序，但并不是法定的房屋买卖合同签约形式，不能将网签手续作为当事人达成合意的标志。涉案《房屋买卖合同》

---

① 参见［德］迪特尔．梅迪库斯：《德国民法总论》，邵建东译，法律出版社2001年版，第328页。

② 参见王泽鉴：《债法原理（一）债之发生基本理论》，中国政法大学出版社2001版，第188页。

③ 参见胡康生主编：《合同法释义》，法律出版社1999年版，第109页。

④ 参见王泽鉴：《债法原理（一）债之发生基本理论》，中国政法大学出版社2001版，第188页。

⑤ 王泽鉴：《债法原理（一）债之发生基本理论》，中国政法大学出版社2001版，第147页。

第 13 条亦明确约定：甲乙双方一致同意严格按照本合同履行，网签合同仅为办理交易过户手续之需，因此，涉案《房屋买卖合同》在 2017 年 4 月 19 日就已经达成本约合意，而且发生法律效力。

二、协议补充是当事人填补合同漏洞的优先方式与共同权利

涉案《房屋买卖合同》未记载网签时间，对过户期限的表述不明确。合同中关于某事项（非必要之点）依计划应订立而未订立，民法理论称之为“合同漏洞”。[①] 合同漏洞会对后续履行造成阻碍，尤其是房屋买卖中的履行期限问题，关系到付款时间和物权转让，属于非必要之点中最重要的内容。关于合同漏洞的填补方式，根据《合同法》第 61 条的规定，当事人可以进行协议补充，此外，根据理论通说，还可以依靠法律的任意性规定或法官补充解释进行填补。[②] 意思自治是《合同法》的基本原则，当事人有缔约能力，也当然具有通过补充协议填补合同漏洞的能力。而且，适用任意性规定或者由法官进行补充解释都是一种替代性的填补，并不代表双方当事人的真实意思表示。因此，从三种方式的选择顺位而言，协议补充应当是最优先的方式，双方当事人均有权利主张进行补充磋商以及时明确权利义务，为后续履行消除障碍。事实上，实践中大量的合同漏洞并没有引发纠纷，原因就在于当事人能够自行协商解决。

本案中，当事人虽然最终没有达成补充协议，但也曾经在签约后尝试协商补充相应的条款。中介人员曾于 2017 年 4 月 23 日为双方打印出一份网签合同，毕某某对该合同版本的内容予以认可，而翁某某则仅对该合同版本中的过户期限提出异议。从双方之后的协商过程及诉讼中的陈述看，翁某某对于与网签时间相关的首付款支付时间、贷款申请时间并无特别要求，其与毕某某在网签事宜协商中的唯一争议就是过户期限条款的表述问题。所有权过户是整个房屋交易的核心，过户期限条款对涉案房屋买卖的后续履行具有实质性、决定性影响。根据《房屋买卖合同》记载，付款、交房均以过户时间作为关联节点，一旦固定过户时间，前述行为的最终期限便均能得以确定，合同漏洞便能得到充分填补。因此，双方未办理网签手续的真正原因在于未能就过户期限条款达成补充协议。

---

① 王泽鉴：《债法原理（一）债之发生基本理论》，中国政法大学出版社 2001 版，第 217 页。

② 王泽鉴：《债法原理（一）债之发生基本理论》，中国政法大学出版社 2001 版，第 219 页。

三、当事人应当在既定条款约束下诚实信用地进行补充磋商

《合同法》第6条规定：当事人行使权利，履行义务应当遵循诚实信用原则。这一原则贯穿于合同磋商、签订、履行的全过程。在法律有欠缺或不完备，而为漏洞补充时，亦必须以诚实信用原则为最高准则予以补充。[①] 诚实信用原则要求意思表示解释时，要考虑各方当事人而非一方当事人的利益。据此，法律行为所使用的文字词句有疑义时，应以诚实信用原则确定其正确意思；法律行为有漏洞不能妥善规定当事人权利义务时，应依诚实信用原则补充漏洞。[②]《合同法》第42条：当事人在订立合同过程中有下列情形之一，给对方造成损失的，应当承担损害赔偿责任：（1）假借订立合同，恶意进行磋商；（2）故意隐瞒与订立合同有关的重要事实或者提供虚假情况；（3）有其他违背诚实信用原则的行为。该条规定的缔约过失责任是指当事人在订立合同的过程中，因违背诚实信用原则而给对方造成损失的赔偿责任。[③] 合同成立之前，当事人未尽到诚信磋商的先合同义务尚且要承担赔偿责任，根据举轻以明重的法律推理方法，当事人在合同已经成立生效的前提下进行补充磋商，更应当遵循诚实信用的原则，并承担比缔约过失更为严格的注意义务标准。

诚实信用是一个抽象的法律原则，在个案中应当综合案情审慎判断，笔者认为，法官在认定当事人在补充磋商中的行为是否诚实信用时，除了以一般社会观念和交易习惯衡量其主张是否合理，其中还有一个重要的标准就是审查其主张是否遵循了合同的相关既定条款。《合同法》第77条第1款规定，当事人协商一致，可以变更合同。该条所规定的协商变更，从广义上说也是一种补充协议，但此处的补充协议与合同漏洞的协议补充有所差别。因为，协议补充合同漏洞之主要目的不在于修改已经达成的合同条款，而是将未能明确的事项予以确定。当然，如果当事人自愿达成协议，也可以一并对原有条款进行变更，但就一般原则而言，双方当事人应在既定条款约束的基础之上进行补充磋商。因为，在合同成立生效的前提下，当事人已经对既定条款形成了稳定预期。如果一方随意主张突破既定条款，会扩大争议范围，损害信赖关系，导致达成补充合意的难度增加，尤其是当既定条款关系到合同履行的基本原则时，不遵守

---

① 梁慧星：《诚实信用原则与漏洞补充》，载《法学研究》1994年第2期。

② 朱晓喆：《意思表示的解释标准——〈民法总则〉第142条评释》，载《法治研究》2017年第3期。

③ 胡康生主编：《合同法释义》，法律出版社1999年版，第72页。

该条款会导致整个交易基础被破坏。

本案中，涉案《房屋买卖合同》约定：第二期房款 20 万元以贷款方式支付，贷款审批通过后过户。正是由于该条款的补充磋商未能成功，导致双方的交易失败。需要说明的是，在当前的房屋交易市场中，这是一种很常见的表述，购房人一般都需要以贷款方式支付一部分房款，正常情况下，购房人如果贷款顺利通过，就可以马上进行过户手续，无需再等到特定时间。但这一条款不代表购房人在贷款不成的情况下可以放弃购房，从出卖人的角度而言，贷款只是一种付款方式，其虽然同意配合办理贷款，并给予购房人办理贷款的期限，但购房人贷款不成的风险应当自行承担，即使贷款不成，购房人也应当以现金补足房款。涉案《房屋买卖合同》4.4 条就明确约定：如贷款不足，乙方应于本合同约定的过户期限前，将该不足部分补足甲方。从合同条款之间的逻辑关系看，4.4 条确立了买方在贷款不足情况下继续承担付款义务的基础原则，而过户期限条款是针对履行时间的问题。因此，结合这两个条款进行意思表示解释，应当认定办理贷款是翁某某履行第二期 20 万元付款义务的优先方式，但贷款不成的风险应由其自行承担，其无权以贷款不成为由拒绝履行付款义务，双方对过户期限的补充磋商均应当建立在这一基础原则之上。所以，合同中还需要进一步明确一个最终过户期限，以填补购房人补足房款的最后期限不明的合同漏洞，这也是双方进行补充磋商的实质意义所在。

从毕某某与翁某某的补充磋商过程看：第一，考虑到实践中，各个银行贷款政策的差别以及购房人备齐相关资料所需要的时间，因此毕某某应给予翁某某必要的贷款准备期限。在 2017 年 4 月 23 日，毕某某就表示同意以中介人员提出的 2017 年 7 月 31 日作为过户期限，如双方于当日完成网签，则翁某某应在 3 日内开始申请贷款，预留的贷款准备期限达 3 月有余。从当前房屋交易的一般惯例看，这一期限已经足以使购房人享有充分的贷款办理时间，并不存在恶意挤压翁某某贷款准备期限的情况。当然，在具体交易中，购房人基于自身资信、贷款金额等因素，可能希望尽量延长贷款准备期限。双方合意一致才能达成补充协议，因此，翁某某也有权根据自身需求提出期限要求，而并没有必然接受毕某某主张的义务。

第二，翁某某在磋商中主张，即使网签合同需要表述具体期限，也应当补充约定“实际过户时间以贷款审批通过为准”。这一表述看似与原合同中的“贷款审批通过后过户”一致，但实际上有本质区别，它从根本上否定了最终过户期限的存在，也规避了贷款不成后的付款义务。由于申请贷款的次数与期限缺乏制约，如果合同条款采用这一表述，2017 年 7 月 31 日就失去了作为过户节点的意义，交易可能陷入无法预期的拖延状态。翁某某在 2017 年 5 月 6 日还曾表示“这 20 万如果贷不下来，肯定是买不了这个房子”。由此可见，翁某某并不是要求将过户期限延长到某个特定时间，而是要求将贷款审批通过作为继续交易的条件。翁某某的上述主张显然违反了合同既定的付款原则，在此情况下，毕某某对其主张予以拒绝，是为了避免后续交易陷入缺乏制约的拖延，具有正当理由。

结合上述分析，可以认定，在补充磋商中，毕某某主张的过户期限给予了翁某某必要的准备时间，符合房屋交易的正常惯例；而翁某某的主张属于故意保留合同漏洞，违反诚信磋商义务，应对过户期限条款未达成补充协议承担全部过错责任。

四、恶意磋商导致合同漏洞存续的解约方应当承担违约责任

本案中，翁某某虽然在补充磋商中存在明显过错，但这一行为还不足以单独构成根本违约，二审的判决结果是基于对翁某某行为性质的综合衡量。《合同法》第 62 条第（4）项规定：当事人就有关合同内容约定不明确，依照本法第 61 条的规定仍不能确定的，适用下列规定：（4）履行期限不明确的，债务人可以随时履行，债权人也可以随时要求履行，但应当给对方必要的准备时间。根据上述法律规定，在双方当事人无法通过补充协议填补合同漏洞时，仍然需要遵循相应规则，合理确定履行期限，合同双方并不当然享有任意解除权。司法实践中，如果补充协议未能达成不可归责于任何一方，双方又都同意解除合同，那么可以视为双方是协议解除合同，法官不应再依职权对合同漏洞进行补充解释，也无需认定违约责任。本案中，毕某某也表示同意解除合同，但在一、二审中均主张翁某某构成违约，应当适用定金罚则没收 2 万元定金。因此，涉案《房屋买卖合同》的解除已无争议，无需依照《合同法》第 62 条补充解释履行期限，而是需要对合同解除的违约责任进行判定：

第一，翁某某主张因履行期限不明确而解除双方签订的《房屋买卖合同》，但未能办理网签的原因在于过户期限条款未能明确，而导致过户期限条款的补充协议未能达成的过错责任在于翁某某。在此前提下，翁某某不享有行使解除权的合法依据。第二，虽然在期限条款不明的情况下，翁某某并未违反具体的履行约定，但《合同法》第 94 条第（2）项规定，有下列情形之一的，当事人可以解除合同：（2）在履行期限届满之前，当事人一方明确表示或者以自己的

行为表明不履行主要债务。在合同履行期限到来之前，一方当事人在无正当理由的情况下，向另一方当事人明确表示不履行主要债务，理论上称之为明示的预期违约。[①] 翁某某在恶意磋商后又主张解约的行为系明确表示不再就履行期限进行补充磋商，亦不同意再购买涉案房屋，拒绝履行合同义务，属于明示预期违约，并构成根本违约。在此基础上，毕某某同意解除合同的意思表示具有《合同法》第94条第（2）项规定的法定解除权基础，并有权主张翁某某承担违约责任。

根据涉案《房屋买卖合同》的约定，翁某某向毕某某支付2万元定金用于担保合同的履行，该定金属于履约定金。在合同因翁某某的预期违约行为而解除的情况下，毕某某主张根据定金罚则没收2万元定金，具有法律依据，应予支持。

【附录】

编写人：李兴、葛亚男（分别系立案庭审判员、实习生）

一审案号：（2017）沪0117民初13901号

二审案号：（2018）沪01民终5536号

二审合议庭：王剑平（审判长）、李兴（主审法官）、敖颖婕

---

① 江平主编：《合同法精解》，中国政法大学出版社1999年版，第78页。

29. 合同解除中正当性理由以及损害赔偿范围的认定

——A学校、B公司与C公司房屋租赁合同纠纷上诉案

【案例要旨】

免责条款是当事人以协议排除或限制其合同责任的权利条款，在双方当事人意思表示真实的情况下应属有效。转租在房屋租赁中并非罕见，合同履行中承租人应当将有关风险如实告知次承租人。从承租人角度上讲，此系租赁关系中出租方对标的物权利瑕疵担保的体现，亦是诚信履行原则内容。从出租人角度上讲，在承租人未如实向次承租人披露风险的情况下出租人可基于可预见原则拒绝赔偿相应损失。

【案情简介】

上诉人（原审原告）：B公司。

上诉人（原审被告）：A学校。

被上诉人（原审被告）：C公司。

案外人：D公司。

上海市长宁区×××路362号、362号—1、362号—2、364号、366号、366号—1（以下简称“涉诉房屋”）共六间房屋原为A学校的学生公寓。2007年5月8日，A学校取得建设工程规划许可证，2009年竣工验收，但目前未办理房屋产权证。

C公司系A学校委托经营×××路学生公寓底层物业的全权代表。2010年6月18日，C公司与B公司签订合同约定：C公司将涉诉房屋出租给B公司使用；如果合同期内发生因本物业不是商业用房性质或其他国家政策原因使B公司无法经营而导致B公司经济损失的，由B公司自行承担；合同在“政府部门责令收回教育用房”的情形下终止，双方互不承担责任。租赁期为8年。

2012年，B公司将部分涉诉房屋分别转租：其中，362号—2、364号涉

诉房屋的转租期限为2013年7月22日至2016年7月21日；362—1号涉诉房屋的转租期限为2016年2月1日至2019年2月28号。C公司对此予以认可。

2015年10月27日，A学校、B公司与次承租人之一案外人D公司签订三方协议书：因A学校需对涉诉房屋进行整体修缮，故需临时收回B公司转租给D公司的商铺。A学校同意向D公司支付30万元补偿金作为补偿。出租商铺的本期租赁期按实际修缮期顺延，B公司可按现有条件和价格与D公司续约3年（即转租期可延至2019年7月21日）。嗣后，A学校将涉诉房屋一并予以收回。

2017年4月21日，上海某学院（系A学校的上级主办单位）对A学校作出批复称：鉴于上海市人民政府关于“教育机构的房屋土地资源受法律保护，任何单位、个人不得侵犯、破坏或擅自移作他用”的规定以及目前A学校教育用房严重不足的现状，要求A学校立即收回用于商业的教育用房。

2017年4月24日，A学校委托律师发函B公司称，继续出租学生公寓违反上海市有关规定，另A学校的教育用房现在严重不足，故自2017年4月24日起，解除B公司与C公司签订的租赁合同及相关补充协议。

2017年5月2日，上海市教育委员会办公室向A学校发送抄告单称，“A学校学生公寓底层出租事宜违反上海市有关规定，要求A学校对出租项目进行清退并予以收回。”

另查明，次承租人之一D公司于2017年9月另案起诉B公司及A学校，要求B公司支付违约金及经营利润损失，并要求A学校对经营损失承担连带赔偿责任。

本案中，B公司同意合同提前解除，但主张系C公司、A学校提前违约解除。双方遂涉诉。B公司诉至一审法院，请求判令：（1）A学校、C公司向B公司支付违约金2835000元（以双方合同剩余期限31.5个月的两倍租金计）；（2）C公司、A学校赔偿B公司其他损失1900000元；（3）本案诉讼费由A学校、C公司承担。

【裁判结论】

一审法院认为，首先，C公司、A学校系委托关系，根据B公司对此明知以及A学校愿意主动承担责任的事实，应由A学校直接承担租赁合同的相关责任。其次，涉诉房屋无房屋产证，但具有建设工程规划许可证、建设工程竣工规划验收合格证等证明，不能认为涉诉房屋缺乏相应权属证书，继而违反了

《上海市房屋租赁条例》。故C公司、A学校无收回房屋的法律依据或合同依据，A学校提前解除合同的行为系违约，应承担相应违约责任。再次，现合同被提前解除，B公司作为“二房东”，其主要损失为相关租金差价损失。原合同约定的剩余租金两倍的标准稍显偏高，应当酌情调整为1200000元。此外，B公司主张的其他赔偿损失指其他次承租人可能向其主张的赔偿金额，具有不确定性，不能予以支持。最后，审理中，A学校表示愿意根据评估报告，给予B公司涉诉房屋的装修补偿171028元。B公司亦愿意接受，于法不悖，可予以确认。

据此，一审法院作出以下判决：一、A学校应于判决生效之日起十日内向B公司支付违约金1200000元；二、A学校应于判决生效之日起十日内向B公司支付装修补偿171028元；三、驳回B公司的其余诉讼请求。

一审判决后，A学校与B公司不服，均提起上诉。

本案的争议焦点有二：(1) A学校解除与B公司之间的租赁合同是否合法；(2) B公司主张的其他损失能否得到支持。

二审法院经审理认为，第一，涉诉房屋为学生公寓，性质上应属教育用房，依法不得擅自变更用途。本市“退租还教”开展至今已逾十年，A学校对此应属明知。本案中，C公司代表A学校与B公司签订的租赁合同中对涉诉房屋的性质及“退租还教”风险已作出充分揭示，并约定系按现状出租，故B公司对承租涉诉房屋可能给B公司带来的不利和损失应为明知。故承租方B公司的签约行为，应视为自愿承担相应风险。根据市教委于2017年5月2日发送的抄告单内容，可见相关部门对涉诉房屋清退及收回工作的态度是明确的，A学校发送给B公司的律师函载明之解约理由（违反上海市有关教育用房的使用规定）成立。在此情况下，A学校在本案中无需承担上述原因下解约违约责任。一审有关A学校系违约解约之认定，与事实不符，二审法院予以纠正。第二，关于B公司要求A学校赔偿之“其他损失”1900000元，亦不能支持。二审法院认为，就现有证据而言，无法证明B公司在转租涉诉房屋时向次承租人充分揭示过“退租还教”之风险，故出租方（A学校）对该损失不具有可预见性。现B公司受到次承租人索赔后，转而要求A学校承担赔偿责任，依据并非充分，二审法院对其上诉主张无法支持。

据此，二审法院判决：维持一审判决主文第二项，撤销一审判决主文第一、三项。

【评析意见】

一、对合同中免责条款效力的认定

免责条款，是当事人以协议排除或限制其合同责任的权利条款。免责条款作为合同的一部分，其效力应当遵循《合同法》对合同效力的一般规定和特殊规定。其一般规定系在合同主体具有相应民事行为能力、合同双方意思表示真实以及不违反公序良俗和法律行政法规的强制性规定的情况下免责条款有效。而《合同法》第53条规定了免责条款效力的特殊规则：“合同中的下列免责条款无效：(1)造成对方人身伤害的；(2)因故意或者重大过失给对方造成财产损失的。”

本案中，C公司与B公司在签订的合同中约定：“C公司将涉诉房屋出租给B公司使用；如果合同期内发生因本物业不是商业用房性质或其他国家政策原因使B公司无法经营而导致B公司经济损失的，由B公司自行承担；合同自‘政府部门责令收回教育用房’的情形下终止，双方互不承担责任。”从该条合同条款上看，并不存在《合同法》第53条的情况，而在庭审中也没有证据证明合同双方有任何意思表示不真实、违反法律行政法规强制性规定或有损公序良俗的情况。故可以认定本案中C公司与B公司签订的免责条款系有效。

本案中，A学校、B公司与D公司签订了三方协议书，约定出租商铺的本期租赁期按实际修缮期顺延，并给予20天开业免租期。修缮期和免租期内租金无需支付，若有已付但未用的租金，可用来冲抵后续租赁期间内的租金；出租商铺的本期租赁期届满后，A学校同意B公司按现有条件和价格与D公司续约3年，以供D公司继续使用。后在合同约定的租赁期内A学校提出解约，此举看似违约，但C公司代表A学校与B公司签订的租赁合同名称即为《学生公寓底层物业租赁合同》，且出租方在合同及相应的备忘录中对涉诉房屋的性质及“退租还教”风险已作出充分揭示，而该合同明确约定承租方系按现状出租，承租人对承租可能给自身带来的不利和损失应为明知。因此，承租方B公司的签约行为，应视为其对这些违约责任免除条款予以接受，并且自愿承担相应的风险。结合本市教育行政主管部门对涉诉房屋清退及收回工作的态度，应当认为，A学校发送给B公司的律师函载明的解约理由成立。在此情况下，合同终止的情形符合合同中免责条款“如遇不可抗力或有下列情形之一的，本合同终止，双方互不承担责任：……5. 政府部门责令收回教育用房的”的约定。故A学校在本案中无需承担上述原因下解约的违约责任。

二、解约后损失的认定

本案一审法院对于B公司主张的“其他损失”，因该项诉求主要是指其他次承租人向B公司要求的索赔，而该种索赔具有或然性和不确定性，一审法院据此驳回了该主张。对此，二审法院则认为，此等损失系B公司未能合理履行权利瑕疵担保义务以及违反诚信履行原则之结果，且未能为A学校在签约伊始所应当预见，故对于B公司主张的“其他损失”应当不予支持。

（一）未合理履行权利瑕疵担保义务

出租人负有瑕疵担保义务，而瑕疵担保包括权利瑕疵担保和物的瑕疵担保。权利瑕疵担保义务指担保权利不存在任何不足与缺陷，不会有任何人向债权人提出权利主张；而物的担保义务指担保租赁标的物在价值、效能或质量方面没有缺陷。本案中，就现有证据而言，无法证明B公司在转租涉诉房屋时向次承租人充分揭示过“退租还教”之风险。而“退租还教”之风险很有可能会导致房屋所有人甚至教育主管部门直接向次承租人（如D公司）要求返还房屋，在合同没有明确免除B公司的权利瑕疵担保义务的情况下，B公司应当在“退租还教”风险及后果出现时，对次承租人承担违约责任。

（二）违反诚信履行原则

诚实信用原则要求民事主体应当善意行使权利，不以损害他人和社会利益的方式来获取私利。《合同法》第60条第1款规定：“当事人应当遵循诚实信用原则，根据合同的性质、目的和交易习惯履行通知、协助、保密等义务。”本案中，B公司实质上是直接向房屋所有人承租涉诉房屋的，故其对于租赁标的之权属、性质等信息的获知渠道，较之于两年后才加入的次承租人，显然占有优势地位。故B公司作为次级租赁关系中的出租方，在明知涉诉房屋性质为教育用房、且存在“退租还教”风险的情况下，却并未向次承租人予以揭示，主观上显存恶意，系对诚实信用履行原则的违反。

（三）不符合可预见性规则

可预见性规则是对违约损害赔偿中的完全赔偿原则的限制。可预见性规则规定违约方仅就其在订约时所预见到或应当预见到的因违约产生的损害负赔偿责任。本案一审法院对于B公司主张的“其他损失”，因该项诉求主要是指次承租人向B公司要求的索赔，而该种索赔具有或然性和不确定性，一审法院据此驳回了该主张。对此，二审法院则认为，此等损失仅就本案租约而言，并非出租方在签约伊始所应当预见范围。从现有证据上看，2012年B公司将部分涉诉房屋分别转租：其中，362号－2、364号涉诉房屋的转租期限为2013年7月22日至2016年7月21日；362－1号涉诉房屋的转租期限为2016年2月1日至2019年2月28号。C公司对此予以认可。由于C公司在与B公司签订合同时已经将“退租还教”之风险进行了明确、充分的披露，而“退租还教”之风险对合同的履行有着重大影响，在B公司和D公司等次承租人未在履约中就此向A学校或C公司提出相反意见的情况下，A学校作为一个理性的市场交易人是无法预见到B公司未将“退租还教”之风险披露给次承租人的。换句话说，D公司等次承租人的损失系B公司未能诚实履行合同义务所致，且无法证明A学校可预见到该情况，因此，B公司受到次承租人索赔后，转而要求A学校承担赔偿责任，其依据并不充分。

【附录】

编写人：刘佳（民二庭审判员）、蒋一鸣（实习生）

一审案号：（2017）沪0105民初20300号

二审案号：（2018）沪01民终8513号

二审合议庭：叶振军（审判长）、刘佳（主审法官）、蒋辉霞

30. 工程价款及损失赔偿计算

——Z公司、S公司、唐某建设工程施工合同纠纷上诉案

【案例要旨】

没有资质的实际施工人借用有资质的建筑施工企业名义与他人签订建设工程施工合同的行为无效。法律法规对建设工程施工合同无效的后果处理有特殊规定的，适用特殊规定；无特殊规定的，适用一般合同无效后果的处理规则，即因合同取得的财产，应当予以返还。有过错的一方应当赔偿对方因此所受到的损失，双方都有过错的，应当各自承担相应的责任。其中，就过错方应赔偿对方的损失应当限于信赖利益，不包括合同订立时期待合同完全履行而应得的利益。

【案情简介】

上诉人（原审原告）：上海ZY电气有限公司（以下简称Z公司）。

上诉人（原审被告）：上海SX建筑工程有限公司（以下简称S公司）。

上诉人（原审被告）：唐某。

2011年12月16日，Z公司（发包方）与S公司（承包人）签订《上海市建设工程施工合同》，约定由S公司承建松江区某生产及辅助用房（以下简称涉案工程），总计建筑面积12898平方米；承包范围为包工包料、包进度、包质量、包安全文明施工的总承包方式。计划开工日期为2011年12月20日，计划竣工日期为2012年11月12日，合同工期总日历天数为300天，合同价款为1800万元。

当日，Z公司与S公司签订了《补充协议》，约定：工程总造价1646万元，工期10个月（以领取工程施工许可证之日起计算），工程款支付方式为每月结算。协议甲方落款处有Z公司的签章及其法人代表的签字，乙方落款处有S公司合同专用章的签章及唐某的签字。

2013年11月1日，唐某以Z公司欠付其工程款并将其逐出工地、强拆其工作用房致使其无法再行施工等为由向法院提起诉讼，请求判令确认Z公司与S公司签订的《上海市建设工程施工合同》无效及Z公司向其支付750万元工程款。该案一审法院根据在案证据及查明事实认定Z公司是涉案工程的发包人，S公司是名义上的承包人，唐某是实际施工人，其挂靠S公司的资质进行了施工，确认《上海市建设工程施工合同》及《补充协议》无效，并判令Z公司支付唐某工程款265万余元。后二审改判确认《上海市建设工程施工合同》及《补充协议》无效，并判令Z公司支付唐某工程款84万余元。

2016年9月21日，Z公司以唐某拖延施工等为由提起本案诉讼，要求S公司赔偿其预期竣工损失（以租金损失的方式衡量，按照每平方米0.8元的标准，建筑面积12898平方米，从2012年12月16日计算至2016年4月30日），唐某对此承担连带赔偿责任。

本案审理中，依Z公司申请，一审法院通过上海市高级人民法院委托上海CS房地产估价有限公司对涉案工程同地段厂房的租金情况进行评估，评估结果为：在满足全部假设和限制条件下，估价对象在2012年12月16日至2016年4月30日期间的房地产平均租金评估单价为每天每平方米0.72元，月平均租金为27.80万元。

【裁判结论】

一审法院认为，就Z公司主张的逾期竣工租金损失问题，其一，Z公司作为发包方，明知作为实际施工人的唐某不具备施工资质，还将涉案工程发包给其施工，并找寻S公司提供挂靠资质，其对合同无效应当承担主要过错。其二，合同无效并不必然导致涉案工程逾期竣工。通过现有证据判断，唐某理应承担工程延误的主要责任。其三，工程延误并不必然导致S公司与唐某承担逾期竣工的全部损失赔偿责任。在衡量责任承担时，应根据案件事实并兼顾公平原则，综合确定合理期间作为损失赔偿的计算期间。就损失的衡量方式问题，一审认为，无论Z公司是基于自用还是出租，逾期竣工势必会产生相应的损失，鉴定结论具有客观合理性，予以采信。一审法院遂判决：S公司与唐某向Z公司赔偿损失400万元；驳回Z公司其余诉讼请求。

一审判决后，Z公司、S公司和唐某均不服，并提起上诉。

二审法院审理后认为：合同无效，当事人承担的是缔约过失责任，是对另一方当事人信赖利益损失的赔偿，其目的是补偿一方当事人因合同无效而遭受的损失，从而使其利益恢复到合同签订之前的状态。信赖利益并不包括合同履行后可以获得的利益即履行利益。另案生效民事判决已确认唐某以S公司名义与Z公司签订的建设工程施工合同及补充协议无效，而本案中，Z公司则基于该无效合同中对工程竣工时间的约定向唐某、S公司主张工程逾期竣工所致的租金损失。对此，首先，Z公司并未提供证据证明其建造本案所涉工程的目的系用于出租，S公司和唐某在签约时并不能预见若逾期竣工可能造成Z公司该项损失。其次，如前述所言，租金损失实际系合同履行后可以获得的利益而不属于信赖利益，故并非合同无效所应赔偿的损失范围。据此，Z公司要求S公司、唐某连带赔偿其涉案工程逾期竣工所致租金损失的诉请，缺乏法律依据，应予驳回。二审法院遂改判：撤销一审判决；驳回Z公司的全部诉请。

【评析意见】

"挂靠"在建设工程施工行业中屡见不鲜，就因挂靠行为导致的后果处理更是在建设工程施工合同纠纷中较为棘手。涉案施工合同因挂靠行为已在另案中被认定无效，本案的争议焦点在于该施工合同无效后的相关后果处理。

一、建设工程施工合同中"挂靠"无效的认定

根据《建筑工程施工转包违法分包等违法行为认定查处管理办法（试行）》第10条的规定，挂靠是指单位或个人以其他有资质的施工单位的名义，承揽工程的行为。实践中，挂靠主要是指没有资质的单位或个人借用其他施工单位的资质承揽工程以及有资质的施工单位相互借用资质承揽工程，通常包括以下几种情形：（1）无资质的个人挂靠；（2）无资质的单位挂靠；（3）有资质的单位互相借用资质挂靠（主要指低资质的单位挂靠，同资质或高资质单位挂靠较为少见）。

我国《建筑法》《建筑工程质量管理条例》等均对挂靠行为予以了明确禁止，即承包建筑工程的单位应当持有依法取得的资质证书，并在其资质等级许可的业务范围内承揽工程。禁止建筑施工企业超越本企业资质等级许可的业务范围或者以任何形式用其他建筑施工企业的名义承揽工程。禁止建筑施工企业以任何形式允许其他单位或者个人使用本企业的资质证书、营业执照，以本企业的名义承揽工程。更为明确的规定系《最高人民法院关于审理建设工程施工合同纠纷案件适用法律问题的解释》（以下简称《施工合同司法解释》）第1、4条，即没有资质的实际施工人借用有资质的建筑施工企业名义的，应当根据

《合同法》第52条第（5）项的规定即因违反法律的强制性规定，认定无效。没有资质的实际施工人借用有资质的建筑施工企业名义与他人签订建设工程施工合同的行为无效。发包人在签订合同时明知或故意追求的，则借用有资质企业的实际施工人与承包人签订的合同和承包人与发包人签订的合同都应认定无效。

本案中，Z公司是涉案工程的发包人，唐某是实际施工人，唐某系挂靠S公司的资质对本案涉案工程进行了施工，涉案施工合同无效，此已经另案生效判决认定。

二、建设工程施工合同被认定无效后相关后果的处理

（一）合同无效的一般处理

根据《合同法》第56条、57条、58条、59条等的规定，合同无效的处理原则主要包括以下几个方面：（1）合同无效相当于恢复到合同没有订立时的状态，自始不发生法律效力；（2）合同部分无效，不影响其他部分效力的，其他部分仍然有效；（3）合同无效不影响合同中独立存在的有关解决争议方法的条款的效力；（4）因无效合同取得的财产应当全部返还，法律上无法返还或事实上不能返还的，应当折价补偿；（5）合同被确认无效后，有过错的一方应当赔偿对方因此所受到的损失，双方均有过错的，应当各自承担相应的责任；（6）当事人恶意串通，损害国家、集体或者第三人利益的，因此取得的财产收归国家所有或者返还集体、第三人。

其中对合同无效后果处理中最常见也是最核心的两点：（1）返还财产/折价补偿，（2）损失赔偿。就返还财产，由于合同被确认无效，因合同取得的财产丧失相应的权利基础，另一方对取得财产一方获得相应返还请求权，此处"返还"的目的在于恢复到合同订立之前的状态，借此消除无效合同造成的不应有的后果。若因合同获得的财产事实上或法律上无法返还，则采取折价补偿的方式进行返还。就损失赔偿，依据《合同法》第58条的规定，有过错的一方应当赔偿对方因此所受到的损失，但该法条就损失赔偿的范围并无明确规定。就此，我们认为，因过错方致使合同无效，则对于信赖合同有效的无过错方应当有权请求过错方赔偿基于此信赖而产生的损害，如双方均有过错，则按比例承担。合同无效意味着合同恢复到从未订立的状态，合同无效产生的赔偿请求权系基于对缔约过失责任的赔偿，故合同订立时期预期的、待合同完全履行而应得的利益就不应包含在合同无效的损失赔偿中，而应以信赖利益为限进

行赔偿，此部分在下文中将详述。

（二）建设工程施工合同无效的处理

就建设工程施工合同无效的后果处理，在没有特殊规定的情形下，应适用《合同法》的一般性规定。建设工程施工合同的特殊性在于劳动和建筑材料在施工过程中已经被物化在整个建筑工程内，相关的建筑产品一旦形成，劳动和建筑材料均无法还原，具有不可逆性。以下主要就建设工程施工合同被认定无效后工程价款及损害赔偿问题进行分析：

1. 工程价款

在建设工程施工合同被确认无效后，实际施工人已经付出的劳动及建筑材料等履行内容事实上无法通过返还的方式恢复到合同签订之前的状态，而在其已履行且相应成果能得到确认的情况下，只能按照折价补偿的原则进行处理。给付工程价款的实质在于对实际施工人履行内容的折价补偿，即构成建设工程合同中工程价款的返还给付。

根据《施工合同司法解释》第 2 条及第 3 条的规定，可分为以下两种情形：

（1）当建设工程竣工验收合格，承包人可请求参照合同约定支付工程价款，需要注意的是，此处为“参照”合同约定，而非“按照”合同约定，即并非必须严格依照合同约定计算工程价款。

（2）当建设工程竣工验收不合格，分别按两种情形处理：

第一，若经修复后，建设工程经竣工验收合格，发包人可请求承包人承担修复费用，即承包人应自行承担因工程修复而发生的费用。因工程修复后验收合格，即相当于恢复到上述第（1）项的情形，故发包人仍需按照上述第（1）项参照合同约定支付相应的工程价款。

第二，若经修复后，建设工程经竣工验收仍不合格，则承包人请求支付工程价款的，不予支持。不合格的建设工程意味着该工程无法正常投入使用，即发包人的合同目的无法实现，故承包人因此丧失工程价款的请求权，发包人在此情形下无需承担工程价款的支付义务，且就已支付的工程价款亦有权请求返还。但若因建设工程不合格造成的损失，发包人有过错的，其也应当承担相应的民事责任。

2. 损失赔偿

在某些合同无效的情形下，返还财产或折价补偿并无法完全将合同无效的后果了结完毕，合同当事人仍可能因合同无效产生另外的损失，此时则需要通过对相关损失的赔偿来弥补合同当事人由此产生的财产损失或权益损害。我国现阶段对建设工程施工合同被认定无效后的损失赔偿问题无其他特殊规定，故应根据《合同法》第 58 条的规定依照一般合同无效的情形处理。

就过错而言，应从当事人订立合同的过错、履行合同过程中诚实信用原则的违反程度、当事人过错与损失之间的因果关系等角度进行综合认定，由过错方对非过错方进行赔偿。当事人均有过错的，应根据过错责任原则，按照过错比例确定损失的负担。本案中，Z 公司和唐某对于挂靠 S 公司的行为均为明知且存在主观故意，故双方对于涉案施工合同无效均具有过错，对因此造成的损失亦均需承担一定责任。

就损失而言，合同无效情形下损害赔偿的基本原则是恢复原状，即将合同当事人的权利义务关系恢复到合同从未订立的状态。我们认为，在合同无效的情形下损失赔偿应限定在信赖利益范围内。信赖利益指的是一方基于对方与其订约的合理信赖而支出费用或付出代价所应获得的赔偿，主要包括直接损失和间接损失。其中直接损失包括：(1) 订约费用，即为准备订立合同及订立过程而支出的必要准备费用，包括邮差费、为赶赴签约或考察标的物等支出的合理费用；(2) 履行费用，包括因信赖合同成立为准备履约及履约过程支出的必要费用，包括运送、存储或受领标的物等所支出之合理费用。间接损失则指的是因信赖合同成立或有效而丧失的与第三人订立有效合同所蒙受的机会损失。需要注意的是，此处的机会损失与合同有效情形下的间接损失是有区别的，合同有效情形下的间接损失一般指的是履行利益的损失，其是在合同有效情形下通过完全履行可获得的利益，其等同于合同被履行完毕的状态，而合同无效系相当于合同从未履行并恢复到合同订立之前，故履行利益损失不应包含在合同无效情形下应赔偿的损失范围中。在信赖利益范围内认定损失赔偿时，应当受到可预见规则的限制而不得超过订立合同时可预见的损失，同时应当考虑过失相抵原则、[①] 减轻损害原则、[②] 损益相抵原则[③]等，以维护合同当事人之间的利益平衡。

值得一提的是，在合同无效的情形下，不再涉及违约和解约的问题，合同

---

① 过失相抵规则指的是在过错方依法应承担损害赔偿责任的前提下，如果非过错方对于损害事实的发生或扩大也有过错，则可以减轻过错方的赔偿责任。

② 减轻损害原则指的是在过错方违约并造成损害后，非过错方应当采取合理措施以防止损害的扩大，否则其需对扩大部分的损害自行承担责任。

③ 损益相抵原则指的是非过错方就过错方导致损害发生的同一原因而获得利益时，过错方就相应损害进行赔偿时可以将非过错方的获益部分予以扣除。

中的相关违约金条款、竣工时间条款、付款条款、迟延履行条款等实际上均不再对合同当事人具有法律约束力。在建设工程施工合同中亦是如此，在建设工程施工合同被认定无效时，一般不存在所谓的逾期竣工，发包方亦无权要求承包方或实际施工方承担因逾期竣工导致的违约责任或相应损失。但有一种特殊情形需要注意：当建设工程施工合同被确认无效后，发包方与第三人签订的房屋买卖合同因逾期交房发生的违约损失，如承包人在签订合同时或履行合同中已经知道或应当知道该损失可能发生，且该损失的发生与承包人的过错确有因果关系，则可以纳入无效合同过错责任赔偿范围。

另，在建设工程施工合同纠纷中，当事人常就工程量及工程质量等发生争议，而此系属专业度较高、技术性较强的领域，故委托专业的评估鉴定单位就工程相关事项进行评估鉴定，在建设工程施工合同纠纷案件审理过程中极为常见。需注意的是，某些评估鉴定系针对合同有效情形下通过履行可以获得的利益进行鉴定，而不属于信赖利益范畴，故对于该类评估鉴定报告确定的损失金额不能作为合同无效后相关损失赔偿数额的依据。

本案中，涉案施工合同因挂靠行为而被认定无效，Z 公司向 S 公司及唐某主张预期竣工租金损失，并以同地段同类型房屋经评估的租金标准来进行衡量，就此一审认定 Z 公司无论是基于自用还是出租，逾期竣工势必会产生相应损失，并根据鉴定评估结论及案件具体情况酌情确定 Z 公司主张的租金损失。对此，本案中就租金损失的评估实系对涉案施工合同履行后发包方可获得利益的评估，故作为该评估结果的租金金额不能作为本案中施工合同无效后损失赔偿的依据。二审基于本案系属于合同无效后的相关后果处理，认为 Z 公司并未提供证据证明其建造本案所涉工程的目的系用于出租，S 公司和唐某在签约时并不能预见若逾期竣工可能造成 Z 公司该项损失，且该租金损失实际系合同履行后可以获得的利益而不属于信赖利益，认定该租金损失并非施工合同无效承包方所应赔偿的损失范围。并据此改判驳回 Z 公司要求 S 公司、唐某连带赔偿其涉案工程逾期竣工所致租金损失的诉请。

【附录】

编写人：张薇佳、丁杏文（分别系民二庭审判长、法官助理）

一审案号：（2016）沪 0117 民初 17030 号

二审案号：（2018）沪 01 民终 2633 号

二审合议庭：张薇佳（审判长）、陈蓓蓉（主审法官）、谢猛

31. 附注登记之法律效果及对不动产权利之影响

——A公司与B公司房屋租赁合同纠纷上诉案

【案例要旨】

不动产登记簿上记载的权利人不当然地享有完整的、绝对的物权，而应当结合附注登记，予以综合判断，附记中若有关于不动产权利的限制表述，将对不动产权利人产生实质性影响。

【案情简介】

上诉人（原审原告、反诉被告）：A公司。

被上诉人（原审被告、反诉原告）：B公司。

1989年，B公司通过与案外人C公司签订《场地使用合同》的方式获得了位于上海市××路××号的土地使用权。该《场地使用合同》明确约定：B公司对涉案场地的使用用途仅限于B公司被批准的营业范围内生产经营之需要；B公司不得将涉案场地转租给第三者使用；B公司如遇特殊情况需要对场地上的厂房进行改建、扩建或将厂房转租转让给第三者，均须事先征得C公司同意等。1998年，B公司又取得了位于上海市××路××号1号、2号厂房的产权。

2014年5月8日，B公司（出租方）与A公司（承租方）签订《房屋场地租赁合同》1份，约定B公司出租给A公司的出租标的为位于上海市××路××号1号、2号厂房以及配套的仓库、车间等。上述合同签订后，B公司向A公司交付了涉案厂房及场地。A公司依约支付了相应租金及保证金。期间，A公司将承租的上述场地及厂房绝大部分提供给D公司等客户单位用作仓储场地。

2015年5月29日，C公司向案外人D公司发出了《关于贵公司租赁B公司厂房存在的法律风险告知函》，称：B公司在未经过C公司同意的情况下，将厂房转租给第三方A公司，且该区域中存在着没有产证的违章建筑用于仓储经营的行为。对此C公司不排除收回场地和追究其法律责任的权利。2015年8月3日，A公司向C公司发出问询函，C公司于同年8月10日回函告知A公司不会同意B公司任何场地的转租行为，并告诫A公司立即启动风险规避的有关程序。

2015年8月11日起，A公司未再向B公司支付租金。此后，B公司向A公司致函催款未果，书面告知A公司已构成违约。至2016年12月，涉案厂房及场地上的违法建筑被全部拆除。

在（2015）闵民五（民）初字第2834号案件中，C公司向一审法院出具《情况说明》一份，载明："我司系上海闵行经济技术开发区的管理单位，负责开发区的开发和经营。我司对于入园企业是有相关的要求和规定的，所有的《场地使用合同》中都会有不得转租的条款，因此在我司发送给A公司的函件中，主要是针对我司与B公司《场地使用合同》中不得转租的条款予以强调，从而表明我司不同意B公司擅自转租的态度。"

现《上海市房地产登记簿》登记的涉案厂房及场地的权利人为B公司，但备注信息载明："权利人系通过与C公司签订《场地使用合同》获得土地使用权，应按场地使用合同履行权利和义务。"

A公司认为，其与B公司签订的租赁合同涉及违章建筑的部分无效，B公司应返还相应租金、押金、赔偿损失及违约金；涉及有证建筑的部分则为有效，双方应继续履行。B公司则要求解除双方所有协议，并要求A公司支付欠缴的租金和相应违约金。双方遂涉讼。

【裁判结论】

一审法院认为，A公司承租的B公司1号、2号的厂房系具有合法产权的房屋，辅助场地、设施、仓库等为非产证租赁物，不具有合法权证，故讼争双方订立的《房屋场地租赁合同》中，涉及1号、2号厂房的租赁合同关系为合法有效，涉及无证建筑的租赁合同关系为无效。在一审法院已明示部分厂房为有证建筑、B公司有权出租的情况下，A公司仍然不愿向B公司支付拖欠租金，显然不具备继续履行合同的诚意。鉴于本案所涉1号、2号厂房的面积占整个租赁合同面积的绝大部分，故在该部分租赁合同解除及一小部分租赁合同宣告无效的情况下，一审判决：对双方签订的《房屋场地租赁合同》及相关协议一并予以解除；A公司除应搬离上述租赁厂房及场地、返还B公司外，涉及有证部分，A公司应支付相应租金，涉及无证部分，A公司应支付相应使用费；另A公司应按合同约定的金额向B公司支付违约金。

一审判决后，A公司不服，提起上诉。

二审法院认为，本案中，《上海市不动产登记簿》对涉案厂房及场地的权属登记为附注登记，B公司无证据能够证明上述登记簿载明信息确有错误，B公司对涉案厂房及场地所享有的权利范围，依法应受其与C公司订立的《场地使用合同》的限制。B公司与C公司订立的《场地使用合同》明确约定B公司仅可将涉案场地用于自身营业范围内的生产经营活动、且无权擅自将涉案厂房及场地转租或转让给他人，C公司亦以书面形式表达了其不同意B公司转租的态度。在此情况下，应当认为，B公司未经C公司同意与A公司签订的《房屋场地租赁合同》（包括补充条款）等相关租赁协议均属无效。涉案租约全部无效，故本案项下适用违约金已无合同依据。

涉案租约虽属无效，但A公司在事实上实现了对涉案厂房及场地的占有和使用，且获得了财产性利益，依法仍需向B公司支付相应对价。但因租约无效，故该钱款的性质均属占有使用费，二审法院据此对一审判决作出相应调整。

据此，二审法院改判：确认A公司与B公司于2014年5月8日签订的《房屋场地租赁合同》及相关协议无效；A公司应支付B公司自2015年8月11日起至实际搬离之日止按年租金标准计付的占有使用费；B应返还A公司租赁保证金。

【评析意见】

一、附注登记的性质及其法律效力

根据我国《物权法》的相关规定，不动产物权的设立、变更、转让和消灭，应当依照法律规定登记。记载于不动产登记簿上的权利人一般被推定享有完整的、排他的物权。但是，不动产登记簿上的附记（又可称为附注登记）是对不动产权利及其他事项登记情况进一步说明的信息，能有效限制权利人对不动产的权利行使。

就不动产登记簿的登记内容而言，《物权法》第16条规定："不动产登记簿是物权归属和内容的根据。"法院在分析和裁判涉及物权的民事争议时，首先要依靠不动产登记簿来判断不动产的状态，并确定不动产的权利人以及权利内容。

一般而言，不动产登记簿的设置应该包括三大部分：(1) 不动产的自然状态部分的表述，如不动产地理位置的表述等。(2) 关于不动产所有权或者基础性权利的表述。世界上多数国家均以土地所有权作为基础性权利，在我国城市地区，这种基础性权利可以是建设用地使用权。(3) 关于基础性权利设置负担的表述。比如土地之上设立地役权、抵押权的表述等。对基础性权利予以限制的内容，比如对于不动产的扣押等。① 本案中，登记簿上的备注信息载明："权利人系通过与C公司签订《场地使用合同》获得土地使用权，应按场地使用合同履行权利和义务。"而《场地使用合同》明确约定B公司如遇特殊情况需要对场地上的厂房进行改建、扩建或将厂房转租、转让给第三者，均须事先征得C公司同意。此等备注内容属于关于基础性权利设置负担的表述，属于不动产登记簿的登记内容之一。

就不动产登记簿的结构和样式而言，《国土资源部关于启用不动产登记簿证样式（试行）的通知》（国土资发〔2015〕25号）附件中规定，不动产登记簿上的房地产权登记信息包括：不动产单元号、房地坐落、业务号内容、房屋所有权人、……"附记"以及附图。其中附记的内容为："需要对不动产权利及其他事项登记情况进一步说明的信息。如土地出让合同或者土地承包合同等编号、共有不动产权发一本证书时的持证人以及必要的历史登记信息等登记机构需要记载的情况。"本案所涉登记簿中的"附记"内容，系对不动产权利及其他事项登记情况进一步说明的信息，显属不动产登记的标准内容之一，能够有效制约B公司行使权利的范围。

二、附注登记对不动产物权的影响

不动产登记具有公信力，不动产权利一经登记机关在登记簿上登记，物权内容之对世、绝对效力对于善意第三人在法律上有约束力，权利人应依法受其约束。《物权法》第17条规定："不动产权属证书是权利人享有该不动产物权的证明。不动产权属证书记载的事项，应当与不动产登记簿一致；记载不一致的，除有证据证明不动产登记簿确有错误外，以不动产登记簿为准。"本案中，《上海市不动产登记簿》对涉案厂房及场地的权属登记为附注登记，B公司无证据能够证明上述登记簿载明信息确有错误，此时根据《物权法》第17条规

① 孙宪忠：《不动产登记基本范畴解析》，载《法学家》2014年第6期。

定的不动产登记的推定效力，应当认定B公司对涉案厂房及场地所享有的权利范围，依法受到其与C公司订立的《场地使用合同》的限制，所以B公司没有擅自对外转租涉案厂房及场地的权利，而在他案审理中，C公司在向一审法院出具的《情况说明》中已明确表明其不会同意B公司对外的转租行为，故B公司把涉案厂房及场地转租给A公司等的行为系不受权利人追认的无权处分。在此情况下，A公司与B公司签订的租约及相应的补充协议应属无效。因租约无效，B公司所主张的违约金已无合同依据，不能获得支持。鉴于A公司在事实上实现了对涉案厂房及场地的占有和使用，且获得了财产性利益，应认定A公司向B公司支付相应对价（使用费）。

由本案的审理可见，附注登记虽然在实务中并不常见，但却能对不动产物权产生实质性的影响。无论承办法官还是一般公众，不宜轻信不动产登记簿上记载的权利人当然地享有完整的、绝对的物权，而应当结合附注登记，予以综合判断。

【附录】

编写人：刘佳（民二庭审判员）、蒋一鸣（实习生）

一审案号：(2017)沪0112民初5075号

二审案号：(2018)沪01民终7949号

二审合议庭：叶振军（审判长）、刘佳（主审法官）、蒋辉霞

（三）侵权纠纷

32. 微信公众号以营利为目的擅自使用艺人肖像构成侵权

——上海H医疗美容门诊部有限公司与林某某肖像权纠纷上诉案

【案例要旨】

自然人享有肖像权，未经本人同意，不得以营利为目的使用他人肖像。微信公众号这种新型互联网媒体的肖像权侵权案件具有侵权发现难、证据收集难、目的认定难等特征，应结合肖像权人的知名度、行为人的过错程度、侵权行为的情节及后果影响等考量因素确定赔偿责任。

【案情简介】

上诉人（原审被告）：上海H医疗美容门诊部有限公司（以下简称H公司）。

被上诉人（原审原告）：林某某。

林某某系演艺人士。微信公众号“上海H”（微信号：reine－shanghai）在2016年3月23日登载题为《〈花样姐姐〉搞定鲜肉除了“嗲”，还要有大腿缝》的文章，其中使用林某某的3张照片作为配图；2016年3月28日登载题为《如何做新时代迷人女性?》的文章，其中使用了林某某的1张照片作为配图；2016年4月7日登载题为《身材好过林某某，李治廷大赞其黄金比例，Henry狂献殷勤》的文章，其中使用了林某某的2张照片作为配图；2016年4月20日登载题为《F4成员娇妻个个美艳性感，最后那个没着落的还等啥?》的文章，其中使用了林某某的3张照片作为配图；2016年4月27日登载题为

《她是娱乐圈情商最高的"花瓶"，42岁依然美的不可方物!》的文章，其中使用了林某某的28张照片作为配图。上述文中对H公司处医疗美容项目进行了宣传。微信公众号"上海H"的账号主体为H公司。

2017年10月，林某某诉至法院，请求判令H公司在全国公开发行的报纸上向林某某赔礼道歉，并赔偿林某某经济损失200000元、律师费3000元、公证费85元、精神损害抚慰金20000元。

【裁判结论】

一审法院认为，涉案微信公众号所登载的文章内容属于营利性的宣传活动，未经林某某同意而使用其照片，侵犯了林某某的肖像权，H公司理应承担侵权责任。考虑到H公司侵权行为情节较轻，林某某要求H公司在全国公开发行的报纸上赔礼道歉并不合理，不予支持。林某某主张的公证费、律师费系其为本案诉讼支付的合理费用，应予以支持。一审法院遂依照《民法通则》和《民法总则》之相关法律规定，判决：一、H公司应于判决生效之日起十日内赔偿林某某经济损失60000元、精神损害抚慰金20000元、公证费85元、律师费3000元；二、驳回林某某其他诉讼请求。

H公司不服，上诉称H公司的内部使用行为不构成侵权，同时认为一审法院适用《民法总则》为法律适用错误，请求撤销原判，依法改判驳回林某某的一审全部诉讼请求。

二审法院认为，H公司公众号面向的受众是其客户及可能成为其客户的不特定微信用户，文章内容涉及其医疗美容业务，应当认定H公司在公众号中使用林某某照片的行为属于以营利为目的。林某某作为演艺人士，其肖像承载着人格利益，在商业宣传中具有一定的商业价值，H公司未经林某某许可，擅自在其宣传医疗美容的微信公众号中使用，理应承担相应的侵权责任。一审法院酌情确定的赔偿金额，系在合理的范围之内。关于法律适用，H公司未能提供证据证明其在《民法总则》生效实施前终止了侵权行为，且《民法总则》中亦明确规定了自然人享有肖像权，以及侵犯肖像权应当承担的相关民事责任，《民法通则》具体明确了侵犯肖像权的构成要件，故一审法院在依据《民法通则》判定H公司构成侵权之后，依据《民法总则》判决H公司承担相应民事责任并无不妥。二审法院遂判决：驳回上诉，维持原判。

【评析意见】

随着微信公众平台号的广泛运用，相关纠纷也随之增多。微信公众号等新媒体侵权是传统民事侵权行为在移动互联时代的新形式，其给传统法律适用带来了新的挑战。微信公众号侵犯他人的肖像权，具有其独特性。本案主要涉及三个问题：(1) 微信公众号的肖像权侵权特征及认定；(2) 赔偿责任的考量因素；(3)《民法通则》和《民法总则》在民事侵权案件中的适用规则。

一、微信公众号的肖像权侵权特征及认定

微信公众平台备受商家推崇，越来越多的商家通过微信公众号推送消息和文章，进行商业宣传。部分商家在微信公众号推送的文章中擅自使用明星照片作为插图，由此引发众多肖像权纠纷，本文案例即是如此。肖像，是指通过一定的物质载体，比如照片、影视剧、绘画作品、雕塑艺术作品、刺绣等形式，将公民的面部外貌加以重现（亦或是复制）所形成的视觉形象。对此类视觉形象所享有的人格权利，即为肖像权。肖像权于民法法理上属于具体人格权的一种，承载着一定的人格利益。笔者认为，肖像权是自然人以自己的肖像所体现的利益为内容的权利，未经本人同意，其他组织和个人不得以营利为目的使用自然人的肖像。《民法通则》具体明确了侵害肖像权的构成要件，即包括未经本人同意和以营利为目的。

微信公众号肖像权侵权具有其独特性：(1) 侵权发现难。对于微信公众号，用户是通过自主订阅方式接受信息推送的，权利人不可能订阅所有公众号，要权利人去发现推送的侵权信息较为困难。(2) 证据收集难。微信用户数量大，网络碎片化信息传播快、受众广、溯源难、删除易，证据收集存在一定难度。(3) 目的认定难。微信公众号的用途存在多样性，推送文章、图片的目的多样，是否构成营利性需要综合各方因素予以考量，在认定上并非易事。

本案中，H公司是医疗美容公司，其微信公众号推送的系争五篇文章内容涉及医疗美容业务，具有商业宣传性质，应当认定Y公司在微信公众号中使用林某某照片的行为属于以营利为目的。此外，从在案证据看，H公司并未提供充分证据证明其已取得林某某许可。故H公司未经林某某同意而使用其照片进行以营利为目的的商业宣传，其行为已经侵犯了林某某的肖像权，H公司理应承担相应的侵权责任。

二、确定民事赔偿责任的考量因素

《最高人民法院关于贯彻执行〈中华人民共和国民法通则〉若干问题的意见（试行）》第150条规定，公民肖像权受到侵害，要求赔偿损失的，人民法院可以根据侵权人的过错程度、侵权行为的具体情节、后果和影响确定其赔偿责任。对于侵犯他人的肖像权，除了要求一般的损害赔偿外，还可以要求赔偿精神损失。《最高人民法院关于确定民事侵权精神损害赔偿责任若干问题的解释》第1条规定，自然人因人格权利遭受非法侵害，向人民法院起诉请求赔偿精神损害的，人民法院应当依法予以受理。对于精神利益损害赔偿的确定，以“情节严重与否”为基本考量因素。《最高人民法院关于确定民事侵权精神损害赔偿责任若干问题的解释》第10条列明了精神损害的赔偿数额的确定因素，包括侵权人的过错程度，侵害的手段、场合、行为方式等具体情节，侵权行为所造成的后果，侵权人的获利情况，侵权人承担责任的经济能力等。

本案微信公众号侵权属于移动互联网侵权，在确定民事赔偿责任时，笔者认为应着重考量以下因素：（1）肖像权人的知名度。由于是知名艺人，故可以广告代言费作为参考。（2）行为人的过错程度。可通过衡量在涉案五篇文章中未经许可使用林某某照片的数量、发布时间长短、主观恶意程度予以认定。（3）侵权行为的情节及后果、影响。可结合涉案微信公众号文章的受众数、阅读数、点赞数、评论数、转发数等综合予以认定。

三、《民法总则》在侵权案件中的适用规则

法的时间效力，即是如果一个时间段上的法律关系跨越新旧法律的交替，那么旧法所规定的法律效力是否、在何种程度上继续发生效力；或者是否应该以形式上的时间点为界限，让旧法上的法律后果丧失效力，依照新法重新作出安排。[①] 法律的新旧更替不可避免，罗尔斯说：“法律必须巧妙地将过去与现在勾连起来，同时又不忽视未来的迫切要求。”[②] 法律的颁布施行，仅仅是形式上的一个分界点。实践中，新法作出了对同一事项的不同规范后，在其生效的初始阶段会出现新旧法律的衔接问题。在我国法律中，也有以专门的条款对

---

① 贺栩栩：《法的时间效力界限与法的稳定性——以德国民法为研究视角》，载《环球法律评论》2011年第5期。

② ［美］约翰·罗尔斯：《正义论》，何怀宏等译，中国社会科学出版社1988年版，第236页。

旧法进行清理和针对衔接问题的过渡规定。如《合同法》第428条规定：本法自1999年10月1日起施行，《经济合同法》《涉外经济合同法》《技术合同法》同时废止。

但是《民法总则》第206条并无清理条款，其只规定："本法自2017年10月1日起施行"，对于施行之前的《民法通则》的效力如何并未作出规定，《民法总则》和《民法通则》在司法实践中应如何协调适用，有待进一步明确。笔者认为，可视三种具体情况而定：（1）如《民法通则》之规定与《民法总则》相悖，则当然适用《民法总则》之规定；（2）如《民法总则》并未规定的，则适用《民法通则》之规定；（3）如《民法总则》只有概括性规定，《民法通则》有具体性规定，则适用《民法总则》，参照适用《民法通则》，本案即是此种情形。

本案的民事法律关系持续经过了一个时间段，正好跨越了《民法通则》和《民法总则》新旧法律的交替，即侵权行为持续至新法《民法总则》的实施后。故在H公司未能提供证据证明其在《民法总则》生效前终止了侵权行为之情形下，当然应适用《民法总则》中关于肖像权之规定，即自然人享有肖像权，以及侵犯肖像权应当承担的相关民事责任。同时，由于侵权行为符合《民法通则》关于侵犯肖像权的构成要件，故一审法院以此来认定H公司构成侵权，并无不妥，可予以认同。

【附录】

编写人：许鹏飞（民一庭法官）、梁春霞（民一庭法官助理）

一审案号：（2017）沪0104民初24655号

二审案号：（2018）沪01民终3640号

二审合议庭：何建（审判长）、许鹏飞（主审法官）、吴慧琼

33. 盗用具有专业资质姓名的财产赔偿责任认定规则

——沈某与XY公司姓名权纠纷上诉案

【案例要旨】

姓名权侵权赔偿中的财产损失与非财产损失是并存的责任类型。在第三方无法通过法律途径优先追缴侵权人获益的前提下，如果被侵权人无法举证证明其实际财产损失，人民法院可以根据侵权人因盗用姓名而获得的利益认定赔偿金额。对于具有专业资质的姓名，可以综合考量侵权人主观恶意、姓名使用领域、盗用姓名期限等因素，采取核算最低限度内劳务成本的方式认定侵权人的获利金额。

【案情简介】

上诉人（原审原告）：沈某。

被上诉人（原审被告）：XY公司。

XY公司于2015年6月17日在工商机关注册成立。2017年8月24日，沈某向上海市闵行区税务机关申请信息公开，要求获知上海市闵行区范围内曾经使用沈某身份信息作为公司财务负责人的企业名单。2017年9月11日，上海市闵行区税务机关向沈某作出了答复并提供了名单，该名单记载，包括XY公司在内共有228家企业曾经将沈某登记为财务负责人。

2017年8月17日，上海市闵行区税务机关向沈某作出信息公开答复：截止到2017年8月15日，XY公司已经不在仍然使用沈某作为财务负责人的企业名单之列。

还查明，2017年1月，沈某曾起诉案外人上海川东纸业有限公司，沈某在该案中的诉讼请求为：(1)判令被告立即停止侵害原告身份信息的行为，并变更税务登记关于财务负责人的信息；(2)判令被告向原告赔礼道歉，并赔偿原告财产损失和精神抚慰金5000元；(3)判令被告向原告赔偿为提起本案支付的律师费20000元。该案基本案情与本案相同，上海市闵行区人民法院经审理后认为，上海川东纸业有限公司擅自在税务登记中使用了沈某的身份信息，侵犯了沈某的人格权，应向沈某书面赔礼道歉，但沈某要求赔偿财产损失和精神损害抚慰金依据不足，不予支持；考虑到沈某存在维权费用支出，故判令上海川东纸业有限公司向沈某赔偿律师费3000元。该案一审判决后，双方当事人均未提起上诉，该判决现已生效。

包括本案在内，一审法院还受理了30余件沈某起诉主张其他企业侵犯姓名权的案件。

一审法院向上海市闵行区的税务机关调查确认：由于多次发现将沈某登记为财务负责人的企业存在税收违法行为，故税务机关将所有登记沈某为财务负责人的企业列入高风险名单，同时税务机关对上述所有企业进行了风险排查，如果查明企业存在违法行为，则该企业会被列入非正常户，并受到处罚；如果企业不存在违法行为，则不会对企业造成影响。税务机关并未针对沈某个人作出处罚，也从未将沈某个人列入税收高风险名单。双方当事人对上述事实均予以认可。

2017年11月8日，沈某诉至上海市闵行区人民法院，请求判令：（1）XY公司立即停止侵害沈某姓名权的行为；（2）XY公司在上海市市级报纸上向沈某书面赔礼道歉；（3）XY公司赔偿沈某财产损失5000元（含律师费）；（4）XY公司赔偿沈某精神抚慰金10000元。

一审法院判决：一、XY公司向沈某书面赔礼道歉；二、XY公司赔偿沈某律师费500元；三、驳回沈某的其余诉讼请求。

沈某不服一审判决，提起上诉，请求二审法院撤销一审判决第二、三项，改判XY公司向沈某赔偿财产损失5000元（含律师费）及精神抚慰金10000元。

二审审理中，XY公司与沈某一致确认：一、XY公司的工商、税务登记手续是聘请代办公司具体办理的。二、截至二审开庭之日，沈某没有收到关于XY公司存在税务违法行为的通知。三、如XY公司全年无应缴税额，仅需完成最基本的税务申报，其支付给代办税务中介机构的费用为每年1200元至1500元。四、税务登记中的财务负责人信息不对社会公众开放公示，仅登记留存于税务机关的内部系统。

二审法院要求XY公司提供证据证明其变更税务登记中财务负责人信息，停止使用沈某姓名的准确时间，XY公司未提交相关证据。

二审法院另查明，沈某具有会计从业资格证书。

【裁判结论】

一审法院经审理认为，XY 公司侵权沈某姓名权，应当赔礼道歉，XY 公司已经终止了侵权行为，沈某的精神损害不严重，而且没有证据证明财产损失。一审判决：一、XY 公司向沈某书面赔礼道歉；二、XY 公司赔偿沈某律师费 500 元；三、驳回沈某的其余诉讼请求。

沈某不服一审判决，提起上诉，请求二审法院撤销一审判决第二、三项，改判 XY 公司向沈某赔偿财产损失 5000 元（含律师费）及精神抚慰金 10000 元。

上海市第一中级人民法院二审判决：一、维持一审判决第一项；二、撤销一审判决第二、三项；三、XY 公司赔偿沈某财产损失（含律师费）人民币 2583 元；四、驳回沈某的其余诉讼请求。

【评析意见】

个人信息泄露及由此引发的姓名盗用问题已经成为近年来的热点社会现象，司法实践关于此类案件的赔偿认定及衡量标准尚未明确。本案中，XY 公司未经沈某许可，在办理税务设立登记时擅自使用了沈某姓名，将其注册为 XY 公司的财务负责人，属于盗用他人姓名的行为。由于税务机关的登记信息没有扩散，XY 公司未从事税务违法行为，税务机关也没有针对沈某个人作出过处罚，故一、二审法院均认为沈某的精神损害达不到严重程度，尚不符合《侵权责任法》第 22 条所规定的要件，对精神损害赔偿请求不予支持。此外，沈某主张 XY 公司因侵权行为而获益，应承担财产损失赔偿责任。对此问题的探究，应当根据法律规定，结合案情进行完整分析。

一、非法使用他人的财产性人格法益构成不当得利：《侵权责任法》第 20 条的理论基础

人格权是指关于人的存在价值及尊严的权利。[①] 虽然法人人格权的问题早已经在实践中有所发展，但从最本质的意义而言，人格权系统是以对自然人的保护为核心的。按照传统观点，人格权因出生而取得，因死亡而消灭，在权利

① 王泽鉴：《民法总则》，中国政法大学出版社 2001 年版，第 126 页。

关系存续中不得让与或抛弃，属于非财产权利。但随着社会经济的发展，人格权益中的财产属性已经越来越多地受到重视，尤其是知名人物通过肖像、姓名的许可使用，往往能够产生强大的市场推广作用，获得显著的经济利益。主流理论学说也认为应当肯定人格权兼具财产权的性质。[1] 因此，在人格权的侵权责任认定中，被侵权人既可以主张财产损失赔偿，也可以主张精神损害赔偿，二者是并存关系，而不是互相排斥的。[2]

《侵权责任法》第 20 条规定，侵害他人人身权益造成财产损失的，按照被侵权人因此受到的损失赔偿；被侵权人的损失难以确定，侵权人因此获得利益的，按照其获得的利益赔偿；侵权人因此获得的利益难以确定，被侵权人和侵权人就赔偿数额协商不一致，向人民法院提起诉讼的，由人民法院根据实际情况确定赔偿数额。这一法律条款设计了人格权赔偿计算的递进路径：（1）确认被侵权人有财产损失；（2）被侵权人举证证明具体的损失金额；（3）如被侵权人难以证明具体损失金额，侵权人又因此而获益的，按照获益金额赔偿。[3] 该条款明确了法院可以以侵权人获益为基础认定赔偿，对于被侵权人有效获得司法救济有着重要的意义。全国人民代表大会常务委员会于 2018 年 9 月 5 日公布的《民法典各分编（草案）》（第六编侵权责任）第 959 条规定，侵害他人人身权益造成财产损失的，按照被侵权人因此受到的损失或者因此获得的利益赔偿；被侵权人因此受到的损失以及侵权人因此获得的利益难以确定，被侵权人和侵权人就赔偿数额协商不一致，向人民法院提起诉讼的，由人民法院根据实际情况确定赔偿数额。民法典草案的该条款不仅延续了《侵权责任法》第 20 条的精神，而且进一步赋予了被侵权人直接选择获益赔偿的权利。

人格利益不同于有体物，人格权受损的财产损失很难以具体的形式量化展现，这就造成在实践中，被侵权人往往无法举证证明具体的财产损失，而精神损害又需要达到严重的程度才能获得赔偿。如果仅仅按照传统民事侵权责任认定的思路，大量精神损害相对轻微的被侵权人，除了要求侵权人赔礼道歉、消除影响以及支付必要的维权成本，便无法获得其他财产赔偿。为了突破这一困境，民法理论发展出了关于人格权的不当得利学说，并把这一问题归入非给付不当得利中的“权益侵害不当得利”，因为人格权中存在具有财产性质的法益，

---

① 参见王泽鉴：《民法总则》，中国政法大学出版社 2001 年版，第 134 页。

② 参见《〈中华人民共和国侵权责任法〉条文理解与适用》，人民法院出版社 2010 年版，第 157 页。

③ 载 http：//www.npc.gov.cn/COBRS_LFYJNEW/user/UserIndex1.jsp？ID=10051883。

权利人对此等得为交易客体的人格财产法益，具有专属排他的权利，侵权人取得应归属他人权益内容的利益，欠缺法律上原因，应成立不当得利。由于对人格法益的使用，依其性质不能返还，故应偿还其使用此等权益客观上所应支付的对价。[①] 姓名是自然人的特定名称符号，姓名权是最基础的人格权之一。姓名的使用领域与自然人的技能资质等因素相关联，而姓名使用所产生的实际效果又会对自然人的社会评价产生影响。在不违反法律的禁止性规定与公序良俗的前提下，姓名与肖像都可以通过合同许可他人使用，是典型的具有财产属性的人格法益。《侵权责任法》第 20 条规定的第三种路径与民法理论的这一学说是相通的，在侵权责任中特别设置这项请求权基础，简化了此类案件法律适用的理论架构，有利于被侵权人寻求司法救济。

依照权益侵害不当得利的理论，只要因侵害应归属于他人权益而受利益，就可以认为是基于同一原因事实致他人受到损害，不以有财产转移为必要。[②]《侵权责任法》第 20 条的基础要件是被侵权人存在财产损失，笔者认为，在获益计算赔偿的审查路径中，相比于普通侵权责任认定，司法实践对这一事实证明标准的掌握应当适当放宽。本案中，XY 公司认可其盗用姓名的事实，但沈某确实未能提供确切证据证明财产损失的具体金额，一审法院据此驳回了沈某除了律师费以外的财产赔偿请求，二审法院对具体损失金额亦难以确定。但是，二审法院认为，沈某是具有会计从业资格证书的财务工作人员，其申领发票等日常工作与税务机关有紧密联系，其在税务领域的信用评价是正常执业的基本保障。从税务机关的角度而言，由于已经发现其他多家盗名企业的税务违法行为，足以合理怀疑将沈某登记为财务负责人的众多企业存在整体违法风险，故将上述企业均列入高风险名单进行排查。虽然截至目前，沈某没有因 XY 公司的行为受到处罚，但在税务机关排查违法风险的过程中，沈某姓名与企业的关联性是一个主要线索，税务机关对沈某从事的税务工作予以重点关注和细致核查是必要且合理的。因此，沈某主张其在这段期间内从事发票申领等工作的效率降低或业务受阻，产生了一定财产损失，符合一般社会观念与税务管理常态，具有事实依据。XY 公司作为因盗用沈某姓名而被列入排查对象的企业之一，对此亦负有过错责任。因此，在确认沈某存在财产损失的前提下，本案就具备了适用《侵权责任法》第 20 条的基础。

---

① 参见王泽鉴：《债法原理（第二册）不当得利》，中国政法大学出版社 2002 年版，第 174 页。

② 参见王泽鉴：《债法原理（第二册）不当得利》，中国政法大学出版社 2002 年版，第 143 页。

二、第三方无法通过法律途径优先追缴侵权人的获益：认定财产获益赔偿的规范前提条件

侵犯姓名权的典型方式主要是干涉、盗用、冒用、不当使用，其中干涉姓名使用属于限制他人人格自由，不当使用他人姓名主要是带有侮辱性的行为，这两种情形下，侵权人一般不会产生获益，而盗用与冒用则很可能存在经济利益的驱动。姓名不同于有体物，非法使用他人姓名本身没有独立的经济价值，一般是与某种具体的行为结合才能间接产生获益。从一般民事案件的角度而言，[①] 实践中通过盗用、冒用姓名而获益有三种典型形式：（1）用于宣传推广，比如利用知名人士的社会影响力，进行广告营销，以增加销售利润。（2）用于登记注册，获得从事盈利行为的主体资格；（3）用于虚构事实，获得非法利益。侵权人从事这些行为不仅侵犯了他人姓名权，也可能违反其他公法规定或与第三方的合同约定。笔者认为，《侵权责任法》第 20 条所指的“获得利益”应当基于权益侵害不当得利基础上进行理解，也就是主张侵权人返还获益的请求权基础只能归属于被侵权人。如果第三方可以通过法律途径优先进行追缴，那么所谓的“获益”在规范意义上就不是确定的，一旦这种获益被另行消灭，也就不存在适用《侵权责任法》第 20 条的前提了。比如，实践中，有的企业为了逃避税收，盗用他人姓名签署虚假的现金工资收条，在申报税收时虚列成本支出，以抵扣应缴税金。在此情况下，依照税法规定，税务机关有权追缴侵权人的税金，在规范意义上，侵权人不能保有任何避税利益。又比如，有的机构假冒其他鉴定人员的姓名出具鉴定意见，委托人有权利对其主张返还所收取的鉴定费。在姓名权纠纷中，即使第三方的追缴行为还没有实际发生，也不能认定侵权人有不当得利意义上的获益。因为，如果认定侵权人对被侵权人进行获益赔偿，就等于是认可了侵权人的此类获益确定化、合法化，损害了第三方主张追缴的权利，在法律逻辑与价值引导上均存在障碍。

本案中，XY 公司盗用沈某姓名是为了完成企业的税务设立登记，只有完成税务登记，企业才能正常经营，获得利润。国家税务总局颁布的《税务登记管理办法》第 14 条规定，纳税人在申报办理税务登记时，应当如实填写税务登记表。税务登记表的主要内容包括：……（九）财务负责人、联系电话；……。由此可见，财务负责人是税务登记中必须申报的主体信息。虽然《税务

① 知识产权领域的人格权保护有独立的规则系统，本文对此不作探讨。

登记管理办法》并没有对财务负责人的专业资质等级、劳动关系归属作出强制性规定，但其作为税务登记中的必要主体，应当是与企业有稳定联系，并且熟知税务工作的会计人员，该人员也需要接受税务机构的联络监管。因此，从企业成本支出的角度而言，如果不能由有特定关系的人员不计报酬担任该职务，聘请该人员的劳务成本支出是必不可少的。2017 年 11 月 5 日之前实施的《会计法》第 38 条第 1 款规定，从事会计工作的人员，必须取得会计从业资格证书。XY 公司的姓名盗用行为发生于该法律条款的有效期内，正是由于沈某的姓名与其具有的会计从业资格相关联，能够较为便利地满足财务负责人的登记需求。根据《税务登记管理办法》的规定，企业在注册时提供虚假信息应当承担相应的法律责任，但 XY 公司的经营主体及纳税主体资格并不能因此而被否定，XY 公司的正常经营收入并不会被第三方追缴。因此，XY 公司因此而获得的利益是确定的，本案符合适用《侵权责任法》第 20 条的规范前提。

三、侵权人所减少的最低限度内劳务成本构成其获益：因非宣传用途盗用姓名的获益计算

基于权益侵害不当得利的理论，非法使用他人人格法益的典型后果是应当偿还“通常使用应支付的对价”,[①] 而不是指侵权人的经营行为所产生的全部利润。比如盗用明星肖像用于广告宣传，比照该明星正常签约许可肖像使用的市场价格，司法实践中一般是基于侵权人的产品销量、利润，再考虑被侵权人肖像对于产品销售的贡献率予以综合认定。本案中，XY 公司盗用沈某姓名并不是为了广告宣传，而且单纯出借专业资质的行为本身也并不符合法律规定，所以不能直接以同等市场价格为标准。对于盗用具有专业资质的姓名所得利益的衡量，可以从侵权人所减少的必要成本支出角度进行分析，根据不同领域的实际情况，选择最接近的劳务报酬进行参照，并在考虑被侵权人未付出实际劳务的基础上酌情扣减金额。在适用《侵权责任法》第 20 条认定赔偿时，既要尽量填补被侵权人的损失，也要防止随意进行惩罚性赔偿。[②] 尤其是在集团案件中，需要对被侵权人的获赔金额进行整体考虑。

本案中，二审法院认为，第一，企业可以根据自身经营规模需要选聘相

---

① 参见王泽鉴：《民法总则》，中国政法大学出版社 2001 年版，第 135 页。

② 参见《〈中华人民共和国侵权责任法〉条文理解与适用》，人民法院出版社 2010 年版，第 158 页。

应的人员，并根据合同约定按期支付对价报酬。XY公司于2015年6月17日成立，其盗用沈某姓名的行为也发生在企业经营的初始阶段。《会计法》第36条第1款规定，各单位应当根据会计业务的需要，设置会计机构，或者在有关机构中设置会计人员并指定会计主管人员；不具备设置条件的，应当委托经批准设立从事会计代理记账业务的中介机构代理记账。许多小微企业成立初期的经营收入较少，不具备设置专门会计机构或人员的条件，可以根据上述法律规定委托中介机构代理记账。中介机构在接受委托后，也可以在征得本人同意的前提下，提供相应的会计人员为企业担任财务负责人，而这一模式也是在现有制度规范和市场环境下，企业成本支出最少的选择。根据双方当事人的一致确认，XY公司在没有任何应缴税额的阶段，聘请中介机构代理记账报税的成本支出为每年1200元至1500元，该区间金额已经是XY公司在最低限度内的税务工作成本。鉴于沈某并未实际向XY公司提供劳务工作，而XY公司盗名行为的主观故意程度相对较低，且已经完成了姓名登记变更，故二审法院酌情以1350元作为参照基数，并在此基础上扣减350元，以每年1000元的标准认定XY公司因盗名行为而减少的必要劳务成本。

第二，关于XY公司盗用沈某姓名的具体期限问题。沈某并未提供证据证明XY公司完成税务登记的具体日期，XY公司也未提供证据证明其完成姓名登记变更的具体日期，故本院根据相关规定及证据规则予以综合认定。《税务登记管理办法》第10条规定：……（1）从事生产、经营的纳税人领取工商营业执照（含临时工商营业执照）的，应当自领取工商营业执照之日起30日内申报办理税务登记，税务机关核发税务登记证及副本；……。因此，XY公司最迟应当于2015年7月17日完成了税务登记，开始盗用沈某姓名。而根据税务机关的答复，最迟于2017年8月15日，XY公司已经完成了姓名登记变更，终止了侵权行为。由此推算，二审法院认定XY公司的盗名期限总计约为25个月。

结合上述分析，二审法院认定XY公司因侵权行为而获得的利益总计应为2083元，一审法院所认定的500元律师费损失系沈某的正常维权成本，双方当事人对此均无异议，故认定沈某的财产损失金额总计应为2583元。税务登记的财务负责人主要是作为税务机关监管联络的对象，与注册建筑师、注册会计师等专业资质相比，即使在《会计法》修改前，会计从业资格也只是会计工作的基础入门资格，对其市场价值应当予以谨慎客观评价。同时，在认定上述金额时，二审法院也考虑到了同类案件的整体数量，根据目前的政府信息公开答复，同类侵权企业就有两百多家，按照本案确认的赔偿标准，即使各企业的盗用姓名期限有所不同，沈某将获得的赔偿也会达到数十万元，已经足以填平其在整个事件中的损失。

【附录】

编写人：李兴（立案庭审判员）

一审案号：(2018) 沪 0112 民初 899 号

二审案号：(2018) 沪 01 民终 8627 号

二审合议庭：沈强（审判长）、李兴（主审法官）、李伟林

34. 未取得经营性道路运输驾驶员资格证不应成为保险拒赔理由

——连某等与T保险公司等机动车交通事故责任纠纷上诉案

【案例要旨】

机动车交通事故责任纠纷中，司机未取得经营性道路运输驾驶员资格证，不应成为保险公司拒赔的理由。经营性道路运输驾驶员资格证，更多系为加强道路运输从业人员管理之目的而存在，司机未取得该证，不会显著增加机动车发生交通事故的概率，增大保险公司理赔的风险。将未取得该证之情形，纳入保险免责条款“驾驶出租机动车或营业性机动车无交通运输管理部门核发的许可证书或其他必备证书”之内容，有欠合理。同时，保险公司对保险合同中免除保险公司责任的条款，应当在订立合同时向投保人作出提示并进行常人能够理解的解释说明，未作提示或说明的，该条款亦不产生效力。

【案情简介】

上诉人（原审原告）：连某。

上诉人（原审被告）：李某。

上诉人（原审被告）：上海S物流有限公司（以下简称S公司）。

被上诉人（原审被告）：中国T财产保险股份有限公司上海分公司（以下简称T保险公司）。

原审被告：洪某。

2017年10月18日16时36分许，洪某驾驶牌号为沪DT2×××重型厢式货车，在闵行区×××路口与骑电动自行车的王某发生碰撞，致使王某当场死亡、车辆损坏。该事故经公安机关认定，洪某负事故的全部责任。受害人王某经上海枫林司法鉴定有限公司鉴定，符合道路交通事故致颅脑损伤合并创伤性休克死亡。

连某系受害人王某之子，为本起诉讼支付律师费 10000 元。洪某事发时系从事职务行为，李某系事故车辆实际车主，S 公司系事故车辆的挂靠单位、交强险和商业险的被保险人。涉事车辆在 T 保险公司投保交强险和商业三者险 100 万，含不计免赔。李某已向连某支付 100000 元。

洪某于 2017 年 10 月 31 日领取经营性道路运输驾驶员资格证，事发时未取得该资格证。受害人王某户籍地为上海市普陀区×××路×××弄×××号，与案外人连某某于 1993 年 6 月 25 日经法院判决离婚，双方育有一子即本案连某。受害人王某的父母均已报死亡。

本案肇事车辆的机动车行驶证载明：使用性质为货运，品牌型号为陕汽牌，发证日期为 2017 年 1 月 18 日。

一审审理中，T 保险公司提出洪某于 2017 年 10 月 31 日领到经营性道路运输驾驶员资格证，但交通事故发生于 2017 年 10 月 18 日，当时尚未取得该资格证，符合机动车第三者责任保险第七条第三款第（五）项“使用各种专业机械车、特种车的人员无国家有关部门核发的有效操作证、或驾驶出租机动车或营业性机动车无交通运输管理部门核发的许可证书或其他必备证书”规定的免责情形，故 T 保险公司不同意在商业险范围内承担赔偿责任。

二审审理中，S 公司、李某提交的案外人 Z 公司（甲方）与 S 公司（乙方）于 2016 年 11 月 18 日签署之购车合同显示（引号内为手写内容）：乙方决定向甲方订购“陕汽”汽车，并委托甲方办理相关车辆上牌的事宜：一、乙方决定购买车辆型号：“9.6 米、冷藏车、国四”，数量为“贰＋壹台”辆，车辆颜色：“白色”……二、车价为￥：“211000×3”元……乙方委托甲方代办服务项目有：“上牌 2000、购置税＋保险 凭发票结算”。

二审审理中，各方当事人对一审法院就赔偿项目之认定及损失金额之计算，均无异议。

【裁判结论】

一审法院认为，机动车发生交通事故造成人身伤亡、财产损失的，先由承保交强险的保险公司在责任限额范围内予以赔偿；不足部分，由承保商业三者险的保险公司根据保险合同予以赔偿；仍有不足的，依照《道路交通安全法》和《侵权责任法》的相关规定由侵权人予以赔偿。本案中，根据事故责任认定书，李某的驾驶员洪某承担事故的全部责任，事发时洪某系履行职务行为，事故车辆挂靠于S公司名下，故连某的经济损失超出交强险部分由T保险公司依保险合同约定理赔，不属保险理赔部分由李某依法承担，S公司就李某应承担的赔偿责任承担连带清偿责任。T保险公司提出第三者商业责任险不予理赔的抗辩意见，从事故发生后驾驶该肇事车辆的驾驶员申领经营性道路运输驾驶员资格证的行为，足以显示投保人明知与保险人间约定的保险公司在商业险范围内不承担赔偿责任的条款，故对该项抗辩意见予以支持。

关于事故的各项损失：丧葬费，系王某死亡后而发生的必要支出，酌定为39023元；死亡赔偿金，适用上海市城镇居民标准计算，确定为1096148元；精神损害抚慰金，本起事故致王某死亡，造成其家属精神上的痛苦，现连某要求以金钱方式进行抚慰属必要，综合损害后果、侵权手段、过错责任、处理事故的态度，支持精神损害抚慰金50000元；物损，酌定为1500元；交通费酌定为1000元；律师代理费，系连某寻求法律救济途径解决本纠纷的支出，根据律师行业标准及本案的具体情况、标的额等，酌情支持10000元。上述损失由T保险公司在交强险限额内赔偿连某111500元，余款扣除李某垫付的100000元，由李某赔偿连某986171元，S公司应就李某应承担的赔偿责任承担连带清偿责任。

一审法院审理后，于2018年3月30日作出判决：一、T保险公司应于判决生效之日起十日内在交通事故责任强制保险的限额内赔偿连某人民币111500元；二、李某应于判决生效之日起十日内赔偿连某人民币986171元；三、S公司就李某应承担的赔偿责任承担连带清偿责任；四、驳回连某其余诉讼请求。

连某、李某、S公司不服一审判决，提起上诉。

连某上诉请求撤销一审判决第二项、第三项、第四项，依法改判T保险公司在保险范围内先行赔偿，不足部分由S公司赔偿。主张T保险公司未提供涉案保险合同，更没有就格式条款的免责事由在投保时告知过被保险人进行举证，且保险合同中并没有明确约定若驾驶人员为非经营性道路运输驾驶员资格证人员的拒赔条款。肇事车辆在事故发生时，实际上并未参加运输活动，不属于从事经营活动。从业资格是对从业人员所从事的特定岗位职业素质的基本评价，不涉及对驾驶员驾驶能力的考核，从业资格不能理解为驾驶资格，驾驶员没有从业资格与事故的发生不存在必然的因果关系，也不能增加发生交通事故的概率，进而增大保险公司理赔风险，故不能以此作为T保险公司免责的依据。

李某、S公司上诉请求撤销一审判决第二项、第三项、第四项，依法改判T保险公司在保险范围内先行承担赔偿责任。主张T保险公司在投保时没有告知过免责条款，保险合同条款中也没有约定是哪些许可证、操作证，T保险公司应当一一明确，否则不应免赔。事故发生后，驾驶员办理了从业资格证，说明驾驶员事先并非明知该情况。事发时肇事车辆为空车，并未参与营运活动。

T保险公司辩称，保单上有请投保人详细阅读保险条款的明确告知，保险条款中的免责条款也进行了加黑加粗，保险公司已经尽到了提示说明义务。没有证据证明事发时肇事车辆为空车，即使是空车，也不能说明其没有参与营运活动。肇事车辆为特种车，驾驶员在使用该车辆时，必须具有交通运输管理部门颁发的运输从业资格证，保险条款有相应依据。事发时，洪某并未取得资格证。因此，T保险公司不同意连某、李某及S公司的上诉请求，请求驳回上诉，维持一审判决。

二审法院经审理认为，对保险合同中免除保险人责任的条款，保险人应作出足以引起投保人注意的提示，未作提示或者明确说明的，该条款不产生效力。本案中S公司与李某于二审中提交了肇事车辆的购车合同，证明保险系由Z公司代为购买，且在案并无证据显示T保险公司于订立合同时就免责条款向投保人尽到了提示或明确说明义务，故该条款本身并无法产生效力。而且，即便T保险公司就其所称的免责条款有过提示或说明，但在投保过程中理应清楚保险车辆使用性质为“货运”之情况下，T保险公司亦无证据显示其就“许可证书或其他必备证书”包括了“经营性道路运输驾驶员资格证”有过明确之说明告知。此外，经营性道路运输驾驶员资格证之存在，更多是为加强道路运输从业人员管理之目的，并不会显著增加保险车辆之危险程度或加大事故风险。因此，据上所述，T保险公司应当在商业险范围内承担赔偿责任。二审法院于2018年8月作出终审判决：一、维持一审法院民事判决第一项；二、撤销一审法院民事判决第二项、第三项、第四项；三、T保险公司应于判决生效之日起十日内在第三者责任险的限额内赔偿连某人民币1000000元；四、连某应于判决生效之日起十日内返还李某人民币13829元；五、驳回连某其余诉讼请求。

【评析意见】

本案审理之焦点问题，即肇事司机未取得经营性道路运输驾驶员资格证时，保险公司可否拒赔商业险。我们认为，未取得经营性道路运输驾驶员资格证，不应成为保险公司拒赔的理由。本文从以下两个方面进行分析：

一、免责条款未作提示或明确说明不产生效力

本案中，保险公司拒赔商业险主要系依据下述免责条款："使用各种专业机械车、特种车的人员无国家有关部门核发的有效操作证、或驾驶出租机动车或营业性机动车无交通运输管理部门核发的许可证书或其他必备证书"。保险公司认为，司机未取得经营性道路运输驾驶员资格证，即符合免责条款中"驾驶出租机动车或营业性机动车无交通运输管理部门核发的许可证书或其他必备证书"之内容，故其可拒赔商业险。

但《保险法》第17条第2款规定，对保险合同中免除保险人责任的条款，保险人在订立合同时应当在投保单、保险单或者其他保险凭证上作出足以引起投保人注意的提示，并对该条款的内容以书面或者口头形式向投保人作出明确说明；未作提示或者明确说明的，该条款不产生效力。《最高人民法院关于适用〈中华人民共和国保险法〉若干问题的解释（二）》第11条、第13条规定，保险人对保险合同中有关免除保险人责任条款的概念、内容及其法律后果以书面或者口头形式向投保人作出常人能够理解的解释说明的，人民法院应当认定保险人履行了《保险法》第17条第2款规定的明确说明义务。而且，保险人对其履行了明确说明义务负举证责任。

依据上述规定，保险人对其在订立合同时，就保险合同中免除保险人责任的条款作出过足以引起投保人注意的提示及常人能够理解的解释说明，负有举证责任。本案中，关于肇事车辆商业险之购买过程，S公司与李某于二审中提交了肇事车辆的购车合同，根据合同之约定，当时保险由车辆销售公司Z公司代为购买，而保险公司对其如何销售肇事车辆商业保险的情况未能作出明确说明，故法院有理由认为肇事车辆之商业保险系由Z公司代为购买。在此情况下，在案并无证据显示保险公司于订立合同时就免责条款向投保人尽到了提示说明义务，故该条款本身并无法产生效力。

而且，退一步讲，即便保险公司就其所称的免责条款"驾驶出租机动车或营业性机动车无交通运输管理部门核发的许可证书或其他必备证书"，向投保

人有过提示或说明，但在投保过程中理应清楚保险车辆使用性质为“货运”之情况下，保险公司亦无证据显示其就“许可证书或其他必备证书”包括了“经营性道路运输驾驶员资格证”有过明确之说明告知。面对没有范围界限的“许可证书或其他必备证书”，一般投保人将面临无所适从之境地，保险公司有必要将其能轻易认知到的相关证书展开说明；否则，难言是作出了常人能够理解的解释说明。

二、将未取得经营性道路运输驾驶员资格证列入免责条款内容有欠合理

据上所述，称“许可证书或其他必备证书”包括了“经营性道路运输驾驶员资格证”，应当有过明确之说明告知。但即便保险公司明确告知投保人“许可证书或其他必备证书”包括了“经营性道路运输驾驶员资格证”，这样的一种包括是否合理?

《道路交通安全法》第 19 条第 1 款规定，驾驶机动车，应当依法取得机动车驾驶证。通常而言，是否取得相应驾驶证，是驾驶员是否具备相应驾驶能力的一个核心评判标准。而“经营性道路运输驾驶员资格证”是驾驶员根据《道路运输从业人员管理规定》之相应规定而取得。纵观其内容可知，该规定系为“加强道路运输从业人员管理，提高道路运输从业人员综合素质”而制定，经营性道路运输驾驶员资格证之存在，更多是为加强道路运输从业人员管理之目的。[①] 例如，2017 年 11 月 1 日施行的《河北省道路运输管理条例》第 33 条明确规定，使用总质量为四千五百千克以下的载货汽车从事普通货运经营的，可以不再申请办理道路运输经营许可手续。由此亦可见，“经营性道路运输驾驶员资格证”并非是货运驾驶员驾驶能力的一个“不可或缺”的评判标准。

更何况，驾驶员缺乏该资格证，难言会显著增加机动车发生交通事故的概率，进而增大保险公司理赔的风险，保险公司若依据驾驶员未取得该资格证而免责，有违公平。综上，将未取得经营性道路运输驾驶员资格证列入免责条款之内容，有欠合理。

---

① 《道路运输从业人员管理规定》第 10 条规定，经营性道路货物运输驾驶员应当符合下列条件：(1) 取得相应的机动车驾驶证；(2) 年龄不超过 60 周岁；(3) 掌握相关道路货物运输法规、机动车维修和货物装载保管基本知识；(4) 经考试合格，取得相应的从业资格证件。本案中，肇事车辆使用性质即为货运，驾驶员取得“经营性道路运输驾驶员资格证”，满足上述条件即可。

【附录】

编写人：潘静波、张津铖（分别系民一庭审判员、实习生）

一审案号：（2018）沪0112民初2367号

二审案号：（2018）沪01民终6007号

二审合议庭：丁慧（审判长）、马丽、潘静波（主审法官）

35. 营运车辆投保非营运险时保险公司赔偿责任的承担

——甲公司与王乙等机动车交通事故责任纠纷上诉案

【案例要旨】

营运性质的车辆在投保商业三者险时，未对车辆的使用性质尽到如实告知义务，投保非营运险，不属于在保险期间内改变车辆的使用性质，保险公司不得根据《保险法》第52条的规定和保险合同中关于在保险期间内改变车辆使用性质的免赔条款主张免赔。但保险公司有权根据《保险法》第16条第2、3款的规定，在法定期间内行使解除合同的权利。保险公司逾期未行使或者按照法律规定已不得行使解除权的，则应当在商业三者险范围内承担赔偿责任。

【案情简介】

上诉人（原审被告）：甲公司。

被上诉人（原审原告）：王乙。

被上诉人（原审被告）：人寿财保某公司。

2016年9月11日，甲公司的员工驾驶车辆与骑电动自行车的王乙发生碰撞，致王乙及电动车上乘坐人受伤。经交警部门认定，在本起事故中，王乙负主要责任；甲公司员工负次要责任；电动车上乘坐人员不承担责任。经鉴定，王乙构成二级和十级伤残。

甲公司车辆在人寿财保某公司投保了交强险和不计免赔商业三者险（限额100万元），使用性质为非营业企业，事发时在保险期间内。

2013年11月26日，甲公司涉案车辆办理了货运车辆道路运输证，有效期至2017年11月30日。该车投保时行驶证上登记为非营运，并按非营运车辆性质投保了商业三者险。2016年10月20日，涉案车辆将使用性质由非营运变更为货运。2016 年 10 月 26 日 00 时 00 分起，该车的保险信息中车辆使用性质由非营业企业变更为营业货运。

后王乙诉至法院，主张其因交通事故造成的各项损失共计 2178667.75 元，请求法院判令先由人寿财保某公司在交强险范围内予以赔偿（精神损害抚慰金优先赔偿），超出或不属于交强险理赔范围的部分计算 40%，由人寿财保某公司在商业三者险责任限额内先行赔偿，不足部分由甲公司赔偿。

【裁判结论】

一审法院经审理认为，虽然涉案车辆投保时行驶证上登记为非营运，并按非营运车辆性质投保了商业三者险，但甲公司早在 2013 年就已为涉案车辆办理了道路运输证，该车实际已从非营运转变为营运车辆，故人寿财保某公司以甲公司投保时隐瞒了车辆实际使用性质，增加了风险为由，根据商业三者险保险合同的约定主张商业三者险拒赔的意见，予以采纳。一审法院遂判决：一、人寿财保某公司于判决生效之日起十日内赔偿王乙 60000 元；二、甲公司于判决生效之日起十日内赔偿王乙 777543.45 元。

甲公司不服一审判决，上诉称：人寿财保某公司在明知甲公司的经营范围、涉案车辆的使用性质的情况下，仍允许甲公司投保非营运商业险，因此人寿财保某公司应当在商业险范围内承担赔偿责任，请求二审依法改判。

人寿财保某公司辩称：甲公司投保时隐瞒了涉案车辆的实际使用性质，增加了风险。保险公司根据商业三者险保险合同第十八条的约定和《保险法》第 52 条的规定可拒赔商业三者险。请求维持一审判决。

二审法院经审理认为，涉案车辆于 2013 年 11 月 26 日即办理货运车辆道路运输证，投保后直至事故发生时车辆的使用性质并未发生变化，即并未在保险期间内改变车辆使用性质，不符合《保险法》第 52 条规定的“在合同有效期内，保险标的的危险程度显著增加”和商业三者险保险合同第十八条约定的“在保险期间内改变车辆使用性质条款”的免赔条款适用条件。因此，人寿财保某公司不得以涉案车辆在保险期间内改变车辆使用性质为由主张不承担商业三者险范围内的赔偿责任。

关于甲公司在投保时是否尽到如实告知义务以及保险公司能否据此主张在商业三者险范围内免赔的问题。根据《保险法》第 16 条第 2、3 款的规定，“投保人故意或者因重大过失未履行前款规定的如实告知义务，足以影响保险人决定是否同意承保或者提高保险费率的，保险人有权解除合同。前款规定的合同解除权，自保险人知道有解除事由之日起，超过三十日不行使而消灭。”人寿财保某公司若认为甲公司在投保时，隐瞒了车辆的使用性质，可在知道存在解除事由之日起三十日内提出解除合同。然经查，事发后，人寿财保某公司于 2016 年 10 月 25 日已将涉案车辆的险种由非营运险变更为营运险，并增加保费。可见，保险公司在明知甲公司投保时未履行如实告知义务的情况下，未在法定期间内行使合同解除权，反而同意变更保险合同。根据《最高人民法院关于适用〈中华人民共和国保险法〉若干问题的解释（二）》第 8 条的规定：保险人未行使合同解除权，直接以存在《保险法》第 16 条第 4 款、第 5 款规定的情形为由拒绝赔偿的，人民法院不予支持。故二审法院遂改判人寿财保某公司在商业三者险范围内承担赔偿责任。

【评析意见】

因营运车辆的商业三者险保险费率与非营运车辆相差较大，故很多营运车辆向保险公司投保非营运险。一旦事故发生，保险公司通常即以营运车辆投保非营运险、增加了风险为由，主张在商业三者险范围内免赔。但营运车辆投保非营运险的具体情况不尽相同，应根据不同情况审查判断保险公司应否在商业三者险范围内承担赔偿责任，才有利于投保人、保险人利益的保护，有利于维护保险市场的稳定和秩序。

一、应根据车辆改变使用性质的时间点确定是否适用保险合同的约定及《保险法》相关规定

关于营运车辆投保非营运险，保险公司是否在商业三者险范围内承担赔付责任的问题，首先要查明车辆使用性质变更的时点，审查投保人是投保前还是在保险期间内改变车辆使用性质，其中尤其应当审查涉案车辆办理货运车辆道路运输证的时间。车辆使用性质变更的时间点，决定了保险公司抗辩免赔的合理依据应当是投保人未尽如实告知义务还是使用期间改变车辆使用性质，也决定了应当适用《保险法》第 16 条、第 52 条还是保险合同的约定处理该问题。

大部分保险公司在与投保人签订商业三者险保险合同时，都会在保险合同中对改变车辆使用性质的问题作出约定。具体是否可以适用保险合同中的相关约定，还需要根据保险合同中相关条款的表述作出判断。如果各方对条款约定理解不一时，根据《合同法》第 41 条的规定，应当作出不利于提供格式条款一方即保险公司的解释。本案中商业三者险保险合同第十八条约定：“在保险

期间内，被保险机动车改装、加装或被保险家庭自用汽车、非营业用汽车从事营业运输等，导致被保险机动车危险程度显著增加的，应当及时书面通知保险人，否则，因被保险机动车危险程度显著增加而发生的保险事故，保险人不承担赔偿责任。”一审法院即根据该条约定支持了保险公司主张免赔的意见。但我们认为，该条约定仅针对在保险期间内改变车辆使用性质的情况。本案中涉案车辆并非在保险期间内改变车辆使用性质，而是在投保时即为营运车辆，因此并不符合该条款的适用条件。同时在保险合同未对投保时车辆即为营运性质的问题作出约定的情况下，保险公司不得根据合同约定主张免赔。

根据《保险法》的规定处理营运车辆投保非营运险的问题，同样应根据车辆改变使用性质的时间点加以区分。若在保险合同履行期间改变车辆使用性质为营运的，则应当根据《保险法》第52条、第53条的规定进行处理。若在投保时车辆即为营运性质，则保险公司有权根据《保险法》第16条第2、3款的规定，以投保人投保时未尽到如实告知义务为由，在法定期间内行使解除合同的权利。若保险公司逾期未行使或者按照法律规定已不得行使的，则应当在商业三者险范围内承担赔偿责任。

二、投保人投保时负有如实告知义务

《保险法》第16条第1款规定：“订立保险合同，保险人就保险标的或者被保险人的有关情况提出询问的，投保人应当如实告知。”保险公司在接受投保人保险申请时，需要对其所要承保的保险标的的现实状况作出正确的评估，而对保险标的的实际情况最为了解的就是投保人。因此，如果投保人未尽到如实告知义务甚至隐瞒被保险标的的实际情况，保险公司无法正确评估保险标的的真实危险程度，也就无法正确测定危险，决定是否承保及保费数额。保险合同订立后，保险公司所要承担的危险责任可能远远超过其预估，导致保险合同权利义务的不对等，更有违诚实信用原则。

一般而言，营运性质车辆的行驶证在使用性质一栏记载为“营运”，并且应当在道路运输管理部门办理道路运输许可证并缴纳运管费，在此基础上，该车辆即可从事以营利为目的的运输经营活动。正因为营运车辆系以营利为目的，故其使用频率通常显著高于非营运车辆，发生交通事故的概率也会相应增加。在此情况下，保险公司根据车辆的使用性质进行分类，将商业三者险分为营运险和非营运险两个险种，规定了不同的保险费率。因此车辆的使用性质是对投保险种和保费金额有决定性影响的事实。投保人在订立保险合同时，应当对此尽到如实告知义务。

三、投保人违反如实告知义务的后果

根据《保险法》第 16 条的规定，投保人存在主观故意或者重大过失不履行如实告知义务，足以影响保险人决定是否同意承保或者提高费率的，保险人有权解除合同。

主观上，投保人明知被保险人或者标的的有关情况但不告知或者隐瞒事实的，属于故意不履行如实告知义务。投保人故意不履行如实告知义务的，保险人不但可以解除合同，同时对于合同解除前发生的保险事故，不承担赔偿或者给付保险金的责任，且不退还保费。对于不诚信的投保人而言，其既无法获得理赔，也无法收回缴纳的保费，无疑是有效的惩罚。对于保险人而言，其可以在投保人出险索赔之后展开对投保人如实告知义务履行与否的调查，大幅减少事前对投保人的调查成本。

投保人因过失不履行告知义务，一般是针对投保人误告或遗漏而言的，是指投保人对被保险人或者标的的有关情况应当知道，因其不注意或者疏忽没有知道，以致未能告知保险人的行为，其中重大过失是未尽“疏忽之人”可以具有的注意义务。在投保人因重大过失未履行如实告知义务的情况下，未如实告知的事实与保险事故存在因果关系且有重大影响的，对于该保险事故，保险人可以不承担赔偿或者给付保险金的责任，但应当退还保险费。在法律责任上相当于民法上的“恢复原状”，即恢复到保险合同签订之前的保险人不承担保险责任、投保人不支付保险费的状态。

四、保险合同解除权行使的阻却事由

保险人不加限制的行使解除权显然会造成保险人和投保人利益的失衡，因此为平衡保险合同双方之间的力量、避免出现不公平现象，法律同时设置了合同解除权行使的阻却事由，包括不可抗辩条款和弃权与禁止反言制度。

（一）不可抗辩条款

我国《保险法》第 16 条第 3 款规定：“前款规定的合同解除权，自保险人知道有解除事由之日起，超过三十日不行使而消灭。自合同成立之日起超过二年的，保险人不得解除合同；发生保险事故的，保险人应当承担赔偿或者给付保险金的责任。”《保险法》规定不可抗辩条款的价值主要在于：（1）防止保险人滥用权利；（2）维护保险单信用之交易安全；（3）保护保险金受益人之利益。通过对处于优势地位的保险人权利的限制，体现对被保险人或受益人强烈的人道主义关怀，也可以督促保险人在规定时间内进行必要的调查活动。[①]

（二）弃权和禁止反言制度

由于保险法律关系中双方当事人都应当遵守高于一般要求的诚信原则，因而被称为最大诚信原则。弃权和禁止反言制度正是这一原则派生而来，目的主要是对保险法律关系各方利益的平衡，并约束保险人解除权的行使。《保险法》第16条第6款规定："保险人在合同订立时已经知道投保人未如实告知的情况的，保险人不得解除合同；发生保险事故的，保险人应当承担赔偿或者给付保险金的责任。"即为弃权与禁止反言制度在《保险法》中的体现。

弃权是指保险人明示或默示抛弃法律赋予的合同解除权，则其不得再以此为由主张解除保险合同。弃权的构成需要具备以下两个要件：（1）保险人明知投保方违反如实告知义务，是明知其有正当理由解除合同而不为；（2）保险人有明示或默示弃权的意思表示，这种意思表示可以是明确的弃权声明，也可以从其行为中推定，但保险人的弃权必须是明确的、不会引人误解的。在绝大多数场合下，保险人的弃权都是通过承认保险单有效而放弃行使保险合同解除权达成的。

一般合同法上对权利的放弃是不需要对价的、即无对价的弃权，如《保险法》第16条第6款的规定，保险人在订约时就知道投保人违反如实告知义务但仍继续签发保单并收取保费，就属于无对价的弃权。本案中，不同于这种无对价的弃权，保险公司在订立保险合同后知悉投保人投保时违反如实告知义务，但并不行使解除权，而是要求将涉案车辆的险种由非营运险变更为营运险并增加保费，投保人也按照要求支付保费。此时保险公司和投保人的行为应当视为双方一致合意对保险合同进行了变更。保险公司已通过增加保费、变更保险险种这一明确行为表示放弃行使合同解除权，投保人支付的更多保险费实际上构成了保险人弃权的对价。保险公司在放弃行使合同解除权的情况下，再以投保人违反如实告知义务为由主张免赔，根据《最高人民法院关于适用〈中华人民共和国保险法〉若干问题的解释（二）》第8条规定，不应予以支持。

① 参见樊启荣：《保险契约告知义务制度论》，中国政法大学出版社2003年版，第291～293页。

【附录】

编写人：沙茹萍、韩卫旭、盛利（分别系民一庭审判长、助理审判员、法官助理）

一审案号：（2017）沪 0104 民初 21167 号

二审案号：（2018）沪 01 民终 1837 号

二审合议庭：沙茹萍（审判长兼主审法官）、刘江、韩卫旭

36. 是否应参照损伤参与度减轻交通事故侵权人责任的评定标准

——P保险公司与彭某机动车交通事故责任纠纷上诉案

【案例要旨】

损伤参与度可以确定个人体质状况或原有疾病对损害后果的发生具有一定比例的影响，但这不是等同于《侵权责任法》等法律规定的过错。在交通事故引起的侵权责任纠纷中，是否应参考损伤参与度的因素减轻侵权人赔偿责任，应当回归到交通事故侵权责任的认定本质，即是否符合侵权行为构成要件，特别是是否存在过错及法律上的因果关系这一核心要点，从归责事由、条件关系与相当性、阻却事由等角度综合考量认定。在不影响侵权行为要件构成时，损伤参与度并非减轻侵权人赔偿责任的法定情形。

【案情简介】

上诉人（原审被告）：P保险公司。

被上诉人（原审原告）：彭某。

原审被告：李某。

2017年1月，李某驾驶车辆行驶过程中与驾驶非机动车行驶的彭某相撞，致彭某受伤。交警支队出具道路交通事故认定书，认定彭某负事故次要责任，李某负事故主要责任。肇事车辆在P保险公司处投保了机动车交通事故责任强制保险（以下简称“交强险”）和第三者责任商业保险。彭某受伤后进行了治疗，并产生了医疗费等费用。司法鉴定中心对彭某的伤残程度等进行鉴定，鉴定结论为：彭某因交通事故致颈7一胸2棘突多发骨折，遗留颈部功能障碍，构成九级伤残……。彭某遂向法院起诉，请求判令P保险公司在交强险和第三者责任商业保险内赔付其医疗费等相关费用，超出部分由李某承担赔偿责任。

审理中，P保险公司以彭某存在颈椎退行性变、椎间盘突出为由对其颈部的伤残等级提出参与度鉴定的申请。P保险公司及受害人彭某就本案的责任承担，特别是焦点问题——是否应就彭某存在颈椎疾病的个人体质问题进行损伤参与度的鉴定，并参照损伤参与度比例减轻侵权人的责任，从而减轻保险人P保险公司的赔偿责任，发生争议。

【裁判结论】

一审法院认为，涉案车辆投保了交强险，故对于彭某的损失，应先由P保险公司在交强险范围内予以赔偿。不足部分，因李某负事故主要责任，故由其对超过交强险责任限额部分的损失承担80%赔偿责任，因车辆同时投保了商业三者险，故李某应承担的赔偿款项，先由P保险公司在商业三者险限额内赔付，仍有不足的，由李某承担。

关于P保险公司以彭某存在颈椎退行性变、椎间盘突出为由对其颈部的伤残等级提出参与度鉴定的申请，彭某自身颈椎退行性变、椎间盘突出属个人体质问题，虽然彭某的个人体质状况对损害后果的发生具有一定的影响，但这不是《侵权责任法》等法律规定的过错，彭某因自身颈椎退行性变仅是事故造成后果的客观因素，并无法律上的因果关系，彭某不应因个人体质状况对交通事故导致的伤残存在一定影响而自负相应责任，因此，受害人彭某对于损害的发生或者扩大没有过错，不存在减轻或者免除加害人赔偿责任的法定情形，故对于P保险公司的鉴定申请一审法院不予准许。

一审判决：P保险公司在机动车交通事故责任强制保险责任限额内赔偿彭某120500元；在第三者责任商业保险责任限额内赔偿彭某131803.07元；李某赔偿彭某4500元；P保险公司在第三者责任商业保险责任限额内给付李某5500元；驳回彭某其余诉讼请求。

一审判决后，P保险公司提起上诉称，受害人病史资料显示C7－T2刺突骨折为交通事故导致，但颈椎退行性变、C4/5与C5/6椎间盘突出并非交通事故造成。故请求二审法院准许参与度重新鉴定，并在重新鉴定的基础上重新审定残疾赔偿金及精神抚慰金的赔偿数额。

二审法院认为，对于彭某在本案交通事故中受伤所构成的伤残等级，接受鉴定的鉴定中心具有鉴定资质，其出具的鉴定结论参照了病史资料及影像资料，结合伤者的症状及检查体征，该鉴定结论具有证明效力。彭某的个人体质状况虽对损害后果的发生具有一定的影响，但与事故造成的后果并无法律上的因果关系，故彭某不应因个人体质状况对交通事故导致的伤残存在一定影响而自负相应责任，P保险公司对彭某的伤残等级有异议，但未提供足以反驳的证据，其要求重新鉴定的意见，二审法院不予采纳。二审判决：驳回上诉，维持原判。

【评析意见】

一、法医学角度：损伤参与度的概念与内涵

损伤参与度是指在有外伤、疾病（包括老化和体质差异）等因素共同作用于人体，损害了人体健康的事件中，损伤在人身死亡、伤残、后遗症的发生上所起作用的比例关系。这其实是一个医学上的概念。从法医学的角度，在人身伤害事件中，由于损伤或者损伤所致的继发症、并发症（称为损伤相关伤、病）的作用，出现个体死亡或者肉体障害和精神障害的场合下，必然涉及人身伤害事件相关损伤是否与这种结果的出现有因果关系的问题。如果有因果关系，那么相关程度为多少呢？1980 年，渡边富雄教授在日本文部省科学研究费的资助下，对交通事故和死亡、伤害、后遗障害之间采用定量比例制方法进行了比较深入的研究，提出了因果关系的判断标准，即“渡边富雄标准”，对法医学界和法学界采用医学的方法判定因果关系进行了有益的尝试。[①] 渡边富雄教授采用了定量比例的方法对交通事故和损害结果（死亡、后遗障碍）进行研究，提出了“事故寄与度”的概念，并以该概念来确定事故在损害结果中所起作用的大小。[②] 1986 年“事故寄与度”的概念被引入到我国法医学界，我国法医学界将该词改为“损伤参与度”。最高人民法院自 1997 年起，开始对损伤参与度判定标准进行系统的探讨。[③]

---

① 参见何项跃：《损伤参与度的评定标准》，载《法律与医学》1998 年第 1 期。

② 参见陈燕娜：《关于医疗事故纠纷中损伤参与度问题的研究》，载 http://fzszy.chinacourt.org/public/detail.php?id=1303，访问日期：2018 年 12 月 10 日。

③ 1986 年日本赔偿医学的成果介绍到我国，极大地影响和推动了我国赔偿医学的理论研究和实践工作的开展。经过近十年的摸索和探讨，我国法医学工作者，特别是法院的法医学工作者对赔偿医学有了更加完善的理解，对制定具有中国特色的损伤与疾病之间的因果关系判定标准也提出了富有新意的建议。1997 年在最高人民法院的支持和指导下，何颂跃（最高人民法院法医处）、常林、刘鑫、王岩（北京市高级人民法院）、王增良（江苏省高级人民法院）、杜建芳（沈阳市中级人民法院）、林驰（大连市中级人民法院）共同对制定损伤参与度判定标准进行了讨论。

二、比较法视角：蛋壳脑袋规则与原因力

在英美法系国家，处理人身损害赔偿纠纷中有一重要的规则，即“蛋壳脑袋”规则（Eggshell Skull Principle）。该规则意为某人的脑袋像鸡蛋壳一样薄，通常对普通人不会造成伤害的打击对该人却造成了致命的伤害，为了保护受害人，应当认为损害行为与损害结果之间有因果关系且存在过失，损害行为人应当对受害人的所有损失负责。“蛋壳脑袋”规则起源于英国法官马肯农（Mackinnor）作出的一个判例，马肯农法官认为“因过失而侵害他人身体者，不能以若受害人头盖骨并非异常单薄，或者其心脏不是特别脆弱，其受损害的程度可能更低为由，对抗受害人的赔偿请求”。一个脆弱的人不能因自己的脆弱，而在法律上承担比正常人更多的风险，更不能成为他人损害自己健康之后的对抗理由。而任何伤人行为者，都必须接受受害人的体质可能特别脆弱的现状。[①] 该法律规则注重保护受害人，使受害人得到充分的救治以及警示损害行为人，任何伤人的行为，都可能导致最严重的伤害，损害行为人都会因此承担全部的赔偿责任。美国、德国等很多国家的审判实践中逐渐确立了蛋壳脑袋规则，即受害人不应为自身的缺陷或旧疾承担高于普通人的风险。

如果依据蛋壳脑袋规则，在处理涉及损害参与度的机动车交通责任纠纷案件时，就不应当考虑损伤参与度对确定赔偿金数额的影响，侵权人或者保险公司应当对受害人由此遭受的全部损失在责任范围内进行赔偿。

蛋壳脑袋规则没有直接进入我国现行法律规定中。在我国侵权责任法律方面，确立了过错是确定赔偿、分担损害的标准。90 年代以后逐渐有学者提出“原因力”标准，以司法解释的形式引入了原因力的概念。[②] 原因力理论旨在解决多因一果情形下，对各原因负责的人的法律责任大小问题。受害人特殊体质在自然科学上的确是损害的原因，但这是否必然构成法律意义上的原因？这就给了法官在面对类似蛋壳脑袋的问题，如受害人具有特殊体质或原有疾病等问题时，根据原因力决定是否减轻侵权人侵权责任的空间。

回归到我国法律规定及司法实践，侵权行为责任的成立，须符合以下几项

---

① 参见曾羽：《浅议损伤参与度对确定交通事故案件赔偿金数额的影响》，载 http://article.chinalawinfo.com/ArticleFullText.aspx?ArticleId=92742，访问日期 2018 年 12 月 10 日。

② 《最高人民法院关于审理人身损害赔偿案件适用法律若干问题的解释》第 3 条第 2 款规定：“二人以上没有共同故意或者共同过失，但其分别实施的数个行为之间间接结合发生同一损害后果的，应当根据过失大小或者原因力比例各自承担相应的赔偿责任。”

构成要件：（1）行为。侵犯权利的行为违反了法定义务，具有违法性。（2）损害事实。他人财产或人身权利遭受了不利影响。（3）过错。行为人应受责难的主观状态，包括故意及过失。（4）因果关系。损害与违法行为存在因果关系。

在讨论侵权行为法的因果关系时，司法实践中一般以相当因果关系说为判断标准。德国法学家 Enneccerus 及 Lehmann 认为，所谓相当性原因，系指对损害发生之机会，具有原因力，而非由于特殊异常之情况所引起者。[①] 相当因果关系说之重点，在于注重行为人不法行为介入社会之既存状态，并对既存之危险程度有所增加或改变，亦即行为人增加受害人既存状态之危险，或行为人使受害人暴露于原本危险不相同之危险状态，行为人之行为即构成结果发生之相当性原因。

三、是否应参考损伤参与度的因素减轻侵权责任的评定标准——本质上是否满足侵权责任的构成要件

我们认为，损伤参与度虽然确定了身体状况对损害后果具有一定的影响，但不属于法律意义上“过错”的范畴。受害者对于损害的发生没有过错，本质上未满足侵权行为构成要件的，特别是个人体质或原有损伤未满足侵权法律关系下的过错及因果关系的，损伤参与度的存在并不是减轻侵权人赔偿责任的法定情形。

这一观点，符合现行侵权法领域的责任分配规则。《侵权责任法》第 26 条规定：“被侵权人对损害的发生也有过错的，可以减轻侵权人的责任。”《道路交通安全法》第 76 条第 1 款第（2）项规定，机动车与非机动车驾驶人、行人之间发生交通事故，非机动车驾驶人、行人没有过错的，由机动车一方承担赔偿责任；有证据证明非机动车驾驶人、行人有过错的，根据过错程度适当减轻机动车一方的赔偿责任。

同时，这一观点也在最高人民法院发布的各级人民法院审判类似案例时应当参照的指导性案例中得到过体现。最高人民法院在 2014 年公布的第 24 号指导性案例，即荣宝英诉王阳、永诚财产保险股份有限公司江阴支公司机动车交通事故责任纠纷案中，曾确认裁判要点：交通事故的受害人没有过错，其体质状况对损害后果的影响不属于可以减轻侵权人责任的法定情形。因此，交通事

---

① See A. M. Honore. *Cause and Remoteness of Damages* in Andre Tunc（ed.）International Encyclopedia of Comparative Law（Ch. 7）49（1983）.

故中在计算残疾赔偿金是否应当扣减时应当根据受害人对损失的发生或扩大是否存在过错，是否存在法律上的因果关系来进行分析。

本案中，一、二审法院未支持损伤参与度的鉴定申请，未按照损伤参与度比例减轻交通事故侵权人的责任，原因在于是否考虑损伤参与度的因素并参照损伤参与度减轻侵权人赔偿责任，应回归到交通事故侵权责任的认定本质，即是否符合侵权行为构成要件，特别是是否存在过错及因果关系这一核心要点，从归责事由、条件关系与相当性、阻却事由等角度综合考量认定。

以本案为例，可以从以下几个维度分析：

1. 归责事由。过错作为侵权责任的归责基础，在因果关系的认定中起着关键作用。本案所涉交通事故的引发系肇事者李某驾驶车辆行驶过程中与驾驶非机动车行驶的彭某相撞，致彭某受伤。彭某虽存在遗留颈部功能障碍，但其身体状况是其身体的一种客观情况，与其主观心理状态无关。本案中，受害人既无造成损害结果的故意，又无需对损害结果负责的重大过失。虽然彭某的个人体质状况对损害后果的发生具有一定的影响，但这不是《侵权责任法》等法律规定的过错。受害人个人体质或原有疾病仅是事故造成后果的客观因素，受害人对于损害的发生或者扩大没有过错的，不存在减轻或者免除加害人赔偿责任的法定情形。

2. 条件关系与相当性。台湾地区学者王泽鉴指出，相当因果关系是由“条件关系”及“相当性”所构成，在适用时应区别两个阶段：第一阶段审查条件上的因果关系；如为肯定，再于第二阶段审查条件的相当性。这与英美侵权行为法上的“二阶段”思考方法类似，分别称为事实上因果关系及法律上原因，前者以“but for”作为判断标准，后者以 direct 或 proximate 或 foreseeable 作为判断标准。[①] 本案中，我们特别考量了相当性，或者说，可预见性标准。可预见性标准本身并不具有决定性，但一般而言，若一个事件是可预见的，应更多地趋向于认同因果关系；否则，应趋向于否定因果关系。本案中，一方面，公众对机动车行驶的期待，是机动车应当遵守文明行车的一般交通规则和社会公德；另一方面，彭某对本案所涉事故的发生及颈部状况与被机动车碰撞后的影响这一事件无法预见，因此，本案难以认定受害人彭某的旧有颈疾对于损害的发生或者扩大具有因果关系。

---

① 王泽鉴：《侵权行为法第一册基本理论与一般侵权行为》，中国政法大学出版社 2001 年版，第 217～218 页。

3. 阻却事由。在判定相当因果关系时，应考量损害发生的历程中是否有其他异常原因或风险的介入。每个人都必须自己承担参与社会活动时产生的正常风险。故特殊体质受害人因日常生活风险诱发原有疾病时所生的损害只能由自己承担。通识是，正常风险还是异常风险应凭一般社会观念判断。维系社会正常运转所必需的“常规化的”不可避免的风险为正常风险，否则为异常风险。若是正常风险，则应否定因果关系，反之，则应肯定因果关系。本案中，彭某作为非机动车的驾驶人进行驾驶行为，并且在相撞的过程中被交警部门判定为次要责任，可以认为其并没有明显违反交通规则从事高风险的社会活动行为。故而，在受害人彭某进行正常风险的社会活动的情形下，本案事故也难以认定彭某的颈部旧疾与损害结果具备因果关系，从而排除了本案当中参考损伤参与度的因素减轻侵权人赔偿责任的适用空间。

【附录】

编写人：陆宇鹰、盛萍（立案庭审判员）

一审案号：(2017) 沪 0117 民初 17567 号

二审案号：(2018) 沪 01 民终 1635 号

二审合议庭：刘琳敏（审判长）、王征、陆宇鹰（主审法官）

（四）婚姻家庭纠纷

37. 依法形成的事实收养关系不可单方面解除

——上诉人陈某龙与被上诉人柏某遗嘱继承、法定继承纠纷案

【案例要旨】

符合法律规定的事实收养关系，养子女成年后，若想解除收养关系，需要养父母与子女双方协商一致解除。子女顶替生父母工作或继续以父母子女关系与生父母保持来往，并不能单方否定或解除与养父母之间形成的事实收养关系。

【案情简介】

上诉人（原审原告）：陈某龙。

被上诉人（原审被告）：柏某。

原审被告：陈某云、陈某春。

被继承人陈某高、张秀某生育了四个子女，即陈某龙、陈某云、陈某平、陈某春。被继承人陈某高于2002年死亡，张秀某于2016年死亡，陈某高的父母均先于陈某高死亡。陈某平于1987年报死亡，柏某系陈某平的独生子。陈某高与张秀某生前购有房屋一套，现作为遗产。被继承人陈某高生前未留有遗嘱。被继承人张秀某生前立下公证遗嘱，表示其遗产全部由陈某龙继承。

陈某平于1963年左右被送至江苏省东台县与周某官夫妇共同生活，其户籍亦一同迁往，并改名为周某平。后陈某平生母张秀某因退休，申请陈某平回上海顶替其工作，户籍也于1979年迁回生父母处，并将姓名改回陈某平。在张秀某1978年《退休、退职职工情况表》中，陈某平为其四子。陈某平在上海工作期间与生父母有来往。张秀某死亡后，陈某龙以陈某平无继承权为由，

起诉主张父母遗产由其一人继承，一审中陈某云、陈某春表示将自己应继承的遗产赠与陈某龙。

原审庭审中陈某龙提交了《第二次全国人口普查登记表》、周某官的证词、墓碑照片两张、当地村委会的证明，显示陈某平曾改名周某平，户籍登记上与张桂某夫妇为父母子女关系，陈某平系周某官夫妇的养子。

【裁判结论】

一审法院认为：在我国《收养法》实施前建立的事实收养关系，除了需要证明被收养方与收养方确实共同生活多年、以父母子女相称、建立了事实上的父母子女关系外，还要求确认被收养人与其生父母的权利义务关系确已消除。本案中，虽然陈某平在年幼时被送至周某官夫妇家中共同生活多年，但其生母张秀某在退休时依然以母子的身份申请陈某平顶替其工作，其户籍也迁回了上海，并将姓名改为陈某平。在沪工作期间与其生父母有来往，则陈某平与其生父母基于血缘产生的抚养关系并没有发生中断。在张秀某订立的公证遗嘱中也明确陈某平为其子，没有排除陈某平的子女身份，故在无其他证据证明陈某高夫妇有明确送养表示的情况下，陈某平与两位被继承人仍系父母子女关系，不应当丧失继承权。陈某高在系争房屋中的份额应当由其合法继承人，即张秀某、陈某龙、陈某云、陈某春、陈某平均等继承，因陈某平先于陈某高去世，则陈某平的份额由其独生子柏某代位继承。因陈某云、陈某春均当庭表示愿意将继承自陈某高的份额转赠于陈某龙，判决陈某龙享有系争房屋90％的产权份额，柏某享有系争房屋10％的产权份额。

二审法院认为：陈某平5岁时即被送养与养父母，共同生活直至成年，也改名为周某平。根据户籍登记和第二次人口普查登记表证明其与周某官夫妇登记为父母子女关系；养父书面证言、当地村委会的证明等证据显示双方也是以养父母子女关系长期共同生活；陈某平去世后墓碑上也写明为周某官之子。这些事实符合《最高人民法院关于贯彻执行民事政策法律的意见》[①]第28条规定的“亲友、群众公认，或者有关组织证明”这一认定事实收养关系成立的条件，周某平与周某官夫妇确已形成了法律上认可的养父母子女

① 该意见根据《最高人民法院关于废止1979年至1989年间发布的部分司法解释的通知（第二批）》（法发〔1996〕34号），已被1986年4月12日通过的《民法通则》等法律所代替。——编者注。

关系。而之后陈某平顶替生母回上海工作仅是一种特殊招工政策，为此迁移户口回生父母处也是为了配合招工而必须进行的程序，回上海市工作后与生父母走动也是人之常情，三项行为并不能单方否定或解除陈某平与养父母之间形成的事实收养关系。陈某平也从未同周某官夫妇达成过解除收养关系的协议，故二审认定陈某平与生父母之间的权利义务关系已解除，陈某平对其生父遗产没有继承权，故其子柏某自然不享有代位继承权，二审改判系争房屋归陈某龙所有。

【评析意见】

本案的争议焦点在于陈某平与周某官、张桂某夫妇是否已成立事实收养关系。若成立收养关系，陈某平后来顶替生母工作并与生父母经常往来的行为是否能够解除事实收养关系。其是否还享有对生父母遗产的继承权，由此决定其子柏某能否代位继承被继承人陈某高的遗产。

一、事实收养关系如何认定

收养行为发生在《收养法》实施之前，要按照当时的法律、政策等规定来判断是否确认收养关系存在。这就需要综合考虑户籍登记信息，亲友群众公认及村委会、居委会证明等证据，以确认收养人与被收养人是否以父母子女关系长期共同生活的程度。[①] 事实收养关系可以从以下四个方面来界定：

1. 被收养人与收养者共同生活多年。这是评价事实收养关系是否存在的一个客观标准，要综合考量收养时被收养人的年龄，共同生活多长时间，共同生活的状态是否一致延续，以及结束共同生活状态时被收养人是否成年或具备独立生存能力。此种共同生活的状态是指历史而言不论现状如何。[②] 只要收养人与被收养人之间曾经长期共同生活，存在过抚养教育的事实，即可认定符合事实收养的条件。如果在被收养人成年前结束长期共同生活状态，则需要根据被收养人是否具备独立生存能力以及是否回到生父母处生活等具体情形来判断。此外，还要注意若是收养人与被收养人不具有长期共同生活的事实，但是长期以来以养父母子女关系相称的，这就需要查明未能共同生活的原因。若是

---

① 肖锋、田源主编：《婚姻家庭纠纷——裁判思路与裁判规则》，法律出版社 2017 年版，第 571 页。

② 牛兴全：《事实收养探疑》，载《法学杂志》1991 年第 2 期。

在明确收养关系后，由于不归责于收养双方的原因而没有共同生活，此种情况下也应认定事实收养关系成立。就本案而言，陈某平自5岁时就同周某官、张桂某夫妇一起共同生活，直至其成年后顶替生母张秀某回沪工作，符合事实收养关系中被收养人与收养者共同生活多年这一认定条件。

2. 收养人是以收养为目的。《收养法》实施前，确有不少父母因各种困难而将子女送至近亲属家庭寄养，待困难消除后再接回家中生活，这就需要依据客观证据来正确地区分收养关系与代为抚养这两种情形，重点查明收养人与被收养人在日常生活中是否以父母子女相称。而根据周某官的证言以及陈某龙等人的陈述，可以证实张桂某因婚后多年无子，故请求妹妹将四子陈某平过继给其夫妇，所以应认定周某官、张桂某夫妇是以收养为目的同陈某平共同生活。

3. 周围亲邻好友、群众也公认为存在父母子女关系。确认养父母与养子女属于父母子女关系需要其居住地周边生活邻居及当地基层组织的证人证言予以证明，证明双方在《收养法》实施之前便长期共同生活并以父母子女相称。此外还需要户籍信息予以证明养父母子女之间的关系，一些诸如墓碑上刻字等证据亦可以起到一定的证明作用。若证据足以证明收养人与被收养人确是养父母子女关系，虽未办理合法收养手续，也应当按照收养关系对待，即认为形成事实收养关系。根据《第二次全国人口普查登记表》记载的户籍信息、当地村委会的书面材料以及陈某平墓碑上的落字为周某平等证据可以充分地证明陈某平同周某官夫妇确属父母子女关系。

4. 收养行为发生必须在《收养法》生效前，准确认定收养行为发生的时间是此类案件审理的关键要素之一。考虑到收养的特殊性质以及收养行为一般发生的时代久远，所以应以养子女户籍转移到养父母处的时间点来确定收养行为发生时间较为适宜。若是此时间点在《收养法》生效后，且养父母没有补办收养手续则不应认定存在事实收养关系。周某官夫妇收养陈某平的行为发生在20世纪70年代，显然符合这一认定条件。

本案中陈某平与周某官夫妇的收养行为完全符合四方面的认定条件，因此应当认定为陈某平与周某官夫妇形成了事实收养关系。

二、单方面行为无法解除收养关系

收养关系是收养人与被收养人之间的一种拟制血亲关系，收养关系的解除必须严格控制。《收养法》第27条规定了养父母与养子女收养关系的解除方式：(1) 协议解除，即需要双方达成解除合意并到民政部门办理解除收养关系的登记；(2) 法定解除，双方协议不成向人民法院起诉要求解除。需要注意的是，被收养人未成年前，不得诉讼解除收养关系，但可以协议解除收养关系。被收养人未成年前，协议解除的双方为送养人和收养人，若是被收养人 10 周岁以上还需要征得其同意。此外，若是存在收养人不履行抚养义务，有虐待、遗弃等侵害未成年养子女的情形，那么送养人或民政部门也可以根据法定解除条件解除收养关系。

对于《收养法》生效前形成的事实收养关系，由于在民政部门没有登记收养关系，宜采取法定解除方式，当然若是养父母与成年养子女间在自愿的情况下确实达成解除协议，也可认定收养关系解除。那么是否存在单方面解除事实收养关系的情形呢？本文认为事实收养关系的解除不能完全依据《收养法》第 27 条，要考虑到时代背景加以分析，对于一些明确为了解除收养关系而进行的单方面行为，如果另外一方对此持默认许可态度，也可以认定为收养关系解除。

就本案而言，从周某官的证词可以看出陈某平与周某官夫妇没有明确形成任何解除收养关系协议。陈某平于 1987 年时就已过世，因此对于周某平顶替生母回上海工作以及与生父母往来等情形是否可以单方面解除收养关系，需要根据当时具体情形和相关政策来判断。

关于张秀某退休时以母子身份申请陈某平顶替其回上海工作一节，要结合当时的历史条件、城乡差别以及允许子女顶替父母回城工作特殊政策等多方面因素来考量。子女接班顶替父母工作，是指父母退休后，由其子女办理手续，进入父母原工作单位上班，顶替空下来名额的一种招工就业政策。这种解决职工子女就业的特殊方式始于 20 世纪 70 年代末期，因上山下乡制度废除，社会上出现了大量待业青年，为解决这些人的就业问题，这种特殊的接班制度逐步兴起并盛行。随着用工制度的改革，在 20 世纪 80 年代末期已经取消。本案中陈某平改名后顶替生母回城工作，是由于张秀某其他三名子女已经成家不符合顶替接班的政策规定。所以为了不浪费这一名额，同时想要陈某平从条件较差的乡下回到上海生活，才让陈某平以其四子的身份顶替她接班工作。张秀某这一举措仅仅是为了解决陈某平的工作问题，从其出发点上看并不是否认陈某平已经过继给张桂某夫妇为养子的事实。而之后陈某平户籍迁回生父母处并改回原姓名属于其顶替张秀某回上海工作的必经手续，也不是主观上想要解除与周某官夫妇已经形成的事实收养关系，这一点有邻居证言以及其身故后葬于江苏东台且墓碑上落字为周某平等客观证据可以证明。同时这种单方面的迁移户口的行为只需要陈某平及其生父母同意，没有证据表明周某官夫妇同意以此种方式解除与陈某平的收养关系。故即使迁移户口后在户籍上陈某平又登记为张秀某之子，也不能认为此举可以单方面解除收养关系。

至于陈某平在沪工作期间与其生父母有来往，因其此时已经成年，基于血缘关系产生的亲情而互相往来亦属人之常情，也不能因此否定之前已经成立的事实收养关系，更不能据此解除收养关系。张秀某在公证遗嘱中称其共生育四子的陈述亦仅是一种对客观事实的表述，均不能成为否定或者解除收养关系的依据。退一步讲，当时陈某平已经成年，是否解除与周某官夫妇的收养关系并不取决于张秀某的意见。

综上所述，陈某平顶替生母接班、户口迁回生父母处并改回原名等行为，首先目的不是为了解除收养关系，其次根据周某官的证词和陈某平的墓碑等证据显示，周某官夫妇也并不认为顶替接班、迁户口是解除抚养关系的行为，陈某平的单方面行为并不可以解除事实收养关系，陈某平与其生父母已不存在法律上的父母子女关系。

在确定收养关系存续时，仍需考虑陈某平能否基于《继承法》第 10 条和《最高人民法院关于贯彻执行〈中华人民共和国继承法〉若干问题的意见》第 19 条规定继承生父母的遗产。由于已经确定了陈某平与其生父母已不存在法律上的父母子女关系，因此陈某平不能依据《继承法》第 10 条的规定，以父母子女关系继承生父母遗产。《最高人民法院关于贯彻执行〈中华人民共和国继承法〉若干问题的意见》第 19 条规定："被收养人对养父母尽了赡养义务，同时又对生父母扶养较多的，除可依继承法第十条的规定继承养父母的遗产外，还可依继承法第十四条的规定分得生父母的适当的遗产。"《继承法》第 14 条规定："继承人以外的对被继承人扶养较多的人，可以分给他们适当的遗产。"可以看出，被他人收养的子女在继承生父母遗产问题上并没有因血缘关系而享有特殊优惠待遇，只有在对生父母扶养较多的情况下，可以适当分得遗产。本案中陈某平虽然在沪生活期间与生父母家庭有往来，但结合在案证据双方往来属于一般的人情往来。且陈某平去世时间远早于生父母，难以认定陈某平对其生父母尽到扶养义务并达到扶养较多的程度，其生父母的扶养主要由其他子女承担。所以，其也无法依据《继承法》第 14 条规定适当继承生父母遗产。综上，陈某平对生父陈某高遗产完全没有法定继承权利，其子柏某不可代位继承陈某高的遗产。

【附录】

编写人：张家伟（少年庭法官助理）

一审案号：（2017）沪 0104 民初 13788 号

二审案号：（2017）沪 01 民终 13728 号

二审合议庭：侯卫清（审判长兼主审法官）、许洁、王奕

38. 夫妻一方在分居期间非因家庭需要进行不合理的个人高消费应承担赔偿责任

——曾某诉杨某离婚纠纷上诉案

【案例要旨】

夫妻双方在处理夫妻共同财产上的权利是平等的。因日常生活需要而处理夫妻共同财产的，任何一方均有权决定；非因日常生活需要对夫妻财产作重要处理决定的，夫妻双方应取得一致意见。夫妻一方于分居期间超出日常生活需要进行不合理的个人高消费，且未经另一方同意的，高消费一方对因此给另一方造成的损失应承担相应的赔偿责任。

【案情简介】

上诉人（原审原告）：曾某。

上诉人（原审被告）：杨某。

曾某、杨某于1999年9月相识后确立恋爱关系，2000年9月8日登记结婚，2005年1月6日生育一女。婚初，曾某、杨某夫妻感情尚可，但此后渐因生活琐事争吵，并在子女教育问题上产生分歧。2015年9月，杨某独自搬离双方共同居住处与曾某分居，女儿则随曾某共同生活。2016年1月，曾某向法院提起离婚诉讼，2016年2月23日，法院作出判决未予支持曾某的诉讼请求。2016年11月，曾某向法院再次提起离婚诉讼，诉请判决双方离婚，并主张对子女抚养权、夫妻财产分割等问题作出处理。

曾某就职于P商业（上海）有限公司，近一年税后月薪3726.74元。截至2016年10月，曾某累计缴存住房公积金16802.76元。杨某就职于Z上海分社，2016年1月至11月实得工资收入173263.80元。杨某银行账户内长期存在频繁及较为大额的转账、取现、消费记录。

其中，曾某认为杨某银行账户内累计收支均达300余万元，其中除频繁转账、恶意转移夫妻共同财产外还有大额提现、消费，累计消费金额一年高达200万元，且均是双方分居后产生，杨某亦无法说明消费去向，故相关消费非但不构成夫妻共同债务，反而证明杨某确有婚外情及恶意转移夫妻财产的行为。

杨某辩称，杨某自1991年起进入Z上海分社工作，目前税后年薪14万元左右，但2015年时杨某银行存款不过3万余元，能负担如此多生活开销是因为除工资外，尚有杨某母亲提供的资金资助和杨某帮朋友炒股获得的好处费。因股票投资存在亏损风险，故杨某股票收益及代人炒股收益仅150万元，银行账户内多为他人的炒股资金以及借款，银联消费及取现主要用于日常生活、购物、理疗保健、出国、女儿培训及父亲看病费用，直付通开支则包括微信转账、红包、微店购物等，故杨某不存在恶意转移财产的行为。

【裁判结论】

一审法院认为：分析杨某相关明细可以看出，杨某的多个银行账户内长期存在较为频繁的交易记录。对此，法院认为，杨某一定程度上存在高额消费的情况，一方面，这与个人消费观念、经济负担能力等相关，并不能就此构成转移财产的事实依据；另一方面，从交易明细来看，早在双方分居前杨某便持续存在此类支出，且长期以来存取皆有，分居后亦无明显反常，故以此为由确认杨某蓄意转移夫妻共同财产显然依据不足。当然，从交易金额来看，杨某在已存在高额消费的情况下，既未能就部分资金去向作出合理解释，亦与其自认的经济负担能力不相匹配，况且，从生活实践及一般社会经验来判断，累计金额即便扣除合理生活开销外仍应有所结余，而结余部分显然应作为夫妻共同财产予以分割。据此，法院根据曾某、杨某双方的存款、公积金余额及保单取现金额，结合必要家庭开销、双方收支情况等因素，从照顾子女和女方权益的原则出发，确定曾某、杨某各自处的上述款项归各自所有，并由杨某支付曾某财产折价款130万元。故一审法院判决杨某支付曾某财产折价款130万元，并对子女抚养权、房产、机动车等一并作出相应处理。

一审判决后，双方当事人均提起上诉。曾某上诉认为，原审判决对杨某高消费的行为未作认定，如此大额的开销属于变相转移财产或肆意挥霍夫妻共同财产，侵犯了曾某的财产处置权，且杨某并未与曾某协商或取得一致意见，故对杨某已高消费的夫妻共同财产应部分返还给曾某。

上诉人杨某认为，根据原审查明的事实，杨某不存在大额银行存款，公积金及保单折价款共计30余万元，原审判决杨某支付曾某财产折价款130万元无事实和法律依据。另外，杨某虽然存在高消费行为，但其长期以来存在此类消费，且存款已经消费掉，不存在可供分割的现有价值，不应再对此进行分割。

二审法院查明：2016年4月至11月，杨某在某直播网站共充值消费170.6万元，充值款项主要是从杨某的招商银行及建设银行卡上消费所得。截至2017年7月20日，杨某在该直播网站上的账户余额为1848星币，折合人民币约为1.8元。

二审法院认为，本案二审的争议焦点在于上诉人杨某在直播网站上累计消费170.6万元的行为如何认定及曾某是否有权对该部分财产主张权利。根据婚姻法及相关司法解释规定，夫或妻对夫妻共同所有的财产，有平等的处理权。夫或妻非因日常生活需要对夫妻共同财产做重要处理决定，夫妻双方应当平等协商，取得一致意见。上诉人杨某在未征得曾某同意的前提下，非因家庭日常生活需要擅自处分夫妻大额动产，侵犯了曾某对夫妻共同财产的所有权及平等处理权。鉴于上诉人杨某高消费的财产已经消费完毕，故已不存在分割该部分夫妻财产的客观基础，但对因此给曾某造成的财产损失，应由杨某作出赔偿，故法院认定杨某赔偿曾某财产损失85.3万元，并相应作出改判。

【评析意见】

本案的争议焦点是：上诉人杨某在夫妻分居期间在某直播网站上累计个人消费170.6万元的行为应如何认定，以及另一方是否有权对该部分个人高消费财产主张权利。而解决这个争点的前提，就是要厘清行使夫妻共同财产处分权的基本原则，以及一方擅自处分共同财产的法律后果及救济方式。

一、处分夫妻共同财产的基本原则

我国现行的《婚姻法》规定了夫妻共同财产制是我国的法定夫妻财产制，即夫妻在婚前或婚后未就夫妻财产作出约定或约定无效的，依照法律规定为夫妻共同共有。夫妻共同财产处分权关乎共同财产的最终命运，其行使对夫妻双方财产利益影响巨大，因而一般应当双方共同行使。但是鉴于夫妻共同生活的日常性，各国立法都允许在一定范围内由一方单独行使处分权。因此，单独行使与共同行使的界限成为核心问题。

（一）夫妻一方在日常家事范围内可单独行使处分权

1. 赋予夫妻任何一方“日常家事代理权”的现实价值

《婚姻法》第17条第2款规定：“夫妻对共同所有的财产，有平等的处理权。”根据《最高人民法院关于适用〈中华人民共和国婚姻法〉若干问题的解释（一）》（以下简称《婚姻法解释（一）》）第17条规定：“夫或妻在处理夫妻共同财产上的权利是平等的。因日常生活需要而处理夫妻共同财产的，任何一方均有权决定。”此处夫妻任何一方均享有的单方处分权在学理上被称为“日常家事代理权”，即夫妻因日常家庭事务而与第三人交往时所为法律行为，视为夫妻共同的意思表示，配偶他方承担连带责任。① 从法律原理上看，夫妻共同财产是共同共有，应当由双方共同处分，因此日常家事代理权并非法律逻辑的结果，其合理性主要在于适应婚姻共同生活的方便。婚姻是夫妻长期的共同生活体，日常生活中的衣食住行十分琐碎，而且频繁反复，不可能事事均由夫妻协商处理。为了适应婚姻生活这一特性，日常家事代理权应运而生。同时还应当看到，为日常生活所处分的财产，通常价值不大，因而即使处分不当，对另一方的伤害也无足轻重。从这一点上说，一方单独处分共同财产应当局限在日常家事范围，明确这一范围就显得十分重要。

2. 日常家事范围的合理界定

关于日常家事的范围，即我国法律所规定的日常生活需要的范围，学者通常采用列举的方式，如蒋月教授表述为：“日常家事的范围，通常包括购买必要的日用品、医疗医药服务、合理的保健与锻炼、文化消费与娱乐、子女教育、家庭用工的雇佣等决定家庭共同生活必要的行为及其支付责任。”② 史尚宽先生列举为：“一家之食物、光热、衣着等购买，保健（正当）娱乐、医疗，子女之教养，家具及日常用品之购买，女仆、家庭教师之雇佣，亲友之馈赠，报纸杂志之订购等。”③

综合不同学者的表述，关于日常生活需要的范围，一般包括维持家庭生活正常进行的一切必要开支，大致可以归为以下几类：（1）日常物质生活消费：包括衣食住行、基本的日用品、房租、水电费用等；（2）医疗保健消费：包括医疗医药支出、合理的保健与锻炼等；（3）文化娱乐消费：包括购买书籍、订

---

① 蒋月：《夫妻的权利与义务》，法律出版社2001年版，第63页。

② 蒋月：《夫妻的权利与义务》，法律出版社2001年版，第61页。

③ 史尚宽：《亲属法论》，中国政法大学出版社2000年版，第361页。

阅报刊、观看电影戏剧等消费；（4）子女的培养教育费用：包括学杂费、兴趣班等；（5）必要的社交支出：包括亲友之间的宴请、按习俗所为的赠与等；（6）其他夫妻双方及未成年子女日常共同生活通常必要的事项。抽象而言，日常家事范围一般应符合两个条件：（1）处理财产的目的是为了家庭日常生活所需；（2）处理决定的夫妻财产价值通常不大，不会对夫妻共同财产造成重大影响。

另外，需要指出的是，日常家事范围也具有一定的灵活性，会因婚姻当事人的社会地位、职业、资产、收入等的不同而有所区别，应视具体情形作出判断。比如，对于亲友之间的人情来往，一般赠与5万对绝大多数家庭来说属于超出日常家事的范围，但对于一些经济收入较高、符合亲属间交往习惯的家庭而言，又属于日常家事的范围。此外，当遇到紧急情形或夫妻一方远离不在等特殊情形时，日常家事的范围也将会有所扩张。

（二）对日常家事代理之外的重要处理决定须双方共同处分

1. 夫妻共同行使重大事项处分权的法理基础

《婚姻法解释（一）》第17条规定："夫或妻非因日常生活需要对夫妻共同财产做重要处理决定，夫妻双方应当平等协商，取得一致意见。他人有理由相信其为夫妻双方共同意思表示的，另一方不得以不同意或不知道为由对抗善意第三人。"限制夫妻一方单方行使对共同财产具有重大影响的处分权有其合理性：夫妻共同财产由双方共同共有，根据共同共有的一般原理，在婚姻关系存续期间，夫妻共同财产应作为一个不可分割的整体，夫妻对全部共同财产不分份额地共同享有所有权，夫妻双方无法对共同财产划分个人份额。夫妻对共同财产享有平等的处理权，并不意味着夫妻各自对共同财产享有一半的处分权。[①] 通常只有在共同共有关系终止时，才可对共同财产进行分割，确定各自的份额。因此，一方单独处分重大财产，实际上是处分了他人的财产。另外，夫妻共同财产是夫妻共同生活的物质基础，处分重大财产对婚姻生活影响巨大。

2. 重大事项处分权的合理范围

鉴于夫妻任何一方可单独行使家事范围内的处分财产权，而对不属于"日常家事代理权"的重要处理决定则须由双方共同作出，因此，准确把握单独行

① 吴晓芳：《夫妻一方擅自将共同财产赠与他人纠纷的处理》，载《人民司法》2013年第13期。

使和共同行使的界限是司法实践中的难点。关于日常生活需要之外的重要处理决定，通常需要满足两个条件：(1) 处理财产的目的并非为了家庭日常生活所需，如是为了个人"婚外情"的需要等；(2) 处理决定的事项对夫妻财产具有重大影响，如处分不动产及大额动产等。不动产往往具有较高价值，且是夫妻双方安身立命之所，故处分不动产须经双方共同协商决定。对于动产则一般应按其价值大小决定处分权行使方式，对于价值不大的，归入一般管理权或日常家事范围，允许一方单独处分；价值较大的应由双方共同处分。

3. 一方擅自行使重大事项处分权的法律后果

对于一方擅自行使重大事项处分权的法律后果，一般可分为以下几种情形：(1) 另一方事后追认处分行为的，则处分行为有效，由夫妻双方共同承担相应的民事责任。(2) 另一方拒绝追认，但相对人是善意的，且系有偿取得，该处分行为有效，由擅自行使处分权一方对另一方的损失承担赔偿责任。如《关于适用〈中华人民共和国婚姻法〉若干问题的解释（三）》第 11 条规定："一方未经另一方同意出售夫妻共同共有的房屋，第三人善意购买、支付合理对价并办理产权登记手续，另一方主张追回该房屋的，人民法院不予支持。夫妻一方擅自处分共同共有的房屋造成另一方损失，离婚时另一方请求赔偿损失的，人民法院应予支持。"(3) 擅自处分人与相对人恶意串通损害另一方利益的，该处分行为无效，擅自处分人与恶意相对人对另一方的损失承担连带责任。

二、对不合理个人高消费的认定标准及救济方式

随着人们经济生活水平的提高和物质文化需求的增加，对个人消费的需求也呈现出普遍性、多元化、高水平的特点。那么，对一方擅自进行个人高消费的行为应当如何认定？另一方又能否基于损失主张赔偿责任？根据上述处分夫妻财产的基本原则，对于维持家庭生活正常进行的一切必要开支，包括合理的个人消费（如合理的文化娱乐、医疗保健、社交支出），夫妻任何一方均有权单方行使处分权。而对于非因家庭日常所需，又属于对共同财产作出重要处理决定的事项，如不合理的个人高消费，则须由双方共同行使处分权。

（一）对不合理个人高消费的认定标准

在司法实践中，认定是否属于超出日常家庭生活需要的不合理的个人高消费，应结合消费行为的发生时间、用途、金额、消费习惯、家庭收支状况等因

素综合考量。以本案为例，根据二审查明的事实，2016年4月至11月，杨某通过银行卡直付通、支付宝等方式在某直播网站共充值消费170.6万元。上诉人曾某认为，杨某明显是在进行不合理的个人高消费，明显属于挥霍或转移夫妻共同财产。上诉人杨某辩称，该消费行为符合其一贯的生活习惯，并且属于其合理的个人文化娱乐消费。

我们认为，杨某于夫妻分居期间在短时间内持续高消费总额高达170余万元明显超过了“日常家事代理权”的合理范围，系擅自处分夫妻共同财产的行为。具体理由如下：第一，从高消费发生的时间来看，双方于2015年9月开始分居，2016年1月曾某向一审法院提起离婚诉讼，2016年2月一审法院作出不予离婚的判决。之后，上诉人杨某在2016年4月至11月期间持续进行高消费，故高消费的行为发生在第一次离婚诉讼之后，双方处于分居期间，夫妻关系已恶化。第二，从高消费的用途来看，上诉人杨某在二审中自述在直播网站上充值购买星币后，用星币购买网络虚拟礼物送给主播，故杨某高消费并非为了家庭日常生活需要。第三，从消费的金额来看，杨某频繁网站消费、累计金额高达170余万元，明显属于处分夫妻大额动产的行为，属于对夫妻共同财产做重要处理决定的事项。第四，从家庭的经济状况及收支情况分析，上诉人杨某除了不确定的股票收益之外，2016年年收入为17余万元，曾某年收入为5万元左右，家庭开支主要以日常必要的生活开销及女儿的教育、培训费用为主。上诉人在近8个月时间内累计消费高达170余万元，明显与家庭日常生活状况不相适应，属于明显超出家庭经济承受能力的消费行为。第五，对于杨某在直播网站上的高消费行为，杨某事先未取得曾某的同意，事后曾某亦不认可杨某的消费行为，故杨某在直播网站上累计消费高达170余万元属于明显不合理的个人高消费，且属擅自处分夫妻共同财产的行为。

（二）一方擅自进行不合理个人高消费的法律后果

对于一方擅自进行不合理的个人高消费，另一方是否有权主张权利在实践中存在一定争议。有观点认为，分割夫妻财产的前提是存在可予分割的财产，如果财产不存在，那就失去了分割的前提和基础。如本案中，上诉人杨某认为，其虽然存在高消费的现象，但现在银行存款已经消费，就不存在可供分割的现有价值，故不应再对高消费部分进行分割。我们认为，基于“有损害就有救济”的基本原则，对一方擅自进行不合理个人高消费的法律后果，可区分两种情形：（1）消费目的是为了购买实物或具有财产价值的消费卡券等，则行为人应承担补偿责任。如在以往的审判案例中，个人高消费如果是为了购买奢侈品等，鉴于实物尚在，获得奢侈品一方应对另一方进行财产补偿。（2）消费行为实施完毕后，财产也已消费完毕，故已不存在分割该部分夫妻财产的客观基础，对因此给另一方造成的财产损失，应由消费一方承担赔偿责任。故二审法院在查清杨某高消费金额为 170.6 万元的事实基础上，改判杨某赔偿曾某财产损失 85.3 万元。

【附录】

编写人：陆文奕（研究室审判员）

一审案号：（2016）沪 0115 民初 75948 号

二审案号：（2017）沪 01 民终 6872 号

二审合议庭：侯卫清（审判长）、陆文奕（主审法官）、许洁

39. 拟进人口拆迁利益应归属于农户内特殊身份人员

——汤某等与康某等分家析产、法定继承纠纷案

【案例要旨】

拟进人口拆迁利益属于拆迁单位给予拆迁农户的优惠利益，这些优惠利益是为了解决户内特殊身份人员本人及其今后组成家庭的居住问题。基于“特殊身份”获得的额外安置款和优惠购房指标应归于特殊身份人员，不应在农户内各宅基地使用权人间平均分配。

【案情简介】

上诉人（原审原告）：汤某、方丁。

被上诉人（原审被告）：康某、方丙。

康某与方甲生育一子一女即方乙、方丙。2007年康某家宅基地房屋动迁，康某、方甲、方乙作为一户进行安置。被拆迁房屋为康某祖传老宅，拆迁时由于方乙属于大龄未婚，故按已婚3人计算，同时对于方乙将来所生子女按2人计算，故该户的安置人口是5+1人。根据当地安置政策3人应认定有证面积180平米，康某户最后认定有证面积240平方米。后康某户获得A室和B室安置房两套。方乙与汤某于2011年结婚，2013年6月生育方丁，同年9月方甲死亡，其生前未立遗嘱。2015年方乙去世，其生前亦未立遗嘱。

后因方乙遗产继承纠纷，双方诉至法院，汤某、方丁起诉要求分割方乙遗产，请求判决B室房屋归属二人所有。诉讼中A室房屋经鉴定总价值为522万元，折合建筑面积单价55279元/平方米，B室房屋总价值为379万元，折合建筑面积单价53524元/平方米。

【裁判结论】

一审法院认为，A室及B室两套房屋应归康某、方甲、方乙共有，并各

占有三分之一的产权份额。方甲死亡后，其在上述房屋中的产权份额依法由康某、方乙、方丙继承。方乙死亡后，其在上述房屋中的产权份额及继承父亲产权份额中的二分之一，由康某、汤某、方丁继承。方丁现年幼，在分配遗产时，其继承份额应予适当多分。一审法院判决：B室房屋产权归汤某、方丁共同共有；A室房屋产权归康某所有；汤某、方丁给付方丙房屋折价款90万元；康某给付方丙房屋折价款10万元。

二审法院认为，根据当地的拆迁安置政策，在认定有证面积240平方米时包含方乙因大龄青年所给予的拟进人口面积，这些优惠拆迁利益应归属方乙所有。故认定康某所在户的有证面积中康某与方甲享有120平方米，方乙享有120平方米。所以除房屋建筑的补偿应归属于康某，搬迁安置费用已被实际使用不作处理外，其余拆迁利益的一半应为方乙所有。遂改判：B室房屋产权归汤某、方丁共同共有，汤某、方丁给付康某房屋折价款人民币16.8万元；A室房屋产权归康某所有，康某给付方丙房屋折价款人民币78万元。

【评析意见】

本案的主要争议焦点在于：拆迁时因农户内存在特殊身份人员所给予的拟进人口等优惠拆迁利益，应归属农户内成员平均所有抑或为特殊身份人员个人所有。为此，我们首先要明确宅基地使用权人，在兼顾宅基地制度的居住保障原则下，进而理清拆迁安置补偿的组成及分配问题。

一、宅基地使用权主体界定

宅基地房屋拆迁利益绝大部分是补偿给宅基地使用权人，因此本案首先要明确涉案拆迁房屋下宅基地使用权人，方可在康某户内成员间划分拆迁利益。

根据《土地管理法》的规定，宅基地使用权是以户为单位经申请获得的，从行政管理的角度看，宅基地使用权对应的权利主体是户，即是农民家庭享有的权利，而非个人享有的权利。① 但是在司法实践中，“户”这一单位既非法人亦非自然人，不能作为诉讼主体参与诉讼，故我们需要明确涉案宅基地使用权为户中的哪些自然人所享有。根据我国《土地管理法》第62条第3款的规定：“农村村民住宅用地，经乡（镇）人民政府审核，由县级人民政府批准。”宅基地使用权初始取得只能以农户申请政府机关批准的方式。宅基地使用权初

---

① 孙宪忠：《物权法》，社会科学文献出版社2005年版，第275页。

始取得时，宅基地使用审核表上所列户中成员即为宅基地使用权主体。随着宅基地上居住农户家庭成员发生婚丧嫁娶以及生子等变动，宅基地使用权的主体也应当随之变动，即在农户内本集体经济组织成员为宅基地使用权主体。

本案中涉案拆迁房屋为康某继承的祖宅，之后康某在房屋内结婚并与方甲生育一子一女，后方丙出嫁，至拆迁时户内长期居住生活成员为康某、方甲及方乙。根据规定宅基地使用权人是在户内生活的本集体经济组织成员，方丙由于已出嫁不在户内长期居住生活，故该处宅基地使用权人为康某、方甲及方乙三人，自然也就应在此三人间分配该处宅基地房屋动拆迁利益。

二、拟进人口拆迁利益如何归属

本案中由于拆迁单位给予康某户拟进人口优惠拆迁利益，但是在拆迁协议中却未明确多出来的拆迁利益如何在户内划分。在没有明确分配规则的情况下，要充分考虑宅基地居住保障原则来在户内成员间分割拟进人口的拆迁利益。

宅基地使用权主体被限定在特定范围之内，只有本集体经济组织中的农户才有权通过申请后无偿地使用宅基地，且宅基地使用权并无期限限制。因此可以看出宅基地制度是利用集体所有制无偿给集体经济组织成员的分配居住保障制度，是解决农民居住问题的土地福利制度，具有社会福利的性质。

本案审理中要首先将拟进人口利益从所有拆迁利益中析出，然后方可确定拟进人口拆迁利益的归属问题。根据康某所在户与动迁机构签订安置补偿协议，该户所得补偿大体可以划分为宅基地使用权补偿、房屋及附属设施拆除补偿以及其他拆迁补助三个部分。

房屋及附属设施拆除补偿一般归属于房屋产权人所有，而附属设施和无证建筑面积的补偿要归属实际建造人，房屋装修补偿款应当归属于实际出资装修人。这部分拆迁利益一般不会包括拟进人口等优惠拆迁利益。本案中被拆迁房屋为康某祖宅，所以拆迁安置款中对于宅基地上建筑物本身的补偿则归属于康某个人所有。而诸如搬家补助费、临时过渡费、自留地补偿费用、特殊对象补贴、速签速搬费等其他拆迁补偿，这些费用大都直接补偿房屋内实际居住人，也不会涵括拟进人口等优惠拆迁利益。

宅基地使用权补偿是根据认定有证面积来计算的，在一些拆迁政策中有证面积和户内认定人口相关。此时如果根据拆迁政策，因农户内有成员具备如大龄青年等特殊身份，在计算户内人口时可以增加拟进人口，此时宅基地使用权补偿包含了拟进人口等优惠拆迁利益。目前在上海的拆迁政策中，有以下几种情况会产生拟进人口问题：

1. 因就学、参军、船员以及服刑等特殊原因户籍不在拆迁农户内，但是仍可凭借相关证明算为户内人口；

2. 符合计划生育政策规定，经医院证明已怀孕的夫妇，腹中胎儿可以算为拟进人口；

3. 对于未生育、未怀孕的夫妇可以照顾增加一人作为拟进人口计算；

4. 拆迁时达到法定婚龄的未婚者可照顾增加一人作为拟进人口计算。

可以看出这几类拟进人口情形都是拆迁单位为了解决安置人员现实以及可预见将来的居住问题，符合设定条件的户内成员即为“特殊身份人员”。除情况 1 中的拟进人口是实际存在人口外，其余情况中的拟进人口都属于尚不实际存在的人员。根据上海市目前的宅基地管理制度，新婚夫妇在生育孩子后可以从原来父母住处脱离，以新建户为单位重新申请宅基地建造房屋，以解决农村青年成家后的居住问题。此类带有人身属性的优惠拆迁利益应当归属于特殊身份人员所有，不应在农户内各宅基地使用权人之间平均分配。

本案中由于方乙具备大龄未婚青年的特殊身份，所以拆迁单位才多给予康某户 60 平米认定面积，以便方乙可以在拆迁后得到之后结婚生活所需的居住房屋。所以本案中拆迁单位给予康某户的拟进人口优惠拆迁利益当属于方乙个人所有，应全部计入方乙的遗产范围。

【附录】

编写人：张家伟（少年庭法官助理）

一审案号：（2017）沪 0115 民初 65455 号

二审案号：（2018）沪 01 民终 6843 号

二审合议庭：侯卫清（审判长兼主审法官）、黄蓓、单文林

（五）劳动争议纠纷

40. 劳动合同仅约定试用期用人单位不需支付违法约定试用期赔偿金

——H公司与王某劳动合同纠纷上诉案

【案例要旨】

试用期制度对于用人单位与劳动者建立稳定的劳动关系、优化劳动资源的配置有着重要作用。劳动合同中仅约定试用期的，按照《劳动合同法》第19条第4款之规定，[①]试用期不成立，该期限为劳动合同期限。由于试用期不成立，因此不存在该法第83条“违法约定的试用期已经履行的”情形，[②]用人单位无需支付该条规定的赔偿金。

【案情简介】

上诉人（原审被告）：H文化传媒（上海）有限公司（以下简称H公司）。

---

① 《劳动合同法》第19条规定：劳动合同期限三个月以上不满一年的，试用期不得超过一个月；劳动合同期限一年以上不满三年的，试用期不得超过二个月；三年以上固定期限和无固定期限的劳动合同，试用期不得超过六个月。

同一用人单位与同一劳动者只能约定一次试用期。

以完成一定工作任务为期限的劳动合同或者劳动合同期限不满三个月的，不得约定试用期。

试用期包含在劳动合同期限内。劳动合同仅约定试用期的，试用期不成立，该期限为劳动合同期限。

② 《劳动合同法》第83条规定：用人单位违反本法规定与劳动者约定试用期的，由劳动行政部门责令改正；违法约定的试用期已经履行的，由用人单位以劳动者试用期满月工资为标准，按已经履行的超过法定试用期的期间向劳动者支付赔偿金。

被上诉人（原审原告）：王某。

王某于2015年10月26日至H公司担任营销助理，双方签订的试用期合同约定：试用期限为2015年10月26日至2016年4月25日；合同期满后，双方再另行协商签订其他形式及内容的有效劳动合同；王某的基础工资为3500元，岗位津贴1500元；该合同还约定了其他事项。2016年2月29日王某辞职。

2016年4月7日，王某申请仲裁，要求H公司支付违法约定试用期的赔偿金16365元、2015年11月至2016年2月的工资差额1127.27元。上海市徐汇区劳动人事争议仲裁委员会裁决：一、H公司七日内支付王某工资差额1127.27元；二、对王某的其他申诉请求不予支持。裁决后，王某对第二项裁决不服，起诉至一审法院。

【裁判结论】

一审认为，劳动合同仅约定了6个月试用期，故该试用期不成立，该期限为劳动合同期限，该试用期属于违法约定的试用期，判决H公司按月工资5000元标准支付违法约定试用期赔偿金16365元。

H公司不服，以劳动合同仅约定试用期的，试用期不成立，该试用期为合法有效的劳动合同期限为由，认为其不应支付违法约定试用期的赔偿金，上诉于上海一中院。

二审认为，劳动合同仅约定试用期的，试用期不成立，该试用期为劳动合同期限。因此，双方于2015年10月26日至2016年2月29日履行的是劳动合同期限，并非履行违法约定的试用期。王某主张违法约定试用期的赔偿金，缺乏依据。判决撤销一审民事判决第一项，驳回王某要求H公司支付违法约定试用期的赔偿金16365元的诉讼请求。

【评析意见】

本案争议焦点是，劳动合同仅约定试用期，用人单位是否需要支付违法约定试用期赔偿金。一种观点认为，劳动合同仅约定试用期的，该约定显然违反了《劳动合同法》第19条第1款的规定，属于违法约定试用期，相应的期间应属于该法第83条所规定的“违法约定的试用期已经履行”，用人单位应支付违法约定试用期的赔偿金。另一种观点认为，《劳动合同法》第19条第4款规定，劳动合同仅约定试用期的，试用期不成立。既然试用期不成立，则不存在试用期，也就不存在“违法约定的试用期已经履行”，因此用人单位无需支付违法约定试用期的赔偿金。两个观点截然相反，由此发生争议。

本案例从以下几方面说明，案例中的情形可以认定为不属于《劳动合同法》第 83 条所规定的应支付赔偿金的情形。

一、仅约定试用期的即为劳动合同期限

作为劳动合同的条款试用期是用人单位和劳动者建立劳动关系后为相互了解、选择而约定的不超过六个月的考察期。《劳动合同法》第 19 条第 4 款规定，试用期包含在劳动合同期限内，由此说明试用期不能脱离劳动合同期限而单独存在，试用期间天然从属于劳动合同期限。劳动合同期限属于《劳动合同法》第 17 条规定的应当具备的条款，是双方在缔约过程中不可或缺的一部分。如果双方仅约定试用期而没有约定劳动合同期限，按照《劳动合同法》第 19 条第 4 款的规定，试用期即为劳动合同期限，即所谓的“试用期”与劳动合同期限并无本质区别。既然是劳动合同期限，就可以不认定为属于该法第 83 条所规定的“违法约定的试用期已经履行”情形，H 公司无需支付相应的赔偿金。

二、不支付赔偿金不违反举轻以明重原则

《劳动合同法》第 19 条第 1 款规定了约定试用期的条件，有观点提出，如果一个用人单位与劳动者约定劳动合同期限为 6 个月，其中试用期为 3 个月（以下简称假设情形），则由于试用期的约定超过了法律规定的上限，因此用人单位须支付第 2 个月和第 3 个月违法约定试用期的赔偿金。现本案例中 6 个月都约定为试用期，显然情节更为严重，如果认定 H 公司反而不需支付相应的赔偿金，似乎不符合举轻以明重的法律原则。

笔者以为，案例中虽然免除了 H 公司支付违法约定试用期赔偿金的义务，但由于整个试用期都被认定劳动合同期限，因此其也就丧失了以试用期间证明王某不符合录用条件为由解除劳动合同的权利，该惩罚不可谓不重。相反，假设情形中，第 1 个月仍为合法的试用期，用人单位仍可以劳动者试用期间被证明不符合录用条件为由解除劳动合同。因此，案例中免除了 H 公司支付相应的赔偿金的义务，不违反举轻以明重的原则。从剥夺 H 公司以劳动者试用期间被证明不符合录用条件为由解除劳动合同的

后果来看，再按照《劳动合同法》第 83 条的规定对其予以惩罚，未免有重复评价之嫌。

【附录】

编写人：蔡建辉（民三庭审判长）

一审案号：（2016）沪 0104 民初 21136 号

二审案号：（2016）沪 01 民终 12461 号

二审合议庭：蔡建辉（审判长兼主审法官）、成阳、叶佳

41. 劳动争议纠纷案件中用人单位单方解除权的法律属性分析

——周某某诉H公司劳动合同纠纷上诉案

【案例要旨】

用人单位依法行使单方解除权，在程序上并不负有提前通知劳动者解除劳动关系的法定义务。诚然，用人单位应当将解除劳动合同的决定及时告知劳动者，如果已经具备解除或终止的条件，只是在办理解除或终止程序上存在瑕疵的，如劳动者仅以用人单位未提前通知即为其办理离职手续为由，据此主张违法解除劳动合同赔偿金的诉讼请求，法院应不予支持。

【案情简介】

上诉人（原审原告）：周某某。

被上诉人（原审被告）：H公司。

2015年4月12日，周某某至H公司工作，双方签订的《劳动合同》载明：乙方已详细阅读《员工手册》，对其所记载的各项管理制度及其要求作了充分地了解并且在此承诺遵守；乙方违反甲方各项制度、劳动纪律的，甲方可以按照有关制度和规定予以批评教育、纪律处分，直至解除劳动合同；双方依法订立的其他补充协议及《员工手册》是本合同的组成部分，与本合同具有同等法律效力。在该合同双方签字栏下方，载有“本人已仔细阅读员工声明书和承诺书，并签收劳动合同一份”之内容，周某某在该内容下方签名。有“周某某”签名的《承诺书》载明：“本人已参加公司入职培训，熟悉员工手册和公司各项规章制度，并同意其内容（尤其有关于辞退、惩罚及与员工的利益有重大关系的条款），认可公司将员工手册作为劳动合同附件，可补充为约定的内容。本人将严格遵守公司工作纪律，遵守法律。”

《员工手册》中关于旷工、辞退和假期有明确规定：(1)“1.9旷工”规定：①员工未办理请假手续无故缺勤以旷工论，扣当月全勤奖；②一个月内连续无故旷工两天的，公司可因其严重违反公司规章而解除劳动合同；③一年内累计无故旷工达三天（含）以上的，公司可因其严重违反公司规章而解除劳动合同。(2)“1.16辞退”规定：下列情况，公司可以因员工严重违反公司规章制度，随时给予辞退、开除，而不必事先通知该员工且不给予该员工任何补偿，或未向主管请假而连续两天旷工；或一年内累计旷工达三日者。(3)“2.1假期”中规定了按照国家规定，员工事/病假工资，具体为：事假，全年累积不得超过12天，有请假单并需主管以上审批。(4)“2.6无薪事假”中规定：事假必须事前经部门主管批准（三天以上需由部门副经理以上批准，5天以上由副总经理批准）方才生效；员工请事假需提前三天，营运部门员工需找其他员工代班，若有紧急情况，临时请假，需经当班主管批准，未经主管批准擅自缺勤者，按旷工论处。

周某某在H公司工作至2017年5月31日。当天，周某某以自己外公病重急需回家为由向店长发送微信，并表示会后续沟通上班时间，店长未给予回复。6月5日，周某某向店长表示自己外公在重症监护室，自己不能回去上班，店长亦未给予回复。6月15日，店长向周某某发送微信询问是不能回上海工作还是怎样的情况，周某某未给予回复。6月19日16：49分，周某某向店长发送微信表示自己仍不能回去上班。当日16：59时店长回复周某某：“公司请假制度也请不了这么久的假，你不能来上班，我也没有办法啊”，周某某未给予回复。

6月19日，H公司向工会发出《解除劳动合同通知函》，载明：“因周某某严重违反《员工手册》等公司规章制度，公司决定与其解除劳动合同。”同日，工会出具同意决定的《复函》。7月24日，周某某向店长表示，自己刚到上海，明天可以上班，被告知因旷工而被办理了离职手续。

7月26日，周某某向上海市徐汇区劳动人事争议仲裁委员会提出本案所涉诉请；9月14日，该仲裁委作出了不予支持的裁决。

周某某不服，遂诉至原审法院。

周某某诉称：其对H公司将其认定为旷工并因此辞退的事实并无异议，但是H公司不应该在其不知情的情况下为其办理离职手续。理应按照法定流程将其辞退，并且予以通知，故要求H公司支付违法解除劳动合同赔偿金。

H公司辩称：由于周某某长期未至H公司处上班，构成了旷工，在征求工会的意见后，以周某某长期旷工为由提前解除双方的劳动合同。对周某某作出的辞退处理并无不当，无需支付赔偿金。

【裁判结论】

一审法院认为：《劳动合同法》赋予了用人单位对劳动合同的单方解除权，以保障用人单位的用工自主权。《劳动合同法》第39条第（2）项规定，劳动者严重违反用人单位的规章制度的，用人单位有权行使解雇权。据此，H公司对周某某的缺勤行为认定为旷工，并因此与周某某提前解除劳动合同并无不当，周某某要求H公司支付违法解除劳动合同的赔偿金，于法无据。

故一审法院判决驳回周某某的诉讼请求。

二审法院认为：根据我国《劳动合同法》第39条第（2）项规定，劳动者有下列情形之一的，用人单位可以解除劳动合同：（2）严重违反用人单位的规章制度的。据此，H公司对周某某的缺勤行为认定为旷工，并因此与周某某提前解除劳动合同并无不当。当然，H公司应当将解除劳动合同的决定告知周某某。然而，H公司店长在2017年7月24日也告知了周某某已因旷工而被离职的结果，之后，周某某正是知晓了该决定才去申请劳动仲裁，因此周某某以H公司未提前通知其因旷工而被辞退为由主张赔偿金，于法无据。

故二审法院判决驳回上诉，维持原判。

【评析意见】

一、用人单位行使单方解除权的程序与先决条件

（一）用人单位行使单方解除权，需要履行的法定程序

《劳动合同法》第43条规定："用人单位单方解除劳动合同，应当事先将理由通知工会。用人单位违反法律、行政法规规定或者劳动合同约定的，工会有权要求用人单位纠正。用人单位应当研究工会的意见，并将处理结果书面通知工会。"

工会在维护劳动者合法权益监督用人单位解除劳动合同方面发挥着重要作用。依照法律的规定，用人单位在作出解除劳动合同的最终决定之前，必须事先将解除劳动合同的理由通知工会。虽然工会的意见并不必然影响用人单位的决定，但是对于工会提出的意见应当研究，并且将处理结果以书面形式通知

工会。

在本案中，H公司在6月19日，向工会发出《解除劳动合同通知函》，其中明确载明公司将与周某某提前解除劳动合同的理由和决定，并且征求工会的意见，作出最终处理决定。同日，工会同意该处理决定。H公司的做法在程序上符合法律的规定。

（二）用人单位行使单方解除权，需要符合法定的情形

《劳动合同法》第39条是关于用人单位行使单方解除权的法律规范。明确在六种情形下，用人单位可以行使单方解除权。其中第（2）项规定："（二）严重违反用人单位的规章制度的"就属于用人单位可以行使单方解除权的法定情形之一。

"严重违反用人单位的规章制度"在司法实践中通常从两方面来进行考察：一方面，考虑用人单位的规章制度是否合法有效；另一方面，考虑劳动者的行为是否达到"严重违反"的程度，以至于用人单位可以据此提前解除与劳动者的劳动关系。

二、关于用人单位单方解除权实体条件成就的分析

（一）劳动者与用人单位在"请假"问题上并未达成合意，用人单位据此认定劳动者构成旷工，事实清楚，证据充分

在本案中，劳动者周某某在2017年5月31日向店长发送了有关自己外公病重，需要立即赶回去以及会后续沟通上班时间内容的微信，但是并未收到店长的回复。6月5日，周某某又向店长发送了关于自己外公病重，赶不回去上班内容的微信，店长亦未给予回复。基于劳动者向店长发出了要求请假的意思表示，但是店长均未给予回复。双方达成了请假的合意吗？作为一个拥有正常智力水平的人来说，劳动者接受过用人单位的培训，并且对事关自身利益的重大条款也已承诺知晓，对于最基本的请假制度和流程应该十分清楚。在自己向店长发送了关于请假内容的微信之后，并未得到店长明确批准的答复，店长的默示意思表示，应该推定为不同意周某某的请假请求。

6月15日，店长向周某某发送了"你是不能回上海工作还是怎样情况"内容的微信，周某某未给予回复。在距离周某某5月31日向店长发送请假内容的信息15日之后，店长首次主动向劳动者发送信息，询问劳动者的情况。从店长发送内容的语气当中，明显可以感受到店长对员工长期不来公司上班的

不理解之情。但此时，劳动者仍然未给予店长回复，从而造成双方信息沟通的不顺畅，劳动者并未将自己请假的意思表示传递给用人单位，用人单位也没有明确得知劳动者是因为什么原因不来公司上班，因此，本次微信沟通，双方也并未就劳动者请假达成合意。劳动者从5月31日到6月15日期间，一直未至公司上班，造成的不利后果应由劳动者个人承担。6月19日，周某某再次向店长发送有关自己既不能离开外公又不能赶回来上班的处境内容的微信，店长明确回复“公司请假制度也请不了这么久的假，你不能上班，我也没有办法啊”内容的微信，清晰地表达了公司的态度。

周某某从5月31日至6月19日，长达19天，一直未到公司上班，也未履行《员工手册》规定的正常的请假手续，期间仅有3次向店长发送微信，但是并没有得到店长的明确肯定答复。双方之间就劳动者请假这一重要问题并未达成一致的合意。劳动者请假这一意思表示，并未得到单位的认可，故周某某请假这一行为就不成立。由于劳动者长期未至公司上班，被公司认定为旷工，公司据此依据《员工手册》的规定，单方面提前解除了双方之间的劳动合同，符合《劳动合同法》规定的用人单位可以解除劳动合同的情形，满足了实质解除条件。

（二）劳动者违反用人单位的规章制度达到了严重的程度

如何判断劳动者是否违反用人单位的规章制度，以致严重违反从而达到可以解除劳动合同的程度？这需要结合具体的情况来具体分析。

就本案来说，用人单位的《员工手册》已详细规定了请假的流程、天数及未请假缺勤、旷工的不利后果。然而，现有事实表明周某某未按照《员工手册》的规定履行请假手续，也未提供证据证明可以微信形式无需按照《员工手册》的规定请假，更未提供证据证明其有无法按《员工手册》规定进行请假的紧急情况。甚至对外公是否去世、去世时间这一与本案有重要关联的事实都拒不提供证据予以证明。

周某某作为接受了用人单位的培训并且是在承诺书和声明书上签字的劳动者，理应对自己的行为所造成的后果承担责任，故用人单位将周某某的行为认定为旷工，从而触发了用人单位行使单方即时解除权的条件，并且在实质上具备了单方解除劳动合同的法定事由。

（三）用人单位的做法虽有瑕疵，但并不影响单方解除的效力

在本案中，用人单位在劳动者长期不来上班的情况下，并未积极主动地和

劳动者进行联系，询问劳动者不来单位上班的具体原因，并且在劳动者 5 月 31 日向店长发送请假内容的短信时，并未给予劳动者回复，也不排除会给劳动者造成一定的假象，尤其是社会中普遍存在的“默示视为同意”的观念的影响，也可能会对员工误解店长的意思产生影响。并且，单位是在员工不来上班 10 天之后，才主动以微信的形式询问劳动者的情况，且在没有得到劳动者回复的情况下，并未进一步与劳动者进行沟通，所以，在这种情况下，用人单位也要承担一定的责任。但是，是否就据此认定用人单位解除劳动关系的效力，甚至是违法解除呢？

根据《上海市高级人民法院关于适用〈中华人民共和国劳动合同法〉若干问题的意见》（沪高法〔2009〕73 号）第 8 条，用人单位因“违法解除或终止合同”需向劳动者支付赔偿金的适用范围中，规定：“根据《劳动合同法》第 48 条的适用前提，是劳动合同应当履行而实际上已经不再继续履行，不包括劳动合同本来就符合解除和终止条件的情况，即用人单位在不具备合法解除或者是终止条件的情况下解除合同。因此，如果已经具备解除或终止的条件，只是用人单位在办理解除或终止的程序上存在瑕疵的，不属于本条规定的范围。”

虽然用人单位在劳动者存在旷工的行为上也负有一定的责任，并且在劳动者完全并不知情的情况下单方面即为其办理了离职手续，但是并不影响用人单位行使单方解除劳动合同的效力。正如意见中规定的一样：“如果已经具备解除或终止的条件，只是用人单位在办理解除或终止的程序上存在瑕疵的，不属于本条规定的范围”。

三、单方行使解除权的性质及生效情况

用人单位行使单方解除权，是否负有提前通知劳动者的义务？这涉及对用人单位单方解除权的法律属性分析。

（一）用人单位单方解除权在法律性质上是一种形成权

单方解除权在法律性质上是一种形成权，是一种单方意思表示，不附加任何前提条件。

在关于何为形成权的问题上，王泽鉴教授如此表述，“形成权系赋予权利人得依其意思而形成一定法律效果的法律之力，相对人并不负有相对应的义

务，只是受到拘束，需容忍此项形成及其法律效果”。① “与请求权相反，在特定情形下，法律允许权力主体对某项法律关系采取单方面的行动”。②

用人单位单方解除权是一种用人单位单方意思表示的结果，是用人单位用工自主权的体现，只要符合法定的情形，即触发用人单位单方解除权，然而，是否解除劳动合同还是要看公司最终的决定，这正是充分体现了用人单位的意志。结合本案，笔者认为，双方签订的第一份《劳动合同》设置了“劳动纪律”专条，对周某某应该遵守的劳动纪律进行了明确记载，周某某“已详细阅读《员工手册》”等内容，有周某某签名的《承诺书》也记载了周某某参加了入职培训、熟悉员工手册和公司各项规章制度、并认可将员工手册作为劳动合同附件。用人单位认定周某某构成旷工，并且在2017年6月19日向工会发出《解除劳动合同通知函》，这一行为即是用人单位单方面作出了解除的意思表示，且该意思表示真实，用人单位行使解除权的行为符合法律的规定。

（二）用人单位行使单方解除权产生的法律效果是使双方劳动法律关系归于消灭，在劳动者“了解”或者“收到”时发生效力

用人单位行使单方解除权的行为产生劳动关系消灭的法律效果。行使单方解除权的目的就是要单方面解除双方之间的劳动合同，但需要考虑的是，用人单位虽然单方作出的意思表示，不受任何限制，且不附加任何前提条件，完全是用人单位的意志和用人单位用工自主权的体现。但是，用人单位向工会发出《解除劳动合同函》，用人单位的行为并不当然产生法律关系消灭的法律效果。首先，工会并不是劳动法律关系的当事人，工会收到用人单位的《解除劳动合同函》并不使劳动者与用人单位之间的劳动法律关系消灭。其次，用人单位向工会发出的《函》，明确载明，仅仅是征求工会的意见，并且要在研究工会的意见以后才作出最终的处理决定，可见，此时的《函》并不是最终的处理决定，仅具有征询意见的性质。最后，用人单位向工会发出的《函》仅仅只是双方内部的一种文件往来，并没有向第三人尤其是劳动法律关系的当事人周某某知悉，因此并不具有对外的效力。故用人单位虽然行使了单方解除权，但是因为用人单位解除劳动合同的意思表示并没有到达劳动者周某某或者为周某某所知悉，因此，此时用人单位解除劳动合同的行为对周某某并不产生劳动关系消灭的法律效果。

---

① 参见王泽鉴：《民法总则》，北京大学出版社2009年版，第78页。

② 参见［德］迪特尔·梅迪库斯：《德国民法总论》，法律出版社2013年版，第74页。

用人单位行使单方解除权需要在用人单位解除劳动关系的意思表示“了解”或“到达”劳动者时发生法律效力，之所以如此规定主要是基于保护劳动者合法权益的价值取向。劳动者一方作为劳动法律关系的当事人，相对于用人单位来说，往往处于弱势地位，尤其是在关于劳动关系解除等事关劳动者切身利益的事项，公司虽然在行使单方解除劳动关系时不附加任何限制性条件，但是基于保护劳动者权益的特殊的立法考量，尤其是对于保护劳动者及时行使救济的权利，因此规定，单位作出解除劳动合同的决定只有在劳动者“了解”或“到达”时，才发生劳动法律关系消灭的法律效果。

本案中，用人单位在劳动者完全不知情的情况下单方面提前解除与劳动者的劳动关系，用人单位单方解除的行为在此时并未发生效力。只有在劳动者知道公司解除的通知以后，才发生效力。2017 年 7 月 24 日，周某某在向店长发送自己可以上班内容的微信后，被告知因旷工而被办理了离职手续，于此时，用人单位单方解除劳动关系的行为才产生效力。而劳动者也正是在得知了公司解除的通知以后才申请仲裁进而提起诉讼，维护自身的合法权益。

综上所述，用人单位行使单方解除权，提前解除与劳动者的劳动关系，在程序上并不负有提前通知劳动者的法定义务。用人单位单方解除权是一种特殊类型的形成权，解除劳动合同的决定于劳动者“了解”或“到达”时发生解除的效力。劳动者仅以用人单位在其完全不知情的情况下为其办理离职手续为由，据此主张用人单位违法解除劳动合同赔偿金的，应不予支持。

【附录】

编写人：徐凌、王玉峰（分别系民三庭法官助理、实习生）

一审案号：（2017）沪 0104 民初 26948 号

二审案号：（2018）沪 01 民终 1195 号

二审合议庭：毛海波、周寅（主审法官）、顾慧萍

42. 用人单位调岗行为的合理性审查

——何某某与T公司劳动合同纠纷上诉案

【案例要旨】

基于劳动者的人身从属性，用人单位有调整劳动者工作岗位的权利。用人单位调岗时，应与劳动者协商一致。对于双方未能协商一致的工作岗位调整，应综合多重因素考察用人单位调岗行为是否具有合理性，包括主观上是否有正当的调岗理由以及客观上是否作出不利于劳动者的工作条件变更，并兼顾用人单位有否尽诚实磋商之义务。

【案情简介】

上诉人（原审原告）：何某某。

被上诉人（原审被告）：T轮胎（上海）有限公司（以下简称T公司）。

何某某自2006年8月28日起与T公司签订劳动合同，工作岗位为营业（即销售），职务为课长。双方劳动合同第3.5条约定："在本合同期内，甲方（即T公司）根据业务需要并考虑乙方（即何某某）经验、技能、工作业绩等，可以对乙方的工作职务及岗位进行调整。"同时，何某某确认并知晓T公司《就业规则》，其中第2－4－2条（业务变更）规定："公司可根据业务需要，在合理的情形与条件下调整员工所承担的工作内容及所属部门"；第8－4条（警告）规定："有下列行为之一者，公司有权对该员工处以书面警告：……不听从上司业务命令的……"；第8－6条（惩戒解雇）规定："有下列行为之一的，公司有权对其处以惩戒解雇处分：（1）有累计收到书面警告满3次（含3次）行为的……（24）不服从公司作出的工作调动或研修的指示的；（25）不按调令规定时间到新部门报到的……。"

2017年7月13日，T公司总经理、营业总监、市场部及人事课长与何某某进行面谈，表示公司因经营管理需要将增设新渠道开发部，拟安排何某某至该新部门工作。

2017年7月14日，T公司向何某某发送电子邮件，内容为："现将公司正式调岗通知书和新部门的工作内容发送给你，请于2017年7月17日至新部门报到。"当日，何某某回复该邮件表示拒绝调动。

2017年7月18日，T公司向何某某发送标题为"警告书"的电子邮件，表示因何某某未如期至指定部门报到，故根据《就业规则》第8—4条（警告）的规定处以书面警告处分，并通知其于2017年7月19日至新部门报到。当日，何某某回复公司电子邮件，内容为："调岗需经本人同意，我要求在原岗位继续工作，不接受公司警告。"对此，T公司回复称："公司愿意与你就调岗沟通交流……公司基于经营管理和业务发展的需要，设置了新部门，并向你充分说明调岗后的工作内容及工资待遇。在工作内容上，与此前并无大的差异，均属销售范围。在工资待遇上，与之前比也无大的变化。因此，公司有权对你行使用工自主权，将你调整至新渠道开发部工作。"

2017年7月20日，T公司第二次向何某某发送标题为"警告书"的电子邮件，内容为："因你仍未按照公司要求如期至新部门报到，根据《就业规则》第8—4条（警告）的规定处以书面警告处分。并再次通知你于2017年7月24日至新部门报到。"当日，何某某回复电子邮件表示要求留在原工作岗位工作。

2017年7月23日，何某某向T公司发送电子邮件，内容为："我难以接受公司调岗，因为工作内容完全变更，我无法胜任，而且调至新部门后，我的销售奖金、出差补贴将难以保障，年终考核的奖金也无法评定，将严重影响我的收入。"

2017年7月24日，T公司回复何某某电子邮件，内容为："关于工作内容，公司在面谈时已向你详细说明，本次调整属于销售部门的内部调整，调整后的工作内容也属于销售范围，与从前比无大的差异，公司充分相信你完全有能力胜任。关于销售奖金，为支持你在新部门的工作，公司同意暂按你2016年度月平均销售奖金标准发放。"同日，何某某回复邮件再次表示拒绝调岗。

2017年7月25日，T公司第三次向何某某发送标题为"警告书"的电子邮件，内容为："鉴于你未按照公司要求如期至指定部门报到，根据《就业规则》第8—4条（警告）的规定处以书面警告处分。并再次通知你于2017年7月26日至新部门报到。"当日，何某某回复邮件表示公司调岗理由不合理。

2017年7月30日，T公司以何某某违反公司《就业规则》8—6（惩戒解雇）的规定为由，向何某某送达书面劳动合同解除通知书。2017 年 8 月 21 日，何某某提起劳动仲裁，申请要求 T 公司支付违法解除劳动合同赔偿金等，因仲裁不支持其请求，遂诉至一审法院。

【裁判结论】

一审法院认为：从调岗理由的合理性来看，双方劳动合同明确约定 T 公司有权根据业务需要并考虑劳动者的经验、技能、工作业绩等因素，对劳动者的工作职务及岗位进行调整。根据双方多份电子邮件往来内容所示，T 公司多次告知何某某系基于经营管理和业务发展的需要设置新渠道开发部，并据此决定将何某某调至新渠道开发部。因此，T 公司的调岗理由具有合理性。其次，何某某调岗后的工作内容亦属销售范围，未发生实质性变更，劳动者理应可以胜任。再次，从调岗后工资待遇标准有无降低来看。根据双方的协商内容，T 公司承诺何某某调岗后的职务、工资待遇基本不变，何某某亦对此确认。综上，何某某拒绝服从 T 公司的合理工作调动，经三次书面警告后仍拒绝服从，T 公司依据《就业规则》的规定解除双方劳动关系于法有依，无需支付违法解除劳动合同赔偿金。

一审判决后：何某某不服提起上诉，坚持认为 T 公司调岗行为不合理。对此，二审法院认为：用人单位与劳动者协商一致，可以变更劳动合同。T 公司因新成立新渠道开发部，与何某某协商变更工作岗位，虽劳动者予以拒绝，双方未协商一致，但 T 公司根据劳动合同第 3.5 条约定，对何某某的工作职务及岗位进行调整，属用人单位行使自主经营管理权，并无不当。因此，T 公司依据《就业规则》通知何某某解除劳动合同符合规定，无需支付违法解除劳动合同赔偿金，故二审法院予以维持。

【评析意见】

我国法律实行劳动合同全面履行原则，[①] 调整劳动者的工作岗位属于劳动合同履行中的变更，根据《劳动合同法》第 35 条规定，用人单位与劳动者协商一致，可以变更劳动合同约定的内容。但对于用人单位未能与劳动者协商一致的劳动合同变更是否能够继续履行，现行法律无明确规定。即如本案，T 公

---

① 《劳动合同法》第 29 条规定，用人单位与劳动者应当按照劳动合同的约定，全面履行各自的义务。

司是否有权调整何某某的工作岗位，在何某某多次拒绝的情况下，T公司的调岗行为是否合理等问题，本文拟将进一步讨论。

一、用人单位有调整劳动者工作岗位的权利

调整劳动者工作岗位，多被称为调岗、调职。劳动者自工作开始，不论是不同性质工作岗位的横向转换（平调），还是纵向职务之升降，皆可能涉及工作岗位调整。[①] 一般实务观点认为，调岗作为用人单位的人事管理权，是企业的一项基本权利，也是企业自主经营的体现。并且，随着现代经济的快速提升、新业态的不断更迭以及政策法律的出台引导等多重因素，企业的发展求存模式不可能一成不变，企业规模的扩大与缩小，内设机构的新设与合并，人才的交替与分配，都会导致用人单位调岗现象的发生。因此，调岗作为企业经营管理的手段，有其存在的客观必然性，企业应当具备调岗的权利。

主流学术观点对用人单位的调岗权有四种不同认识，分别是概括合意说、劳动契约说、特定合意说以及否认说。[②] 这四类学说的区别在于用人单位的调岗权应限制在何种范围内，而共同点在于都认可用人单位有调整劳动者工作岗位的权利，且该调岗权源自双方的合意。这种合意最早达成于用人单位与劳动者建立劳动关系之时。劳动关系是劳动力所有者（即劳动者）与劳动力使用者（即用人单位）之间，为实现劳动过程而发生的一方有偿提供劳动力，另一方将劳动力与生产资料相组合的社会关系。[③] 劳动关系从属性的特征决定了劳动者必须依附于用人单位，遵守用人单位的规章制度，并在用人单位的监督指挥下提供劳动力以获取相应劳动报酬。由此看来，劳动者的工作岗位与工作地点虽然形式上是劳资双方合意的体现，但不可否认，在劳动合同附合化的现实下，职业劳动中劳动者的工作配置是用人单位统筹安排的结果。[④] 因此，在学理解释的环境下，用人单位具备调整劳动者工作岗位的权利，这种权利在双方

---

① 郑尚元：《劳动合同法的制度与理念》，中国政法大学出版社2008年版，第223页。

② 概括合意说认为，工作场所与内容的变动，属于劳动合同变更，应经劳动者同意，但是在劳动合同订立时，劳动者已经将劳动力的使用权概括交由用人单位处分，用人单位因而获得了劳动指挥权，以此向劳动者安排调岗。劳动契约说认为，如果劳动合同中有对调岗内容加以约定，则劳动者应履行劳动合同，服从用人单位调岗命令。反之，未经劳动者同意，用人单位不得擅自进行调岗。特约说认为，工作场所与内容是劳动合同的重要因素，必须经由劳资双方达成合意。用人单位的调岗行为，必须经劳动者同意才能成立。用人单位仅在劳动合同中明确约定其可变更工作岗位与内容的范围下，方可实施调岗行为。否认说认为，用人单位没有单方调岗的权利，其调岗行为必须经过劳动者的同意。

③ 刘松珍、董文军：《调职权论略》，载《当代法学》2012年第4期。

④ 刘松珍、董文军：《调职权论略》，载《当代法学》2012年第4期。

劳动合同订立时就已经确定，即用人单位在合理范围内可以调整劳动者工作岗位，这是由劳动合同“履行”之继续性、人身性和指挥监督劳动等特征决定的。[①]

因此无论根据一般实务观点或是现行理论学说，T公司都有调整何某某工作岗位的权利。但是，任何权利都应有其界限，调岗权亦是如此，并非用人单位的任意调岗行为均受法律允许。对此，在何某某拒绝调岗的情形下，本案仍需进一步判定T公司的调岗行为是否具备合理性。

二、用人单位调岗应禁止权利之滥用

劳动者工作岗位的调整通常会连带劳动者的职务、劳动报酬、福利待遇、工作地点等发生变动，尤其是工资待遇作为劳动者的主要社会经济来源，甚为重要。因此，调岗权虽然是用人单位的固有权利，但如若用人单位逾越权利边界，以调岗的名义变相降低劳动者职务与工资报酬，显然有失公平。因此，法院在考察公司调岗行为合理性时，应严格禁止用人单位调岗权之滥用，主要可以从用人单位调岗行为是否具有主、客观合理性着手。

（一）主观合理：正当的调岗理由

一般，用人单位合理的调岗原因有：（1）法定原因。根据《劳动合同法》《工伤保险条例》等相关法律规定，在一定事由下用人单位可以调整劳动者工作岗位，即“劳动者患病或者非因工负伤，在规定的医疗期满后不能从事原工作”“劳动者不能胜任工作”“劳动合同订立时所依据的客观情况发生重大变化，致使劳动合同无法履行”[②] 以及“职工因工致残被鉴定为五级、六级伤残的，保留与用人单位的劳动关系的”。[③]（2）约定原因，即用人单位与劳动者互相达成调整工作岗位的合意。（3）劳动者主动提出要求调岗，因自身原因如怀孕、疾病、家庭等因素向用人单位申请调岗。（4）企业经营管理的实际需

---

① 参见郑尚元：《劳动合同法的制度与理念》，中国政法大学出版社2008年版，第230～231页。

② 《劳动合同法》第40条规定：有下列情形之一的，用人单位提前三十日以书面形式通知劳动者本人或者额外支付劳动者一个月工资后，可以解除劳动合同：（1）劳动者患病或者非因工负伤，在规定的医疗期满后不能从事原工作，也不能从事由用人单位另行安排的工作的；（2）劳动者不能胜任工作，经过培训或者调整工作岗位，仍不能胜任工作的；（3）劳动合同订立时所依据的客观情况发生重大变化，致使劳动合同无法履行，经用人单位与劳动者协商，未能就变更劳动合同内容达成协议的。

③ 《工伤保险条例》第36条规定：职工因工致残被鉴定为五级、六级伤残的，享受以下待遇：（二）保留与用人单位的劳动关系，由用人单位安排适当工作。难以安排工作的，由用人单位按月发给伤残津贴。

要，如雇主根据市场环境、企业业务和人员状况对劳动者的工作岗位和工作内容作出适当调整。[①] 本案中，T 公司的调岗理由是因公司经营管理需要，重新调整组织架构，故将何某某调至新设部门工作。并且，双方在劳动合同中也明确表示，公司可以根据自主经营管理权对何某某的工作岗位进行调整。因此，T 公司的调岗行为具备主观合理性。

除此之外，在司法实务中亦有用人单位惩戒性调岗的现象发生，即用人单位以劳动者严重违反工作纪律或造成公司重大经济损失等原因，根据员工手册等规章制度的规定，作出降职的惩罚性处理。对于这类调岗行为，应严格界定劳动者是否存在违反规章制度的行为，以及用人单位规章制度是否规定有惩戒性条款。

（二）客观合理：避免不利条件之变更

本案中，何某某以调岗后工作内容变动、福利待遇下降为由多番拒绝调岗。对于劳动者的工作条件是否可以因用人单位调岗发生变动，我国劳动法律虽尚无明确的成文规定，但各地的司法实践已有共通之处，如浙江法院[②]与广东法院[③]都认为，用人单位调岗需经劳动者同意。但若调岗未涉及劳动合同的主要内容，或确属企业经营管理所必需，且调整后的工作岗位、劳动报酬等其他劳动条件未作不利变更的，劳动者应服从用人单位的安排。

大陆法系国家和地区也有类似规定。德国法律变更劳动条件包括雇员是否对此有可期待的利益权衡。[④] 日本法律明确规定，当员工因调职所蒙受的不利益程度，明显大于企业调动员工的义务上的必要性时，调职命令即因违反权利滥用法理无效。[⑤] 台湾地区学界也基本形成相应共识，即“就各个调职命令在业务上有无必要性或合理性，与劳工接受调职命令后所可能产生于生活不利益

---

① 谢增毅：《用人单位惩戒权的法理基础与法律规制》，载《比较法研究》2016 年第 1 期。

② 《浙江省高级人民法院关于审理劳动争议案件若干问题的意见》第 42 条规定，用人单位调整劳动者工作岗位，一般应经劳动者同意。如没有变更劳动合同主要内容，或虽有变更但确属用人单位生产经营所必需，且对劳动者的报酬及其他劳动条件未作不利变更的，劳动者有服从安排的义务。

③ 《广东省高级人民法院、劳动人事争议仲裁院关于审理人事争议案件若干问题的座谈会纪要》第 22 条规定，企业对劳动者工作岗位的调整，只要该调整为企业生产经营所必需，而且调整后劳动者的工资水平与原岗位基本相当、不具有侮辱性与惩罚性、无其他违反法律法规的情形，劳动者就有服从的义务。

④ ［德］W. 杜茨：《劳动法》，张国文译，法律出版社 2003 年版，第 159 页。

⑤ 郑尚元：《劳动合同法的制度与理念》，中国政法大学出版社 2008 年版，第 224 页。

程度，为综合之比较考量”。[①] 黄程贯教授总结了调职合理性判断的“五原则”，分别是：基于企业经营上所必需；不得违反劳动契约；对劳工之薪资及其他劳动条件，未作不利之变更；调动后之工作与原有工作之性质为劳工之体能及技术所可胜任；调动地点过远者，雇主应予以必要之协助。[②]

上述司法或学术观点都明确了用人单位调岗时应秉持“避免不利之原则”，即避免因调岗导致劳动者蒙受不利因素，如职务降低、薪资减少、生活不便、工作地点过远又未能提供班车等交通工具。结合本案，何某某主张调岗不合理的主要依据是岗位变动后导致工作内容完全变更、各项奖金与出差补贴无法落实严重影响工资收入。但根据双方往来的多封邮件显示，T公司对于何某某的异议逐一作出回应，表示本次的工作变动属于销售部门的内部调整，新部门也属于销售岗位，何某某在工作内容上完全可以胜任。并且考虑到何某某担心其福利待遇会因调岗有所下降，T公司也已承诺将根据上一年度奖金标准发放，因此T公司的调岗行为不存在任何不利于何某某的客观因素，理应认定为合理调动。

三、用人单位调岗应尽诚实磋商之义务

《劳动合同法》规定，用人单位调整工作岗位需与劳动者协商一致。但合理调岗是用人单位具备的固有权利之一。在劳资双方协商无果与用人单位实现调岗权的冲突下，即劳动者坚持拒绝调岗，如本案T公司四次发出通知要求何某某于指定时间前往新部门报到均遭拒绝的情况下，用人单位就此放弃调岗与企业自主用工管理的一般常识相悖，也不符合企业经营发展的现实路径。

《劳动合同法》虽规定用人单位与劳动者协商一致可以变更劳动合同，但也不能否认用人单位因生产结构、经营范围进行调整或外部市场发生变化的情况下行使经营管理自主权，合法合理地调整劳动者工作岗位，基于劳动关系人身从属性而言，劳动者也应予以配合。如劳动者对调整工作岗位有异议，应当采用协商的方式解决，而不应当以消极怠工的方式进行抵制或对抗。在劳动者拒绝调岗的情况下，用人单位仍有进一步协商以实现调岗的权利。本案中，T公司先与何某某就调岗一事组织面谈，往返数次以书面或口头形式与何某某交

---

① 台湾地区劳动法学会编：《“劳动基准法”释义——施行二十年之回顾与展望》，台湾地区新学林出版股份有限公司2011年版，第165页，转载自丁建安：《论企业单方调岗行为法律效力的判断》，载《当代法学》2015年第3期。

② 黄程贯：《劳动法》，台湾地区空中大学2001年版，第462页。

流沟通，也多次积极回复何某某对调岗后工作内容、薪资报酬的疑问，并明确保证奖金标准不会下降。在何某某未能在规定时间到岗的情况下，三次发出书面警告并延长到岗时间。可见，T公司的行为确已尽诚实磋商之义务。何某某消极拒绝的行为显然有失妥当。

因此，《劳动合同法》规定调岗需经用人单位与劳动者协商一致，不代表全然排除其他情形。如用人单位以合理之原因提出调岗，诚恳积极地与劳动者沟通，且未作出不利于劳动者的变更条件，则应视为该调岗行为合理合法。劳动者未到新的工作岗位报到、甚至也未到原岗位出勤的行为，如果按照用人单位规章制度规定确属严重违纪的，用人单位可以与劳动者解除劳动合同。故，何某某就此主张违法解除劳动合同赔偿金的请求难以得到支持。

【附录】

编写人：杨力、宋虹（分别系民三庭审判员、法官助理）

一审案号：(2017) 沪0115民初93578号

二审案号：(2018) 沪01民终5098号

二审合议庭：蔡建辉（审判长）、杨力（主审法官）、叶佳

43. 为户籍设立服务期违约金的法律后果

——M公司与朱某某劳动合同纠纷上诉案

【案例要旨】

劳动者与用人单位基于办理本地户口而约定的服务期以及违约金违反了《劳动合同法》规定的可以约定违约金的范畴，该违约金承诺当属无效，用人单位依此承诺主张提前离职的劳动者支付违约金的，法院应不予支持。双方关于违约金的约定，虽违反了法律的强制性规定，致使劳动合同部分无效，但劳动者罔顾个人的真实承诺、提前解除劳动合同的行为有失诚信，给用人单位造成了损失，劳动者作为过错方，应当承担相应的赔偿责任。

【案情简介】

上诉人（原审原告）：M公司。

被上诉人（原审被告）：朱某某。

2016年3月7日，朱某某至位于上海的M公司实习，双方签订期限了为2016年3月7日至2016年6月6日的实习协议书。2016年5月23日，朱某某向M公司提交申请书及承诺书，请求M公司协助其办理落户上海的相关手续，朱某某在该申请书中表示："……现在有一件事情却不得不要来麻烦公司。我个人打算以后留在上海，如果没有上海户籍，以后会有诸多不便之处，而眼前由于我应届毕业生的身份，可以申请上海户籍并直接落户，如果错过这次机会，那就只能缴满5～7年社保之后慢慢等待排队……（落户）只能由单位出面代为申请，所以这才不得不麻烦公司……因为我的个人私事麻烦公司和同事，实在很过意不去……同时，对于潜在的不良后果，公司有所顾忌我也表示理解。所以我愿意在签订正式劳动合同时增加提前解除劳动合同的违约条款……。"

其承诺书载明："……3. 本人承诺与公司签订为期5年的《劳动合同》，在此承诺书及劳动合同期限内，本人主动提出解除《就业协议书》《劳动合同》或本人因违反公司规章制度被公司开除的，将按'未到期年数×每年人民币贰万元'的标准进行支付违约金，未满一年以一年计算。另外，公司有权解除或终止与本人的劳动关系，不受承诺书约定的限制。4. 本服务期约定作为《劳动合同》和《就业协议书》的补充内容，同样受法律约束，服务期约定自本人签字三日起生效，至本人与公司的5年劳动合同期满之日止，暂计至2021年7月15日。5. 对于以上承诺，本人自觉遵守，如有违反，本人愿意承担责任。"

之后，M公司为朱某某办理了落户上海的相关手续，并于2016年6月27日与朱某某签订期限为2016年6月18日至2019年6月17日为期三年的劳动合同。然2017年9月19日，朱某某以个人发展为由向M公司提出辞职。

2017年11月23日，M公司向当地劳动人事争议仲裁委员会申请仲裁，要求裁令朱某某支付其公司违反服务期约定违约金80000元。朱某某在仲裁中提出反申请，要求裁令M公司支付其2017年10月工资差额580.21元。该仲裁委员会裁决：一、M公司支付朱某某2017年10月工资差额58.60元；二、对M公司的请求未予支持。M公司不服该裁决，遂诉至一审法院，请求判令朱某某支付其公司违反服务期约定赔偿金80000元，理由如下：(1) 朱某某在公司实习期间单方面向其公司作出承诺，并不违反《劳动合同法》禁止性规定。(2) 朱某某在获得了公司为其办理的上海户籍后违反承诺，有违诚信原则。(3) 朱某某的行为对其公司的员工管理造成了严重的影响。

朱某某辩称：本人系根据用人单位的要求先后出具了申请书和承诺书，作出服务期5年及每年违约金2万元的承诺，系非自愿，且个人本身满足落户上海的基本条件，用人单位只是履行协助提交落户材料的当然义务，用人单位利用落户政策要求被告与其约定服务期及违约金，违反了法律的强制性规定，应属无效，请求法院驳回M公司的诉讼请求。

一审法院经审理后判决驳回M公司的诉讼请求。M公司不服一审判决，提起上诉。

【裁判结论】

一审法院经审理认为：为劳动者办理户籍入沪手续并非用人单位的法定义务，朱某某为达到落户上海的个人目的，自愿作出服务期及违约金承诺，使用人单位基于对其信任而承担了为其办理上海户口的额外义务。但朱某某在获得落户上海的特殊利益后违反承诺提前离职，有违诚信。但根据法律规定，用人单位与劳动者约定由劳动者承担违约金的情形仅限于《劳动合同法》第22条和第23条规定的情形，即用人单位为劳动者提供专项培训费用并约定服务期或存在竞业限制约定，用人单位与劳动者基于落户事宜约定服务期及违约金不属于《劳动合同法》规定的可以约定违约金的范围，用人单位要求被告按照《劳动合同法》规定支付违反服务期约定违约金的诉讼请求，缺乏法律依据，难以支持，故一审法院驳回M公司的诉讼请求。

二审法院认为：被上诉人朱某某于2016年5月23日向上诉人M公司提交的"承诺书"虽发生于双方建立劳动关系之前，但该承诺系基于双方之后欲建立劳动关系而产生的承诺，因此，朱某某所承诺的"本人承诺与公司签订为期5年的《劳动合同》"可以视为属于《劳动合同法》中的服务期约定范畴。在此前提下，朱某某因基于该公司为其办理了上海户籍而作出的违约金承诺违反了《劳动合同法》中规定的可以约定违约金的范畴，该违约金承诺无效。

此外，二审法院另查明，被上诉人朱某某系沪上名校法律专业研究生毕业，已取得《法律职业资格证书》，并且在M公司应聘的工作岗位为"法务专员"，其对法律的知晓程度以及理解能力应高于其他劳动者。朱某某应当知晓因办理户籍而约定服务期属于违反《劳动合同法》中关于服务期约定的法律规定，但其仍在"承诺书"中表示其愿意签订长达五年期的劳动合同，此举表明了朱某某深知其取得上海户籍后对其本人存在的潜在利益。朱某某的上述行为，属于利用了该公司对其之信赖而作出违反法律规定的承诺。虽然朱某某承诺的五年服务期因违反法律规定被确认无效，但其不遵守承诺、不诚信的行为，违背了诚实信用，对M公司造成了损害，同时也对该公司其他员工以及社会产生恶劣影响。朱某某作为过错方，应当承担赔相应的赔偿责任。至于赔偿的标准，因M公司的损失难以量化，以朱某某本人在"承诺书"中自己确定的标准来酌定作为朱某某承担赔偿责任尺度具有一定的合理性，可以作为法院的参考依据。综上所述，二审法院撤销一审判决，改判朱某某赔偿M公司40000元。

【评析意见】

本案案情较为清晰，双方当事人对查明事实也无异议，本案的争议焦点主要集中于承诺书的性质和裁判的价值取向与社会效果这两点。

一、劳动者个人承诺书的性质分析

对于本案中承诺书的性质的判断需关注此承诺书形成的时间。朱某某于2016年5月23日向M公司提交了个人承诺书，作出了五年服务期承诺。值得注意的是，此时朱某某与M公司只签订了实习协议，双方尚未正式建立劳动关系。2016年6月27日，M公司才与朱某某签订期限为三年的劳动合同，合同文本中没有提及此前的承诺事项，也未重新约定服务期。因此，事先约定的服务期承诺是否附属于签订后的劳动合同就存有争议。

（一）能否视为服务期承诺之分析

一种观点认为，劳动者承诺书形成于正式订立劳动合同之前，双方并不存在劳动关系，因此该承诺书只能被认定为事先的民事承诺，并不产生劳动法律效力，因而也不受劳动法律关系的约束，若该承诺意思表示真实合法，承诺人即本案朱某某就应当受其约束，具有积极履行承诺的义务。此观点从民事角度考虑，尊重当事人的意思表示，如此处理也规避了本案承诺书因认定为服务期约定而导致违反《劳动合同法》认定无效这一情况，促使劳动者为自己的承诺行为负责。但是，此般处理也为企图规避法律的用人单位提供了参考，使其得以轻而易举地绕开法律关于约定服务期的限制规定，不利于保障劳动者的合法权益。此观点未被法院采纳。

另一种观点则认为，民事领域的契约自由理论不能完全适用于劳动合同领域，劳动者承诺的时间虽然早于签订劳动合同的时间，但其承诺系基于双方之后欲建立劳动关系而产生的承诺，之后双方也如约签订了劳动合同，因此，朱某某所承诺的“本人承诺与公司签订为期5年的《劳动合同》”可以视为属于《劳动合同法》中的服务期约定范畴。二审法院采此观点。

司法实践中，用人单位与劳动者约定服务期通常表现为两种情形：（1）用人单位为劳动者提供专业技术培训费用，对其进行专业技术培训，与劳动者约定服务期，也即《劳动合同法》第22条所规定的情形；（2）用人单位为劳动者提供住房、户口、汽车等特殊待遇，与劳动者约定服务期，此种情形所约定的服务期在实务中虽时有发生，但并未被现行的《劳动合同法》所采纳，不过上海市高级人民法院在2009年制定的《关于适用劳动者合同法若干问题的意见》（沪高法〔2009〕73号）作为对《劳动合同法》的补充，在第7条明确“用人单位给予劳动者价值较高的财物，如汽车、房屋或住房补贴等特殊待遇的，属于预付性质”，劳动者未按照约定的合同期限付出劳动的，“属于不完全履行合同”，对劳动者未履行的部分，用人单位可以拒绝给付，此外，用人单位也可以要求劳动者返还已给付的特殊待遇。本案中涉及的上海户口在性质上无法返还，因此劳动者应当承担一定的赔偿责任。

（二）劳动合同期限与服务期年限不一致的处理

用人单位与劳动者约定的服务期年限并不总是和签订的劳动合同期限相一致，可能实际签订的劳动合同期限长于约定的服务期，或者如本案中，劳动合同的期限（三年）短于约定的服务期（五年）的情形。对于这种情形，《劳动合同法实施条例》第17条规定：“劳动合同期满，但是用人单位与劳动者依照劳动合同法第二十二条的规定约定的服务期尚未到期的，劳动合同应当续延至服务期满；双方另有约定的，从其约定。”沪高法〔2009〕73号第6条对此也做了详细规定，基于民事权利都可以放弃的原则，用人单位可以在劳动合同期满后放弃对剩余服务期的要求，此时劳动合同终止，用人单位不得再向劳动者追索服务期的赔偿责任。本案中的劳动合同期限虽然短于约定的服务期年限，但本案劳动合同尚未到期，还未涉及用人单位对剩余服务期是否放弃的问题，根据M公司在诉讼请求中主张的违约金80000元即“未到期年数×每年人民币贰万元”，可以看出M公司并未对剩余的服务期年限进行放弃。

二、“落户违约金”的效力认定

本案中劳动者在承诺书中承诺了“落户违约金”，即如果朱某某不履行承诺的服务期年限，需向M公司支付约定的违约金。然而，由于劳动关系的特殊属性，劳动者一方始终处于从属的弱势地位，为了平衡双方利益关系，国家公权力通过法律对用人单位与劳动者之间的天然的不平衡进行了矫正。因此，用人单位与劳动者之间基于真实意思表示达成的合意要受到法律的强制干预，并不自然地产生法律效力。根据《劳动合同法》的规定，用人单位可以与劳动者约定违约金的情形只有两种：

1. 根据《劳动合同法》第22条之规定：“用人单位为劳动者提供专项培训费用，对其进行专业技术培训的，可以与该劳动者订立协议，约定服务期。劳动者违反服务期约定的，应当按照约定向用人单位支付违约金……”

2. 根据《劳动合同法》第23条之规定：“……对负有保密义务的劳动者，用人单位可以在劳动合同或者保密协议中与劳动者约定竞业限制条款，并约定在解除或者终止劳动合同后，在竞业限制期限内按月给予劳动者经济补偿。劳动者违反竞业限制约定的，应当按照约定向用人单位支付违约金。”

依据《劳动合同法》第25条的规定，除了以上两种情形之外，用人单位不得与劳动者约定由劳动者承担违约金。本案中“落户违约金”系基于用人单位与劳动者之间的办理上海户口的约定，故该违约金条款归于无效，朱某某不负有向M公司支付违约金之义务。

三、劳动者的诚信义务

劳动合同虽有别于普通的民事合同，双方当事人地位并非完全平等，权利义务关系要受到公权力的干涉加以平衡，但这并不影响劳动合同在本质上仍属于合同，仍然存在着私法属性。法理上而言，在劳动合同的签订、履行、解除过程中，除了受到法律的强制干预之外，劳动合同也要受到意思自治、诚实信用等原则的制约。劳动者与用人单位签订劳动合同，劳动者就负有诚实地履行合同内容、履行工作职责的义务。《劳动合同法》第3条明确规定：“订立劳动合同，应当遵循合法、公平、平等自愿、协商一致、诚实信用的原则。”此处规定系首次在劳动立法中将诚实信用原则纳入法条，明确了签订阶段的诚实信用原则。此外，《劳动合同法》第26条、第27条、第86条也对劳动合同中因违反诚实信用而产生的缔约过失责任进行了规定，上海市高级人民法院在2009年制定的《关于适用劳动者合同法若干问题的意见》（沪高法〔2009〕73号）第7条使用“基本合同义务”“合同履行的对等原则”等表述，也肯定了劳动合同中存在着因基于双方的约定而产生的诚信义务。

根据《劳动合同法》第25条规定：“除本法第二十二条和第二十三条规定的情形外，用人单位不得与劳动者约定由劳动者承担违约金。”本案中，朱某某主动向M公司出具的承诺书因涉及办理户籍而承诺违约金违反了法律、行政法规强制性规定，同时法院根据《劳动合同法》第26条依法认定双方的劳动合同关于此内容的部分无效，致使M公司单方面承担了为朱某某办理落户手续的额外义务，朱某某应当对M公司承担赔偿责任。本案劳动者上述不诚信的行为，显然存有过错，朱某某罔顾个人的真实承诺、单方解除与M公司的劳动合同的失信行为给M公司造成了损害，不可避免地对该公司其他员工、公司重新用工的安排乃至整个用工环境产生恶劣影响，至于给用人单位造成的损失是无形的也无法计算，二审酌定以朱某某在承诺书中承诺的金额作为其承担赔偿责任的尺度，综合考虑劳动者未履约时间，判决个人赔偿用人单位

40000元具有合理性。

四、本案裁判的价值取向和社会效果

法院裁判的作用并不仅仅是定纷止争，法院裁判既体现着社会的核心价值观，也影响着公众行为预期。因此，法官裁判不能只就案论案，更要关注社会的主流价值。本案的价值取向和社会效果的重要性已超出了本案自身。对劳动者的倾斜保护是相关劳动法律制定与实施的重要原则之一，但与此同时，对用人单位合理的信赖利益也应当予以充分地认可和保障。劳动者或者用人单位任何一方的不诚信、不守诺行为，都会直接导致劳动关系双方当事人的不和谐，并加重劳资双方的矛盾。特别是在本案中，作为劳动者一方的朱某某拥有知名大学法律专业的硕士学位，并已经取得了法律职业资格证书，也在从事法律相关工作，其对法律的知晓程度以及理解能力应远高于普通的劳动者，应当知道其与M公司因办理户籍而约定的违约金违反了劳动合同法的相关规定，显然属于利用了用人单位对其的信任而作出的明知无效的承诺，以获取落户上海这一重大利益，同时也不想受该承诺所约束。对朱某某的严重不诚信的行为如果予以放纵，将产生恶劣的社会影响。二审法院为了平衡用人单位与劳动者之间的劳动关系，求证了上海市内多名劳动争议领域的专家学者的意见，并参考了其他地区同类型的司法案例，以期在依法公正裁判的前提下，通过本案树立一个良好的价值导向，引导劳动关系的双方当事人恪守诚信，遵守契约营造一个良好共赢的用工环境。

综上所述，劳动者基于用人单位为其办理本地户口而作出的违约金承诺违反了《劳动合同法》规定的可以约定违约金的范畴，用人单位据此承诺主张提前离职的劳动者支付违约金的，法院应不予支持；但对于劳动者这种罔顾个人的真实承诺、提前解除劳动合同的失信行为，给用人单位造成损失的，劳动者作为过错方，应当承担相应的赔偿责任。

【附录】

编写人：王启扬、朱鸿、王正叶、程硕（分别系民三庭庭长、审判长、法官助理、实习生）

一审案号：（2018）沪0105民初32号

二审案号：（2018）沪01民终5652号

二审合议庭：朱鸿（审判长兼主审法官）、孙少君、顾颖

44. 劳动者于职业病患病至确诊期间应享受停工留薪期待遇

——吴某与J公司劳动合同纠纷案

【案例要旨】

劳动者职业病患病至确诊期间是指对于最终确诊为职业病的劳动者出现职业病病症，但还未最终确诊的期间。对于该期间的认定在客观上存在一定困难，应当进行合理的法律推定，综合考虑初诊病症、医院诊断意见以及初诊病症与确诊职业病之间的关联性，并进行具体认定。对于确诊为职业病的劳动者，在职业病患病至确诊期间其工资福利待遇应当参照停工留薪期标准而非病假标准。

【案情简介】

上诉人（原审原告）：吴某。

被上诉人（原审被告）：J公司。

原审被告：C公司。

吴某系J公司员工，在J公司实际工作至2012年11月12日。2012年11月13日，吴某因咯血至上海市仁济医院治疗；并于第二日至上海市肺科医院治疗。2012年12月5日、7日，吴某先后至上海市肺科医院复查，该院出具的“放射诊断报告”载明：右肺下叶支扩伴感染，右肺下叶支气管部分稍狭窄，双下肺肺气肿。

2013年3月1日，吴某仍至上海市肺科医院就诊，该院出具的“放射诊断报告”载明：右肺下叶支扩伴感染，右肺下叶支气管部分稍狭窄，双下肺肺气肿。同月12日，吴某又至上海市肺科医院就诊，该院处理意见为：1. 建议提供职业史、体检资料、车间空气浓度检测报告以进一步诊断。2. 五官科检查。

2013年5月5日，上海市肺科医院向J公司出具“关于请提供职业病诊断有关材料的函”。随后吴某分别至上海市肺科医院、上海市奉贤区泰日卫生院、安徽省寿县丰庄镇新型农村合作医疗办公室就诊。2013年11月25日，J公司为吴某出具了上海市单位退工证明，载明双方劳动合同于2013年11月15日终止。

2014年5月5日，上海市肺科医院为吴某出具了职业病诊断证明书，诊断结论为：“目前无职业性急性化学物中毒性呼吸系统疾病、目前无职业性刺激性化学物致慢性阻塞性肺疾病”；处理意见为：“（1）建议避免接触刺激性化学物；（2）呼吸科随访，对症治疗”。2014年6月6日，上海市肺科医院向J公司出具“关于请提供职业病诊断有关材料的函”。2014年11月10日，上海市肺科医院为吴某出具了职业病诊断证明书，诊断结论为：“职业性慢性混合气体中毒性阻塞性肺病（轻度）、职业性二度牙酸蚀病”；处理意见：“（1）建议口腔科治疗。（2）门诊随访。（3）建议行劳动能力鉴定”。

2014年11月11日，吴某就案涉争议申请劳动仲裁，后不服仲裁提起诉讼。吴某向一审法院起诉，请求判令J公司：（1）恢复于2013年11月15日解除的无固定期限劳动合同；（2）支付2012年11月至2015年4月期间工资122226元及拖欠工资25%的经济补偿金；（3）支付2012年度年终奖金15000元。

【裁判结论】

一审法院审理认为，关于J公司应支付吴某工资的起止期限及标准。参照《上海市人民政府关于本市劳动者在履行劳动合同期间患病或者非因工负伤的医疗期标准的规定》第1条、第2条之规定，至2012年11月，吴某在J公司工作满8年，可享受的医疗期为11个月。参照《上海市劳动局关于加强企业职工疾病休假管理保障职工疾病休假期间生活的通知》和《上海市企业工资支付办法》规定，2012年11月至2013年5月11日，支付吴某疾病休假工资（病假六个月以内），因吴某在J公司工作满八年，因此按本人工资[①]的100%计发；2013年5月12日至同年11月11日，支付吴某疾病救济费（连续病假六个月以上），因吴某在J公司工作满三年，因此按本人工资的60%计发；

① 本人工资按职工正常情况下实得工资的70%计算。

2014年11月10日至2015年4月，支付吴某仲裁、诉讼期间工资。[①] 一审法院判决：一、J公司于判决生效之日起十日内恢复与吴某已于2013年11月15日解除的无固定期限劳动合同；二、J公司于判决生效之日起十日内给付吴某2012年11月至2013年5月11日期间工资（含病假工资）、2013年5月12日至同年11月11日期间疾病救济费及2014年11月10日至2015年4月期间工资差额共计23026.05元；三、驳回吴某的其余诉讼请求。

吴某不服一审判决，上诉至二审法院，请求驳回一审判决第二、三项，改判J公司支付其2012年11月至2015年4月期间工资122226元。吴某提出其于2012年11月11日患病，后一直在进行疑似职业病的诊断和治疗。职业病治疗不同于一般疾病治疗，故诊断期间的相关待遇也不应适用一般医疗期的标准。因此，一审法院认为其于2013年5月12日起不再享有病假工资，仅享有5个月疾病救济费错误，其应可享有全额病假工资。另外，J公司枉顾其职业病诊断事实，于2013年11月15日违法解除双方劳动合同。后双方劳动合同被判决恢复，故J公司应当向其支付相关仲裁、诉讼期间的工资。

二审法院审理认为，本案争议焦点为劳动者于疑似职业病治疗诊断期间的工资福利等待遇的标准。《工伤保险条例》第33条规定，职工因工作遭受事故伤害或者患职业病需要暂停工作接受工伤医疗的，在停工留薪期内，原工资福利待遇不变，由所在单位按月支付。与事故伤害能即时固定发生时间不同，职业病等疾病存在治疗诊断的过程，期间需要相关机构依法履行程序方能出具职业病诊断书。但职业病诊断书的出具时间不应当然固定为劳动者相关疾病的始发时间。虽然吴某于2014年11月10日才被诊断患有职业性慢性混合气体中毒性阻塞性肺病（轻度）、职业性二度牙酸蚀病，但从其病情症状及就诊情况来看，吴某于2012年11月13日起就其肺部疾病暂停工作持续性地进行就诊治疗，而相关肺部疾病等与最终被诊断为职业病的疾病之间具有关联性。故2014年11月10日仅是吴某所患疾病在法律上被确认为职业病的时间，并非事实上或医学上的患病时间。参照因事故伤害而引起的工伤，劳动者可依法在事故发生后，而非工伤认定结论出具时才享有停工留薪期的工资福利等待遇。由此，二审法院认定吴某可于因案涉疾病暂停工作并最初就诊的2012年11月

---

① 《上海市企业工资支付办法》第23条规定：该时间企业解除劳动者的劳动合同，引起劳动争议，劳动人事争议仲裁部门或人民法院裁决撤销企业原决定，并且双方恢复劳动关系的，企业应当支付劳动者在调解、仲裁、诉讼期间的工资。其标准为企业解除劳动合同前12个月劳动者本人的月平均工资乘以停发月数。双方都有责任的，根据责任大小各自承担相应的责任。

13日起，至J公司解除劳动合同的2013年11月25日止，参照停工留薪期相关规定的标准获取工资福利待遇。综上，二审法院判决：一、维持原判第一项；二、撤销原判第二、三项；三、J公司于判决生效之日起十日内支付吴某2012年11月至2013年11月25日、2014年11月10日至2015年4月期间工资差额32538元；四、驳回吴某其余上诉请求。

【评析意见】

通过法律赋予劳动者职业病防治的权利，保护劳动者在职业过程中的健康权不受侵害，是劳动者职业卫生保护的重要途径。如何在实践中合理有效地保障劳动者健康权，是司法领域一直探索的问题。本案即针对劳动者职业病患病至确诊期间的待遇进行了探讨，当着重解决以下两方面问题：（1）职业病患病至确诊的期间应如何认定；（2）劳动者于职业病患病至确诊期间的待遇应采用何标准。

一、职业病患病至确诊期间的确定

根据《职业病防治法》第46的规定，[①] 职业病需要经过医疗卫生机构进行诊断及鉴定，并出具职业病诊断证明书。但职业病诊断证明书实际是证明劳动者在出具该证明书之时已经患有职业病，其实质是对已患病事实的确认，并非是对职业病患病开始时间的固定。在职业病确诊之前的相当时间段内劳动者可能已经出现职业病病症或者事实上已经患有相关疾病，然而由于未经确诊不能从法律上将其认定为职业病。但司法实践中不应当忽视对该期间内劳动者权益的保护。本案中，二审法院即于该段期间给予劳动者停工留薪期待遇。

对于职业病患病的起始时间，法律上没有明确规定，实际从医学上也很难作出准确的界定。但职业病患病至确诊期间的确定对有针对性地保护因职业病引起健康损害的劳动者的合法权益具有重要意义，因此有必要对其进行法律认定。实践中在客观事实无法确认的情况下，可通过法律推定的方式确认法律事实。即法院可以依照经验法则，通过已知事实推断未知事实的存在，确立两者之间的充分条件关系。本案中，由于吴某从2012年11月13日起就其肺部疾

---

① 《职业病防治法》第46条规定：职业病诊断，应当综合分析下列因素：（1）病人的职业史；（2）职业病危害接触史和工作场所职业病危害因素情况；（3）临床表现以及辅助检查结果等。没有证据否定职业病危害因素与病人临床表现之间的必然联系的，应当诊断为职业病。职业病诊断证明书应当由参与诊断的取得职业病诊断资格的执业医师签署，并经承担职业病诊断的医疗卫生机构审核盖章。

病暂停工作持续性地进行就诊治疗，虽然当天并非进行专门的职业病体检，但是医院建议吴某提供职业史、体检资料、车间空气浓度检测报告以进一步诊断的事实已经说明其患有相关职业病的可能性，并且从结果上看相关肺部疾病等与最终被诊断为职业病的疾病之间具有关联性。虽然吴某最终确诊职业病时间是 2014 年 11 月 10 日，但是从 2012 年 11 月 13 日的诊断情况、后续的就诊治疗情况以及最终的职业病的确诊来看，吴某于 2012 年 11 月 13 日已经有相当盖然性患有相关疾病，因此二审法院推定该时间为吴某职业病患病开始时间。

当然法律推定是相对的，“是立法者或裁判者在价值考量基础上对基础事实和推定事实之间或然性常态联系的肯定。”① 其可能与客观事实存在一定的距离，因此在通过法律推定认定事实时首先需要明确推定事实的必要性。其次要满足基础事实与推定事实之间存在相当的盖然性。具体到职业病患病至确诊期间的认定，有学者认为应当将该段期间认定为疑似职业病期间，“疑似职业病的起算时间应当以有权确认医疗机构即职业病体检机构作出职业病体检异常的时间为准。”② 应该认为如果有职业病体检报告异常，最终也被确诊为职业病，则可以认定此时劳动者已经处于职业病患病期间。但如果没有进行职业病体检，又确实存在职业病患病的可能，则法院需要进行合理推定，具体可以通过考量劳动者初次就诊病症、医院是否作出职业病检查建议以及初次就诊病症与确诊职业病之间的关联性等因素进行综合认定。

二、职业病患病至确诊期间的待遇标准

关于职业病患病至确诊期间的待遇标准，有两种观点：（1）职业病确诊前，劳动者就医的相关待遇应参照一般疾病的病假待遇发放；（2）职业病并非发生于确诊之时，在职业病患病至确诊期间，劳动者的健康已经因工作环境受到侵害，该期间相关待遇应参照职业病的工资福利标准。本文认为第二种观点更加合理，并且有利于全面保护劳动者利益。将从以下两方面进行说明：

（一）职业病患病至确诊期间更宜适用停工留薪期待遇

职业病防治法律制度是为了保护职业人员的健康，防止由于职业环境中的

---

① 张海燕：《“推定”和“视为”之语词解读？——以我国现行民事法律规范为样本》，载《法制与社会发展》2012 年第 3 期。

② 屈鲁宁：《疑似职业病期间的界定与工资待遇保障问题》，载《中国人力资源开发》2014 年第 24 期。

危害因素引起疾病，如果引起疾病的就要进行诊疗和补偿。[①] 病休制度是劳动者患有某种疾病或非因工受伤时停止工作治病休息的权利。[②] 本案涉及的职业病患病至确诊期间，是对于最终确诊为职业病的劳动者，在存在接触职业病危害因素的前提下，已经发生与之相关的病症，但还未经确诊的期间。从疾病发生的因果关系来看，该段期间劳动者患病与因自身原因造成的无法正常工作的一般疾病有着较大区别。尤其是在本案中，吴某最终被确诊为职业病，而且从2012年开始在就医治疗过程中就已经检查出相关的病症。如果将吴某最初治疗疾病到最终确诊职业病这一期间仅仅作为一般病假对待亦有失公平。二审法院认为在该期间内，可以推定劳动者已经受到职业中的危害因素并导致健康问题。在该种情况下，采用职业病期间的待遇标准更具相关性以及合理性。

患病或非因工负伤医疗期往往不能完全覆盖疑似职业病期间，劳动者在初次诊断出相关病症或职业病体检异常，到进行职业病诊断，再到出具职业病诊断证明书需要较长时间。本案中，吴某从2012年11月开始就医到2014年11月被确诊职业病即经历了两年。一审法院根据《上海市人民政府关于本市劳动者在履行劳动合同期间患病或者非因工负伤的医疗期标准的规定》第2条[③]的规定，认定至2012年11月，吴某在J公司工作满8年，可享受的医疗期为11个月，这显然未涵盖吴某职业病患病至确诊的治疗期间。因J公司于2013年11月25日单方解除劳动合同，而吴某直至2014年11月11日方申请仲裁恢复劳动关系，虽劳动关系被判决恢复，但因吴某客观上于上述期间未向J公司提供劳动且相关规定仅涉及仲裁诉讼期间的工资支付，故吴某要求上述期间工资，依据不足。因此二审法院在本案中未支持吴某在这一相关期间内的工资请求，而是保留了吴某工伤认定后，按法律规定标准可享受的相关待遇与二审法院所支持其诉请中合理部分之差额的诉求。可见实践中如职业病患病至确诊的医疗期间参照患病或者非因工负伤的医疗期标准，往往不能满足劳动者的治疗需求。

---

① 参见卞耀武：《职业病防治法律制度》，载《中国卫生法制》2002年第1期。

② 参见刘炎白：《如何处理劳动者病休权与单位病假管理权的冲突》，载《中国劳动》2011年第11期。

③ 《上海市人民政府关于本市劳动者在履行劳动合同期间患病或者非因工负伤的医疗期标准的规定》第2条：医疗期按劳动者在本用人单位的工作年限设置，劳动者在本单位工作第1年，医疗期为3个月，以后工作每满1年，医疗期增加1个月，但不超过24个月。

（二）事故性工伤待遇可类推适用于职业病患病至确诊期间

《工伤保险条例》第14条[①]规定，劳动者患职业病的应当认定为工伤。但是与因工作遭受事故伤害不同的是，职业病通常由于缓慢继续的危害原因而发生，相较于常为突发事故所致的工伤而言，职业病在判断上更为困难。[②] 职业病是伴随着职业工作环境中的有害因素引起的疾病，是工作期间不可避免并长期积累的，相较于事故性工伤而言用人单位对劳动者患职业病当负有更强的责任。因此对职业病进行保护的条件不应当较事故性工伤更为严苛。因事故伤害而引起的工伤，劳动者可依法在事故发生后，而非工伤认定结论出具时才享有停工留薪期的工资福利等待遇。因此在职业病患病至确诊的期间，可参照事故性工伤在伤害事故发生后就可以享有停工留薪期的待遇的处理方式，而不应当拘泥于职业病诊断证明书确诊的时间，对于确诊前即可确定或者推定的职业病患病期间也应当进行合理保护。虽然工伤的发生有客观性，其发生的时间点易于确定。但是在法律合理推定职业病患病期间的情况下，赋予劳动者职业病患病至确诊期间与职业病同等的待遇也无可厚非。

职业病患病至确诊期间的待遇若一概参照患病或者非因工负伤的标准实为不妥，无论是两者需保护的法益还是受保护的期间，职业病和患病或者非因工负伤都有着较大的差别。因此对于确诊为职业病的劳动者，在职业病患病至确诊期间即适用职业病的福利待遇标准更为合适。

综上所述，疑似职业病治疗期间不宜套用一般疾病医疗期来确定具体时长，进而将相关期间的待遇人为地区分为疾病休假工资和疾病救济费，应根据案情统一参照停工留薪期标准核发待遇。

三、加强职业病患病至确诊期间劳动者保护的实践意义

（一）保障劳动者健康权

职业病患病至确诊期间劳动者所患疾病与工作环境危害有着基本因果关

---

① 第14条规定，职工有下列情形之一的，应当认定为工伤：（1）在工作时间和工作场所内，因工作原因受到事故伤害的；（2）工作时间前后在工作场所内，从事与工作有关的预备性或者收尾性工作受到事故伤害的；（3）在工作时间和工作场所内，因履行工作职责受到暴力等意外伤害的；（4）患职业病的；（5）因工外出期间，由于工作原因受到伤害或者发生事故下落不明的；（6）在上下班途中，受到非本人主要责任的交通事故或者城市轨道交通、客运轮渡、火车事故伤害的；（7）法律、行政法规规定应当认定为工伤的其他情形。

② 黄越钦：《劳动法新论》，中国政法大学出版社2003年版，第372页。

系，但由于该期间早于职业病确诊时间，同时因该期间在实践中往往难以准确认定，因此常忽视了该期间对劳动者应有的保护。但不可否认的是，职业病诊断书绝非劳动者患职业病的起始时间。从理论上来说对于确诊为职业病的劳动者，如果能够准确定义职业病患病的起始时间那么对该期间内参照职业病待遇标准给予劳动者相应保障是应有之义。司法过程中不能仅因为职业病患病起始时间的难以认定就一概将其按照病假处理。合理确定职业病患病至确诊期间，并给予劳动者停工留薪期待遇，有助于全面完整地保护劳动者职业过程中的健康权。

（二）督促用人单位履行职业病防治义务

用人单位应当为劳动者提供安全的工作环境并对劳动者的职业过程提供职业病防护措施，对于职业病的产生用人单位负有不可推卸的责任。对职业病患病至确诊期间进行认定并给予与职业病同等待遇，不仅能加强对劳动者的保护，也有利于强化用人单位职业病防治的意识。根据《职业病防治法》第47条①规定，用人单位需要履行配合义务，如实提供职业病所需的诊断资料。但是实践中不乏用人单位为了逃避职业病责任，怠于提供材料，甚至提供虚假材料，使劳动者得不到及时救治。将对职业病患者的保护延伸至可认定或推定的患病起始之日，可以向用人单位发出这样一种信号，即对于最终确诊为职业病的患者，在职业病患病至确诊期间，劳动者即可以获得停工留薪期待遇，也就是说职业病治疗时间越长用人单位需要付出的代价越大，从而督促用人单位及时提供材料，并积极配合医院进行诊断，使劳动者得到及时有效的治疗。

【附录】

编写人：叶佳、陈姝（分别系民三庭审判员、法官助理）

一审案号：（2015）奉民三（民）初字第2248号

二审案号：（2016）沪01民终8017号

二审合议庭：蔡建辉（审判长）、杨力、叶佳（主审法官）

---

① 《职业病防治法》第47条第1款：用人单位应当如实提供职业病诊断、鉴定所需的劳动者职业史和职业病危害接触史、工作场所职业病危害因素监测结果等资料；安全生产监督管理部门应当监督检查和督促用人单位提供上述资料；劳动者和有关机构也应当提供与职业病诊断、鉴定有关的资料。

商　事

（一）商事合同纠纷

45. 夫妻共同债务中“共同生产经营”的认定

——西格玛公司诉飞腾公司、朱某、洪某买卖合同纠纷案

【案例要旨】

对于以夫妻一方名义所负超出家庭日常生活范围的债务，若要证明系用于共同生产经营的夫妻共同债务，应由债权人就此负担举证责任。对于共同生产经营的认定，首先该债务应系夫妻一方名义所负，且超出家庭日常生活需要，如何界定是否超出日常生活需要则应结合债务金额大小、夫妻关系是否安宁、当地经济水平、交易习惯等认定。其次，生产经营活动应具有经营共同性，包括经营合意与共同参与两部分，但共同参与的形式则可以体现出不同的状态。最后，款项应用于生产经营活动当中，且经营所得收益是否用于共同生活并非构成要件。

【案情简介】

上诉人（原审原告）：西格码公司。

被上诉人（原审被告）：飞腾公司。

被上诉人（原审被告）：朱某。

被上诉人（原审被告）：洪某。

2014 年 3 月 10 日，西格码公司与飞腾公司签订《产品购销合同》，约定飞腾公司向西格码公司购买数控机床 4 台，总金额为 980000 元，于 4 月 30 日

前交付，货到一个月内付款。后西格码公司按约送货，飞腾公司于 2014 年 4 月 28 日签收。但飞腾公司仅支付货款 196000 元，后于 2015 年 12 月 8 日出具《还款协议书》，确认欠款 784000 元，并承诺自 2016 年 1 月 30 日前付款 110000 元，之后每月付款 110000 元，余款至 2016 年 7 月 30 日前付清，期间计收万分之四日资金占用费。若逾期还款，则应依据逾期金额按每日千分之一向西格码公司计付逾期还款违约金。朱某在担保人处签字。

另查明，飞腾公司为一人有限责任公司，朱某系其法定代表人及股东。朱某与洪某系夫妻关系。

西格玛公司一审诉请：（1）飞腾公司支付货款 784000 元及利息；（2）朱某及洪某对上述债务承担连带清偿责任。

【裁判结论】

一审法院认为：首先，西格码公司与飞腾公司之间的买卖合同关系依法成立，合法有效。根据飞腾公司出具的还款协议书，其对于欠付货款 784000 元予以确认，故西格码公司主张飞腾公司偿付货款于法有据，一审法院予以支持。飞腾公司于还款协议书中既承诺了违约金，现飞腾公司未按还款期限履行还款义务，西格码公司主张逾期付款违约金，并无不当，一审法院予以支持。

其次，朱某在还款协议书的担保人处签字，且飞腾公司系一人有限责任公司，朱某系其法定代表人及股东，根据法律规定，一人有限责任公司的股东不能证明公司财产独立于股东自己的财产的，应当对公司债务承担连带责任，故西格码公司主张朱某对飞腾公司的债务承担连带清偿责任，于法有据，一审法院予以支持。

再次，根据法律规定，债权人就婚姻关系存续期间夫妻一方以个人名义所负债务主张权利的，应当按夫妻共同债务处理。但夫妻一方能够证明债权人与债务人明确约定为个人债务的除外。朱某对飞腾公司的债务承担连带清偿责任，该保证责任不属于夫妻一方以个人名义所负债务，故洪某作为朱某的配偶，也无需对朱某的债务承担共同还款责任。

一审法院判决，一、飞腾公司支付货款及利息；二、朱某对上述债务承担连带清偿责任；三、驳回西格玛公司其余诉讼请求。

西格玛公司不服一审裁判理由，一审法院判决驳回洪某承担连带责任的理由在于认定涉案债务是朱某的担保债务，但西格码公司主张朱某承担连带责任不仅是其担保责任，还有其作为飞腾公司一人股东承担的连带清偿责任。洪某与朱某共同经营飞腾公司，涉案债务产生于两人夫妻关系存续期间，故洪某应对涉案债务承担连带清偿责任，遂上诉。

二审法院认为，一审法院就飞腾公司、朱某对于西格码公司应承担责任的认定，有事实和法律依据，二审法院予以维持。本案二审的争议在于洪某是否应在本案中承担责任。对此，二审法院认为，《最高人民法院关于审理涉及夫妻债务纠纷案件适用法律有关问题的解释》第3条规定，夫妻一方在婚姻关系存续期间以个人名义超出家庭日常生活需要所负的债务，债权人以属于夫妻共同债务为由主张权利的，人民法院不予支持，但债权人能够证明该债务用于夫妻共同生活、共同生产经营或基于夫妻双方共同意思表示的除外。案件中，朱某作为一人有限公司的股东，并未举证证明其个人财产与公司财产相分离，故依法应对飞腾公司的对外债务承担连带责任。洪某作为飞腾公司的监事，监督公司的经营管理，可以认定飞腾公司是朱某、洪某夫妻共同生产经营的公司，再结合洪某亦未举证证明其与朱某在婚姻关系存续期间的财产与飞腾公司的财产不存在混同，故西格码公司主张洪某承担连带清偿责任的上诉请求，二审法院依法予以支持。

据此，二审法院依法改判：洪某对飞腾公司的债务承担连带清偿责任。

【评析意见】

夫妻共同债务应当如何认定，是《婚姻法》学术研究与司法实践中一个极为重要的主题，对于社会生活及商事交易均有着深刻的影响。最高人民法院在2018年年初颁布了《关于审理涉及夫妻债务纠纷案件适用法律有关问题的解释》(以下简称新解释)，对于夫妻共同债务的认定作出了新的规范。其中第三条明确，夫妻一方在婚姻关系存续期间以个人名义超出家庭日常生活需要所负的债务，“债权人能够证明该债务用于夫妻共同生活、共同生产经营或者基于夫妻双方共同意思表示的”，应认定为夫妻共同债务。该条款虽然将共同生产经营列为夫妻共同债务的一种情形，但对于构成要件、具体认定标准尚缺乏明确规定，本文将结合案例就此予以分析。

一、共同生产经营认定的举证责任分担

我国《婚姻法》第41条载明，为夫妻共同生活所负的债务，应当共同偿还。该条款对夫妻共同债务作出了规定，通过目的和用途原则对夫妻共同债务

予以限定，[①] 亦即用于夫妻共同生活。然而，相较于其他类型的普通债务而言，夫妻共同债务的显著特点在于其私密性，即夫妻双方作为一个完整的家庭单位，其内部对于夫妻合意的形成、款项的用途及目的均难以为外部所知，此时要从目的与用途角度证实夫妻一方所负债务为共同债务对债权人而言客观上存在一定难度，因此由哪一方来具体承担举证责任则直接影响到了夫妻共同债务的认定。

（一）推定反驳式认定方式下的举证责任分配及其弊端

《关于适用〈中华人民共和国婚姻法〉若干问题的解释（二）》第 24 条规定，婚姻关系存续期间夫妻一方以个人名义所负债务主张权利的，应当按夫妻共同债务处理，但夫妻一方能够证明债权人与债务人明确约定为个人债务，或者能够证明属于《婚姻法》第 19 条第 3 款[②]规定情形的除外。此后，在 2017 年 3 月最高人民法院又通过《关于适用〈中华人民共和国婚姻法〉若干问题的解释（二）的补充规定》，补充规定了夫妻一方虚构债务和违法犯罪活动所负债务两项作为除外情形。该条款实际上是采取了推定规则，[③] 以夫妻关系存续的时间为节点，将该期间内所发生的债务均推定为夫妻共同债务，债务人则可以通过证明该债务属于几种除外情形之一来予以否定反驳，由此可见该条款实际上是将举证责任分配给了夫妻一方。

此种举证责任分配，亦或是推定反驳式规则的出台有其相应价值取向和社会背景，在避免夫妻一方通过离婚恶意转移财产以逃避债务上发挥了重要作用。[④] 然而此种规定却存在两方面缺陷：一方面，此种推定规则将婚姻关系存续期间作为认定夫妻共同债务的标准过于绝对，违反了夫妻共同债务系为夫妻共同生活所负这一实质性特征，[⑤] 虽然其规定了反驳情形，但该反驳情形仍然过于狭窄，限缩了不属于夫妻共同债务的情形，且实际上依然没有改变夫妻关系存续期间的认定标准；另一方面，此项规定也导致举证责任分配不合理，未

① 杨晓蓉、吴艳：《夫妻共同债务的认定标准和责任范围——以夫妻一方经营性负债为研究重点》，载《法律适用》2015 年第 9 期。

② 《婚姻法》第 19 条第 3 款：夫妻对婚姻关系存续期间所得的财产约定归各自所有的，夫或妻一方对外所负的债务，第三人知道该约定的，以夫或妻一方所有的财产清偿。

③ 唐雨虹：《夫妻共同债务推定规则的缺陷及重构——〈婚姻法司法解释（二）〉第 24 条之检讨》，载《行政与法》2008 年第 7 期。

④ 最高人民法院民一庭主编：《最高人民法院婚姻法司法解释（二）理解与适用》，人民法院出版社 2004 年版，第 217 页。

⑤ 夏吟兰：《我国夫妻共同债务推定规则之检讨》，载《西南政法大学学报》2011 年第 1 期。

参与债务形成的配偶一方其本身即对债务不知情，要求其在此情形下证明债权人同债务人之间对债务性质的约定，或是证明债权人在与其配偶订立借贷合同时知晓双方已经约定实行分别财产制实为异常困难。[①] 举证责任上对于配偶中善意不知情一方利益保护的忽视极易催生道德风险，导致现实中债务人与债权人恶意串通损害不知情配偶方的利益，[②] 现实中因此产生诸多争议。

（二）夫妻共同债务举证责任的重新厘定

有鉴于上述所言之问题，最高人民法院于 2018 年 1 月颁布新解释围绕“为夫妻共同生活所负的债务”这一夫妻共同债务构成的本质特征，[③] 将夫妻共同债务重新分为夫妻共同合意之债，家庭日常生活需要之债，虽超出家庭日常生活所需但用于夫妻共同生活、共同生产经营或者夫妻共同意思表示之债三类。其中，第一类债务的形成系基于夫妻双方之间的共同意思表示，自然应认定为夫妻共同债务。第二类其法理基础在于家事代理制度，在日常家事范围内与他人实施的法律行为之债亦应由夫妻双方共同负担。[④] 而对于第三类夫妻一方超出家庭日常生活需要所负债务的认定上，在进行原则性定性的同时又确立三种例外情形，[⑤] 对于包括夫妻共同生产经营在内的情形则明确规定由债权人予以证明。该项举证责任的重新分配一方面符合“谁主张谁举证”基本证明责任分配原则，另一方面也重新平衡了债权人同债务人之间的利益保护。[⑥]

具体到本案中，西格玛公司作为债权人欲主张本案债务为夫妻共同债务，则其应就该款项系用于朱某和洪某的共同生产经营活动加以举证。二审庭审当中，西格玛公司提供了飞腾公司的工商登记信息，通过工商信息表明在一人公司中朱某任股东、洪某任唯一监事的情形，从而证明朱某与洪某共同经营飞腾公司这一事实，完成了其相应举证责任。

---

① 祝颖：《证据法视野下夫妻共同债务推定规则检讨》，载《西南政法大学学报》2018 年第 1 期。

② 夏正芳：《夫妻共同债务的认定与清偿》，载最高人民法院民事审判第一庭编：《民事审判指导与参考》2009 年第 3 集（总第 39 集），法律出版社 2010 年版。

③ 徐欢：《非经营活动且无共同举债合意的债务应为夫妻个人债务》，载《人民司法》2017 年第 26 期。

④ 缪宇：《走出夫妻共同债务的误区——以〈婚姻法司法解释（二）〉第 24 条为分析对象》，载《中外法学》2018 年第 1 期。

⑤ 《关于审理涉及夫妻债务纠纷案件适用法律有关问题的解释》第 3 条：夫妻一方在婚姻关系存续期间以个人名义超出家庭日常生活需要所负的债务，债权人以属于夫妻共同债务为由主张权利的，人民法院不予支持，但债权人能够证明该债务用于夫妻共同生活、共同生产经营或者基于夫妻双方共同意思表示的除外。

⑥ 薛宁兰：《在夫妻债务性质认定中合理分配举证责任》，载《人民法院报》2018 年 1 月 19 日。

二、共同生产经营的构成要件分析

（一）应为以夫妻一方名义所负且超出家庭日常生活需要的债务

前已述及，新解释将夫妻共同债务分为夫妻共同合意之债，家庭日常生活需要之债，虽超出家庭日常生活所需但用于夫妻共同生活、共同生产经营或者夫妻共同意思表示之债三类。因此从文义解释和体系解释来看，基于共同生产经营认定的夫妻共同债务，其前提应当是以夫妻一方名义所负，且超出家庭日常生活需要的债务。关于以一方名义所负较为容易理解，若债务上夫妻双方均具名、认可或者被证明为夫妻双方共同意思表示的，则其本身基于夫妻双方合意即应认定共同债务，自然无需讨论是否为共同生产经营问题。这里需要讨论的问题在于，超出“家庭日常生活需要”要素应当如何理解。

家庭日常生活需要是指夫妻双方及其共同生活的未成年子女在日常生活中的必要开支事项，如正常的衣食住行消费、日用品购买、医疗保健、子女教育、老人赡养、文化消费等，该项被认定为夫妻共同债务的基础在于家事代理制度。然而家庭日常生活需要的范围与界限何在，新解释中并没有明确予以规定，就此问题浙江省高院出台了指导意见，其中观点可供参考。浙江省高院在2018年5月23日发布《浙江省高级人民法院关于妥善审理涉夫妻债务纠纷案件的通知》，[①] 该通知中明确，家庭日常生活需要应当结合负债金额大小、家庭富裕程度、夫妻关系是否安宁、当地经济水平及交易习惯、借贷双方的熟识程度、借款名义、资金流向等因素综合予以认定。[②] 与此同时，该通知也秉承了新解释所规定的举证规则，对于超出家庭日常生活需要的债务，则由提出该主张的债权人举证证明该债务用于夫妻共同生活、共同生产经营或基于共同意思表示。该指导意见既遵守了新解释所规定的债务认定标准、举证规则，又综

---

① 《浙江省高级人民法院关于妥善审理涉夫妻债务纠纷案件的通知》（浙高法〔2018〕89号），载http：//www.zjlawfirm.com.cn/html/2018－06/5883.htm，访问日期：2018年6月3日。

② 《浙江省高级人民法院关于妥善审理涉夫妻债务纠纷案件的通知》第2条：以下情形，可作为各级法院认定“为家庭日常生活需要所负债务”的考量因素：（1）单笔举债或对同一债权人举债金额在20万元（含本数）以下的；（2）举债金额与举债时家庭收入状况、消费形态基本合理匹配的；（3）交易时债权人已尽谨慎注意义务，经审查举债人及其家庭支出需求、借款用途等，有充分理由相信债务确系为家庭日常生活需要所负的。以下情形，可作为各级法院认定“超出家庭日常生活需要所负债务”的考量因素：（1）单笔举债或对同一债权人举债金额在20万元以上的；（2）债务发生于夫妻分居、离婚诉讼等夫妻关系不安宁期间，债权人知道或应当知道的；（3）出借人明知借款人负债累累、信用不佳，或在前债未还情况下仍继续出借款项的；（4）借贷双方约定高额利息，与正常生活所需明显不符的。

合家庭生活和经济交往的具体特点而明确考量标准，颇具合理性，应可供借鉴采纳。

具体到本案中，涉案款项为西格玛公司出借给飞腾公司用于经营，朱某基于其一人公司股东人格混同而应对债务承担连带责任，款项金额达到 78 万余元，因此无论从款项的用途、金额、性质来看均不属于夫妻合意或者家庭日常生活所需，因此是否构成夫妻共同债务则需要考虑是否属于新解释第 3 条所规定的用于夫妻共同生产经营之债，此为本案中债权人西格玛公司向洪某主张债权的权利基础，也是案件二审的争议焦点及裁判关键。

（二）该生产经营活动应具有经营共同性

经营共同性是指生产经营活动系夫妻双方基于共同意志协力经营，此种合意参与和共同经营是认定共同生产经营及夫妻共同承担债务的基础。[①] 此种经营共同性包括合意参与和共同经营两部分来予以考量，具体到审判实践中可以体现为共同决策、共同经营、共同投资等特征。但需要注意的是两要素之间在重要性上并非完全等同，应以合意参与为核心要素，共同经营要素则因受到具体分工的影响而可能存在不同形态，在参与程度上存在差异和不同状态，此亦符合我国家庭生产生活的实情。因此，在共同参与要素的认定上应当适当予以放宽。

本案当中朱某为飞腾公司的唯一股东和法定代表人，而洪某则为公司登记在册的唯一监事，表明夫妻双方具有共同经营的合意。夫妻双方均为该公司的高级管理人员，因此债权人也有理由相信该公司的决策系由夫妻双方共同决定和实行，故此应当认定为具有经营共同性。

对此问题还有需要说明之处在于，有观点认为经营共同性需要债权人证明其经营性收入为夫妻共有财产，即经营性收入为夫妻共有财产数量和收益程度作为债务人配偶承担共同债务的量化标准和依据，[②] 现实当中亦有判决将夫妻双方通过生产经营活动获得共同财产性收益作为认定理由。[③] 对此笔者难以认同。首先，依照夫妻共同财产制的基础，在夫妻关系存续期间生产经营活动所产生的收益均应当认定为夫妻共同财产，因此关于经营性收入为夫妻共有财产作为经营共同性的认定标准并无实际性意义；其次，经营收益的取得源于债务

---

① 杨汉平：《我国夫妻共同债务的客观分类》，载《人民司法·应用》2017 年第 28 期。

② 杨汉平：《我国夫妻共同债务的客观分类》，载《人民司法·应用》2017 年第 28 期。

③ 黑龙江省高级人民法院（2016）黑民终第 54 号民事判决书。

人对公司或企业的出资，与债权人同债务人之间的债务并没有直接关系，两者之间是不同的法律关系，自然不应将前者作为后者认定的要件；再者，夫妻家庭生活内容本身即具有秘密性，对于共同经营所产生的收益作何用途和处理本身并不能为债权人所知，若将此交由债权人证明存在证明责任分配不当之嫌；最后，若依照该观点，则在债务形成后债务人经营未能够获得盈利，或者夫妻共同经营一直亏损时，则该债务即为配偶一方债务，若有盈利转化为夫妻共同财产才成立夫妻共同债务，则会发生是否构成夫妻共同债务依赖于经营是否盈利的现象，实际上已经不符合共同经营的评判标准，亦会造成对债权人实质性的不公平。

（三）款项应为用于生产经营活动当中

依照新解释第3条之规定，该债务应系用于生产经营活动当中，并由债权人就此予以证明。此处涉及两点需要明确：一方面，债务是否构成夫妻共同债务，应当按照债务的用途来进行认定，而非经营收入的用途；另一方面，经营收益的取得源于债务人对经营活动的出资，与债务之间并无直接关系。[①] 对该两点予以强调目的在于，共同经营的认定只需考虑款项是否用于经营当中，而经营收益的用途则并非共同经营的构成要件。

具体到本案当中，本案中西格玛公司对飞腾公司的债权系基于双方之间签订的产品购销合同，飞腾公司向西格玛公司购买数控机床是其正常经营活动，因此可以认定该债务系用于生产经营活动当中。综合前两个要件的认定，遂可得出本案所涉债务应认定为夫妻共同债务的结论。

【附录】

编写人：程勇跃（民四庭法官助理）

一审案号：（2016）沪0117民初19607号

二审案号：（2018）沪01民终1666号

二审合议庭：陆文芳（审判长兼主审法官）、何玲、成阳

---

① 缪宇：《走出夫妻共同债务的误区——以〈婚姻法司法解释（二）〉第24条为分析对象》，载《中外法学》2018年第1期。

46. 被申请执行人在执行和解协议中应具有诉权

——X 公司与 H 公司确认合同有效纠纷上诉案

【案例要旨】

当事人因执行和解协议的履行产生争议，向人民法院起诉，请求将执行和解协议作为确定双方权利义务的定案依据的，人民法院应予受理并作出裁判。依执行和解协议，申请执行人负有一定义务却怠于履行的，被执行人同样有权向执行法院提起诉讼。

【案情简介】

上诉人（原审原告）：上海 X 有限公司（以下简称 X 公司）。

被上诉人（原审被告）：上海 H 有限公司（以下简称 H 公司）。

被申请执行人 X 公司因拒不履行上海市嘉定区人民法院（以下简称嘉定区法院）作出的生效民事判决，申请执行人 H 公司遂向嘉定区法院申请强制执行。嘉定区法院经核实，发现 Z 公司对 X 公司负有到期债务，遂要求 Z 公司停止向 X 公司支付结欠到期工程款，并只能向嘉定区法院或 H 公司支付。2015 年 3 月 9 日，嘉定区法院向 Z 公司发出履行到期债务通知书，要求其在收到通知书 15 日内，向 H 公司支付到期债务 284 万元。2015 年 3 月 23 日，X 公司与 H 公司签订《协议（一）》，约定：X 公司同意 Z 公司将到期债权金额 2845133 元划拨至 H 公司，同时 H 公司应返还 X 公司 50 万元整以资他用。同日，X 公司、H 公司签订《协议（二）》，约定：根据《协议（一）》，若 H 公司收到 Z 公司划拨款 2845133 元后，一天内不返还 X 公司 50 万元整，则 X 公司欠 H 公司的债务 488 万元，应扣除 100 万元，按 388 万元结算。协议签订后，Z 公司分两次向 H 公司共计打款 2845132.98 元。后因 H 公司未按上述协议返还 X 公司 50 万元，X 公司遂向一审法院提起诉讼，要求判决：一、确认其与 H 公司签订的《协议一》《协议二》有效；二、确认其依协议对 H 公司负有 104 万元的剩余债务。

【裁判结论】

一审法院认为，《协议一》《协议二》不为当前法律法规禁止，且 H 公司也未提交证据证明两份协议存在法定无效的情形，故应确认两份协议有效。另外，嘉定区法院已经对 X 公司与 H 公司之间的债务金额予以判定，虽然两公司随后签订了协议也进行了部分履行，但实质仍是在履行前述民事判决书项下的权利义务。X 公司据此要求确认其依协议对 H 公司负有 104 万元债务的诉讼请求于法无据，不予支持。遂判决：一、确认 X 公司、H 公司于 2015 年 3 月 23 日签订的《协议（一）》《协议（二）》有效；二、驳回 X 公司的其余诉讼请求。

一审判决后，X 公司不服，向二审法院提起上诉，认为：一、一审法院对本案诉讼认定产生曲解。嘉定区法院判决的债务金额所涉诉讼请求与 X 公司向一审法院提出的诉讼请求属于两个独立的诉讼请求，不能混为一谈。二、一审法院已经确认系争两份协议有效，则应当就 X 公司诉请中的其他事实作出认定。

二审法院认为，X 公司与 H 公司在执行过程中分别签订了《协议一》和《协议二》，对原效判决中的金额、履行方式等进行了变更约定，这种约定属于执行和解协议性质。《最高人民法院关于执行和解若干问题的规定》（以下简称《执行和解规定》）第 9 条赋予了申请执行人在被执行人不履行执行和解协议时的选择权，即既可以选择申请恢复执行原生效法律文书，也可以就履行执行和解协议向法院起诉，这表明执行和解协议的履行争议具有可诉性。同时，上述司法解释第 9 条虽然仅对被执行人不履行执行和解协议时，申请执行人的选择权作出了规定，但从上述条文中尊重当事人意思自治的立法目的和精神出发，被执行人对于执行和解协议亦应具有诉权。因此，X 公司就上述两份协议的争议有权提起诉讼。但就执行和解协议的诉讼应当向执行法院提起，由于原合同纠纷是由嘉定区法院作出并执行，X 公司理应就上述两份协议向嘉定区法院提起诉讼，一审法院不具有管辖权，应当依法裁定撤销原判，驳回起诉。二审法院遂裁定撤销一审判决，驳回 X 公司的起诉。

【评析意见】

本案中，X 公司与 H 公司签订的《协议一》与《协议二》为执行和解协议。所谓执行和解协议，是指在执行程序中，双方当事人经平等协商，就变更执行依据所确定的权利义务关系自愿达成协议，从而使原执行程序不再进行的制度。[①] 本案一、二审的核心问题，均涉及执行和解协议的法律效力、性质和可诉性问题。进一步而言，被执行人不履行执行和解协议规定的义务时，司法解释已赋予申请执行人诉权；但若申请执行人怠于履行义务，被申请执行人依执行和解协议，是否可享受同等的程序救济机制，尚未可知。基于此，本文拟从法理分析入手，首先探讨执行和解协议的性质、效力，再论述被申请执行人的诉权等相关难题，以期揭开执行和解协议的本质，并对现行司法解释的适用进行扩展解释和发展，希望对实践有所裨益。

一、执行和解协议的性质及效力

本案中，X公司诉至法院要求确认其与H公司之间的合同有效，法院在审理该案时，首先要解决的是涉案合同的性质和效力，这也是一审法院认定的焦点之一。关于执行和解协议的性质，理论界主要有以下几种观点：其一，民事行为说，认为执行过程中的和解是针对执行依据中，实体权利义务关系作出的变更，系双方当事人意思自治的体现，应属民事合同的一种；其二，程序行为说，即当事人在执行程序中达成执行和解协议，是为了终结执行程序，虽然在内容上和原执行依据有所不同，但执行和解协议的达成取代了原执行依据，处于同等的效力层次，具有执行力，是一种程序行为；其三，附条件合同说，该学说在承认执行和解协议民事性质基础上，认为其是一种附生效条件合同，只有在当事人完全、适当地履行了执行和解协议后，才能产生终结执行的法律效力；其四，双重属性说，该学说阐明执行和解协议具有公法和私法两重性质，执行和解协议经裁决后具有强制执行力，其产生和履行会对执行程序产生影响。本文同意最后一种观点，认为执行和解协议兼具私法和公法性质。主要理由为：执行和解协议是当事人基于意思自治对其权利义务关系的一种安排，不违反法律法规的效力性强制性管理规范，具有民事合同的形式；但同时又与民事合同不同，具有一定的公法效力，可以阻却原生效法律文书的执行，协议已经履行完毕的，具有终结执行程序的法律效力。

此外，就执行和解协议的效力而言，2018年3月1日起实施的《执行和

---

① 陈纯红：《执行执行和解协议中申请执行人的权利保护与规制》，载《人民司法》2012年第22期。

解规定》第9条规定："被执行人一方不履行执行和解协议的，申请执行人可以申请恢复执行原生效法律文书，也可以就履行执行和解协议向执行法院提起诉讼。"在司法解释已承认执行和解协议的合法性的前提下，执行和解协议的有效性应当具备以下要件：（1）执行和解协议须在执行过程中达成；（2）当事人是适格的执行程序主体；（3）双方意思表示自由；（4）执行和解协议的形式、内容合法，未损害第三人和社会公共利益。本案中，双方在生效判决执行过程中达成的《协议一》和《协议二》系X公司与H公司双方真实意思表示，且未损害第三人和社会公共利益，符合上述构成要件，故一、二审法院均依X公司的申请确认两份协议有效。

二、执行和解协议的可诉性

本案审理过程中，X公司与H公司签订的执行和解协议是否具有可诉性，以及X公司作为被申请执行人向法院提起诉讼是否享有诉权?

学界对执行和解协议的可诉性研究，呈现出截然相反的两种观点：一种观点认为，执行和解协议尽管也是当事人之间变更权利义务的约定，但与一般程序外的实体协议不同，涉及生效判决的既判力问题，应当在执行程序中提出，不具有单独就执行和解协议提起诉讼的可诉性；另一种观点认为，执行和解协议是诉讼外和解，具有当事人自主解决纠纷的性质，其本质上属于设立、变更、终止民事权利义务的私法契约，只要当事人之间关于和解协议本身存在争议，就可以通过诉讼解决。① 我们认为，执行和解协议是当事人对已生效的法律文书确定的权利义务内容进行重新安排，涉及原诉既判力的问题。程序法要求原告在起诉时具有明确的诉权，因此执行和解协议的可诉性实质上分解为两个问题：其一，当事人依执行和解协议起诉，可否享有诉权；其二，依执行和解协议进行起诉，是否会对原生效法律文书的既判力产生影响。

1. 从诉权的内涵来看，实体法基础权利受到损害时，权利人享有请求权；当请求权的行使不能得到满足时，当事人可以行使诉权请求国家审判权来保护。诉权兼具形式要件和实质要件：所谓形式要件，正如我国《民事诉讼法》第119条规定："起诉必须符合下列条件：（一）原告是与本案有直接利害关系的公民、法人和其他组织；（二）有明确的被告；（三）有具体的诉讼请求和事

---

① 朱婧、何东宁：《执行和解协议对原裁判文书未涉及或不能恢复执行的部分具有可诉性》，载《人民司法》2012年第8期。

实、理由；（四）属于人民法院受理民事诉讼的范围和受诉人民法院管辖。”所谓实质要件，也即诉的利益，即涉案请求有诉诸于民事诉讼，通过确定的终局判决来解决的必要，意即权利人请求权受到损害，需要国家启动审判权来解决。执行和解协议具有民事合同性质，当请求权无法实现时，当然有求助国家解决的权利。因此，本案X公司、H公司因履执行和解协议发生的纠纷，在理论上符合诉的概念和诉权构成要件。

2. 从既判力角度来看，前诉判决确定后，后诉标的可能有下列几种方式违反前诉既判力：(1) 前诉与后诉的诉讼标的完全相同；(2) 前诉诉讼标的构成后诉先决法律问题的情形；(3) 前诉与后诉的诉讼标的属于矛盾关系的情形。实际上，上述三种情形仍未脱离前诉与后诉系争诉讼标的属于同一法律关系的范畴。因此，只要前诉和后诉的法律关系不属于同一范畴，就不产生既判力的问题。法律关系包括主体、客体和内容，只要其中任何一个要素发生变化，则法律关系发生变化。根据这一理论，执行和解协议变更了执行依据，使法律关系内容发生变化，自然超出既判力的客观范围。综上，执行和解协议符合诉权的内涵和构成要件，不违反原生效法律文书既判力，当事人可依据执行和解协议提起诉讼。

本案中原生效法律文书仅涉及X公司、H公司在法定辩论终结前的法律关系，在签订执行和解协议过程中，X公司与H公司在债务的履行方式和时间上发生了变更和补充，产生了新的事实，导致新的法律关系出现，当然具有可诉性。一审法院认为双方签署的两份协议实质是履行生效民事判决项下的权利义务的认定不当，二审予以了纠正。

三、执行和解协议中被执行人应具有诉权

《执行和解规定》第9条规定的申请执行人有权提起诉讼，然本案中，提起诉讼的是被申请执行人X公司，那么其是否有权依据协议提起诉讼呢？

我们认为，虽然法律没有明确规定，但权利平等原则是当代法治的基本精神，包括实体权利平等和程序权利平等。诉权是一种程序性权利，也是一种宪法性权利。根据法律保留原则，对公民基本权利设限必须以法律明文规定为准。同时根据法理上“法无明文规定即可为”的原则，在法律未明确限制的情形下，应视为被申请执行人同样享有诉权。

首先，从诉权理论上来讲，诉权作为一项基本人权，是公民和法人的基本

权利。[①] 法的应然性要求诉讼程序尊重和保障人权，即所谓的“程序正义理论”。在该理论的催生下，诉权的司法结构逐渐向充分尊重诉权的主体地位前进。人权理论视域下的诉权观认为，为了解决公民相互之间因社会生活关系引起的法的纠纷，即为了保障任何人的权利或利益不受非法侵害，法院应通过诉讼程序解决民事权益纠纷，这是法治国家承担的保护每个人自由和权利的基本义务。诉权的功能是救济性质的，但是它的本体却是原权利、主权利。实体权利受到侵害或发生纠纷是诉权启动的原因，但诉权的存在不以实体权利的存在为前提。既然诉权是一种基本人权，那么便具有绝对性，即是人生来的权利，不以国家授权为前提；另外，当公民通过诉权请求国家予以救济时，国家就不得以任何理由拒绝裁判，即便这种诉求于法无据。从这个角度说，司法机关的审判活动与其说是在行使权力，毋宁说是在履行救济义务。本案中，X公司作为依法设立的民事主体，拥有独立完整的法人人格，具有民事权利能力和行为能力。诉讼能力作为行为能力的一种，由X公司天然享有。人权理论视域下，X公司天然具有依法提起诉讼的权利，况且本案中其起诉的前提是H公司拒不履行执行和解协议中的义务，X公司的起诉行为更具有正当性。

其次，从实体权利上来说，执行和解协议是当事人之间的债权债务关系再安排，具有民事合同的性质，而从事民事活动应当符合公平原则和诚实信用原则。所谓公平原则是指，民事主体参与民事法律关系的机会平等，利益分配均衡，责任承担合理。同时为保护意思自治，只要当事人在进行民事法律行为时意思表示真实、有效，那么基于诚信原则，非因法定原因任何一方不得以显失公平为由主张撤销或变更。执行和解协议双方虽然存在权利减让、变更和部分豁免的情形，但这种实体权利处分实质上是为了尽快实现债权、降低双方当事人成本。这种债权债务关系的重新安排，实际是具有民事合同的性质，双方互有或单方享有一定的权利，由此也构成了新的请求权基础。根据民事诉讼法的一般法理，当请求权无法通过私途径满足时，当事人有权依照法律的规定向人民法院提起诉讼，通过国家审判权的介入保护自身私权利，以保障双方当事人在合同项下的预期利益。如本案双务执行和解协议中，X公司、H公司之间互为一定义务，双方均应遵循诚实信用原则，任何一方不履行义务给对方造成

---

① 诉权的演变轨迹为：从（古代）少数贵族的特权演变为罗马法上的私权，人人可以通过法律规定的特定形式提起诉讼，再发展为公民对国家的主观公权利，目前已走向人权，成为任何公民的基本权利。参见巢志雄：《民事诉权合同研究》，载《法学家》2017年第1期。

损害，都应当承担相应的法律后果。X公司据此请求人民法院依法确认其依和解协议享有的权利，是在私法救济无法满足的情形下，通过诉权请求国家审判权进行救济的典型做法。

最后，从程序权利角度来看，双方当事人在民事诉讼中的各项权利都是平等的。基于诉权平等和审判权平等保护双方当事人的原理，一方享有起诉权，另一方则享有答辩权或反诉权。诉权的本质要求诉权须为实质平等的保障，使有意主张权利的人均能有机会使用诉讼制度，而为其排除主张权利的障碍。当前司法解释虽仅规定申请执行人享有起诉的权利，但这并不能否定被执行人享有的诉权。一般而言，被执行人是否选择起诉属于处分权的内容，法律不应过多进行干涉，当其选择起诉时国家应当进行保护。当前的立案登记制改革，将起诉要件和诉讼要件进行区分，其核心在于保障当事人的诉权。这种大背景下，只要当事人提起诉讼在形式上符合民事诉讼法规定的条件，法院就应当依法受理并作出裁决。法院对被申请执行人提起的诉讼进行裁决时，应当严格按照双方实体权利义务关系进行，至于被申请执行人的诉请能否得到支持，属于实体法上的内容，法院不能、也不应当在审查被申请执行人诉权时，否定其起诉权利。回到本案，执行过程中X公司已经与H公司达成了和解协议，双方互为一定的义务，H公司拒不履行义务给X公司造成了一定损害，X公司据此向法院提起诉讼，法院能否对该案进行立案，审查的重点应是X公司是否符合起诉条件。而在当前诉权理论和司法改革下，任何公民、法人和具有诉讼行为能力的其他组织均可向人民法院提起诉讼，至于X公司的请求能否得到支持，属于法庭审理后的裁判结果，未经依法审理前，不能以法律没有规定为由拒绝立案。

综上，上述司法解释第9条承认执行和解协议可以成为当事人行使诉权的诉讼标的，反映国家对当事人意思自治的尊重以及对债权人和债务人在执行和解协议下预期利益的保护。但该司法解释并未对被申请人执行的诉权进行规定，导致实践中新的问题产生。对本条司法解释的适用应当采取目的解释的方法承认被执行人在执行和解协议下应具有诉权，在申请执行人怠于履行执行和解协议约定的义务时被申请人执行人可依协议请求法院确认双方之间的权利义务。本案中二审法院从尊重当事人在执行和解协议中的意思自治的立法目的和精神出发，确认被执行人H公司对于执行和解协议同样具有诉权。

四、执行和解协议的新旧法律适用与管辖法院

本案一审审理时，尚未有明确的规范性条文对执行和解协议进行较为详细地规定；二审立案后，《执行和解规定》正式实施。因此，二审法院在审理该案时，如何适用法律，属于新法、旧法如何衔接适用的问题。法理上对新法、旧法如何衔接的问题提出了“新法优于旧法”的原则：新法实施以后的案件应当采用新法，新法实施前仍采用旧法。二审法院依法受理X公司上诉后，表明X公司与H公司之间的合同纠纷尚未得到解决，此时新法颁布实施，本案中二审法院明确表示，应当依据“新法优于旧法”的原则处理。

执行和解协议是在执行过程中达成的，且对生效法律文书确定的权利义务关系进行了再分配。就其管辖问题，有观点认为，执行和解协议属于合同的一种，应当适用民事诉讼法关于合同案件管辖的规定，由约定管辖地或合同履行地、被告住所地法院管辖。我们认为执行和解协议区别于一般的合同纠纷，兼具公法和私法双重性质，目前不应适用合同案件管辖的规定。原因如下：其一，作出执行依据的法院对所涉纠纷的实体权利义务关系进行了裁判，对法律关系有清楚的了解和认识；其二，执行法院在执行原判决时，对义务履行情况更为熟悉。对此，就执行和解协议发生的纠纷，由执行法院管辖更为适宜。

《执行和解规定》第9条也明确指出“向执行法院提起诉讼”。本案执行法院为嘉定区法院，而非一审法院，发生了管辖错误的情形，故二审法院依法裁定撤销原判，驳回X公司的起诉。

【附录】

编写人：任明艳、张旭东（分别系民四庭审判员、实习生）

一审案号：(2017）沪0117民初9053号

二审案号：(2018）沪01民终2194号

二审合议庭：黄英（审判长）、杨苏、任明艳（主审法官）

(二) 公司纠纷

47. 财产保全损害赔偿案件中申请人主观过错的审查与认定

——K 公司诉 H 公司因申请诉中财产保全损害责任纠纷上诉案

【案例要旨】

因财产保全引起的损害赔偿纠纷，应坚持适用过错责任归责原则，结合案情对申请人主观过错进行综合判断。只有申请人对财产保全错误存在故意或重大过失的情况下，方可认定申请人的申请有错误。申请保全标的额与生效裁判所支持诉请金额之间的差额范围与主观过错的认定并无必然关联。

【案情简介】

上诉人（原审被告）：K 公司。

被上诉人（原审原告）：H 公司。

2012 年，H 公司及其关联公司（以下简称 Y 公司）作为共同买方与 K 公司签订《供应和返利协议》及《返利协议的补充协议》。H 公司于 2012 年 6 月、2013 年 6 月先后出具书面和电子邮件担保书，分别对 Y 公司 2012 年 6 月 15 日至 2013 年 6 月 14 日、2013 年 6 月 15 日至 2014 年 6 月 14 日期间购买产品的债务承担连带保证责任。因 H 公司与 Y 公司未按期支付货款，K 公司于 2014 年 1 月提起诉讼，要求 H 公司与 Y 公司支付货款 5200 余万元及相应利息，还要求解除前述两份协议。该案一审法院认为，H 公司与 Y 公司不构成共同买方，应付货款 5200 余万元均为 Y 公司所欠，且 H 公司仅出具过 2012

年的一份书面担保书，2013年的电子邮件担保书因司法鉴定无法确认真实性未予采信。又因Y公司有一笔货物的购买时间在2013年6月14日，故仅判决H公司对该笔货物的37万余元货款及利息承担连带保证责任。该案二审法院维持原判。该案一、二审期间，K公司两次申请诉讼保全，保全结果为：冻结Y公司银行存款近3万元；冻结H公司银行存款100余万元，查封H公司三处房产。该案生效后，H公司履行了生效判决的付款义务并申请解除了财产保全（以下简称前案）。

关于被保全财产的情况：2013年1月，H公司与银行签订最高额抵押合同，抵押物即为前案被查封的三处房产；2013年12月，H公司向银行申请2000万元贷款，因其银行账户被冻结、三处房产被查封，银行未能核准贷款；2013年12月，H公司与另一家公司签订投资合作协议，首批费用2000万元即由前述银行贷款支付，利润分配占70%～80%，后因未按期支付该笔费用，导致后续签订的三方合作协议被解除。

2016年1月，H公司以K公司在前案中申请财产保全错误为由，向一审法院起诉要求其承担被冻结资金存贷利息差以及投资土地预期收益损失共计3000万元。

【裁判结论】

一审法院认为，财产保全申请是具有风险性的诉讼行为，申请人申请财产保全意味着其愿意承受保全可能带来的败诉风险，并承担由此造成的损害后果。判断申请人因错误申请财产保全是否应承担赔偿责任，不仅要以申请人的诉讼请求是否为法院所支持为事实基础，还要着重考虑申请人在申请保全时是否具有故意或重大过失的主观过错。首先，K公司申请5200余万元的财产保全金额明显超出了生效判决所支持的金额。其次，虽然书面合同约定H公司与Y公司作为共同买方，但还约定了每笔业务须分别签订单个销售合同，且实际履行中都是分别进行单独交易的。K公司在明知H公司未拖欠货款的情况下仍提起前案诉讼，显有过错。再次，K公司在前案中要求H公司承担连带担保责任的唯一证据为一份电子邮件担保书。K公司应对其举证的真实性负有较高注意义务，但该电子邮件经鉴定无法确认真实性，故其主观具有重大过失。据此，一审法院认定K公司在前案中申请诉中财产保全有错误，且与H公司诉请的损失具有因果关系，理应赔偿。一审法院从K公司的过错程度、前案生效判决支持K公司诉请金额、K公司申请财产保全金额以及提供的担保金额，并结合评估公司出具的涉案土地使用权评估咨询报告等因素，依法酌定后判决：K公司向H公司赔偿损失1000万元。一审判决后，K公司不服，提起上诉。

二审法院认为，认定K公司作为原告提起前案诉讼并申请财产保全的行为在主观上存在过错，系认定K公司申请财产保全有错误的关键。首先，H公司与Y公司确均系前案两份协议的签约当事人，且合同地位均为买方，K公司作为协议卖方将两买方列为共同被告有相应的合同依据，系正常的诉讼行为；其次，两份担保书系K公司为支持其诉请而进行的举证，尽管电子邮件担保书经鉴定不能确定真实性，但也未发现有伪造或变造痕迹，不足以认定K公司提供该份电子邮件存在主观过错；最后，K公司在前案中的诉请未获全部支持，系因举证不力导致，并不能据此认定K公司的起诉及申请财产保全存在主观过错。因K公司在前案中申请财产保全并无过错，故因财产保全错误导致的损失则无需认定，但也必须指出，H公司认定其房产被查封与土地投资项目损失之间存在因果关系，依据不充分，损失金额不成立。据此，二审法院判决：一、撤销一审判决；二、驳回H公司全部诉请。

【评析意见】

《民事诉讼法》第105条规定："申请有错误的，申请人应当赔偿被申请人因保全所遭受的损失。"此条款作为诉讼保全错误损害责任的法律依据，规定过于原则化，对于保全错误的认定标准、构成要件、归责原则、赔偿范围等都没有明确，而现实中出现的情形又过于复杂多样，导致司法实践当中缺乏明确统一的衡量尺度和细化标准，同案异判的情形频频出现。我们通过检索相关案例发现，毋论全国不同法院间案件的裁判尺度，单就某一行政区划内的不同法院，对相似的案件类型在认定标准上亦存在显著差异。

从司法实务来看，因申请财产保全错误引起的损害赔偿案件争议之处主要体现在两方面：（1）财产保全错误如何认定；（2）财产保全错误引起的损害赔偿责任的性质如何认定。本案系申请人保全标的额远高于生效判决所支持的诉请金额，该类保全错误类型范围如何界定、是否适用过错责任归责原则以及何种程度的主观过错才构成损害赔偿责任？下文相关分析，希望能为此类案件审理提供一定借鉴。

一、保全错误的类型及司法实务的审理态度

对于《民事诉讼法》第105条中的“申请有错误”，现行法律及司法解释均无明确规定。从笔者检索到的案例情况来看，实务中的保全错误大致有三种类型：申请保全的权利基础不存在、保全对象错误、超额保全。

申请保全的权利基础不存在，指作为申请人提出财产保全申请前提的诉请存在错误，包括诉前申请财产保全后未及时起诉、诉中自动撤回申请等程序性的前提错误，还包括申请人的诉讼请求被法院全部驳回这一实体性前提错误。由于财产保全并非诉讼中必须实施的措施，因权利基础不存在被驳回起诉，应认定在财产保全申请中未尽谨慎义务，存在过错。在笔者检索范围内，尚未在此种类型案件中发现认定申请人不承担赔偿责任的情形；保全对象错误，指申请人错误地申请保全了不应保全的对象，多涉及案外人财产。此类情形中，若案外人对保全对象错误没有过错，申请人均应赔偿因错误保全给案外人造成的损失；超额保全，指申请人申请保全[①]的财产价值大于法院判决所支持的金额，该类保全错误在理论及司法实务中的争议最大。

从理论层面讲，财产保全措施作为一种预防性、临时性的救济措施，其制度设计的出发点是防止被申请人恶意处置本可以用来执行申请人胜诉判决的财产，或防止被申请人损害该财产的价值，以减轻申请人在权利存在或权利受损害的不确定性得到解决前的一段时间内遭受权利被侵害的风险。我们认为，保全错误损害赔偿制度是财产保全制度的附属与矫正救济，着眼于利益显著失衡情况下的再平衡，并非仅以保全价值与判决结果之间存在差额即认定构成保全错误，尚需考量差额是否显著或不合常理。正如本案中前案之情形，K公司诉请金额及申请保全金额均为5200余万元，而实际保全到的金额为银行存款100余万元及三处房产，尽管实际保全到的财产价值并未达到申请金额，但仍远远高于生效判决最终支持的37万余元债权金额。

从司法实务层面讲，是否超额保全均系保全错误？若答案为否，超额范围

① 司法实务中应区分两种情形：（1）申请人申请保全的标的额大于法院判决所支持的金额，但实际保全到的财产额与申请保全额并不一致，可能出现实际保全到的财产额与生效裁判支持的金额并无太大差距的情形；（2）实际保全到的财产额即为申请保全标的额。

达到多少时才适应认定为保全错误？对此，各法院之间的裁判尺度并不统一。[①] 从现有案例来看，至少可以得出，保全金额错误的范围与是否承担保全错误责任之间并无必然关系。实践中，法院会结合案情、案件裁判结果、双方主观态度、败诉原因、案件的诉讼证据等进行综合判断。

二、财产保全损害赔偿案件的归责原则

最高人民法院公报案例中的观点，也是实务中的主流观点，认为诉讼保全错误引起的损害属于一般侵权行为，应当适用过错责任归责原则，即满足主观过错、侵权行为、损害结果、因果关系四大要件。但司法实践中同时也存在主张适用特殊侵权的无过错或过错推定归责原则的观点。前者认为，从立法本意看，《民事诉讼法》第 105 条系为防止当事人滥用诉讼权利，不当损害他人合法权益而作出的规定。司法实践中，财产保全的申请人对自身权利的衡量与人民法院最终认定之间存在差异，当事人认为合理的诉请不为人民法院认定支持的情况并不鲜见，将上述法律规定认定为《侵权责任法》第 7 条规定的无过错责任，在申请人败诉的情况下，即认为构成“申请有错误”，并一概要求申请人承担申请财产保全错误的赔偿责任，不符合立法本意。因此，该条法律规定的“申请有错误”，应当理解为不仅包括人民法院的裁判结果与申请人诉讼请求之间存在差异，申请人的诉讼请求未能全部得到人民法院支持的客观方面，亦应包括申请人主观上存在故意或重大过失等过错的主观方面。后者认为，从公平角度及诉讼自身存在风险性角度而言，诉讼应赋予争议双方对等的机会和风险。申请人既可能因为胜诉而获得利益，也可能因为败诉而丧失利息；又过错标准难以把握，各地法院裁量尺度不一，且被申请人举证难度远大于申请人。故，申请人若败诉，应承担全部风险。

我们认为，财产保全制度的设立目的是为了保护当事人的合法权益和保证将来人民法院生效文书得以执行。人民法院采取保全措施，必然会使得被保全当事人不能自由处分被保全财产。因此，仅以法院生效判决支持的诉讼请求额少于保全财产数额来判断保全错误，与民事诉讼法规定的保全制度不符，应结合申请人的主观过错进行综合判断。本案一、二审法院均认为，无过错责任归

---

① 最高人民法院（2012）民申字第 1282 号案件判决支持申请人财产保全额的四分之一，申请人未承担财产保全损害赔偿责任；北京市第三中级人民法院（2015）三中民终字第 12215 号案件判决支持了申请人财产保全额的二分之一，申请人承担了财产损害赔偿责任。

责原则及过错推定归责原则应由法律法规进行特殊规定，在法律法规暂无具体规定的情况下，财产保全损害赔偿纠纷案件应当适用过错责任归责原则，除却申请人的诉讼请求是否为生效判决所支持这一事实基础外，还要着重考虑申请人在申请财产保全时的主观过错程度。

三、财产保全申请是否存在主观过错应综合考量

在明确财产保全损害赔偿案件适用过错责任归责原则的情况下，何种程度的主观过错能够构成财产保全损害赔偿责任，法律及相关司法解释亦无规定。通常认为，主观过错的判断标准按照从低到高分为三个层次：普通人的注意义务、处理自己事务的同等注意义务、善良管理人的注意义务。

我们认为，在财产保全损害赔偿问题上，不应对申请人设定过于严苛的过错认定标准。一方面，如前文所述，于立法本意与制度设计而言，财产保全申请作为正常诉讼程序中的权利，过于苛责申请人行使该诉讼权利时的主观注意义务势必影响该制度运行的活性与立法目的司法实效；另一方面，普通人的合理注意义务在司法审判中更便于证明与判断，也更利于法院在申请人诉讼权利保护、权利滥用限制与被申请人合法权益维护之间进行合理平衡。判断申请人的主观过错应建立在主客观相统一的基础上，对个案分别进行判断，不能基于已决案裁判结果来推定当事人主观状态的可规则性。除非恶意申请的情况，申请人与被申请人往往有一定基础法律关系，申请人基于一定理由认为其对被申请人享有权利，在申请保全之初往往无法预见到案件审判结果。从某种程度上来讲，诉讼案件的最终结果系司法权力介入当事人纠纷所产生的后果，在具备合理起诉依据且充分履行了举证责任后，即便诉讼请求最终未被支持，亦不构成普通人意义上注意义务的错误或过失。

客观上来讲，K公司诉请金额均系Y公司之债务，且针对H公司申请保全到的财产价值又远高于生效判决最终认定H公司应当承担的连带保证的债务金额，构成前文所述超额保全之情形；主观上来讲，K公司在前案中将H公司与Y公司列为共同被告并非没有任何法律依据，尽管各方合同实际履行系根据实际交易对象进行单独交易，但H公司与Y公司在案涉两份协议中的地位确实均为买方，又H公司对Y公司之债务提供连带保证，故K公司起诉H公司并对其财产申请保全在法律上具备基础合同关系。在举证方面，电子邮件担保书经司法鉴定存在瑕疵，虽然无法确定真实性，但亦无证据证明该证据系伪造或变造，因此不足以认定K公司提供该证据佐证其诉请存在主观

过错。

本案之情形，还有观点认为，在仅支持少部分诉请的情况下，就未获支持部分而言，其性质与驳回诉请的性质本质上是相同的。我们认为，只要申请人基于现有事实和证据提出诉讼请求，并确实尽到了普通人的合理注意义务，即便法院判决最终没有支持或仅支持少部分诉讼请求，也不能认定财产保全申请有错误，只有申请人出于故意或重大过失，致使诉讼请求与法院生效判决产生不合理偏差，才构成“申请有错误”，由此导致被申请人遭受损失的，应当赔偿。申请人之诉讼请求的权利基础是否存在、申请保全的主观恶意与生效判决客观上与诉讼请求形成的差额并无必然关联。

综合上述分析，法院一般不应将申请保全（诉讼未决）时申请人对权利的判断与法院最终判决所认定的权利内容、数额、对象、范围之间的差距认定为过错。判决申请人是否对损失存在过错的关键点是申请人明知其权利不成立、权利内容与保全内容存在差距而仍申请保全，即存在主观过错。财产损害赔偿责任纠纷案件的认定标准不能单纯把基础诉讼的最终判决结果作为判定申请是否错误的依据，需结合申请人主观过错程度、具体事实及证据加以综合分析，力求实现个案公平。

【附录】

编写人：闫伟伟（民四庭法官助理）

一审案号：（2016）沪0115民初46121号

二审案号：（2017）沪01民终12390号

二审合议庭：黄英（审判长兼主审法官）、杨苏、任明艳

48. 公司归入权纠纷案件中责任主体的认定

——A公司诉马某、E公司损害公司利益责任纠纷上诉案

【案例要旨】

公司归入权纠纷案件审理的首要争议就是确定被告是否具备责任主体资格，即是否具有公司董事、高级管理人员的身份。判断是否为公司高级管理人员，除了需要重点审查其职务的形成、职责的范围，还需综合考量其是否实际行使了高级管理人员职权、负责的事项是否为公司的核心业务，以及其与公司之间有无正式的劳动合同关系。本案的处理结果即因被告不具备义务人的主体资格，而判决驳回公司的归入权请求。

【案情简介】

上诉人：A公司。

被上诉人：马某。

被上诉人：E公司。

2007年7月，A公司与马某签订一份《合作协议》，约定：A公司在伊朗设立代表处；经A公司股东会研究同意马某为A公司驻伊朗代表处总代表、经理；马某应履行本职工作，尽职尽责认真完成A公司交办的工作，协调与伊朗各部门的友谊和业务事宜，促使合作项目顺利进行，并在开展业务过程中及时向北京总部汇报工作。马某并非A公司股东、董事、监事。A公司的章程规定：经理由股东会聘任，对股东会负责，行使的职权包括主持公司的生产经营管理工作，组织实施股东会决议，组织实施公司年度经营计划和投资方案，拟订公司内部管理机构设置方案，拟订公司的基本管理制度，制定公司的具体规章，聘任或者解聘公司副经理、财务负责人，聘任或者解聘应由股东会聘任或者解聘以外的负责管理人员。

2007年9月～11月，经A公司协调，促成B公司与伊朗C公司设备销售合同，但于2008年4月合同解除。2008年5月，伊朗C公司与D公司签订设备销售合同，合同的格式、条款设置，设备型号、数量、价格等内容与B、C公司间的合同基本相同。另案生效判决认定：D公司存在利用与时任A公司雇员的联络行为，侵害了A公司的商业秘密。

2008年1月，A公司向马某发出《终止、解除劳动合同通知书》，马某不再担任A公司驻伊朗代表处的总代表。

2008年5月，马某与案外人D公司签订《代理协议书》，约定：为便于D公司在伊朗获得相应订单，D公司委托马某为其代理。同年8月，一人有限责任公司E公司登记设立，股东为马某。D公司与E公司、马某签订《补充协议书》，约定：5月《代理协议书》中，马某项下的全部权利义务转移至E公司。后D公司共向E公司支付1450万元。

A公司诉至一审法院，请求基于公司归入权判令马某、E公司所得收入1450万元归A公司所有。

【裁判结论】

一审法院认为，马某不属于法律和章程规定的公司高级管理人员，也不属于法律规定的归入权义务主体。理由为：基于《公司法》或公司章程，马某的职务并非A公司高级管理人员；基于《合作协议》，马某只是A公司派出机构的负责人，不具有A公司高级管理人员的职位，也未行使过A公司高级管理人员的职权。一审法院据此判决驳回A公司诉讼请求。

A公司不服，认为马某实际履行了经理职权，具备公司高级管理人员的资格，故上诉要求改判。

二审法院认为，马某依法不能界定为A公司高级管理人员，亦非公司归入权的义务人。理由为：（1）马某与A公司之间没有正式的劳动合同关系，A公司出具的《终止、解除劳动合同书》《解除劳动合同证明》均没有基础事实，仅为用于解除马某驻伊朗代表处总代表、经理的职务。（2）依据《合作协议》，马某的职权范围明确限定于负责、执行伊朗代表处的工作事务，同时依约收取项目的效益佣金和业务提成，对A公司的整体经营管理不享有任何职权，故马某只是作为A公司雇佣的一个驻外机构及特定项目的执行负责人。（3）关于马某是否实际行使了A公司高级管理人员的职权，A公司应当承担必要的举证责任。就A公司举证的马某任职期间的所作所为，包括参与伊朗项目的联络、洽谈、签约等活动，均未超出马某作为A公司驻伊朗代表处总代表、经理的职责范围。伊朗项目是否为公司的核心业务，属于A公司内部的、某个经营期间的评估结果，不能以此作为衡量参与项目的负责人即为公司高级管理人员的定性标准。故驳回上诉，维持原判。

【评析意见】

公司高级管理人员的任何行为，不得有悖于诚实代理人对被代理人所负职责，此即为公司高级管理人员的忠实义务。公司归入权，是指公司对失信董监高取得的财产所享有的权利。[①] 归入权是《公司法》第148条赋予公司的特别救济权，是不以公司对公司内部人违反法定义务所获得的利益拥有所有权为前提条件，义务人因违反对公司的某项忠实义务而依法应当承担直接责任。同时，该法律条款将公司内部的义务人或者对公司负有忠实义务的直接责任主体明确界定为公司的董事、高级管理人员。因此，归入权纠纷案件审理的首要争议就是确定被告是否具备义务人的主体资格，即是否具有公司董事、高级管理人员的身份。本案中，马某并非公司董事，故审查马某是否具备高级管理人员的身份系本案的关键。具体而言，可从高级管理人员职务的形成及职权的行使两方面来判断。

一、审查标准一：高级管理人员职务的形成

公司高级管理人员，是指经法律、章程或者董事会授权，由董事会聘任，对内执行公司日常经营管理业务，对外代表公司的公司行政首脑或者负责人。[②]《公司法》第216条规定：高级管理人员，是指公司的经理、副经理、财务负责人，上市公司董事会秘书和公司章程规定的其他人员。可见，公司法主要是通过“职位”或“职务”来界定公司高级管理人员的范围。故判定义务主体是否系公司高级管理人员，可先从其在公司担任的职位或职务是否有法定或章定的依据来判断。是否有法定依据，即是否系法律直接规定的公司特定职务，如经理等。是否有章程依据，即是否系公司章程、公司细则具体规定或者由董事会任命的公司需要的其他管理职务。

具体到本案，可从法定、章定依据或公司的任命情况综合判断。

---

① 刘俊海：《现代公司法》，法律出版社2015年版，第633页。

② 施天涛：《公司法论》，法律出版社2014年版，第364页。

1. 法定或章定依据方面，审查公司章程及工商备案登记信息中有无《公司法》第126条规定的相应职位及确定的人选。就本案而言，A公司章程规定："公司设经理一名"，但并未明确即为马某，但鉴于公司高级管理人员的权利来源不限于法定或章程约定，故尚不能单以有无法定或章程依据判定马某是否公司高级管理人员。

2. 公司任命方面，审查义务主体是否与权利公司形成正式的劳动关系，具体可从聘任与解聘的机构和程序综合判定。本案中，经A公司确认，马某与A公司之间没有正式的劳动合同关系，A公司出具的《终止、解除劳动合同书》《解除劳动合同证明》并没有基础事实，仅能认定为用于解除马某驻伊朗代表处"总代表、经理"的职务。故马某虽在口头上及对外称呼上被称为A公司的副总经理，享受副总经理的待遇，但其仅系代表处的经理，而非A公司的经理。

上述标准涉及高级管理人员形式上的审查，当不具备形式要件时，可结合职权的具体行使来综合判断。

二、审查标准二：高级管理人员职权的行使

一般而言，公司法要求每家公司要有某些特定的高级管理人员，但即便法律指定了这些职位的头衔，但往往不是要对高级管理人员的职责和各种职位的内在权利作出规定。实践中，往往出现"高级管理人员职权"与"高级管理人员职务"错位的情形。此时，"法院能够做的是，当法律要求确认哪些人是高级管理人员，哪些不是高级管理人员时，只能根据具体所扮演的角色来决定，而不是单纯地依赖于其职务头衔。"① 因此，在确认"义务人"不具备法定、章定或任命职务外，尚需审查"义务人"是否实际行使了高级管理人员职权。至于高级管理人员职权，一般而言，指的是对内执行公司日常经营管理业务、对外代表公司，其与公司之间的关系是一种基于委任而发生的代理关系。司法实践中，可从职权的范围和影响力来判定是否为公司高级管理职位。

1. 职权的范围，即是否涵盖公司的整体经营管理。高级管理人员职权涉及公司内外两部，故如仅负责部分公司事务，即便称之为经理，亦难谓之公司法意义上的公司高级管理人员。就本案而言，公司法上所谓的经理，是董事会下负责具体事务执行和日常经营管理的执行机关，是公司组织机构的组成部

---

① 施天涛：《公司法论》，法律出版社2014年版，第365页。

分。作为公司的执行机关，经理的职权对应公司全局，故公司法意义上的经理并非公司某个部门或驻外代表处的负责人。马某作为伊朗代表处的总代表（实际负责人），其职权范围仅限于该代表处而未及A公司，故马某所任职务之职权并未达到公司法规定的经理、副经理标准。至于伊朗项目是否公司为核心业务，实属商业判断，非裁判的核定依据，不能单独作为衡量参与者即为公司高级管理人员的定性标准。

2. 职权的影响力，即是否具有经营事务方面的决策权。基于信托法理，高级管理人员系公司的代理人，实际指挥公司经营管理业务。具体而言，高级管理人员可在其权限范围内代表公司，拥有可以以公司名义从事某些交易的权利，如签订各类合同、签发票据，与第三人发生其他各种交易。因此，公司高级管理人员应当具有经营事务方面重大事项的决策权。根据双方《合作协议》的约定，马某应履行本职工作，尽职尽责认真完成A公司交办的工作，协调与伊朗各部门的友谊和业务事宜，促使合作项目顺利进行，并在开展业务过程中及时向北京总部汇报工作。从《合作协议》内容来看，A公司设立伊朗代表处的目的是为了该公司在伊朗发展业务提供协调联络，但协调联络不同于经营决策，马某虽代表公司参与重要商务活动、重大项目的洽谈，签订重要合同，但其只是负责伊朗代表处具体工作事务的执行，其负责的伊朗代表处的有关工作尚需向北京总部汇报，故综合研判，马某并没有实际经营决策权。结合A公司章程规定："经理由股东会聘任，对股东会负责，行使的职权包括主持公司的生产经营管理工作，组织实施股东会决议，组织实施公司年度经营计划和投资方案，拟订公司内部管理机构设置方案，拟订公司的基本管理制度，制定公司的具体规章，聘任或者解聘公司副经理、财务负责人，聘任或者解聘应由股东会聘任或者解聘以外的负责管理人员"，从现有证据来看，马某亦未行使上述A公司经理职权。

【附录】

编写人：严耿斌（民四庭审判长）、须海波（民四庭法官助理）

一审案号：（2017）沪0115民初15566号

二审案号：（2017）沪01民终12579号

二审合议庭：严耿斌（审判长兼主审法官）、季伟伟、刘雯

49. 对有限合伙人除名退伙决议应进行实质审查

——上诉人曲某与被上诉人朱某、李某、张某、L公司合伙协议纠纷上诉案

【案例要旨】

对有限合伙人除名退伙决议进行审查时，应当综合考虑法律的规定、合伙协议的约定、合伙人的身份以及行为的损害后果等来综合判断合伙人的行为是否具有不正当性、是否满足除名条件。

【案情简介】

上诉人（原审原告）：曲某。

被上诉人（原审被告）：朱某、李某、张某、L公司。

2012年7月，曲某与朱某、李某、张某、L公司共同出资设立合伙企业A中心（有限合伙）。曲某持有合伙企业25%股权。合伙协议及工商登记资料均记载曲某为合伙企业的有限合伙人。2016年7月7日，曲某收到《除名通知书》及《关于对有限合伙人曲某除名退伙等事宜的决议》。决议系朱某、李某、张某和L公司在未通知曲某的情况下作出，内容包括：(1) 由于曲某在执行合伙事务中有不当行为，经所有四位合伙人一致同意，决议对曲某予以除名；(2) 所有四位合伙人一致同意对原合伙人之一曲某所占有的25%股权予以收回。《除名通知书》由合伙企业出具，通知将曲某除名并收回股权。曲某认为，其系合伙企业合伙人，并非执行事务合伙人，不存在执行合伙事务不当的行为。朱某、李某、张某和L公司既没有事先通知，也没有明确“执行合伙事务不当的行为”的具体内容，直接决议将曲某除名并收回曲某股权，没有事实与法律依据，该决议无效。

曲某遂起诉至一审法院，请求判令确认朱某、李某、张某和L公司作出的将曲某除名退伙及股权收回的决议无效。

朱某、李某、张某、L公司辩称，作出除名退伙决议符合法律规定的条件，决议有效。曲某作为合伙企业的有限合伙人，违背了合伙协议的原则和目的，其他合伙人一致同意决议将其除名。

【裁判结论】

一审法院认为：《合伙企业法》的除名退伙条款，其目的是为保护其他合伙人权益以及合伙企业的整体权益。2014年至2016年期间，曲某作为股东，与他人共同投资，合作经营公司达数十家，并在名称中使用与本案合伙企业的商号、商标相同的字样，经营范围也与本案合伙企业相同。合伙企业的合伙人在本企业以外从事与合伙企业经营的业务相同或相近，并与之存在竞争关系的业务，应当认定该合伙人从事与本合伙企业相竞争的业务。合伙人的竞业行为，违背公平原则，客观上导致合伙企业利润减少，对其他合伙人以及合伙企业权益造成侵害，为《合伙企业法》明令禁止。因此，曲某从事竞业行为，对其他合伙人以及本案合伙企业权益造成侵害，朱某、李某、张某和L公司为维护其他合伙人以及本案合伙企业的权益，作出《除名退伙决议》并书面送达曲某，符合法律规定。曲某对《除名退伙决议》所提异议，于法无据，不予支持。一审法院遂判决驳回曲某的诉讼请求。

曲某不服一审判决，提起上诉称，首先，曲某是A中心的有限合伙人，并非执行事务合伙人，在合伙企业中担任职务不能等于执行合伙事务，除名决议中的除名理由“在执行合伙事务中有不当行为”不成立。曲某不存在造成合伙企业损失的行为，曲某与他人合资设立公司并不违反法律规定，一审判决引用普通合伙企业的规定属于适用法律错误。其次，曲某对除名等重大决定有表决权，但作出除名决议的合伙人会议未通知曲某参加，程序违法，除名后直接退还曲某的出资而没有评估也不合理。故请求撤销一审判决，改判支持其一审全部诉讼请求。

被上诉人朱某、李某、张某、L公司辩称，曲某未经授权擅自执行合伙事务，故意实施了多种不正当行为，严重损害合伙企业和其他合伙人的利益。除名决议符合《合伙企业法》除名条款规定的（二）（三）（四）项条件，程序也符合法律规定。

二审法院认为：曲某另行设立类似商号的公司、经营与合伙企业相竞争的业务的行为并不构成因故意或重大过失给合伙企业造成损失的情形。一审判决对此适用法律错误应予纠正。其余合伙人所称的侵犯商标注册权及不正当竞争纠纷尚未产生生效判决且本案合伙企业并非案件当事人，借款合同纠纷案也尚未有生效判决认定该案原告虚假诉讼，故目前并无证据证明曲某因故意或重大过失给合伙企业造成损失。曲某作为合伙企业的有限合伙人，不执行合伙事务，担任合伙企业北京分部的负责人也不属于执行合伙事务的行为，故亦无证据证明曲某在执行合伙事务时有不正当行为。《合伙协议》也没有关于除名的特别约定。因此，曲某的行为不满足法律规定的除名条件，决议将其除名违反法律规定，除名决议应认定为无效。二审法院遂依照《合伙企业法》第 49 条、第 60 条、第 71 条，《民事诉讼法》第 170 条第 1 款第（2）项规定，判决撤销一审判决，改判朱某、李某、张某、L 公司作出的《关于对有限合伙人曲某除名退伙等事宜的决议》无效。

【评析意见】

本案系合伙协议纠纷，主要涉及对合伙人除名的条件，我们认为除名是多数合伙人作为一个整体对少数合伙人在合伙中的身份和权利的剥夺，带有强制性，故对除名决议应当严格审查。

一、审查的前提：对合伙人行为的限制和救济

本案中，对于作为合伙人的曲某、朱某、李某、张某和 L 公司而言，其权利和义务是相一致的，为了保护合伙企业 A 中心和其他合伙人的合法权益，作为合伙人的曲某当然必须恪守诚实信用、公平等原则，履行忠诚义务。对此，法律规定合伙人的行为或者说权利的行使要受到一定的限制，比如合伙人不得自营或者同他人合作经营与本合伙企业相竞争的业务。除合伙协议另有约定或者经全体合伙人一致同意外，合伙人不得同本合伙企业进行交易。从根本上来说，合伙人曲某不得从事损害本合伙企业利益的活动。本案中，四名被上诉人正是认为上诉人曲某的行为严重损害了合伙企业 A 中心及其他合伙人的利益，一致同意作出决议对曲某予以除名退伙，进而产生纠纷。一般认为，合伙企业的退伙可以分为当然退伙、任意退伙和除名退伙。如果有限合伙人符合《合伙企业法》规定的情形之一，即作为合伙人的自然人死亡、法律规定或者合伙协议约定合伙人必须具有的相关资格丧失、合伙人在合伙企业中的全部财产份额被人民法院强制执行等，发生当然退伙。任意退伙则强调合伙人满足一定的情形，履行相应的程序就可以退出合伙企业。区别于前两种退伙方式，本案中合伙人曲某属于除名退伙，这是一种剥夺特定合伙人在合伙中身份和权利的比较严厉的冲突解决和救济制度，该制度的设立本身正是考虑到合伙作为一种经营方式的人合性特征，致力于维护合伙人之间的信任关系，维持合伙企业的继续存在和发展，以实现合伙的目的，故除名退伙要求被除名人的行为满足特定的要件。因此，本案考察之重点即在于对上诉人曲某行为的认定，以及四名被上诉人作出除名退伙决议是否符合法律规定的合法性条件。

二、除名退伙的初步审查：法律的否定性评价

不可否认，除名退伙对于合伙企业以及合伙人具有重要影响。因此，在本案中，在对合伙人曲某的行为进行认定时，首先还是应当基于法律的明确规定。《合伙企业法》第49条规定："合伙人有下列情形之一的，经其他合伙人一致同意，可以决议将其除名：（一）未履行出资义务；（二）因故意或者重大过失给合伙企业造成损失；（三）执行合伙事务时有不正当行为；（四）发生合伙协议约定的事由。对合伙人的除名决议应当书面通知被除名人。被除名人接到除名通知之日，除名生效，被除名人退伙。被除名人对除名决议有异议的，可以自接到除名通知之日起三十日内，向人民法院起诉。"据此，法律对除名退伙程序的启动规定了严格的限制条件，实际上对合伙人的除名只限于上述四种情形。值得注意的是，从第49条第（4）项也可以看出，法律尊重合伙企业的意思自治，赋予了合伙人在《合伙协议》中自行约定法定情形以外的事由作为除名事由，从而启动除名退伙程序的权利，类似于兜底条款的性质。经查，在本案曲某、朱某、李某、张某和L公司签订的《合伙协议》中，并没有关于除名退伙的特别约定，故四名被上诉人的主张之一，即上诉人曲某符合第49条第（4）项可以决议除名的情形并不成立。从另一方面来说，在本案《合伙协议》没有特别约定的前提下，还是要基于第49条规定的前三种情形，不能任意扩张，在进行司法审查时也应当遵循审慎的原则，不宜轻易对合伙人的行为给予否定性评价。既然四名被上诉人还主张上诉人曲某符合上述第49条规定的第（2）（3）项可以决议除名的情形，则应当举证证明。

实践中，基于《合伙企业法》的规定，除了四名被上诉人并未主张的未履行出资义务的行为，合伙人的下列行为通常也会被法律作出否定性评价，包括擅自处理或执行合伙企业事务的行为、自我交易行为和竞业行为、侵犯其他合伙人知情权的行为等。在本案中，根据已查明的事实，上诉人曲某为合伙企业A中心北京分部的负责人。同时其作为股东、法定代表人与他人共同投资设立了多家类似商号、经营与合伙企业相竞争业务的公司及企业，并涉及侵犯商

标注册权及不正当竞争纠纷案、借款合同纠纷案等，四名被上诉人也据此启动了除名退伙程序。但找出可能被法律作出否定性评价的行为本身并不意味着已经满足了对合伙人除名的条件，还应当对这些行为的不正当性作出进一步判断。

三、除名退伙的实质审查：不正当性的标准及认定

如上所述，本案除名退伙决议审查的关键问题在于对合伙人行为不正当性的理解和把握。一方面，从文义解释来看，字面上的不正当行为并不以损害结果为必须，即不正当行为包括了正当行为以外的情形，只关注行为本身具有不正当性，范围自然比较宽泛，需要凭借认知和经验去作出判断。另一方面，从《合伙企业法》的立法本意出发，其目的就是保护合伙人和合伙企业的权益免受侵害，基于目的解释，不正当行为就应当是指侵害合伙企业或其他合伙人的权益，牟取个人私利的行为，比如私自同他人合作经营与本企业相竞争的业务。故除名退伙制度的适用或者说对合伙人行为不正当性的审查需要同时考察行为人的主观因素和客观损害后果。①

本案中，上诉人曲某与被上诉人朱某、李某、张某同样是合伙协议记载的有限合伙人，执行事务合伙人为普通合伙人即被上诉人 L 公司。根据此节事实，本案不正当性认定需要考虑的一个重要因素就是上诉人曲某在合伙企业中的身份。因为在合伙企业中，有限合伙人与普通合伙人相比存在诸多方面的差异，包括出资要求、对合伙企业的管理权和决定权、承担的责任等。根据《合伙企业法》第 67 条的规定，有限合伙企业由普通合伙人执行合伙事务，即普通合伙人参与合伙企业的经营管理。而有限合伙人根据《合伙企业法》第 68 条第 1 款的规定，不执行合伙事务，不得对外代表有限合伙企业。上诉人曲某本身除了实施不视为执行合伙事务的行为，比如对企业的经营管理提出建议，以及执行事务合伙人怠于行使权利时，督促其行使权利或者为了本企业的利益以自己的名义提起诉讼等之外，并不具有执行合伙事务的权限。因为一旦有限合伙人过多介入合伙企业的经营管理，对决策产生影响，容易产生合伙企业内部治理问题，也与有限合伙人本身享受有限责任保护的初衷相违背。本案中，四名被上诉人提出，合伙企业 A 中心在北京登记设立北京分部后，上诉人曲

---

① 郁临清、朱挺：《除名退伙中不正当行为的认定》，载《上海政法学院学报（法治论丛）》2013 年第 1 期。

某担任负责人，利用其北京分部负责人的便利擅自设立多家公司从事竞业行为，并违反《合伙协议》关于不得对外举债的明确约定，在没有得到本合伙企业总部授权，没有告知其他合伙人以及没有必要借款的情况下，向其另行设立的企业借款，同时控制公章、财务账簿、合同材料等经营用品，并未将相关重大经营事项告知合伙企业总部及其他合伙人，严重侵犯了其他合伙人的知情权。对此，我们认为，上诉人曲某在合伙企业中担任职务并不能直接等于执行合伙事务的行为。换言之，除名决议中提到的在执行合伙事务中有不当行为的“在执行合伙事务中”这个前提首先并不成立，也无法适用关于执行事务合伙人应当定期向其他合伙人报告事务执行情况以及合伙企业的经营和财务状况等的规定。近年来，从国外立法和国内实践来看，有允许有限合伙人参与执行合伙事务的趋势，但其范围和程度也都是有限的。如果法律逐渐放宽并允许有限合伙人执行合伙事务，那么在执行合伙事务时，有限合伙人也自然要受到法律的约束，杜绝不正当行为的发生。至于在本案中，上诉人曲某是否涉及与合伙企业利益相关的经营管理内容而属于擅自执行合伙事务的行为，一则不能仅凭四名被上诉人的单方主张，二则不能忽视对行为后果的评价。

在本案中，鉴于上诉人曲某与四名被上诉人共同出资设立的合伙企业 A 中心为有限合伙企业，在法律适用上必须格外注意。即因有限合伙企业在合伙人组成和承担责任方面的特殊性，其同时具备人合因素和资合因素，故法律专门设立一章予以规定，只有在该章未作规定时，适用《合伙企业法》关于普通合伙企业及其合伙人的规定。实际上，对有限合伙制度的正式认定，在吸引风险投资、激励企业管理者全力创业、降低决策管理成本、提高投资收益方面具有重要意义。[①] 对此，《合伙企业法》第 70 条和第 71 条明确，有限合伙人可以同本有限合伙企业进行交易，有限合伙人可以自营或者同他人合作经营与本有限合伙企业相竞争的业务，但是合伙协议另有约定的除外。而从上诉人曲某与四名被上诉人签订的《合伙协议》内容来看，并未禁止有限合伙人曲某经营竞争业务或与本企业进行交易。故虽然四名被上诉人列举了上诉人曲某实施的多种行为，但结合法律对有限合伙人的特别规定以及《合伙协议》的约定，曲某作为有限合伙人另行设立类似商号的公司，经营与本合伙企业相竞争的业务，并不属于受到禁止的竞业行为，不能直接认定曲某在主观上存在恶意，也不应简单推论曲某从事竞争业务就导致合伙企业利润减少，丧失交易机会或市

---

① 胡卫萍：《我国有限合伙企业法律地位确立引起的思考》，载《中国商法年刊》2006 年。

场份额，从而对合伙企业及其他合伙人权益造成侵害。换言之，结合上文所述，从防止除名退伙制度被滥用这一点而言，在对不正当性进行认定时除了从行为本身出发加以限定，对是否给合伙企业造成损失也应严格审查。

因此，虽然本案中四名被上诉人还通过律师函、传票、起诉状等证据证明上诉人曲某直接或通过另行成立的其他企业，抢注合伙企业享有权益的商标、商号、域名，并涉及侵犯商标注册权及不正当竞争纠纷案，另外还擅自代表合伙企业或分部与其控制的其他企业签署合同、举债并恶意提起借款合同纠纷等案件，但在本案审理中双方也明确该些案件尚未产生生效判决，也就是说并未给予上诉人曲某的行为以明确的评价和法律后果。同时，本案合伙企业也并非侵犯商标注册权及不正当竞争纠纷案的当事人，即使构成侵权，侵权人的行为是否可以归结为上诉人曲某的个人行为，这些公司、企业与本案合伙企业的业务范围、经营区域是否存在重合、竞争关系，是否属于擅自执行合伙事务，是否构成谋取私利，是否确实导致本案合伙企业利润减少尚不确定，即目前并无充分证据证明已经因故意或重大过失给合伙企业或其他合伙人造成损失的情况下，无法认定上诉人曲某实施的行为具有不正当性，四名被上诉人理应承担举证不能的后果。

综上所述，在认定合伙人的行为是否满足除名条件时，必须综合考虑法律的特别规定、《合伙协议》的约定、合伙人的身份以及行为的损害后果等，法院应当进行实质审查。本案中，上诉人曲某的行为并不满足法律规定的除名条件，四名被上诉人作出涉案除名决议的依据不足，应认定为无效。

【附录】

编写人：钱滢（民四庭法官助理）

一审案号：（2016）沪0104民初27074号

二审案号：（2017）沪01民终6517号

二审合议庭：顾克强（审判长）、孙歆、刘丽园（主审法官）

50. 因股东投资意思表示不明确致使公司增资不成立的后果处理

——唐某诉上海A贸易公司等公司增资纠纷案

【案例要旨】

因股东投资意思表示不明确致使公司股东会未通过增资决议的，公司增资行为不成立。股东投资意思表示不明确的，全体股东间的增资协议因无合意而不成立。对于具有相同增资意思表示的部分股东之间是否成立事实上的增资协议，应当根据是否有利于保护股东新增资本优先认购权、是否有利于优化公司治理、是否有利于平衡大小股东利益等标准进行判断。若股东对增资协议的不成立不存在过错，且向公司实际给付款项而又不能认定为借款的，应当按照不当得利规则处理法律后果。

【案情简介】

上诉人（原审原告）：唐某。

被上诉人（原审被告）：上海A贸易公司（以下简称A公司）。

被上诉人（原审第三人）：茅某。

原审第三人：王某。

2010年4月14日，A公司被核准设立。设立时A公司拥有股东三名，分别为茅某、王某以及唐某，其中茅某出资60万元，王某出资30万元，唐某出资10万元，共计注册资本为100万元，于2010年4月9日前均已出资到位。

公司设立后，大股东茅某向A公司转账共计102万元。王某向A公司转账共计51万元，其中21万元的大款进账单上载明用途为“借款”，30万元的现金缴款单上载明款项来源为“股东借款”。唐某分两次向A公司转账共计17万元，但仅在第二次的打款进账单上写了“投资款第三期”。

关于A公司设立后，公司再次向三名股东融资的款项性质，三人认识存在分歧：大股东茅某认为三名股东达成了按原有股权比例增资的口头协议，因为各股东投入的资金数额符合原有股权6：3：1的比例；王某认为系借款，并曾向法院起诉，要求A公司返还借款51万元。法院支持了王某的诉请，判决A公司返还王某借款51万元；唐某亦曾向法院起诉，要求A公司返还借款17万元及利息，但法院认为唐某以借款关系主张还款证据不足，判决驳回了唐某的该项诉讼请求。

2017年2月8日，A公司的三位股东召开临时股东会会议，由于三位股东意见分歧较大，未通过《关于推进公司增资扩股事宜的议案》。而A公司2017年6月至2018年2月期间逐月的资产负债表显示，A公司资本公积一栏的数额经常变动，绝大多数月份里唐某投入的17万元和茅某投入的102万元未同时列入资本公积。期间，2018年的1月和2月的资产负债表显示，唐某投入的17万元列入资本公积，而茅某投入的102万元列入其他应付款。

本案中，唐某认为A公司没有将其17万元款项用于增资扩股，又由于三位股东产生矛盾无法达成相应的增资决议，客观上无法实现增资的目的，故向一审法院起诉请求：一、A公司返还增资款17万元；二、A公司支付相应的增资款利息。

【裁判结论】

一审法院认为，唐某、茅某和王某在公司成立并经营后，均向公司注入了资金，各出资额亦符合各自所占的股份比例。其中，唐某与茅某的出资明确为投资，意思表示真实，不违反公司章程以及《公司法》的规定。由于唐某与茅某两股东所占公司股份的比例已经超过了公司章程对公司重大决策表决权的要求，所以王某主张公司返还其借款，亦不影响唐某与茅某作为公司股东对公司已经实施的投资行为的效力。即使王某不同意按其股份比例追加投资，唐某与茅某亦完全可以根据公司章程的规定，按照股东实际出资情况，对股东所占公司股份比例重新进行登记。因此，唐某所称A公司增资不能实现增资的行为，不符合案件事实。唐某另称其投资没有用于公司增资，但未能充分举证予以证明，故亦不予采信。根据《公司法》关于公司资本维持的原则，A公司返还王某的款项不代表A公司可以返还唐某出资到公司的投资款。故唐某要求A公司返还投资款及相应利息，无事实和法律依据，法院不予支持。据此，一审法院判决驳回唐某的全部诉讼请求。

唐某不服一审判决，提起上诉要求撤销一审判决，改判支持其一审诉讼请求。其认为：一、本案所涉增资事项未召开股东会会议并形成有效决议，一审判决没有事实依据；二、一审判决适用《公司法》第37条的规定属于适用法律错误，还会严重损害其他股东参与重大决策以及新增资本优先认购等权利。唐某在二审中明确表示，不愿意将其交付A公司的17万元确定为增资款。

二审法院认为，本案的争议焦点在于唐某的17万元款项投入是否构成对A公司的有效增资。

第一，根据另案生效判决，王某投入A公司的51万元被认定为借款，且王某表示股东间未就增资达成协议，在无其他证据证明的情况下，两名股东单独增资A公司的方式，不应被认为具有合理性和可行性。

第二，公司增资作为公司重要事项，属于要式法律行为，不仅需要合意基础，还需要符合法律以及公司章程规定的股东会决议、工商登记变更等形式和手续。从本案来看，既不存在股东之间书面的增资协议，也没有形成增资的股东会决议，当然也就不可能发生工商登记变更事项。

第三，A公司2017年6月至2018年2月期间逐月的资产负债表显示，资本公积一栏的数额经常变动，且唐某投入的17万元并非始终列入资本公积。而茅某作为大股东和公司法定代表人，多数情况下未将自己投入的102万元列入资本公积一栏。这说明，茅某本人也并未积极促成增资目的的实现。

第四，A公司三名股东就增加投资一事而引发纠纷，自实际出资以来已有八年左右，期间引发多起诉讼，对公司治理、股东行权以及权益保障都会产生负面影响。目前，A公司难以形成涉案相关的增资决议，在增资事项上可能会长期形成僵局。基于公司治理的正当考量，也应当选择有利于促成公司有效治理，并且有利于维护股东，特别是非控股股东利益的方案。

基于上述因素，二审法院认为，涉案增资行为因不具备法律规定的要件而不成立，自然也不发生法律效力。A公司应当返还唐某已经投入的17万元款项。但是，增资目的之所以落空，关键在于公司三名股东就增资事项未能在充分协商基础上形成书面协议，以致产生不同理解，并在实际履行过程中引发纷争，故对于唐某主张的相关利息请求不予支持。据此，二审法院判决如下：一、撤销一审民事判决；二、被上诉人上海A贸易公司于返还上诉人唐某增资款17万元；三、上诉人唐某的其他诉讼请求不予支持。

【评析意见】

公司具有资金集合的属性，融资对公司的重要性不言而喻。公司增资是股权融资的具体形式，增资行为的构成要件包括相对一致的多方意思表示，以及符合法律或者章程规定的方式和程序。因股东投资意思表示不明确，以致公司股东会未形成有效增资决议的，应当视为欠缺意思表示要件而造成公司增资行为不成立，自然也就不发生《公司法》上的效果。此时，应当结合《公司法》的规定，按照债法规则处理公司增资行为不成立的法律后果。

一、股东投资意思表示不明确的增资协议不成立

意思表示是民事法律行为的核心和成立要件，当事人只有在意思表示真实的情况下，民事法律行为才具有效力。股东向公司作出投资，但对投资的性质属于股权抑或债权，各方未能形成共识，也无法达成补充协议的，应当视作股东投资意思表示不明确。此时，股东投资意思表示的要素尚未完全具备，意思表示本身仍未成立，因此股东间的增资协议也不会成立。

（一）意思表示的构成要素

按照通说，意思表示由效果意思、表示意思和表示行为构成，[①] 在主观要素，即效果意思和表示意思一致的情况下，意思表示真实，可以发生表意人追求的法律效果。在效果意思和表示意思不一致的情况下，又可以分为两种情形：故意的不一致和偶然的不一致，前者主要包括真意保留、虚伪表示等，后者主要包括意思表示错误、误传等。所谓意思表示错误，“指表意人实施了不同于自己内心的效果意思的表示行为，且表意人并不知其所表示的意思非其内心的真实意思。也就是说，因表意人的错误认识或错误判断，导致或产生由表意人的表示行为可推测的意思与其真意的不一致。进而言之，系意思与表示不一致，而为表意人所不自知。”[②] 意思表示错误又可以分为内容错误、行为错误、当事人资格错误、标的物性质错误、动机错误、不合意等具体类型。对于意思表示错误的效力，我国法律没有明确规定，从比较法上观察，有认为无效

---

① 也有观点认为，意思表示应以表示行为为主体，作纯粹客观的观察，因此表示意思如何不影响意思表示的效力，表示意思可不作为构成要素，参见梁慧星：《民法总论》（第三版），法律出版社2007年版，第171、172页。另有观点认为，意思表示的主观要素还应当包括行为意思在内，参见张金海：《意思表示的主观要素研究》，载《中国法学》2007年第1期。

② 陈华彬：《论意思表示错误及我国民法典对其的借镜》，载《法学杂志》2017年第9期。

的（但受到严格限制），如日本；有认为可撤销的（但因表意人过失造成的或者动机错误引发的不得撤销），如德国、我国台湾地区。“对于因不合意引发的意思表示错误，法律行为（合同）不成立，……不发生撤销的问题。根据民法法理，当事人发现意思表示不合意（不合致）而仍欲完成该法律行为时，须再为正确的意思表示，由此使该法律行为（合同）有效成立。”① 本案中，三名股东虽然都向公司实际投资（表示行为一致），但每个人具体的投资意思表示并不明确，也即效果意思和表示意思并不完全一致，实质是未就增资事项达成合意，因此增资协议并不成立。

（二）股东意思表示内容的确定

股东向公司投资的真实意思如何，是增资还是借款，对于股东或者公司而言，法律关系和法律后果都大相径庭，需要法官进行审慎判断。特别是在难以判断当事人最初意思表示性质的情形下，还需要借助法律上的推断，达成符合逻辑和事理的结论。本案中，A公司的股东唐某，先前曾在他案中向法院起诉，以存在借贷关系为由，要求A公司返还17万元借款及利息，但因证据不足而承担了败诉责任。在该判决生效后，除非有足以推翻的相反证据，唐某与A公司之间就该17万元就不应认定为借贷关系。从唐某的两次诉讼路径选择，并结合其庭审陈述和举证情况来看，唐某对于投入公司17万元的性质并不明确，或者说只有向公司投资的概括意思表示。而其他股东对于投入公司的资金性质也是各执己见，无法统一。鉴于公司融资主要通过股权融资和债权融资两种方式，在债权融资已被否定的情况下，唐某将其投入的17万元在本案中作为增资款主张其权利，与其说是其最初的意思表示内容，不如说是在既判力约束下的诉讼路径选择（或者说是一种增资意思的推定）。退一步而言，即便唐某最初向公司投资就是为了增资，但在王某投入的款项已被生效判决认定为借款的情况下，同样基于既判力因素，也不能认为三名股东达成了增资合意，增资协议亦无法成立。

二、部分股东间是否单独成立增资协议的判定

有限责任公司中，全体股东间的增资协议因投资意思表示不明确而不成立。那么，对于具有相同增资意思表示的部分股东，不论是基于茅某增资意思

---

① 陈华彬：《论意思表示错误及我国民法典对其的借镜》，载《法学杂志》2017年第9期。

的自认还是基于唐某增资意思的推定，他们之间是否可以认为成立事实上的增资协议呢？对于这一问题，结合《公司法》的原则和规则，主要基于以下三点进行判断：

（一）是否有利于保护股东新增资本优先认购权

股东对新增资本的优先认购权，其法律依据在《公司法》第 34 条，即公司新增资本时，股东有权优先按照实缴的出资比例认缴出资。但是，全体股东约定不按照出资比例优先认缴出资的除外。这一优先认购权的设置，是基于有限责任公司人合性的特征，旨在防止股东持股比例被不当稀释而损害其权益。对于侵害股东新增资本优先认购权的，《公司法》没有直接规定法律责任，司法实践中多认为涉及侵害权益部分的股东会决议无效。[①] 本案中，如前所述，茅某、王某、唐某三名股东间缺乏增加注册资本的合意。在王某的出资已经被生效判决认定为借款的情况下，茅某与唐某是否可以单独增加注册资本？我们认为，回答这一问题的前提，不在于茅某与唐某两人的股权比例是否达到《公司法》第 43 条所规定的“三分之二以上”，而在于王某对另外两名股东单独增资持何种态度和意见。只有在王某放弃新增资本优先认购权的情况下，茅某与唐某的增资才具有合法性，也才可能涉及下一阶段股东会“三分之二以上表决权”的问题。而庭审中，王某明确表示既不同意再行增资，也不同意其他股东单独增资，这就说明王某没有放弃新增资本优先认购权。考虑到公司章程或全体股东对股东新增资本优先认购权的例外也没有另作约定，茅某和唐某单独增资不具有合法性，不能认为成立事实上的单独增资协议。

（二）是否有利于优化公司治理

公司作为一种法律拟制的人格，自身无法表达意思和实施行为，必须依赖于内部的组织机构才能正常运作。而不同类型的公司，其组织机构的权力分配和实际效用是存在较大差别的。从学理上看，本案中 A 公司符合封闭公司的特性，如股东人数较少、管理上的合伙化、缺乏股份市场以及小股东难以退出等。[②] 封闭公司因其较强的人合性，在存在控股股东的情况下，股东之间往往会

---

① 参见最高人民法院审理的绵阳市红日实业有限公司等诉绵阳高新区科创实业有限公司股东会决议效力及公司增资纠纷案（〔2010〕民提字第 48 号），载《最高人民法院公报》2011 年第 3 期。类似的亦可参见浙江省高级人民法院审理的徐永华等诉东方建设集团有限公司股东会决议效力纠纷案（〔2007〕浙民二终字第 287 号）。

② 参见施天涛：《公司法论》（第四版），法律出版社 2018 年版，第 303～306 页。

因公司控制权和利益分配引发矛盾，不断产生纷争、欺压和僵局等问题，造成公司管理经营障碍甚至彻底瘫痪。本案诉讼之前，A公司的三名股东之间以及两名小股东唐某、王某和A公司之间，就已经产生诸多矛盾，并引发了行政举报、民事诉讼等案事件。这说明，A公司三名股东之间的信任基础是相当薄弱的。如果按照一审的裁判观点，可以预见的是，即便再次召开股东会，唐某和王某也不会同意现有的增资方案，而单凭茅某的股份又无法单独通过增资决议，公司治理就会出现僵局，使得公司无法形成有效决策和行为。因此，从公司治理的角度，也不应认为茅某和唐某可以达成事实上的单独增资协议。

（三）是否有利于平衡大小股东利益

在A公司这样的封闭公司中，大股东往往兼任公司的执行董事和经理，在管理公司和经营决策中，大股东的身份是双重且易于混淆的。因此，对大股东茅某而言，公司利益和其股东个人利益总是同向乃至同样的。而小股东唐某和王某一方面被排除在管理层之外，另一方面又被长期锁定在公司之中，在承担了责任的同时很难享受到对应的利益。因此，基于公平原则的考量，在增资事项上，小股东的义务范围不能超越大股东，即大股东不能要求小股东承担大股东都未实际承担的义务。本案中，虽然全体股东之间未就公司增资达成一致，但各股东的投资金额（不论性质如何）均已实际到位。即便假设唐某的17万元出资属于股权投资，其也已经完成了作为小股东的增资义务。而茅某作为大股东，在实际控制A公司经营管理的情况下，多数情况下未将自己投入的102万元列为资本公积（即股东投入的多于注册资本的股本），而只是列为其他应付款（即作为公司债务）。且其无法合理解释茅某和唐某的两笔增资，为何会在同一时期列入不同资产负债表栏目。如果认为茅某和唐某可以成立事实上的单独增资协议，实际就会演变为，大股东茅某可以长期无偿使用小股东唐某投入的资金，而唐某又缺乏任何《公司法》上的利益保障安排，这必将严重损害小股东的权益。因此，不能认为茅某和唐某成立事实上的单独增资协议具有合理性。

三、增资协议不成立时按照不当得利规则处理法律后果

在合同不成立的情况下，或存在适用《合同法》第42条规定的缔约过失责任的可能性。但具体到本案，全体股东间的增资协议系因股东投资意思表示不明确而不成立，故并不存在一方有违诚信原则、具有过错、损害对方信赖利益的情况，也就不具备适用缔约过失责任的条件。而部分股东间无法单独达成

增资协议，也是基于《公司法》的规定和公司治理要求等因素，并非因为股东过错所造成。所以，本案中，增资协议不成立并不会涉及追究缔约过失责任问题。

在不存在缔约过失责任的场合，增资协议不成立就是单纯的合同不成立的法律后果处理问题。民事行为不具备成立要件，实际上等同于当事人未实施任何行为，当然不涉及有效、无效和撤销等问题，因此法律对于不成立的后果，也没有明确具体的规定。[①] 在已经发生给付且不能认定为借款，而增资协议又不成立的情况下，则符合不当得利的构成要件，即没有法律根据（合同不成立）、取得不当利益（公司获得款项）、造成他人损失（给付款项的股东受损），应当按照《民法总则》第122条的规定来处理，没有法律根据的获利方应当将利益返还受损方。这里需要注意两个问题：(1) 关于责任主体。虽然适用不当得利条款的原因是股东间的增资协议不成立以致无法通过股东会决议，但在股东已经向公司投入资金的情况下，公司是实际获利方。因此，股东主张返还的对象不是其他股东而是公司，应由公司承担返还股东已投入资金的义务。(2) 关于利息损失。按照一般理解，获利方的主观状态是否善意，决定了不当得利返还范围的大小。本案中，A公司的增资目的之所以无法实现，关键在于三名股东就公司增资事项的性质理解不一且未能达成协议，并在实际履行过程中无法加以补救。股东间无法达成增资协议不可归咎于任何一方。在此情况下，应当认定A公司是善意的，返还范围应以现存利益，即唐某已投入公司的17万元为限，而不应包括利息。这样也更有利于实现公司与股东以及股东之间的利益平衡。

【附录】

编写人：郑天衣（研究室副主任）

一审案号：(2016) 沪0105民初24805号

二审案号：(2018) 沪01民终2769号

二审合议庭：郑天衣（审判长兼主审法官）、庞建新、陆文奕

---

① 参见梁慧星：《民法总论》(第三版)，法律出版社2007年版，第194页。

51. 股权代持法律关系中隐名股东资格认定

——D公司诉Y公司、施甲股东资格确认纠纷案

【案例要旨】

对隐名股东的资格认定，应当坚持在公司内部侧重于实质要件、在公司外部侧重于形式要件的判定原则。股权代持协议应兼具隐名股东成为实际股东及委托代持股权的两层意思表示，且不违反法律法规的强制性规定。隐名股东要求显名的，应满足隐名股东为实际出资人、显名主张不违反代持协议、显名主张经公司其余股东半数以上同意等要件。

【案情简介】

上诉人（原审原告）：D公司。

被上诉人（原审被告）：Y公司。

原审第三人：施甲。

施甲与D公司签订《股权代持投资协议》，约定设立Y公司，并对双方实际出资及股东权利分配事项达成如下约定：一、投资目标公司概况：(1) 拟设立公司是注册资本为666万元的内资企业。(2) 拟设立公司法定代表人由施甲担任。…… (3) 拟设立公司股东出资额及具体股权比例为：施甲，出资652.68万元，占注册资本98%；D公司，出资13.32万元，占注册资本2%。二、对于拟设立公司的投资：由施甲实际出资299.70万元，占注册资本的45%；D公司实际出资366.30万元，占注册资本的55%。其中，D公司的实际出资委托施甲代持股权，以施甲为名义股东。……

2014年12月29日，Y公司成立。Y公司的企业登记信息显示：Y公司注册资本为666万元，法定代表人及执行董事均为施乙。Y公司章程载明：公司股东为施乙（出资额13.32万元，出资比例：2%）和施甲（出资额652.68万元，出资比例：98%）。公司的法定代表人由执行董事担任。Y公司设立后，

D公司并未实际出资。

现D公司起诉请求：(1) 确认Y公司55%的股权归D公司所有；(2) Y公司和施甲协助D公司办理工商变更登记，将施甲名下55%的股权变更登记至D公司名下。

【裁判结论】

一审法院认为：仅凭公司名称及施甲的持股比例与上述协议一致，并不足以证明Y公司是施甲为履行D公司提供的《股权代持投资协议》而设立的公司。D公司无权主张施甲与案外人共同设立的公司之股权归D公司所有。故一审法院判决驳回D公司的全部诉讼请求。D公司不服一审判决，遂提起上诉。

二审法院认为：首先，《股权代持投资协议》中所约定的显名登记股东、组织机构、公司高管与Y公司设立后以及持续至今的情形完全不同，难以认定D公司与施甲之间的《股权代持投资协议》拟设立的公司即为本案中的Y公司。其次，隐名股东身份确认并显名的条件为，第一，隐名股东为实际出资人；第二，隐名股东与显名股东之间的代持协议不违反法律规定；第三，隐名股东的显名主张不违反代持协议；第四，隐名股东的显名主张经股东半数以上同意。在涉案《股权代持投资协议》拟设立的公司与Y公司存在诸多不同之处而难以认定拟设立公司即Y公司的情形下，缺乏隐名股东系实际出资人、该隐名股东的显名主张经公司其他股东半数以上同意等事实，D公司主张其为Y公司的隐名股东并要求显名的主张难以得到支持。因此，二审法院判决驳回上诉，维持原判。

【评析意见】

本案争议焦点在于股权代持法律关系中隐名股东的资格认定以及显名主张能否得到支持。《公司法》虽规定应将股东姓名或名称向公司登记机关予以注册登记，但并未明确规定只有进行注册登记才能取得股东身份及股权份额，即注册登记仅是证权程序而非设权程序。实践中，大量存在注册登记的股东与实际股东不一致的情形。针对隐名股东的资格认定及显名要求问题，司法实践多采用公司内部侧重于实质要件、公司外部侧重于形式要件的认定原则。本案的特殊性在于隐名股东与显名股东之间签订了设立公司并代持股权的协议，然代持协议中所涉隐名股东是否真实持有实际设立的公司股权，法院应从股权代持协议的效力及履行、隐名股东的权利行使及义务承担，以及公司及其余股东对隐名股东身份的认可度三个方面进行综合认定。

一、股权代持协议的效力及履行

股权代持情形下，股权形式上登记于显名股东名下，隐名股东与显名股东之间往往通过签订股权代持协议以明确双方的权利义务关系，保障隐名股东的享有实际的股东权利。

（一）股权代持协议的效力认定

《最高人民法院关于适用〈中华人民共和国公司法〉若干问题的规定（三）》（以下简称《公司法解释（三）》）第24条第1款规定，有限责任公司的实际出资人与名义出资人订立合同，约定由实际出资人出资并享有投资权益，以名义出资人为名义股东，实际出资人与名义股东对该合同效力发生争议的，如无《合同法》第52条规定的情形，人民法院应当认定该合同有效。司法实践中，依然根据《合同法》对有限责任公司中隐名股东与显名股东之间股权代持协议进行效力认定，主要审查股权代持的意思表示以及是否违反强制性规范两个层面。

首先，隐名股东与显名股东之间是否存在真实的股权代持协议的意思表示。该意思表示可细分为，隐名股东有意成为公司股东、享受股东权益的意思表示和委托显名股东代持股权的意思表示，两者缺一不可。隐名股东并不具有成为目标公司股东的意思表示，则其与其他主体之间构成一般的债权债务关系，并不是公司实质意义上的股东。若隐名股东并未委托显名股东持有股权，则双方之间并未构成委托代理关系而涉及侵权问题。其次，股权代持协议是否存在《合同法》第52条规定的合同无效情形。部分股权代持是为规避行业准入的限制性规定，如关于外商投资限制准入行业的规定、国家公职人员禁止投资或入股的规定等，部分是为提高公司经营的便利性，如避免成为一人公司、员工委托持股等。

本案中，D公司与施甲在股权代持协议中对拟设立目标公司的注册资本、法定代表人、股权比例分配等均进行了约定。其中明确约定，由施甲实际出资299.70万元，占注册资本的45%；D公司实际出资366.30万元，占注册资本的55%。D公司的实际出资委托施甲代持股权，以施甲为名义股东。D公司委托施甲代为行使的股权权限包括：由施甲以自己的名义将受托行使的代持股权作为在公司股东登记名册及公司章程上具名等。该协议条款中，对D公司的出资意思及委托代持意思均表示的十分清晰，协议内容也未违反《合同法》第52条的规定，故D公司与施甲的股权代持协议属合法有效。

（二）股权代持协议的履行

隐名股东的存在与商事外观主义的原则不符。隐名股东与显名股东的实际履行与股权代持协议的内容也可能存在偏差。法院在判定当前显名股东代为持股的客观状态是否与约定一致时应当秉持审慎原则，综合协议约定的目标公司、代持方式、代持比例等多种因素予以确定。

本案中，D公司与施甲约定新设立公司进而代持股权，D公司认为Y公司即为双方约定的目标公司。Y公司的名称及注册资本与双方协议约定一致，但实际情况与协议约定的目标公司存在一定差异。首先，双方约定拟设立的公司在登记机关登记的股东应当为D公司（出资比例2%）和施甲（出资比例98%），而Y公司在登记机关登记的股东却为施乙（出资比例2%）和施甲（出资比例98%）。其次，双方约定拟设立公司应当设立董事会，董事会成员应为施甲以及D公司指派的王某和吴某，财务负责人由王某担任。而Y公司却未设立董事会，仅由施乙担任执行董事，财务负责人也并非D公司指派的王某。仅凭公司名称、注册地址、施甲系股东之一及其工商登记持股比例与涉案协议相同，难以认定D公司与施甲之间的股权代持协议拟设立的目标公司即为本案中的Y公司。因此，依据股权代持协议，D公司并不能被认定为本案中Y公司的隐名股东。

二、隐名股东的权利行使及义务承担

股东权利义务与股东的身份密不可分。股东权利的行使与义务的承担是隐名投资关系认定的重要考量因素。例如，履行出资义务、列席股东会、获得公司分红、参与日常公司经营等。《公司法解释（三）》第24条第2款规定，前款规定的实际出资人与名义股东因投资权益的归属发生争议，实际出资人以其实际履行了出资义务为由向名义股东主张权利的，人民法院应予支持。因此，向公司出资也被法律认定为最为明显的股东身份表征。

隐名股东出资的认定应符合两个要件：（1）存在出资的意思表示，（2）实际出资。首先，隐名股东向公司支付款项应基于其作为股东履行出资义务，而非对公司的借贷或赠与。在隐名股东出资后，若将出资款进行了股转债，则该款项因为失去了出资意思而不应被认定为出资。其次，出资应为实际出资而非认缴出资或计划出资。《公司法解释（三）》规定当事人之间对股权归属发生争议，一方请求人民法院确认其享有股权的，应当证明以下事实之一：（1）已经依法向公司出资或者认缴出资，且不违反法律法规强制性规定。诚然，目前我国对于股东出资一般采取认缴制而非实缴制，但在《股权代持协议》存在于显名股东与隐名股东之间时，代持合意不能约束公司。隐名股东与公司的联系有赖于实缴出资的行为。因此，司法实践中倾向于以隐名股东履行实际出资义务来作为判定其股东身份的标准。隐名股东的实际出资额及比例与股权代持协议不符，或显名股东有违对隐名股东出资的审慎维护义务而造成隐名股东损失的，则依据实际出资认定隐名股东在公司中的持股比例，显名股东与隐名股东有关股权代持法律关系的争议应另行解决。①

本案中，D公司陈述其并未向Y公司实际出资，但D公司的关联公司曾向施甲出借款项用于Y公司的经营。该借款明显缺乏委托他人出资的意思表示，不能视为D公司对Y公司的出资，因此本案不符合实际出资的判断标准。D公司主张其作为股东曾派遣管理人员对Y公司进行日常管理，但在所有权与经营权相分离的现代企业制度下，D公司的经营行为与其具有Y公司的实际股东身份之间缺乏必然联系。D公司并未就该经营行为与股东身份之间的关联性进一步举证，Y公司也从未向D公司进行分红。D公司虽形式上对Y公司存在“出钱又出力”的表现，然难以认定其实际履行了股东义务，行使了股东权利，无法依据证明D公司为Y公司的股东。

三、公司及其余股东对隐名股东身份的认可度

有限责任公司是基于股东之间较强的人合性而设立，最终体现的是股东意志。《公司法解释（三）》第24条第3款规定，实际出资人未经公司其他股东半数以上同意，请求公司变更股东、签发出资证明书、记载于股东名册、记载于公司章程并办理公司登记机关登记的，人民法院不予支持。

该条法律规定明确了隐名股东的显名需要得到公司及股东的确认，此确认既包含了对隐名股东身份的认可，又包含了对隐名股东显名的同意。实践中，公司及其余股东对于隐名股东身份的认可方式较为多样，公司的确认既包括书面方式的确认，如在章程、股东会决议、出资证明书等的记载，也包括以行为

① 参见（2015）苏商终字第00419号民事判决书，载中国裁判文书网。

方式的确认，如接受出资，接受其行使股东权利，向其分配股息红利等。股东的确认既包括公司日常经营活动中的确认，如股东之间的往来函件、微信记录等，也包括诉讼过程中当庭确认。依据公司内部实质重于形式的原则，只要隐名股东能够证明其股东资格或显名主张得到了公司或其他股东的确认，且无相反证据足以推翻，就应当予以认定，并不要求以公司决议的方式就隐名股东资格确认及显名问题进行表决。

本案中，Y公司的章程、股东会决议及日常经营记录中并未对D公司的股东身份有所体现，Y公司对D公司的股东身份也明确予以否认。因此，Y公司及其股东对D公司的隐名股东身份不予认可，D公司虽可依据股权代持协议向施甲主张违约责任，但无权向Y公司主张确认其系Y公司股东的身份，D公司的显名要求也难以得到支持。

【附录】

编写人：胡玉凌、俞悦（分别系民四庭审判员、民四庭法官助理）

一审案号：（2016）沪0115民初27756号

二审案号：（2017）沪01民终13270号

二审合议庭：郑军欢（审判长）、胡玉凌（主审法官）、成阳

52. 股东会决议不成立情形中程序瑕疵程度的司法认定

——J公司诉B公司、诸某公司决议纠纷上诉案

【案例要旨】

公司决议不成立与可撤销同属决议程序上存在瑕疵而致使决议效力发生障碍，但决议不成立的程序瑕疵程度要严重于决议可撤销。当瑕疵程度严重到足以实质影响决议成立要件时，方可认定决议不成立。股东会召集通知程序存在瑕疵，但未达到足以认定决议不存在或未形成有效决议的，属于决议可撤销的范畴。

【案情简介】

上诉人（原审第三人）：J公司。

被上诉人（原审原告）：诸某。

被上诉人（原审被告）：B公司。

B公司系有限责任公司，有诸某、J公司等16名股东，其中J公司占股比例89.69%。J公司于2016年10月向B公司、诸某等股东寄送《关于召开B公司股东会临时会议的通知》（以下简称《会议通知》），会议议题为选举和更换B公司董事。寄给诸某的收寄地址为“闵行区吴中路1号3××室”，而诸某在B公司工商登记股东名录上预留的住所为“上海县吴中路500弄1号3××室”。诸某的邮件投递结果为“他人收”。

J公司制作的《B公司股东会决议》显示，会议实际到会股东只有J公司，会上作出了更换三位董事的决定。J公司将该决议寄给诸某的户籍地址和“闵行区吴中路1号3××室”，寄往吴中路1号的投递结果为“退回”，退回原因为“收件人拒收”。此外，J公司向公证处申请对文件寄送行为做证据保全公证，并申请公证处派员对临时股东会进行现场监督公证。

诸某主张J公司在知晓其联系地址的前提下，仍向其早已过期的身份证地址寄送会议通知，该地址不能产生视为送达的法律效果，侵害了诸某作为股东的权利，故提起本案诉讼请求确认系争股东会决议不成立。

【裁判结论】

一审法院认为：J公司在向诸某发送会议通知前未尽善良管理人的注意义务，未对诸某有效地址进行尽职调查，不能证明J公司向诸某寄送会议通知的地址为有效地址。J公司剥夺了诸某作为股东行使正当表决权的基本权利，案涉决议不能代表公司的真实意思表示，属于股东会会议未实际召开。遂判决认定案涉股东会决议不成立，J公司不服一审判决，提起上诉。

二审法院认为：根据《最高人民法院关于适用〈中华人民共和国公司法〉若干问题的规定（四）》（以下简称《公司法解释（四）》）第5条规定可知，只有当股东会决议欠缺成立要件时，才构成决议不成立。J公司就《会议通知》的寄送行为办理了证据保全公证，并请公证机关对会议现场进行监督。从形式要件看，涉案股东会已经召开，且经表决形成了书面的股东会决议。尽管J公司向诸某发送《会议通知》的行为存在瑕疵，但尚未达到决议不成立的标准，该瑕疵通知行为仅属于决议可撤销的范畴。据此，二审法院改判撤销一审判决，驳回诸某的诉讼请求。

【评析意见】

本案的争议焦点在于B公司形成的系争股东会决议是否成立。这涉及如何认定股东会决议不成立的各类情形，以及如何区分股东会决议不成立与决议可撤销两种决议效力。

一、股东会决议不成立情形中的程序瑕疵分析——《公司法解释（四）》第5条的理解与适用

股东会决议不成立指的是决议有重大瑕疵，且该重大瑕疵无法被治愈，以至于欠缺了决议成立的构成要件，体现在会议的召集、举行、表决以及表决结果通过比例等方面。《公司法解释（四）》第5条将决议不成立单独予以规定并明确了五项情形。前两项为根本未开会、未表决，理论上称为决议不存在的情形；第（3）至第（4）项包括虽然开会，但出席会议的人数或股东所持表决权不符合《公司法》或公司章程的规定，或者会议的表决结果未达到法律或公司

章程规定的通过比例，理论上称为未形成有效决议；第（5）项规定了决议不成立的其他情形作为兜底条款。

本案中，诸某的诉请理由在于J公司没有履行通知义务，进而使得股东会缺失部分意志，导致决议不成立。我们可以就司法解释规定的五项决议不成立情形进行逐一分析和判断。第一，J公司作为持有89.69%表决权的大股东，符合召集临时股东会的主体资格，尽管通知行为存在形式瑕疵，但从客观事实上看，会议召开和寄送通知均予以了公证，确实召开了股东会；第二，我国《公司法》及其他相关法律法规并未对股东会的股东最低出席人数进行规定，实践中主要通过公司章程加以规定。在公司章程对最低出席人数有规定而实际出席人数未达该规定的情况下，应当视为未召开股东会。B公司的章程并未规定股东会最低出席人数，且系争公司决议中按照实际情况写明了出席股东仅1人，符合法律程序无程序瑕疵；第三，案涉股东会对会议议题进行了表决，虽然仅J公司出席，但J公司享有的表决权比例远超过《公司法》对于各类决议的三分之二或过半数的表决比例规定，B公司的公司章程亦未对更换董事的表决作出更加高规格的表决比例要求。故本案中J公司的瑕疵行为并不符合《公司法解释（四）》第5条规定的前四项情形。

对于《公司法解释（四）》第5条中的兜底条款，可以结合《民法总则》第134条[①]进行分析。通过该条规定可以得出公司决议成立的要件有三：（1）议事方式符合法律或章程规定；（2）表决程序符合法律或章程规定；（3）公司章程不违反法律、行政法规规定。结合前述相关规定，我们认为公司股东会决议首先须为股东会作出，其次须以发生一定法律效果为目的而作出，最后需形成意思表示方能成立。如果出现会议参加人员并非股东，或者会议召集程序的瑕疵严重到足以影响他人对股东会性质评价的，或者足以认定未能形成意思表示或者不具备意思表示等情形，则应被认定为决议不成立。

如前所述，诸某主张决议不成立的主要理由在于J公司在召集程序中存在通知瑕疵行为，剥夺了诸某参与股东会并发表意见、进行表决的股东基本权利。对于J公司未能审慎地确认到诸某的最新有效地址，并未达到确认股东会决议不成立的程度。此外，B公司的其余股东未参会也并非J公司的通知行为

① 《民法总则》第134条：民事法律行为可以基于双方或者多方的意思表示一致成立，也可以基于单方的意思表示成立。法人、非法人组织依照法律或者章程规定的议事方式和表决程序作出决议的，该决议行为成立。

导致，故通知行为瑕疵不足以导致股东会未能有效召开。本案中，除了通知行为瑕疵外，诸某并未提及决议存在其他不符合法定或章程规定的情形，故可认定系争股东会决议真实反映了股东意愿，涉案股东会决议符合《公司法》《民法总则》及公司章程对于股东会决议有效成立的要求。

二、股东会决议不成立与可撤销之间的界限

公司决议作为一种法律行为，其成立与生效是两个不同的概念，且必须予以区分。股东会决议不成立的原因是决议欠缺成立要件，属于程序上的瑕疵。由于公司决议可撤销的原因在很大程度上也包含程序上的瑕疵，因此，可撤销原因与不成立原因所涉及的程序瑕疵如何区分，成为司法实践中的难点问题。这从诸某先后两次分别就同一事实分别提起撤销决议之诉和确认决议不成立之诉也可以看出。

决议不成立与可撤销的根本区别在于制度价值不同。第一，从瑕疵程度上看，可撤销决议的程序瑕疵严重程度弱于不成立的决议，决议不成立的程序瑕疵更为严重，以至于未达到基本的成立要件。第二，从瑕疵原因分析，决议可撤销除了程序瑕疵外，还包括决议内容违反公司章程，其范围大于程序瑕疵，而决议不成立的唯一原因仅限于程序性瑕疵。有观点认为，股东会决议成立的瑕疵是指存在于股东会决议成立之前，即在股东会召集、主持、通知和股东会决议形成之时存在的瑕疵。我们认为并非所有在召集、主持、通知和股东大会决议形成中存在的瑕疵，均会导致决议不成立，只有达到足以认定决议不成立或未能形成有效决议的严重程度，才构成决议不成立。[①] 因此，决议可撤销与不成立的核心区别在于瑕疵的严重程度——直接导致股东会决议构成要件缺失的为决议不成立，但轻微影响股东意思表示真实与自由的，应归为决议可撤销。

本案中，J公司通知了所有股东，仅是未有效确认诸某的最新地址，导致16名股东中的1名股东的通知行为存在瑕疵，一审法院据此认定该瑕疵达到股东会缺乏股东意志的程度并认定股东会会议并未实际召开，存在不当。J公司的瑕疵通知行为仅属于决议可撤销的范畴，其程序瑕疵程度并未上升到决议不成立的认定标准。

---

① 杜万华主编：《最高人民法院公司法解释（四）理解与适用》，人民法院出版社2017年版，第138～139页。

股东会召集程序包括通知、登记、提案和议程的确定等事项。其中，通知行为瑕疵主要包括通知方式不符合公司章程要求的特定形式，或召集、通知的时间不符合《公司法》第41条规定的期间，又或者是通知事项不齐全，如未载明会议时间、场所和议题等。回归到本案，J公司将临时股东会决议的召集事由以及会议的所有内容已向各位股东传达，仅在诸某的通知程序上，出现了送达地址不当的轻微瑕疵。该瑕疵行为被认定属于决议可撤销的事由符合法律规定且能够依法合理保护股东意志。

三、公司决议瑕疵救济的处理

《公司法解释（四）》出台后，对于公司决议的瑕疵类型重新进行了区分，将"决议不成立"的类型单独予以规定。司法实践中，对于决议不成立与决议可撤销的裁量，出现了适法不统一的情形。多数情形并不妨碍股东公平参与多数意思的形成与必要信息的获取，这种轻微瑕疵不会对决议产生实质影响，进而不应当认定决议不成立。程序瑕疵情形的判断需根据个案的具体情形判断瑕疵的轻微或严重程度。在股东会未曾召开的情况下形成的决议必定是属于决议不成立，而在未参加股东会的情况下，并非当然可以证明股东会未曾召开进而认定公司决议不成立。所以，在未参加股东会的情况下，如何作出事实认定才是审理此类案件的关键所在。《公司法》明确规定公司召开股东会应当通知股东。在未通知股东参会的情况下，召开临时股东会并作出股东会决议，该行为与诸如提前通知不足法定期间、表决方式未按章程约定等股东会召集、表决过程中的一般程序瑕疵明显不同，其后果并非影响股东表决权的行使，而是从根本上剥夺了股东行使表决权的机会和可能，同时也使受侵害股东因不知晓股东会决议的存在而无法及时主张权利救济。但本案中的J公司按照法定程序对其余15名股东进行了通知，在诸某的通知文件寄送地址上出现瑕疵，并不足以认定为决议不成立的情形。

【附录】

编写人：闫伟伟、魏佳敏（分别系民四庭法官助理、实习生）

一审案号：（2017）沪0112民初35839号

二审案号：（2018）沪01民终8425号

二审合议庭：郑军欢（审判长）、胡玉凌（主审法官）、庞建新

53. 公司解散的司法认定标准

——L公司与虎某等公司解散纠纷案

【案例要旨】

公司解散的司法认定应当将公司经营严重困难、股东利益受到重大损失和穷尽其他途径无法解决作为实质性标准。公司经营严重困难包含管理困难和经营困难两个方面；股东利益损失则不以经济利益实际受损为限，还应包括期待利益的落空；穷尽其他途径要件的认定应充分考量证明的可能性、商事效率原则等。

【案情简介】

上诉人（原审原告）：虎某、张某。

被上诉人（原审被告）：L公司。

原审第三人：王某。

L公司于2014年成立，三名股东虎某、张某、王某分别认缴出资600万元、300万元、100万元。其中，王某任法定代表人兼董事，具体负责公司经营。公司成立后一直经营不善，虎某、张某同王某之间发生矛盾，王某利用其掌握公司证照、公章之便，通过伪造股东会决议变更公司注册地址。与此同时，王某自2015年开始失联，虎某、张某均无法联系到王某。

L公司因"通过登记的住所或经营场所无法联系"于2017年6月2日被列入经营异常名录。L公司的2015年度报告显示的企业经营状况为歇业，2016年度报告显示的企业经营状况为停业。

2016年12月6日，虎某向王某户籍地及L公司注册地邮寄召开股东会通知，审议关于公司解散的有关事宜，但信件均被退回。2016年12月30日，L公司召开临时股东会，虎某、张某作出解散L公司的股东会决议，王某未到会。此后，工商部门以需全体股东到场签字为由拒绝办理L公司解散事宜，虎某、张某遂起诉至一审法院请求解散L公司。

【裁判结论】

一审法院认为：首先，虎某、张某主张L公司经营发生严重困难，继续存续会使其二人利益受到重大损失，但二人并未提交证据证明；其次，虎某、张某的出资比例分别是60%和30%，按照法律及L公司章程规定，其二人有权召集股东会，可以采取收购股份、减资等方式来缓解或避免公司经营管理困难，但其二人并未提交任何证据证明曾就解决公司经营困难作出任何努力，而是在未有效通知王某的情况下直接作出解散公司的股东会决议。一审法院认为虎某、张某所主张的L公司应予解散的理由缺乏事实和法律依据，故对其诉讼请求不予支持。虎某、张某不服一审裁判理由，认为一审认定公司不存在经营困难存在不当。

二审法院认为：在一审法院审理过程中，法院亦通过向王某的户籍所在地和L公司的注册地对王某进行送达，但邮件均被退回，后通过在人民法院报刊登公告的形式向其送达，但王某亦未到庭参加诉讼，由此，二审法院确认，对于王某的送达方式已穷尽。王某未到庭就L公司的解散事宜发表意见，应视为其放弃表决，故虎某、张某的表决权超过全体股东三分之二以上，已符合L公司章程规定的解散公司的表决权比例，故L公司应予解散。虎某、张某亦明确表示两人并未实际参与公司的经营管理，而国家企业信用信息公示系统显示L公司实际已处于停业状态，由此亦可认定L公司实际的经营亦已发生严重的困难。综上，二审法院认为，在现有工商变更登记体制下，公司股东送达存在困难，虎某、张某亦很难通过其他方式解决公司管理困境，故对两人通过诉讼解散公司的诉请予以支持。据此，二审法院依法改判撤销一审判决，改判解散L公司。

【评析意见】

本案争议焦点在于本案情形是否符合法定的公司解散情形。2005年《公司法》修订时通过第183条[①]规定了公司僵局的司法救济制度即公司司法解散

① 2013年《公司法》修正后该条款变为第182条，但条款内容并未改变。《公司法》第182条：公司经营管理发生严重困难，继续存续会使股东利益受到重大损失，通过其他途径不能解决的，持有公司全部股东表决权百分之十以上的股东，可以请求人民法院解散公司。

制度，该条款明确了公司司法解散的三个要件：公司经营管理发生严重困难；继续存续会使股东利益受到重大损失；通过其他途径不能解决。2008 年颁布的《最高人民法院关于适用〈中华人民共和国公司法〉若干问题的规定（二）》（以下简称《公司法解释（二）》）虽然进一步列举了公司司法解散的三种具体情形，[①] 但具体认定标准依然未能明确，审判实践中亦缺乏统一标准。

一、经营管理发生严重困难认定上的两个维度

经营管理困难区分为外部经营困难与内部管理困难两个维度。经营困难主要是指公司与外界的交易发生严重困难，出现公司生产经营状况恶化、严重亏损等情况 其原因包括经营者管理不善、外部市场环境恶化等，是一种商业经营上的困难；管理困难则主要是指因公司的股东会、董事会或者监事会等公司管理机构发生严重问题 导致公司内部权力运行机制失灵，经营决策无法形成亦即通常所说的公司僵局。[②]

在经营管理发生严重困难这一标准的认定上，因对两个维度关系的认识不同，实践中亦存在两种不同的观点。一种观点认为，经营管理困难主要落脚于管理上，管理与经营相互连接，经营困难往往是管理困难所导致，因此认定管理困难就可以认定为经营困难；另一种观点则采取并存说，亦即在认定是否构成经营管理困难时不仅需要公司内部运行机制失灵，还要求达到公司商业经营困难的程度，两要素皆存在时才达到公司经营管理发生严重困难的标准。[③]

公司解散直接导致公司主体人格的消灭，对股东利益、债权人利益和社会责任均产生直接影响，是一种严厉的法律救济措施，因此只有非解散不能衡平利益的情况下方能判决准予公司解散。[④]《公司法》第 182 条中关于公司经营

---

① 《公司法解释（二）》第 1 条："单独或者合计持有公司全部股东表决权百分之十以上的股东，以下列事由之一提起解散公司诉讼，并符合公司法第一百八十二条规定的，人民法院应予受理：（一）公司持续两年以上无法召开股东会或者股东大会，公司经营管理发生严重困难的；（二）股东表决时无法达到法定或者公司章程规定的比例，持续两年以上不能作出有效的股东会或者股东大会决议，公司经营管理发生严重困难的；（三）公司董事长期冲突，且无法通过股东会或者股东大会解决，公司经营管理发生严重困难的；（四）经营管理发生其他严重困难，公司继续存续会使股东利益受到重大损失的情形。股东以知情权、利润分配请求权等权益受到损害，或者公司亏损、财产不足以偿还全部债务，以及公司被吊销企业法人营业执照未进行清算等为由，提起解散公司诉讼的，人民法院不予受理。"

② 尚海明、彭雨：《公司司法解散制度立法的完善》，载《商业研究》2014 年第 9 期。

③ 彭小娜、袁辉根：《公司司法解散之认定标准分析》，载《法律适用》2010 年第 3 期。

④ 单胜利、王连国：《股东会僵局构成公司解散要件的分析与认定》，载《人民司法》2012 年第 2 期。

管理必须达到“严重困难”的规定，实际上正是公司解散请求权适用的限制，避免部分股东出于个人利益而滥用公司解散制度。股东的解散请求权必须受到限制，暂时的经营管理困难不足以支持股东解散公司请求权的正当性，因此需要两个维度并存以达到利益衡量的妥当性。与此同时，并存说观点在审判实践中亦得到了最高人民法院的判例支持，例如最高人民法院在马菁与王爱芬、山西鑫四海纯净水有限公司公司解散纠纷案中，[①] 因山西鑫四海公司仍在正常运营而驳回了要求公司解散的诉请，即是并存说主张的运用。

就本案而言，L公司由于法定代表人兼董事王某失联，虎某及张某无法对王某进行有效通知，因此L公司实际上无法形成有效的股东会决议，虎某、张某同小股东王某之间存在矛盾，且亦不同意继续经营，也表明L公司决策机构内股东间相互信赖的人合性基础已丧失，这是L公司管理困难的表现。与此同时，由于虎某、张某没有公司证照及公章，L公司实际上也无法进行任何经营活动，公司的年度审计报告也显示其自2015年即处于停业状态，公司长期经营异常，这正是L公司经营困难的表现。

二、股东利益受到重大损失的认定

股东投资公司，其根本目的在于通过公司来实现资本的增值并获取利润，公司和股权本质上是股东追求利益最大化的工具。股东提起解散公司的诉讼，其根本原因或诉的目的在于保护或者减少自身利益的损失。因此，股东利益受到重大损失自然应是公司解散的实质要件之一。我国《公司法解释（二）》虽然列举了公司股东会和董事会僵局的公司解散情形，但对于股东利益受到重大损失的认定则并没有具体规定。本案中股东利益受到重大损失的认定应注意如下几点：

（一）股东利益不仅限于实际利益，还应包括期待利益

在讨论公司解散正当性问题时，必然会涉及股东期待利益落空理论。[②] 公司是股东及利益相关者之间的一种长期性合约安排，股东既然可以基于获取股利等一定的目的成立公司，如果情势发生重大变更，导致股权难以行使、期待利益落空，股东当然有权解除关系性契约而请求退出公司。此种观点解释了公

① 参见最高人民法院（2014）民申字第1023号民事裁定书。

② 丁婷：《公司僵局司法救济的正当性与局限性——兼论我国公司僵局司法救济制度的重构》，载《河南财经政法大学学报》2012年第6期。

司解散的正当性，实际上也说明了股东诉请公司解散的利益受损要件。此处的期待利益实际上就是股东投资公司所要追求的投资目的，或者是预期获得收益的目的，也只有公司僵局足以影响到此种期待利益的实现时，才能够满足《公司法》所规定的“重大损失”的程度。

本案中L公司三名股东共同投资的目的即在于通过公司经营获得相应投资收益，但目前在其法定代表人失联、公司证照失落、股东会决议难以形成的情况下，公司经营已经难以继续。这直接影响到股东投资目的的实现，符合继续存续会使股东利益受到重大损失的要件。

（二）股东利益遭受损失不以公司是否盈利为必要

审判实践中，简单地认为“但凡公司赢利、股东利益即不受损害”的观点并不受支持，[①] 股东利益是否遭受损失不应以公司的盈利状况作为必要条件。《公司法》中所要救济的公司僵局其实是公司治理的僵局，而并非公司纯粹商业意义上的经营困难。虽然公司经营困难也是认定公司经营管理发生严重困难的重要参考因素，但其实质还是在于公司内部决策运行机制的失灵。公司是否盈利并不能够直接反映出公司内部机制的运行状况，即便短期内公司仍在盈利，如果内部已经构成僵局导致公司决策机构瘫痪，也终将对公司的经营能力产生影响。

本案中L公司已经处于经营异常状态，而且失联的王某掌握着公司证照和公章，因此仍然有给虎某、张某两股东造成严重经济损失的可能。

三、穷尽其他途径的审查与认定

诚如前文所述，公司司法解散是一种严厉的司法救济措施，不应轻易赋予股东通过司法程序强制解散公司的权利，[②] 只有通过其他途径不能解决的方可要求解散公司。实践中有如下审查要点需格外注意：

（一）穷尽其他途径并非公司解散的前置程序

《公司法》第182条规定的通过其他途径不能解决，该条件设立的目的系防止中小股东滥用公司司法解散制度，鼓励当事人通过其他非诉讼途径解决僵局。但将其理解为公司解散的前置程序则存在不当。该条设置的目的实为一种

---

① 李建伟：《司法解散公司事由的实证研究》，载《法学研究》2017年第4期。

② 参见最高人民法院民二庭负责人就《关于适用〈中华人共和国公司法〉若干问题的规定(二)》答记者问。

导向性的指引，首先寄希望于公司能够通过公司自治等方式解决股东、董事之间的僵局，从而改变公司瘫痪的状态，在性质上应当是一种引导当事人之间进行合意性解决僵局的尝试。因此将用尽其他途径认定为前置程序，若未予履行则不能予以受理或者不支持解散公司的请求，此种理解违背了其本意与性质。①

（二）法院对穷尽其他途径应仅限于形式审查

关于其他途径的范围，依照全国人大常委会法工委所编的释义图书来看，是指自力救济、行政管理、仲裁等司法外手段，② 而学者普遍认可的自力救济手段包括尝试股权转让、寻求减资退股、主张异议股东股份收买请求权等。③然而诸多方法不可能要求公司解散请求人全部尝试，实践中缺乏操作性，要求证明其他途径已经用尽亦对请求人过分苛责，违背商事纠纷解决快捷高效、注重效率的原则。实际上法院对于穷尽其他途径的审查只是一种形式审查，并非是要求对于公司僵局的处理必须以穷尽其他救济途径为前提，只要请求人诉前已通过其他方式试图化解矛盾，诉讼中法院亦释明组织了调解，即应视为当事人已经穷尽了其他救济途径。④

（三）其他途径的认定应充分尊重商事主体的意思自治

其他途径的适用及认定应当是充满弹性的，法院通过释明引导当事人尝试其他解决僵局途径，并且坚持利益平衡、成本可控和具有可替代性的原则，考量其他途径的合理性与可操作性。在此过程中亦应坚持尊重公司意思自治，对于公司在章程中提前对公司僵局作出预先安排或以其他方式约定公司僵局解决规则、方案的，法院应予承认和优先使用。⑤

本案中，对于其他途径的适用我们一方面不能要求虎某、张某证明穷尽其他途径，另一方面也不能不考虑L公司无法作出公司解散股东会决议的现实，提出进行收购股份、减资等不切实际的替代方式。二审法院考虑到了现行工商变更登记制度下公司解散登记必须全部股东到场签字，L公司根本难

---

① 宋晓明、张勇健、刘敏：《〈关于适用公司法若干问题的规定（二）〉的理解与适用》，载《人民司法·应用》2008年第11期。

② 安建主编：《公司法释义（2005年版）》，法律出版社2005年版，第257页。

③ 段威：《有限责任公司司法解散适用问题研究》，载《河南社会科学》2012年第10期。

④ 耿利航：《公司解散纠纷的司法实践和裁判规则改进》，载《中国法学》2016年第6期。

⑤ 丁婷：《公司僵局司法救济的正当性与局限性——兼论我国公司僵局司法救济制度的重构》，载《河南财经政法大学学报》2011年第6期。

以完成这一要求的现实情况，遂认定其他途径已经穷尽，并最终改判准许公司解散。

【附录】

编写人：陆文芳、程勇跃（分别系民四庭审判长、民四庭法官助理）

一审案号：（2017）沪0104民初2179号

二审案号：（2017）沪01民终13514号

二审合议庭：陆文芳（审判长兼主审法官）、何玲、卢颖

（三）金融纠纷

54. 银行卡盗刷纠纷案件的举证责任分配

——杨某诉A银行储蓄存款合同纠纷案

【案例要旨】

当持卡人与银行之间就某项资金交易行为是否系伪卡交易（非授权交易）发生争议时，银行应对交易发生时间、地点、方式等客观事实承担举证义务，以证明其债务履行的正当性，否则应承担相应不利的法律后果。

【案情简介】

上诉人（原审被告）A银行。

被上诉人（原审原告）杨某。

杨某系A银行储户，持有带芯片借记卡一张。2015年11月29日下午15时52分，杨某收到A银行短信，显示涉案借记卡发生两笔分别为19900元及2100元的转账交易，转入案外人王某外地B银行账户，银行卡账户余额减少22000元，并产生手续费20元。当日16时09分，杨某持涉案借记卡至A银行营业网点拉取银行卡交易明细。当日17时12分，杨某就其所持借记卡被盗刷向派出所报案。2015年11月30日，杨某至A银行营业网点对被盗刷的借记卡进行了销户。因上述损失，杨某诉至法院，请求判令A银行赔偿其22020元及相应利息。

【裁判结论】

一审法院认为，杨某与A银行形成储蓄存款合同法律关系，该合同关系合法有效，应当受到法律的保护。首先，杨某发现异常后立即至A银行查询交易明细并报警的一系列行为，表明当不法侵害发生后，其作为储户已尽到了基本的注意义务，且涉案借记卡仍由其本人掌握。结合转入卡基本情况等因素，认定该案交易系非杨某本人操作的伪卡交易。其次，A银行作为借记卡的发卡行及相关技术、操作平台的提供者，在其与储户的关系中明显占据优势地位，其应承担伪卡的识别义务。A银行在没有证据证明杨某存在违约或违法犯罪情形的前提下，理应先行向储户承担因银行安全系统漏洞及技术风险所形成的储户资金损失，对A银行主张杨某未尽妥善保管密码义务的抗辩不予采纳。综上，A银行理应向杨某赔偿经济损失22020元，并赔偿以活期存款利率计算的利息。A银行认为，一审未能明确ATM的具体所在地，进而无法确认存在伪卡的事实，故提起上诉。

二审期间，法院依职权向银联卡反欺诈服务中心就系争转账交易转出交易介质以及转出交易介质所属区域位置进行调查。银联卡反欺诈服务中心反馈表示，涉案两笔交易介质系自动柜员机（含ATM和CDM），但无法明确相关自动柜员机的具体位置。二审法院认为，A银行作为专业金融机构和发卡行且对相关交易收取手续费，应能查明涉案交易的性质和涉案自动柜员机的位置，但其并未提出证据证明交易发生的客观情况，故不能排除涉案交易系伪卡交易，且银行亦未提供证据证明银行卡信息的泄露是杨某所为。因此，持卡人杨某证明发生伪卡交易的事实已达到高度盖然性标准，而A银行有义务通过技术手段保护客户存款的安全，对于伪卡交易导致被上诉人钱款损失，应当承担赔偿责任。故驳回上诉，维持原判。

【评析意见】

一、持卡人与发卡行之间的法律关系

货币作为一般等价物，在民法上属特殊种类物，适用“占有即所有”原则，这是由货币流通性功能所决定的。将货币借予他人或委托他人保管，借用人或保管人即取得货币所有权。因此，当持卡人将货币存入银行时，即不再对存入银行的货币本身享有所有权。即使持卡人名义上持有账户内的资金，但因银行账户本身仅属于记账手段，所有资金由银行统筹使用和管理，各账户资金并未特定化，持卡人对账户资金亦不享用所有权。换言之，持卡人通过让渡货币所有权，获得依合同约定请求发卡行向其支付本金及利息的债权，银行则获

得货币所有权而可对该笔资金享有使用、收益等权利。

从法律性质来看，持卡人所持有的银行卡，实质上是一种债权凭证。从债权内容来看，持卡人有权请求发卡行在存款余额或透支额度内提供提取现金、消费信贷、转账结算等服务。因此，持卡人与发卡行之间的法律关系是包括储蓄存款合同关系、消费信贷合同关系、委托代理结算关系等多重法律关系在内的综合性金融服务合同关系。

本案中，虽然持卡人将银行诉至法院的诉讼请求表述为“赔偿损失”，但其请求权并非是以其账户资金所有权丧失而要求银行承担侵权责任。因为持卡人账户资金的所有权属于银行而非持卡人，第三人冒名持卡人实施盗刷行为，侵害的是银行的货币所有权，构成的是对发卡行的侵权行为。申言之，“当事人请求支付存款与银行存款被骗是两个独立的法律事实。利用银行卡片骗取银行存款的犯罪行为是针对银行的犯罪行为，而不是针对存款人的犯罪行为。因银行支付的对象不是真正的存款人，故银行支付存款的行为属于民法上的不适当履行行为。”[①] 因此，对于本案借记卡的盗刷而言，持卡人诉请应为确认其与发卡行之间被盗刷部分的债权债务关系仍然存在，即银行向第三人支付存款的行为对其不产生法律效力，要求银行在原账户余额的基础上继续履行合同。

二、持卡人的请求权基础分析

如前所述，持卡人依据其与银行之间有效的合同法律关系，通过让渡货币所有权，获得依合同约定请求发卡行向其按初始账户余额支付本金及利息的请求权。本案之重点在于考察该请求权是否因银行的给付行为而消灭。

依据债法的一般原理，给付必须要向正确的债权人履行。向除债权人（持卡人）以外的第三人给付，不产生履行效果，只可依据不当得利向该第三人请求返还所为的给付。例外情形是，如果该第三人在权利外观上具有受领权表象，且债务人（银行）无从识别其受领权限的，则债务人（银行）对该第三人的给付应视为向债权人（持卡人）履行，同样产生债务清偿效果。因此，若银行抗辩称其履行行为导致相应债权债务关系已消灭的，应举证证明系争交易是向持卡人本人或经授权之人履行。

① 吴兆祥：《最高人民法院关于银行卡储蓄密码被泄露导致存款被他人骗取引起的储蓄合同纠纷应否作为民事案件受理问题的批复的理解与适用》，载最高人民法院民事审判第一庭编：《民事审判指导与参考》2006年第2集（总第26集），法律出版社2006年版，第24页。

实践中可注意到的是，由于银行卡的便捷性，持卡人并不需要亲自到柜台完成交易，而可以通过各地的自动柜员机进行操作。持卡人将银行卡和密码交付给他人，委托他人代为取现或消费亦属常见。因此在非柜台交易中，银行只能凭借真实有效的银行卡与正确的密码来验证持卡人身份。换言之，只要银行卡与密码两者经验证正确且均来自于持卡人，则构成了上述受领权的权利外观。审判实践中，通过报警记录、异地交易等情况一般不难认定交易非持卡人本人操作，争议主要集中于前述例外情形上，即关键在于通过卡片与密码两者的验证，判断系争交易的是否符合受领权的权利外观。

首先，银行卡信息依赖于物理介质，其真伪的认定较为容易。诉讼中持卡人通常会提供用卡记录、报警记录或挂失记录等证据证明系争交易发生时持卡人本人及真卡均不在交易现场。如前所述，若银行确实对伪卡进行清偿，即可证明系争交易非持卡人授权所为，持卡人对银行的合同履行请求权仍然存在。

与卡片不同的是，密码具有虚拟性和唯一性，即交易完成必须以密码正确为前提。在这一前提下，密码是否来自持卡人则较难认定。审判实践中，银行往往以合同中有“密码相符即视为本人交易”的约定为抗辩。但细究之，仅满足该约定是否足以认定银行履行行为具有正当性，存在较大争议。(1) 该约定以密码本身具有私密性，也即密码只有持卡人本人知晓为前提。在某些情形下，特别是持卡人已尽合理保管义务而银行方面泄露密码的，如他人通过在ATM机以及其他交易场所、设备上安装窃取信息的装置或设置摄像头等偷窥密码的，以及通过银行网络系统的漏洞截取密码的，则尽管系争交易中密码验证正确，但密码已不具有私密性，该约定适用的前提并不满足。(2) 从该约定的性质来看，在无直接证据确定取款人身份的情况下，该约定的性质应理解为一种准法律推定，即以密码具有私密性且银行经验证密码正确为前提，推定系争交易由持卡人或其授权所为。所谓推定，是指从已知的基础事实推断未知的假设事实存在。该情况下持卡人所主张交易非其本人，也是一种事实推定，即以异地交易记录、自己向公安机关报案等一系列事实，推定系争交易并非其本人授权所为。无论是法律推定还是事实推定，都是可以反驳的。故单凭密码正确这一点，并不足以认定构成权利外观。再退一步来看，密码验证仅是持卡人身份验证中的一环，银行还应验证银行卡的真伪，并提供完整的交易记录等以证明身份验证环节确已正常通过，而只要其中一环存在异常，则可认定银行的给付行为对持卡人不发生法律效力。

三、举证责任的分配

实践中，涉银行卡盗刷的刑事案件往往难以侦破，当案件事实处于真伪不明的状态时，举证责任的分配对当事人的利益影响重大，如果负有举证责任的一方不能提出证据，将承担举证不能的后果。但是，由于法律尚无明确规定，审判实践中就该类案件举证责任的分配存在较大分歧，就前述关于银行卡及密码的验证来看，主要集中在两类案件事实上：（1）真伪卡之争；（2）持卡人是否尽到妥善保管密码的义务。从上述事实的性质上看，前者在于认定第三人是否具有受领权，后者则在于认定银行请求持卡人承担违约责任是否成立。下文先对前者的举证责任分配作一分析。

（一）依请求权的性质

首先，关于第三人是否具有受领权的认定，实际上关系到银行是否已正当履行其债务的认定。根据《最高人民法院关于民事诉讼证据的若干规定》第5条第2款中的规定，“对合同是否履行发生争议的，由负有履行义务的当事人承担举证责任。”因此，作为债务人的银行应承担系争交易系真卡交易的举证责任。本案中，从双方举证来看。持卡人在发现异常交易后，于当日即至银行营业网点查询交易明细，并及时向公安机关报警，且真卡仍由持卡人掌握，证明发生伪卡交易的事实已达到高度盖然性标准。A银行作为专业金融机构且对相关交易收取手续费，应承担查明涉案交易的性质和涉案交易发生的具体时间、地点和方式的义务，以证明其债务履行的正当性。若银行不能证明资金交易的具体过程，则应承担不利后果。

（二）依法经济学分析

在存在第三人犯罪情况下，盗刷损失最终应由该第三人承担，自无异议。但在刑事案件尚未侦破，案件事实真伪不明的情况下，从双方利益衡量来看，则存在由谁承担风险更为合理的问题。

从举证能力和成本来看，银行作为专业金融服务机构，银行卡使用场所、设备均由银行指定和维护，身份验证流程都由银行设定。因此，关于时间、地点、金额等所有交易记录及后台数据都应由银行提供，银行也较容易通过相关的监控设施及时发现异常交易情况、确认交易操作人身份。而持卡人要发现和证明盗刷事实，成本则明显更高。从追偿能力来看，银行亦较持卡人而言具有更强的经济、技术、法律能力，可向有关责任方追偿。从损失承受能力来看，银行作为发卡行，与持卡人相比更容易获得类案伪卡交易损失的成本、频率和原因等详细交易信息，也因此可以更有效地控制损失。此外，在损失预防方面，银行作为发卡行，一方面可以通过采取各种交易技术升级创新措施，极大地降低损失带来的经济负担；另一方面可以提升银行及时发现修补技术漏洞的动力，促使整个银行卡业务向良性发展。因此，由银行承担前述事实的举证责任，符合法经济学上要求成本最小化的风险负担标准。

（三）依比较法经验

在银行卡盗刷纠纷案件中银行与持卡人的责任认定和分配问题上，域外立法实践亦值得参考。

其中，美国的《消费者信用保护法》规定，银行对信用卡是否经授权使用负举证责任，银行应采取措施识别信用卡的使用人是否经过授权。即使使用系未经授权，银行仍有义务证明未经授权的使用行为符合法律规定的其他条件，否则即认定银行有未尽之义务。此外，美国《诚信借贷法》中规定，对未经授权使用而发生的损失，即使持卡人有过错，持卡人最多也仅承担 50 美元限额的责任。①

德国《民法典》第 362 条第 2 款规定，以履行为目的向第三人给付，适用无权处分的规定。通常情形下，给付人向第三人给付不具有免责效力。但在例外情形下，向非债权人给付也可能具有免责效果，即债权人事前或嗣后给予第三人以受领权，或者该第三人因法律表象而被证明为享有权利的。而关于举证责任，债务人应证明自己已为给付且给付符合规定要求。② 可见，由银行在盗刷案件中承担较重责任、保护持卡人利益是域外立法实践中较为常见的。

四、其他违约行为的认定

在银行卡合同关系中，发卡行除提供提取现金、转账结算等主给付义务之外，还负有向持卡人提示盗刷风险、提供安全的用卡环境等义务，持卡人则负有妥善保管银行卡和密码的义务。在前述已认定银行主给付义务的清偿效力的基础上，若持卡人与银行各自还有其他违约行为的情况，则是在合同履行请求权之外，再考察违约请求权是否成立以减免部分责任或赔偿部分损失，两者请

---

① 转引自冯辉：《论银行卡盗刷案件中银行赔偿责任的认定与分配》，载《社会科学》2016 年第 2 期。

② ［德］迪特尔·梅迪库斯：《德国债法总论》，杜景林等译，法律出版社 2004 年版，第 193 页。

求权基础并不相同。如本案中，A银行除辩称无法确认伪卡之外，还认为持卡人未能尽到妥善保管卡片和密码的义务。

从该请求权的性质来看，既关系到银行请求持卡人承担违约责任是否成立，亦应由银行就违约责任的构成要件举证。申言之，银行若主张持卡人银行卡信息或密码泄露系因持卡人保管不当所致，即持卡人未尽妥善保管义务的，当然应承担相应的举证责任。本案中，A银行仅以密码相符、盗刷交易成功主张系持卡人泄露密码，但如前所述，该推定以密码只有持卡人知晓为前提，而银行亦有可能因对用卡环境管理不善导致密码泄露，故银行未提供其他证据证明的，应承担举证不能的后果，其违约请求权不成立。

从法律效果来看，在“赔偿损失”请求权基础在于是否向无受领权的第三人清偿的情况下，指向的是持卡人的合同履行请求权是否成立，银行责任是全有或全无的效果，关键在于双方证据的判断及举证责任的分配。一方面，在已认定第三人无受领权，银行给付不产生清偿效果的基础上，而持卡人在其中亦有违约行为的。比如持卡人未妥善保管银行卡导致卡片信息和密码泄露，第三人利用该信息复制伪卡进行盗刷的，银行在须继续履行原账户余额债务的基础上，可另行要求持卡人承担违约责任，即减免部分责任。另一方面，在认定第三人具有受领权外观的基础上，但银行有其他违约行为的，如持卡人遗失真卡、泄露密码，而第三人盗刷金额超出当日取款限额的。持卡人合同履行请求权虽不能获得支持，亦可再考察银行违约责任是否成立。上述两种情况下，法院在前述银行赔偿全有或全无的基础上再根据违约行为的具体情节酌定双方责任。

【附录】

编写人：黄佩蕾（民六庭法官助理）

一审案号：（2016）沪0105民初6419号

二审案号：（2016）沪01民终12851号

二审合议庭：崔婕（审判长）、桂佳、王涛（承办法官）

55. 信托财产收益产生的税费原则上应由信托财产负担

——F公司与H信托公司、D公司营业信托合同纠纷上诉案

【案例要旨】

信托计划的受益人应当以信托财产为限主张信托收益，以第三人所持股票收益权设定信托，且将股票变现价值纳入收益权范围的，第三人出售股票所得款项须依法缴纳的税款，属于信托财产不可分割的组成部分，应当在信托收益分配时予以扣除。

【案情简介】

上诉人（原审被告）：H信托公司。

被上诉人（原审原告）：F公司。

原审第三人：D公司。

经证监会批准，AJ股份于2012年上半年获准向特定对象非公开发行股票，其中，D公司获准以现金方式认购49342100股该定向增发股。2012年5月，H信托与D公司先后签订《合作协议》《股权收益权转让及回购合同》《资金监管协议》，约定由H信托设立《财富方舟——股权收益权投资集合资金信托计划》，信托计划项下的资金用于受让D公司通过定向增发取得的AJ股份49342100股限售流通股所对应的股票收益权，并对标的股票收入划转、结算、账户监管等事项进行了约定。同月，F公司与H信托签订《信托合同》，约定F公司出资人民币（以下币种同）5016万元认购信托单元项下的5016万份信托单位，即550万股AJ股份股票的收益权，并对信托收益的计算、信托费用的范围、信托报酬标准、委托人与信托人各自权利义务进行了约定，包括：信托利益＝标的股票收益权结算金额－应承担的信托费用；标的股票收益权结算金额＝信托单位份数×1元×（1＋60%）＋［标的股票变现金

额－信托单位份数×1元×（1＋60％）］×95％；标的股票变现金额＝标的股票（含派生股权）变现总金额（扣除交易过程支付的证券交易印花税、证券交易佣金、过户手续费等费用）＋标的股票（含派生股权）取得的股息红利收入；信托费用由信托财产承担，信托费用指信托财产管理、运用或处分过程中发生的税费和其他交易费用（含信托专户开户、保管、资金划转的费用及POS机划款费用）；信托利益分配时，受托人以信托计划项下的信托财产扣除信托计划应承担的全部信托费用后的余额为限向受益人分配信托利益。之后F公司依约将认购款5016万元付入H信托指定账户。

2015年6月8日，信托计划所涉AJ股份股票锁定期满。之后，H信托根据F公司的指令，要求D公司将标的股票变现，并及时将变现收益划付到信托财产专户。当天，F公司认购的收益权所涉550万股AJ股份股票全部抛出变现，变现均价为每股28.39元，变现股票成交总金额为156145000元。2015年6月15日，H信托发行的全部信托计划所涉49342100股AJ股份股票全部卖出变现。

2015年6月19日，H信托与F公司签订《信托合同补充协议3》，对《信托合同》条款进行了修改，修改内容包括：将原合同中“标的股票变现金额”改为“标的股票的税后变现金额”，相应的，在标的股票的税后变现金额计算公式中，增加“变现待缴所得税”一项作为待扣除项，该待缴所得税的税率为25％，同时约定从标的股票变现金额中留存大约25％，暂放于D公司的证券交易资金账户，由受益人大会另行表决确定。对于标的股票变现金额中的其余部分，H信托分两次向受益人进行了分配，F公司共计收到分配金额127245006.28元。

2015年8月，包括F公司在内的各受益人（作为乙方）签署一份《协议书》，D公司虽为该《协议书》的当事人（作为甲方）却未签署。该《协议书》约定“因操作上述项目面临相关的税收问题，经甲乙双方协商，由甲乙双方按各自所得自行缴税，但本次股票的抛售变现主体为甲方，后期，可能因该事项导致甲方为乙方的所得补缴所得税的问题。现经各方协商一致，达成如下条款：第一条甲乙双方对上述鉴于条款的表述均无异议，乙方承诺如后期税务机关要求甲方对上述抛售变现股票乙方实际收益补缴所得税，则乙方应按各自所得承担补缴相关所得税的义务。……”

2016年5月27日，包括F公司在内的全体受益人向H信托发出指令，要求将《信托合同》项下全部信托收益于2016年5月30日24时前全额划付至各受益人指定的信托利益账户，H信托未履行。2016年6月1日，上海市浦东新区国家税务局自监管账户扣划税款223825181.75元，同日，D公司将1798807.53元自监管账户划付至H信托名下的信托专户。之后，F公司起诉H信托，以D公司缴纳的企业所得税应为信托收益款为由，要求撤销《信托合同补充协议3》，H信托支付信托收益款及违约金、律师费等。

F公司认为：D公司因标的股票变现而缴纳的企业所得税不应由信托财产承担。理由如下：(1) 根据《信托法》关于信托财产独立性的规定，信托财产在实际分配前不存在纳税主体，也不存在纳税之说。系争股票收益权自设定信托起就不属于D公司所有，股票售出后所得款项亦不属于D公司所有，不应作为D公司的收益缴纳企业所得税。(2) 系争税款不是税务机关扣划的，而是D公司主动缴纳的，正是因为D公司在会计报表中将系争股票计入公司资产，将出售所得确认为公司的投资收益，才导致后续缴税结果。实际上D公司应当将系争股票出售所得款项计入企业负债。D公司纳税后可以获得反税等政策优惠。(3) 不能仅因为F公司通过系争信托产品有所收益就让其承担税收义务，因为系争股票售出后能否盈利在F公司购买信托产品时尚属未知，F公司也承担了系争股票售出亏损的不利可能。(4)《信托合同》约定受益人和受托人按法律规定各自纳税，因此F公司在取得信托收益后，还将以自己作为纳税主体缴纳所得税，如果D公司缴纳的企业所得税由信托财产负担，则意味着F公司应当获得的收益将重复纳税，于理不合。

H信托和D公司认为：D公司因标的股票变现而缴纳的企业所得税应由信托财产承担。理由如下：(1) D公司将系争股票收益权转让予信托计划，故股票收益所产生的税款应由信托财产承担，信托利益应为股票变现价款扣除税款后的余额。(2) 税务机关向一审法院出具的书面意见中明确该笔税款应作为D公司的企业所得纳税。(3) F公司在D公司出售系争股票后的所得款是否要纳税的问题上，曾聘请税务机关进行沟通协调，但协调未果，因此其对于D公司应当缴纳企业所得税一事是明知且确认的。(4) 包括F公司在内的全体受益人曾于2015年8月签署一份《协议书》，承诺如果税务机关要求D公司对系争股票出售缴纳所得税，则受益人按各自所得承担补缴相关所得税的义务，可见受益人是认可D公司应当缴纳的企业所得税应当由信托财产承担的。五、就各方当事人从系争信托产品中的获益情况看，上述税款应当根据谁收益谁负担原则，由信托财产承担，F公司作为系争股票增值部分的实际获利方，收益约为1.27亿元，H信托作为信托计划受托人，仅收取固定管理费用共计

66.88万元，D公司作为系争股票的显名持有人，仅就股票增值部分提取小比例收益约247万元，而本案系争税款高达2638万元，若由H信托承担，有违商业常理和公平原则。

【裁判结论】

一审认为：《信托合同》约定信托利益系“股票收益权结算金额扣除信托费用”，即股票变现资金扣除费用（佣金、印花税、过户费）及D公司分成后的剩余部分。《信托合同补充协议3》第一次出现了“该信托单元变现待缴所得税”概念，F公司认为该待缴所得税系F公司应当缴纳的企业所得税，H信托认为该待缴所得税系D公司应当缴纳的企业所得税，对此《信托合同补充协议3》仅约定股票变现后所取得收益需要缴纳所得税，但并未约定该所得税应由谁缴纳，同时结合后文“若最终应缴纳税款超出该公式计算结果的，则该等超出部分的税款由F公司自行承担、另行缴纳”的表述来看，此处“该信托单元变现待缴所得税”应指F公司应当缴纳的企业所得税，故本案中尚有未分配的信托利益存在。H信托未遵照受益人的指令将信托利息予以分配，构成违约。关于H信托有关税收的抗辩不属于本案审理范围。本案系营业信托纠纷，信托合同的双方系F公司和H信托，争议的焦点应为H信托是否全面适当履行了信托合同项下的义务。且税务机关回函中明确了其向D公司征税需满足三个条件，即股票登记在D公司名下，存于D公司设立的证券账户中，同时D公司对该笔股票业务进行了会计处理，由于D公司并非信托合同当事人，故D公司的纳税行为本案中不作处理。故一审判决H信托赔偿F公司信托收益款26380725.40元。H信托不服一审判决，遂上诉。

二审认为，本案争议焦点在于：（1）D公司是否必须缴纳系争企业所得税；（2）系争企业所得税是否应由信托财产承担。关于第一项争议焦点，税务机关系依据企业所得税相关法律法规，认定D公司出售系争股票所得，应当计入其当年纳税所得额，D公司对系争股票出售款做何种会计处理，均不会影响税务机关作出系争股票出售款应由D公司缴纳企业所得税的判断。税务与会计分属不同的财务制度，各自须遵守不同的财务准则，但如果企业通过会计处理就可以免除法定的纳税义务，则将损害国家依法征税的秩序，有违常理和公序良俗。因此F公司关于D公司被征税系因会计处理问题的主张，缺乏事实和法律依据。关于第二项争议焦点，首先，《信托合同》明确约定信托计划的对象是D公司持有的系争股票的收益权，因此F公司作为信托投资人，其获得的信托收益不应高于D公司因售出系争股票而可能获得的利益。对于D公司而言，假设不存在信托计划，其售出系争股票除了要支付印花税、佣金等费用外，还负有缴纳企业所得税的法定义务，因履行上述纳税义务而产生的经济上的不利益，是D公司实现系争股票收益权的必然代价，当然也应当作为信托财产的必要组成部分，由信托财产负担。其次，系争《信托合同》明确约定，信托财产管理、运用或处分过程中发生的税费由信托财产承担。这里的"税费"应当包括系争股票变现过程中依法产生的各种税款和费用。包括F公司在内的全体受益人在2015年6月18日出具表决票并随之签署《信托合同补充协议3》，同意2015年6月19日分配的信托利益为标的股票的税后变现金额减去相关费用，其中税后变现金额需要扣除变现待缴所得税，明确待缴所得税税率为25%，并明确将该部分资金暂放于D公司的证券交易资金账户内。可见，F公司对于系争股票变现后待缴所得税应从信托利益中扣除是明知且同意的。F公司认为"变现待缴所得税"是指F公司应当缴纳的企业所得税，但如果该观点成立，则相应款项应当直接作为信托利益分配给F公司，只有进入F公司名下方能作为其应纳税所得额。而合同约定将该笔税款在分配的信托利益中扣除，则与F公司的上述主张自相矛盾。将此处的"变现待缴所得税"理解为D公司应当缴纳的企业所得税更为合理。至于"若最终应缴纳税款超出该公式计算结果的，则该等超出部分的税款由委托人自行承担、另行缴纳"文字的含义，应理解为若留存的款项不足以支付税款，则应由委托人从获得的信托收益中另行支付，其实质仍是指D公司缴纳的企业所得税最终应当在信托财产中予以扣减。再次，2015年8月，F公司签署的《协议书》也明确，如果税务机关要求D公司对系争股票售出款补缴所得税，则F公司按其所得承担补缴相关所得税的义务。虽然该《协议书》并无D公司的签章，但仍可以反映F公司的真实意思，即愿意承担D公司因出售系争股票而缴纳的企业所得税。二审遂判决撤销原判，驳回F公司的全部诉讼请求。

【评析意见】

一般而言，股权投资信托是由委托人将自己合法拥有的资金信托给受托人，由受托人使用信托资金投资公司股权并进行管理处分，标的股权的名义持有人为受托人。然而本案标的股权则为第三人所持有，受托人使用信托资金购买的并非标的股权本身，而是标的股权的收益权，且为在二级市场售出标的股票获得的收益。如此交易安排背后的商业动因是：第三人有购买限售股票的资格但缺乏资金或有融资需求，委托人有投资意愿却没有购买限售股票的资格，于是通过信托这一通道，由信托机构集合资金，购买限售股票的收益权，将限售股票将来变现的价值纳入信托财产范围，从而整合优势资源，实现三方共赢。通过该信托安排，委托人虽名义上不持有标的股票，但实质上获得了标的股票的财产性权能，控制了标的股票将来的变现方式和变现价值。在目前并无法律法规禁止限售股票收益权转让的情况下，这一交易安排合法有效。但问题随之而来，即第三人名下的限售股解禁后在二级市场出售变现，应由谁缴纳所得税？该所得税又应如何归置？显然，本案各方当事人在设计交易框架时并未明确预见上述问题，而是待标的股票变现后面临巨额所得税时，试图通过签订补充协议的方式解决，由此导致了分歧。

一、限售股票收益权转让与纳税主体资格

股票收益权作为股权的财产性权能，由股票所有权人排他地、绝对地享有和处分。在法无禁止的情况下，股票所有人可以将股票收益权单独地转让给他人。虽然自己仍保留对股票的所有权，在外观上仍是股票唯一的所有人，但其行使所有权将受到限制。本案中，标的股票的变现方式、变现后的价值分配最终均由F公司实际控制。在私法领域，由于法无禁止即可为，允许当事人突破所有权的外观，处分各项财产性权能。但如果涉及行政管理法律关系，则由于公法具有刚性，行政义务具有法定性，行政机关依法行使行政管理权力，将不受行政相对人之间民事约定的影响。

本案中，D公司仅让渡了自己对标的股票的收益权，标的股票的所有权并未变更，仍登记在D公司的证券账户中。根据《企业所得税法》第3条的规定，居民企业应当就其来源于中国境内、境外的所得缴纳企业所得税。第6条规定，企业以货币形式和非货币形式从各种来源取得的收入，为收入总额。包括：……（3）转让财产收入；（4）股息、红利等权益性投资收益……《国家税务总局关于企业转让上市公司限售股有关所得税问题的公告》规定，根据《企业所得税法》第1条及实施条例第3条的规定，转让限售股取得收入的企业（包括事业单位、社会团体、民办非企业单位等），为企业所得税的纳税义务人。根据上述法律法规，D公司作为标的股票的所有人，是依法缴纳标的股票变现所得税的当然的义务主体。D公司与H信托之间关于标的股票收益权转让的合同约定，不能对抗税务机关的执法行为，不能改变涉案所得税的纳税主体。

二、信托财产独立性与合理界定信托财产范围

F公司主张根据信托财产独立性原则，标的股票变现所得应当独立于D公司的自有财产，不应作为D公司的收入被纳税。这实质涉及本案信托财产应如何界定的问题。首先，本案信托标的是“D公司所持标的股票的收益权”，依文义解释，该收益权具有两个限定条件：(1) 因标的股票而产生，(2) 以D公司可合法获得的利益为限。对于D公司而言，其售出标的股票除了要支付印花税、佣金等费用外，还负有缴纳企业所得税的法定义务，因履行上述纳税义务而产生的经济上的不利益，是其实现标的股票收益权的必然代价。F公司作为信托投资人，其获得的信托收益不应高于D公司因售出标的股票而可能获得的利益，因售出标的股票而必须承担的赋税应当作为信托财产的必要组成部分。其次，从权利义务相一致的角度分析，标的股票的财产性权能实际已转移至以F公司等投资人为受益人的系争信托计划中。在整个交易框架中，D公司根据系争信托计划的指令（该指令最终来源于全体委托人）完成标的股票的变现，并将变现价值让渡给系争信托计划。根据权利义务相一致的原则，系争信托计划在获取标的股票收益的同时应当负担在此过程中产生的经济成本及其他不利益。系争《信托合同》关于“信托财产管理、运用或处分过程中发生的税费由信托财产承担”的约定也反映了这一民事法律原则。虽然上述约定中的“税费”并未明确列明包含标的股票出售后应缴纳的企业所得税，但依法理应当做肯定理解，即应当包括标的股票变现过程中依法产生的各种税款和费用。再次，从商事交易的公平性角度分析，通过本案信托交易，D公司出让标的股票的收益权，获利200余万余元；H信托提供信托管理服务，获利66万余元；F公司提供资金，获得了标的股票在二级市场上销售所得的绝大部分，约1亿余元；而系争企业所得税为2000余万元，无论加诸于D公司或H信托任何一方，均将导致收益和成本的过分失衡，本案信托交易的共赢目标将不能实现，交易的基础亦将不复存在，这显然不符合各方当事人订约之初的真实意愿。

三、交易模式的选择与法律政策风险的负担

F公司认为，如果D公司缴纳的企业所得税由信托财产负担，而F公司就分配所得的信托收益仍需以自身名义缴纳企业所得税，则意味着一次股票交易所得须先后两次缴纳企业所得税，于理不合。这一观点乍看似有道理，但实

则缺乏依据。本案中，F公司的投资目的是获得标的股票在公开市场中因价格上涨而产生的增值，要实现该投资目的，就要获得对标的股票变现价值的控制权。为此，其既可以选择直接从D公司处受让标的股票（在法律法规和证券监管政策规则允许的范围内），也可以选择不直接受让标的股票，而是通过设定信托的方式间接获得标的股票的收益权。如果选择前者，则根据《国家税务总局关于企业转让上市公司限售股有关所得税问题的公告》的规定，企业持有的限售股在解禁前已签订协议转让给受让方，但未变更股权登记、仍由企业持有的，企业实际减持该限售股取得的收入，依照本条第（1）项规定纳税后，其余额转付给受让方的，受让方不再纳税。即标的股票售出后无须二次缴税。如果选择后者，则F公司可能无法享受上述税收规定所赋予的优惠政策，但可以享受专业信托机构提供的服务以及在其他方面获得益处。商事主体对交易模式的选择将影响其面临的法律政策风险，但其对交易模式的选择应是综合权衡各项利弊的结果，应由其自行承担。系争《信托合同》对于交易风险已经做了提示并约定了分配方式，其中法律政策风险即包括了财政税收政策风险，明确了如果受托人采取相关措施后无法完全避免的法律政策风险，由受益人承担，此种约定也符合商事交易自主经营、自负盈亏、自担风险的原则。

【附录】

编写人：沈竹莺（民六庭审判员）

一审案号：（2016）沪0115民初43694号

二审案号：（2017）沪01民终10069号

二审合议庭：沈竹莺（审判长兼承办人）、朱瑞、王涛

56. 保证合同“受第三人欺诈”或“重大误解”的认定

——林某诉P银行、王某等保证合同纠纷案

【案例要旨】

共同保证中，其中一保证人认为其他保证人提供虚假信息，构成《民法总则》第149条之第三人欺诈并主张撤销保证合同的，须证明其他保证人提供虚假信息是以骗取该保证人提供担保为目的，且债权人对此明知或应知。连带保证人对承担保证责任无顺位利益，保证人之间的追偿关系亦与保证合同目的无关，故因其他保证人提供虚假信息导致连带责任保证人对实际担责几率和担责后的追偿几率认识错误，不构成对保证合同的重大误解。

【案情简介】

上诉人（原审原告）：林某。

被上诉人（原审被告）：P银行。

原审第三人：H公司。

原审第三人：王某。

原审第三人：万某。

H公司向P银行申请贷款，约定由H公司的法定代表人王某、万某、林某提供连带责任保证。同日，P银行与王某签订保证合同，约定保证人为王某、万某，但王某隐瞒了其与万某已离婚的事实，提供了虚假的结婚证、户口本，伪造了万某的签字。P银行在审核中未严格遵守面签制度，未发现上述情况，在审核页上载明“上述签章已双人面签”。同日，林某与P银行签订保证合同，为H公司的借款承担最高额连带责任保证，并承诺其承担保证责任不以P银行先执行其他担保或向其他任何人主张权利为前提。后因H公司逾期

还款，P银行主张债权过程中发现万某签字为假。林某遂诉至法院，主张其原以为万某也是保证人且万某财产足以清偿贷款，才同意签订保证合同，由于P银行未尽审查义务，致使其产生上述误解，P银行的行为构成欺诈，故请求以欺诈或重大误解为由撤销其与P银行签订的保证合同。

【裁判结论】

一审法院认为，首先，P银行对林某不构成欺诈，因为无证据表明P银行明知万某签字为假，或者故意向林某隐瞒王某与万某离婚事实，欺骗林某签订保证合同。其次，林某对保证合同不存在重大误解，理由为：(1) 林某签订保证合同时，对于担保权人、被担保主债权、保证责任类型、担保范围、保证期间、独立担保等合同约定内容并不存在错误认识，不符合重大误解中关于“需存在认识错误”的构成要件。(2) 根据保证合同约定，林某承担保证责任具有独立性，不以P银行先执行其他担保为前提，故其他担保人是否具有充分的清偿能力不影响林某签订保证合同。(3) 即使林某确因误信王某和万某存在夫妻关系，其夫妻共同财产足以承担保证责任，才签订保证合同，该项错误也仅属于动机错误，并未表露于外，P银行也无从得知。综上所述，林某要求行使撤销权缺乏事实和法律依据，判决驳回林某的诉讼请求。

林某不服一审法院的裁判理由，且认为本案中还存在第三人欺诈的情形，即王某隐瞒离婚事实，而P银行对此应当明知，故提起上诉。

二审法院认为，林某关于签订保证合同系受P银行欺诈、受第三人王某欺诈或重大误解的主张均不能成立。理由为：首先，未有证据证明P银行明知万某签字系伪造而故意向林某隐瞒，故不符合欺诈的主观要件。其次，无证据证明王某隐瞒婚姻状态的行为系针对林某，以及P银行对此明知或应知，故不符合第三人欺诈的构成要件。再次，林某主张的重大误解包含两层意思：(1) 认为万某作为保证人，其财产足以清偿债务，故林某实际无须承担保证责任；(2) 即便林某需要承担保证责任，也可向万某追偿。但林某已承诺其保证不以其他担保人承担保证责任为前提，故第一层次误解不成立。签订保证合同的目的是为主合同的履行提供担保，至于承担保证责任后可以向谁追偿，不属于保证合同约定的范围，追偿权能否实现也不影响保证责任的成立，故林某对追偿权的误解不属于对保证合同的重大误解，第二层次的误解亦不成立。故驳回上诉，维持原判。

【评析意见】

一、因受第三人欺诈行使撤销权的要件分析

本案中，林某主张受第三人欺诈而行使撤销权的法律依据是《民法总则》第149条的规定：第三人实施欺诈行为，使一方在违背真实意思的情况下实施的民事法律行为，对方知道或者应当知道该欺诈行为的，受欺诈方有权请求人民法院或者仲裁机构予以撤销。《民法通则》与《合同法》对于欺诈的规定仅以当事人一方实施欺诈为规范对象，2017年10月1日起施行的《民法总则》在吸收借鉴《德国民法典》《日本民法典》《韩国民法典》等大陆法系国家和地区相关立法例的基础上，增加规定了第三人欺诈的情形。

根据《民法总则》第149条的规定，受第三人欺诈而行使撤销权需满足两个层面的要求：第一个层面是存在第三人的欺诈行为与相应后果。在这一层面，第三人欺诈与当事人一方欺诈相较，除了行为主体不同外，实质要件并无二致，均包括以下四项：[①] (1) 行为要件，即行为人实施欺诈，既可以表现为告知虚假情况的积极行为，也可以表现为负有告知义务但隐瞒真实情况的消极行为。(2) 过错要件，即行为人须有欺诈的故意，既包括刻意告知虚假情况或隐瞒真实情况（行为故意），也包括积极谋求被欺诈人受骗上当的结果（目的故意）。(3) 因果关系要件，即受欺诈人因欺诈行为陷入错误判断进而作出意思表示。既包括因欺诈行为而产生错误认识，也包括基于错误认识而为意思表示。(4) 损害结果要件，即所为意思表示违背表意人的真实意愿，受欺诈人若了解真实情况便不会作出此种意思表示。

第二个层面是受欺诈人的相对方非属善意，即对于第三人的欺诈行为，其知道或应当知道。之所以要满足这一层面的要求，乃是出于平衡保护善意相对人的考虑，兼顾受欺诈人的意思表示自由以及善意相对方对交易安全的信赖。需要注意的是，来自第三人的欺诈，其行为和主观故意均需要直接针对受欺诈的一方当事人。如果第三人无意告知合同一方当事人虚假情况，或者对合同一方当事人不负有信息披露义务，则其欺诈行为并不针对该合同一方当事人，对该一方当事人也不具有欺诈的故意。以合同关系为例，只有合同以外的第三人

---

① 参考沈德咏主编，《〈中华人民共和国民法总则〉条文理解与适用》，人民法院出版社2017年版，第988页。

以合同关系中的一方当事人为对象实施了欺诈，并且意欲以此使受欺诈人与合同关系中的另一方当事人缔结合同，方有适用第三人欺诈的余地。

本案中，王某与P银行签订保证合同时隐瞒离婚事实，显然构成了对P银行的欺诈，而要判断王某是否实施了对林某的欺诈，则需要考虑王某的隐瞒行为是否针对林某，或者王某是否负有向林某披露婚姻状况的义务。保证合同中确定的保证人及保证范围，确实可能会对其他保证人实际承担保证责任以及担责之后行使追偿权产生影响，但该种影响乃是基于《担保法》关于保证人之间承担责任的顺位以及追偿权的相关规定。比如，一般保证人享有后于连带保证人承担保证责任的顺位利益，以及承担保证责任的保证人享有向其他同顺位保证人追偿的期待利益。但是此种影响是法律在各自独立的保证人之间平衡利益的结果，是保证法律关系成立生效的结果，而非其成立生效的条件。因此不能因法律对实现担保的顺序和追偿权作出了规定，就认为保证人之间负有为彼此之利益而如实披露信息的注意义务，或者被保证人对于保证人的追偿权能否实现负有法律上的注意义务。虽然保证人在签订保证合同前，可能会评估承担保证责任的风险以及实现追偿的概率，甚至将此作为是否加入保证的重要考量，但由于这些因素并不构成保证法律关系成立生效的法定条件，所以保证人的此种考量仅能停留在动机层面，不足以构成受法律保护的信赖利益。除非其表露在外，申明享有顺位利益和追偿期待是其加入保证的前提条件，否则债权人和其他保证人无从得知，自无从受其约束。本案中，林某并无证据证明其与王某之间存在约定，其签订保证合同的前提是万某亦作为保证人，因此虽然王某向P银行隐瞒离婚事实，假冒万某签字的行为属实，但是不能就此推定王某的上述行为系有欺诈林某的故意。林某亦无证据证明P银行知晓其与王某之间存在此种约定，因此也不能推定P银行应当知道王某具有欺诈林某的故意。且根据林某所签保证合同的约定，其承担保证责任不以其他保证人承担保证责任为前提，因此P银行并不负有为了林某之利益，而严格审查其他保证人的义务，或者在与林某签订保证合同时，告知其他保证合同审核的情况。综上，林某主张受第三人王某欺诈而撤销其与P银行签订的保证合同，缺乏事实和法律依据。

二、因重大误解行使撤销权的要件分析

虽然《民法总则》和《合同法》均规定了重大误解制度，但实务中界定重大误解的标准，主要适用《最高人民法院关于贯彻执行〈中华人民共和国民法

通则〉若干问题的意见（试行）》第71条的规定，即行为人因对行为的性质、对方当事人、标的物的品种、质量、规格和数量等的错误认识，使行为的后果与自己的意思相悖，并造成较大损失的，可以认定为重大误解。根据上述规定可知，一方面，重大误解的对象应当是对行为内容有重大影响的关键性要素；另一方面，误解的程度应当构成重大，以至于如果不赋予行为人撤销权将导致双方权利义务的严重失衡。之所以如此审慎认定，乃是因为重大误解系行为人因自身原因对标的行为产生错误认识。

本案中，林某主张的重大误解包含两层意思：（1）认为万某作为保证人，其财产足以清偿债务，故林某实际无须承担保证责任；（2）即便林某需要承担保证责任，也可向万某追偿。林某与P银行签订的保证合同已经明确约定，其承担保证责任不以其他保证人承担保证责任为前提。该约定清楚明了，不存在歧义。可见，林某主张的第一层面的误解系其对合同约定的错误解读，此种错误解读不具有合理性，因此不属于重大误解制度规范的范畴。保证人与被保证人之间的保证关系，和保证人与债务人、其他保证人之间的追偿关系，属于相互独立的法律关系。保证合同的目的在于担保主合同的履行，至于保证人承担保证责任后，可以向谁追偿，不属于保证合同约定的范围，是否可以追偿成功更受制于被追偿人当时的财产状况。因此林某主张的第二层面的误解并不属于保证合同的内容，故也不符合《合同法》上重大误解的范畴。

传统民法理论与重大误解相关的概念是错误，是指表意人非故意地使意思与表示不一致。从错误产生的阶段划分，又分为意思形成阶段的错误和意思表达阶段的错误。一般认为意思表达阶段的错误是错误制度的主要规范对象，意思形成阶段的错误，也即动机错误，原则上与民事法律行为的效力无关，因此一般不赋予撤销权，只有当有关人或物的性质错误被视为对交易具有重要作用时，这种情形下的动机错误才可以享有撤销权。例如：甲以为A赛马赢过竞赛冠军，故重金买下，但实际上赢得冠军的是B赛马，此时应当允许甲撤销买卖合同。[①] 由于动机具有内在性，难以为外人所知悉，因此在判断动机错误对于民事法律行为是否具有重要作用时，应当遵循审慎原则，宜以动机错误是否导致行为人的根本目的不能实现为限。林某误以为万某也是保证人，而根据其对万某财力的了解，得出了自己实际上担责几率低，且担责后追偿几率高的错误认识，此种错误显然属于意思形成阶段的错误，也即动机错误。保证合同

① 李适时主编：《民法总则释义》，法律出版社2017年版，第458页。

57. 擅自发布有投资回报预期广告行为的审查与认定

——F金融服务公司诉N区市监局工商行政处罚案

【案例要旨】

根据《广告法》的相关规定，有投资回报预期的商品或者服务广告，应当对可能存在的风险以及风险责任承担有合理提示或者警示。工商行政管理部门依法具有对发布该类广告行为的监管职权，对于包含保证性收益承诺以及明示或者暗示无风险、保收益的广告行为应予行政处罚。针对该类行政处罚决定的司法审查，需要充分考虑擅自发布有投资回报预期广告的行为性质、过错程度、危害后果等因素，进而认定处罚幅度的正当性和合法性。

【案情简介】

上诉人（原审原告）：F金融信息服务有限公司。

被上诉人（原审被告）：M市N区市场监督管理局。

2016年6月13日，M市N区市场监督管理局（以下简称N区市监局）陆续收到M市工商局提供的案件线索交办通知书，指定其对F金融信息服务有限公司（以下简称F金融服务公司）涉嫌违反《广告法》的系列线索核查处理。2016年7月4日，N区市监局立案调查。该局先后两次询问F金融服务公司的首席事务官，并分别制作《询问笔录》。经批准延期后，N区市监局于2017年2月21日作出《行政处罚听证告知书》，并于2017年3月10日根据F金融服务公司的申请举行听证，后退回办案部门补充调查。2017年5月24日，N区市监局经调查终结后作出被诉行政处罚决定，认定F金融服务公司主要从事向借贷双方提供资金撮合金融信息服务的经营活动，其自2016年6月在“0元计划”等产品中使用“预期年化利率”的广告用语，自2017年1

月在官方网站首页使用“预期年化利率最高12%”的广告用语，上述广告费用无法计算。F金融服务公司的行为违反《广告法》第25条第（1）项的规定，故责令停止发布违法广告并在相应范围内消除影响，罚款人民币180000元。该公司不服，向M市工商局申请行政复议，后在复议审理期间撤回申请。F金融服务公司诉至法院，请求撤销N区市监局作出的被诉行政处罚决定。

【裁判结论】

一审法院认为：N区市监局具有本行政区域的广告监督管理职责，该局在接到M市工商局案件线索交办通知书后，依法展开调查。经查，F金融服务公司的行为违反《广告法》第25条第（1）项的规定。该公司的广告是通过其自设网站进行发布，通过下属各部门进行设计、发布和维护，其广告设计、制作、维护等费用均无法独立进行核算，故N区市监局根据相关规定，认定广告费用无法计算并无不当。被诉行政处罚决定认定事实清楚，适用法律、法规正确，程序合法，裁量适当。遂判决驳回F金融服务公司的诉讼请求。判决后，F金融服务公司不服，遂提起上诉。

二审法院认为：N区市监局作为主管本行政区域广告监督管理工作的地方工商行政管理部门，负责广告管理相关工作，依法具有作出被诉行政处罚决定的职权和职责。F金融服务公司在官方网站上介绍所经营的金融产品和提供的信息服务已构成广告行为。根据《广告法》第25条第（1）项的规定，有投资回报预期的商品或者服务广告应当明示风险及责任承担，并不得含有保证性承诺。本案中，F金融服务公司使用“预期年化利率”“预期年化利率最高12%”的用语，并无科学、合理的测算依据和测算方式，易误导投资者产生上诉人所推销的金融产品保本、无风险或者保收益的误解。N区市监局根据调查情况认定F金融服务公司的上述行为已构成违法行为，主要证据充分，认定事实清楚，处罚幅度合理，执法程序合法。原审判决驳回F金融服务公司的诉讼请求并无不当，应予维持。遂判决驳回上诉，维持原判。

【评析意见】

本案系本市首例涉违反有投资回报预期类广告规定的行政处罚上诉案。案件的争议焦点在于：（1）F金融服务公司在其网站上介绍有关产品和服务信息，是否构成包含投资回报预期内容的广告行为；（2）工商行政主管部门作出的行政处罚决定认定事实是否清楚、处罚幅度是否适当。

一、包含投资回报预期的广告行为认定

根据《广告法》第2条的规定，商品经营者或者服务提供者通过一定媒介和形式直接或者间接地介绍自己所推销的商品或者服务的活动，为广告。由于广告是通过一定的载体和形式向社会公众传递和推广特定产品和服务信息的活动，其本身是具有目的性、计划性、创意性、传播性等特点。F金融服务公司作为为借贷双方提供金融信息服务、撮合借贷双方最终签订借款协议的互联网金融中介，在其官方网站上介绍所经营的金融产品和所提供的信息服务，已构成广告行为。对该类广告行为的审查和认定，应当充分考虑广告是否包含对预期收益的保证性承诺，并辨别其是否在广告内容中对于有关产品风险和责任承担予以明确提示。由于部分投资者缺乏专业的理财知识和安全防范意识，容易盲目相信有投资回报预期商品或者服务的广告内容，发布该类广告不能明示承诺有关投资的预期性收益。

《广告法》第25条第（1）项规定，招商等有投资回报预期的商品或者服务广告，应当对可能存在的风险以及风险责任承担有合理提示或者警示，并不得含有下列内容：（1）对未来效果、收益或者与其相关的情况作出保证性承诺，明示或者暗示保本、无风险或者保收益等，国家另有规定的除外。根据上述法律规定，有投资回报预期的商品或者服务广告，必须明示风险及责任承担，并禁止含有保证性承诺。F金融服务公司作为金融信息服务中介机构，自2016年6月起，该公司在“0元计划”等产品中使用了“预期年化利率”的广告用语；自2017年1月起，在官方网站首页使用“预期年化利率最高12%”的广告用语。F金融服务公司的上述行为明显违反《广告法》的规定，其使用明确的“预期年化利率”的用语，并无科学、合理的测算依据和测算方式，易误导投资者产生上诉人所推销的金融产品保本、无风险或者保收益的误解。F金融服务公司称其在官方网站上所作表述属产品介绍和信息说明的观点，系对有投资回报预期的广告内容的否认，与其表述所蕴含的实质内容不符，难以采信。

二、特定情形下广告费用无法计算的判断

广告费用是广告主、广告经营者、广告发布者从事广告活动所耗费的费用，包括广告设计、制作、发布等方面的支出。广告费用主要为行为人从事广告活动产生的各项直接费用之和，不包括间接费用或其他隐性费用。在一般情

形下，可以根据有关行为人所提供的书面合同和费用发票等计算广告费用，并据此认定相关行政处罚决定中的具体数额。但在特定情形下，部分广告经营者和发布者因故意隐瞒或其他客观原因，导致广告费用无法计算，主要包括无法提供或者拒不提供发布广告所涉及的业务登记台账、合同、发票以及广告收费办法和标准，以及行为人提供有关广告费用的计算依据、材料不全又不能作出合理说明并出具补充证据等。

判断和认定广告费用无法计算，关键在于对相关事实依据的审查。在反映广告费用的直接证据难以取得的情况下，需要注重对旁证的分析，如果行为人对旁证出具广告费可以计算的材料不认可，又不能提供广告费计算依据或者提供的计算依据材料不实或虚构，可以认定广告费用无法计算。F金融服务公司利用自设网站发布广告，宣传相关产品和服务，无法提供自行发布广告所涉及材料、设备、制作、雇用员工、场地租赁等费用，且无法取得相关费用参照标准，确属广告费用无法计算的情形。F金融服务公司以设计人员的平均工资乘以所耗时长计算出广告费用，缺乏充分的事实根据，且与法不符。N区市监局认定其广告费用无法计算，符合实际情况和《广告法》的立法本意。

三、工商行政处罚的种类和幅度确定

当前金融业务外延不断拓展、金融产品和服务创新层出不穷，违法金融广告的表现形式也不一而足。作为维护市场经济秩序的重要部门，工商行政管理机关承担着加强市场监督管理的职能，针对违法行为所作行政处罚决定是强化市场监管的有效手段。根据《广告法》的相关规定，工商管理部门履行广告监督管理职责，对违法金融广告具有执法权。工商行政处罚的种类和幅度需要严格按照法律、行政法规的规定进行确定，避免对行政相对人的合法权益造成损害。工商行政管理部门需要准确判断金融中介机构所发布的广告内容是否违法违规，并根据擅自发布有投资回报预期类广告的行为性质、过错程度、危害后果等确定行政处罚幅度。

《行政处罚法》第23条规定，行政机关实施行政处罚时，应当责令当事人改正或者限期改正违法行为。《广告法》第58条第1款规定，有下列行为之一的，由工商行政管理部门责令停止发布广告，责令广告主在相应范围内消除影响，处广告费用一倍以上三倍以下的罚款，广告费用无法计算或者明显偏低的，处十万元以上二十万元以下的罚款；情节严重的，处广告费用三倍以上五倍以下的罚款，广告费用无法计算或者明显偏低的，处二十万元以上一百万元

以下的罚款，可以吊销营业执照，并由广告审查机关撤销广告审查批准文件、一年内不受理其广告审查申请：……（7）违反本法第 25 条规定发布招商等有投资回报预期的商品或者服务广告的。N 区市监局认定 F 金融服务公司的违法行为后，根据上述规定责令其停止发布违法广告并在相应范围内消除影响，并处罚款 180000 元，符合上述法律规定。N 区市监局责令 F 金融服务公司停止发布违法广告并在相应范围内消除影响的处理内容，并非增设行政处罚的法定种类，而是实施行政处罚的应有之义。F 金融服务公司利用自设网站发布广告，宣传产品和服务，N 区市监局认定系属于广告费用无法计算的情形，符合实际情况和《广告法》的立法本意。N 区市监局适用一般情节的罚则对上诉人作出行政处罚，处罚幅度在法定范围内，与 F 金融服务公司违法行为的性质、过错程度、危害后果等相符，不存在其所称滥用职权的行为。

四、金融信息服务中介机构的风险提示责任

由于 F 金融服务公司系为借贷双方提供金融信息服务、撮合借贷双方最终签订借款协议的互联网金融中介，其所提供的产品或者服务活动中存在金融投资的潜在风险，因而应当履行相应的风险提示义务，充分保障投资者的知情权和选择权。在销售金融商品和提供金融服务时，互联网销售机构、销售平台、销售人员有义务对金融商品的风险加以披露，说明该类产品和可能造成其亏损的理由，以及可能影响收益的突发事件，不能违反规定对于有关投资回报作出保证性承诺。由于互联网金融产品和服务具有更高的专业性和复杂性，消费者难以理解投资风险信息并作出正确的判断，监管机构应当加强行业管理和市场监督，进一步明确金融信息服务中介机构的风险提示责任。金融信息服务中介机构因没有履行风险提示义务而给投资者造成损失的，工商行政主管部门应当对其予以行政处罚。

F 金融服务公司作为提供金融信息服务的网络借贷信息中介机构，应当发布与其经营范围相匹配的服务信息，现 F 金融服务公司一方面称该公司是金融借贷平台，借出者出借资金，根据借款协议约定的利率保本保利息，另一方面在其官方网站上使用“预期年化利率”“预期年化利率最高 12%”等文字，并称已作风险提示，明显易使投资者混淆该公司的经营和服务内容，亦使自身经营范围变得模糊不清。在社会公众对投资理财的需求日益增长而投资理财风险却并非可控的形势下，F 金融服务公司更应恪守其作为金融信息服务中介的本分，为借贷双方提供真实可靠的服务信息，确保金融市场的投资安全。

【附录】

编写人：刘天翔（行政庭法官助理）

一审案号：（2017）沪0104行初246号

二审案号：（2018）沪01行终467号

二审合议庭：周瑶华（审判长兼主审法官）、宁博、陈根强

58. 利用被指定经营者的地位限制竞争的责任认定

——C礼仪中心诉H区市监局、E市工商局工商行政处罚决定案

【案例要旨】

《反不正当竞争法》[①] 第7条中“政府及其所属部门”的认定不应仅限于地方各级人民政府及其所属部门，依法律、法规授权而享有一定行政管理职权的企事业单位或其他社会组织也应当纳入该条所规范的范围。根据这一理解，被政府部门指定的经营者在经营活动中超过标准收费，或者不应当收费而收取费用的，应当认定为滥收费用。

【案情简介】

上诉人（原审原告）：C礼仪用品服务中心（以下简称C礼仪中心）。

被上诉人（原审被告）：E市H区市场监督管理局（以下简称H区市监局）。

被上诉人（原审被告）：E市工商行政管理局（以下简称E市工商局）。

2017年5月4日H区市监局向C礼仪中心作出行政处罚决定，查明，C礼仪中心系E市殡葬服务中心（以下简称市殡葬中心）全额投资设立的全民所有制企业，并被市殡葬中心指定承担E市L殡仪馆、E市B殡仪馆、E市Y殡仪馆（以下简称“三馆”）全部殡葬用品的采购配送及售后服务。自2010年至案发，C礼仪中心通过邀请招标方式确定火化棺（卫生棺）商品的供应商，并利用被指定经营者的地位，统一控制各供应商的销售渠道以及“三馆”的采购渠道，并且强制收取“管理费”。又查明，市殡葬中心是市民政局所属

---

① 本文中引用的《反不正当竞争法》系1993年9月2日通过，2017年11月4日第十二届全国人民代表大会常务委员会第三十次会议对该法进行了修订，自2018年1月1日起施行。——编者注。

事业单位，受市民政局委托，对市属“三馆”和殡葬中心投资开办的企业的服务业务和经营活动实施管理，具有一定的行政管理职能。市殡葬中心运用行政权力，赋予C礼仪中心被指定经营者的地位，控制和限定“三馆”火化棺（卫生棺）的采购、销售渠道，限制其他经营者进入上述经营交易途径，扰乱、阻碍了市场的公平竞争的正常秩序。C礼仪中心利用被指定经营者的地位，控制各火化棺（卫生棺）供应商销售渠道，并利用同各供应商签订《火化棺销售协议》，在无法定依据情况下收取“管理费”，构成《反不正当竞争法》第30条所指“滥收费用”行为，因违法经营数额巨大，故从重处罚。市殡葬中心作为市民政局下属具有行政管理职能的事业单位，通过制定《E市殡葬服务中心殡葬用品采购、配送、销售、结算办法》（以下简称《殡葬用品办法》）等一系列内部文件，对市属“三馆”的火化棺（卫生棺）实行统一采购、统一配送、统一定价，排除其他经营者进入该销售市场的可能性，限制其他经营者参与市场竞争的权利，构成《反不正当竞争法》第7条所指“政府及其所属部门不得滥用行政权力，限定他人购买其指定的经营者的商品，限制其他经营者正当的经营活动”的行为。根据《反不正当竞争法》第30条规定：“政府及其所属部门违反本法第七条规定，限定他人购买其指定的经营者的商品、限制其他经营者正当的经营活动，或者限制商品在地区之间正常流通的，由上级机关责令其改正；情节严重的，由同级或者上级机关对直接责任人员给予行政处分。被指定的经营者借此销售质次价高商品或者滥收费用的，监督检查部门应当没收违法所得，可以根据情节处以违法所得一倍以上三倍以下的罚款”等规定，决定责令C礼仪中心改正并处罚如下：一、没收违法所得人民币3207577.81元；二、罚款6415155.62元。

因对该行政处罚决定不服，2017年7月4日C礼仪中心向E市工商行政管理局（以下简称E市工商局）申请行政复议。经审查，2017年8月14日E市工商局作出行政复议决定，维持H区市监局的行政处罚决定。C礼仪中心不服，诉至原审法院，请求撤销上述行政处罚决定和行政复议决定。

【裁判结论】

一审法院认为，市殡葬中心作为市民政局下属的事业单位，受该局委托，对“三馆”以及该中心投资开办的企业的服务业务和经营活动实施管理，具有一定的行政管理职能，属于《反不正当竞争法》第7条所规定的政府所属部门。其通过制定《殡葬用品办法》等内部文件，对市属“三馆”的火化棺实行统一采购、统一配送、统一定价，排除其他经营者进入该销售市场的可能性，限制其他经营者参与市场竞争的权利，构成《反不正当竞争法》第 7 条规定："政府及其所属部门不得滥用行政权力，限定他人购买其指定的经营者的商品，限制其他经营者正当的经营活动"的行为。C 礼仪中心利用被市殡葬中心指定经营者地位，控制"三馆"火化棺的采购渠道。各火化棺供应商必须与该中心签订销售协议，再通过该中心控制的采购渠道将火化棺销往"三馆"，且 C 礼仪中心从中收取"管理费"，并最终转嫁给消费者。C 礼仪中心利用被指定经营者地位，强制收取"管理费"的行为属于《反不正当竞争法》第 30 条所指"滥收费用"行为，应当依法予以处罚。因 C 礼仪中心违法经营数额巨大，故从重处罚。故 H 区市监局作出的行政处罚决定认定事实清楚，适用法律正确，程序合法，并无不当。E 市工商局依照《行政复议法》规定，履行行政复议职责，认定事实清楚，适用法律正确，程序合法，亦无不当。遂判决驳回 C 礼仪中心的诉讼请求。判决后，C 礼仪中心不服，提起上诉。

二审法院认为，根据市民政局官网对于市殡葬中心主要职责的表述，市殡葬中心是市民政局所属事业单位，承担的主要职责是：受市民政局委托，对市属殡仪馆和该中心投资举办的企业（包括中心控股的公墓、生产经营单位）的干部人事、财务（国有资产）、服务业务和经营活动实施管理。本案中，市殡葬中心通过制定《殡葬用品办法》等一系列文件，对本市相关殡葬用品实施采购、配送、销售、结算等环节的统一管理，事实上行使了部分行政管理职权，具有行政管理色彩，即使市殡葬中心作为事业单位依法不具有行政管理职能，其对殡葬用品实施统一管理的行为亦应当视为受市民政局委托，由市民政局作为政府所属部门承担相应的行政法律后果，因此，H 区市监局将市殡葬中心认定为《反不正当竞争法》第 7 条所指的政府所属部门，并无不当。

殡葬服务业务和经营活动的管理职能由市殡葬中心承担。市殡葬中心作为市民政局下属事业单位，实施对殡葬用品的统一管理，不应当滥收费用。现市殡葬中心投资设立 C 礼仪中心，并指定 C 礼仪中心对"三馆"和火化棺供应商之间的采购、配送、销售、结算等服务实施统一管理。C 礼仪中心作为被指定的管理者，通过和火化棺供应商签订《火化棺销售协议》，将火化棺配送至"三馆"的行为，限定了"三馆"对于火化棺的采购渠道和火化棺供应商的销售渠道，成为火化棺采购、销售、配送、结算等活动的实际经营者。在此过程中，C 礼仪中心向"三馆"收取"管理费"，并将该笔费用和火化棺采购价等一起，计入火化棺的殡仪馆进价，再乘以 1.95 的系数计算出火化棺的零售价销售给消费者，将“管理费”最终转嫁由消费者承担，已构成《反不正当竞争法》第30条规定的“被指定的经营者借此……滥收费用”的违法行为。被上诉人H区市监局认定上诉人C礼仪中心是政府所属部门指定的经营者，利用被指定的地位实施了在火化棺经营活动中滥收费用的行为，并据此作出没收违法所得和罚款的行政处罚决定，认定事实清楚、适用法律、执法程序并无不当。

被上诉人E市工商局受理上诉人C礼仪中心提出的行政复议申请后，经审查作出维持行政处罚决定的行政复议决定，符合复议程序，认定事实和适用法律亦无不当。据此，二审法院判决驳回C礼仪中心的上诉，维持原判。

【评析意见】

本案争议焦点主要在于H区市监局认定市殡葬中心为《反不正当竞争法》第7条所指的政府所属部门，认定C礼仪中心为被指定的经营者并实施了滥收费用的行为是否正确。

一、关于被上诉人H区市监局认定市殡葬中心为《反不正当竞争法》第7条所指的政府所属部门是否正确的问题

竞争是市场经济发展的基本要素，公平自由的竞争环境是建立市场经济制度的根本和前提。行政机关滥用行政权力，实施垄断行为，必然会造成对自由竞争环境的破坏，损害自主经营权，影响经济效率，滋生腐败。《反不正当竞争法》中对行政垄断的规制旨在对这一行为进行规范和控制，以维护良好的市场经济秩序。

《反不正当竞争法》第7条规定：“政府及其所属部门不得滥用行政权力，限定他人购买其指定的经营者的商品，限制其他经营者正当的经营活动。”从主体性质来看，将“政府及其所属部门”仅理解为地方各级人民政府及其所属部门，显然不符合立法本意。依法律、法规授权而享有一定行政管理职权的企事业单位或其他社会组织也应当纳入该条所规范的范围。对于这些具有行政管理权的主体在不同的地方立法层面作了相应的规定，如《辽宁省实施〈中华人民共和国反不正当竞争法〉规定》第8条规定：“政府及其所属部门（含具有行政职能的管理公共事务的事业组织）不得滥用行政权力……”，《深圳经济特区实施〈中华人民共和国反不正当竞争法〉规定》第8条规定：“具有行政职能的事业单位不得滥用权力，限定他人购买其指定的经营者的商品，以排挤其

他经营者。”再如《江苏省实施〈中华人民共和国反不正当竞争法〉规定》第10条规定：“事业单位不得强制或者限定用户、消费者购买其提供的或者其指定的经营者提供的商品。”《重庆市反不正当竞争条例》第30条规定：“各级人民政府及其所属部门以及被授予行政管理职能的单位，不得越权或滥用行政权力……”，《吉林省反不正当竞争条例》《浙江省反不正当竞争条例》等都有类似的规定。虽然地方法规中对这些主体的表述不尽相同，但可以看出，《反不正当竞争法》第7条规定的“政府及其所属部门”不仅包括地方各级人民政府及其所属部门，还包括具有行政管理职权的企事业单位或者其他社会组织。

从职责范围来看，对《反不正当竞争法》第7条所规范的主体的理解应着重于该主体是否享有经授权的行政职责并实际滥用了被赋予的行政权力。单从理论上对具有行政管理职能的事业单位作主体属性的界定和区分具有一定难度，还是应当结合其实施行政垄断的具体表现形式进行分析。实际生活中有诸多公用企事业单位，包括邮电、铁路运输、煤气公司和自来水公司等，他们经常被法律法规授权行使一部分行政职能，或受行政机关委托而行使行政权力。这些企事业组织在行使被授权的行政职责中，若滥用行政权力限制竞争，根据立法本意，也应该认定为该条所规范的主体。

以本案为例，根据市民政局官网的表述：市殡葬中心是市民政局所属事业单位，承担的主要职责是：受市民政局委托，对市属殡仪馆和中心投资举办的企业（包括中心控股的公墓、生产经营单位）的干部人事、财务（国有资产）、服务业务和经营活动实施管理。市殡葬中心通过制定《殡葬用品办法》等一系列文件，对本市相关殡葬用品实施采购、配送、销售、结算等环节的统一管理，行使的亦是行政管理职能，即使其本身不属于政府所属部门，也可视为受市民政局委托行使了管理殡葬活动的行政职权，由市民政局承担相应的行政法律后果。

二、关于上诉人C礼仪中心向市属“三馆”收取“管理费”是否构成《反不正当竞争法》第30条规定的“滥收费用”的问题

根据《反不正当竞争法》第三十条的规定，被指定的经营者滥收费用的，应当没收违法所得，可以根据情节处以罚款。H区市监局依据该条规定对C礼仪中心作出处罚。

首先，C礼仪中心属于《反不正当竞争法》第30条所指的被政府所属部门指定的经营者。市殡葬中心作为市民政局所属事业单位，承担本市殡葬服务

业务和经营活动的管理职能，可以认定为政府所属部门，其在进行管理活动时不应滥收费用。市殡葬中心通过制定《殡葬用品采购办法》等一系列内部文件，对市属“三馆”的火化棺（卫生棺）实行统一采购、统一配送、统一定价，排除其他经营者进入该销售市场的可能性，限制其他经营者参与市场竞争的权利。C礼仪中心由市殡葬中心投资设立，本身虽不经营火化棺，但对市属“三馆”和火化棺供应商之间的采购、配送、结算等服务进行统一管理。可以认定C礼仪中心系被指定的经营者。

1999年12月，国家工商局发布的《关于反不正当竞争法第23条和第30条“质次价高”“滥收费用”及“违法所得”认定问题的答复》中规定，滥收费用是指超出正常的收费项目或者标准而收取的不合理的费用，包括应当收费而超过标准收费，或者不应当收费而收取费用。与其他不正当竞争手段相比，“滥收费用”更为隐蔽，也为这些享有行政职责的企事业组织提供了谋取利益的机会。被政府部门指定的经营者在经营活动中超过标准收费，或者不应当收费而收取费用的，应当认定为滥收费用。

在本案中，各火化棺供应商必须与C礼仪中心签订销售协议，再通过该中心控制的采购渠道将火化棺销往“三馆”，事实上垄断了三馆的采购渠道，客观上也限制了其他经营者进入这个市场。C礼仪中心利用被市殡葬中心指定的地位，向三馆收取管理费用，将该费用隐含在火化棺的采购成本中，与火化棺的采购价和其他费用一起，形成火化棺的“进馆价”，又按照1.95倍左右的利润率形成火化棺的零售价，最终将“管理费”转嫁给消费者，已构成“滥收费用”的违法行为。基于C礼仪中心在本案中的特殊地位，其收取费用的行为不应认定是市场经营主体之间就提供和接受服务约定的民事法律行为。因此C礼仪中心向市属“三馆”收取“管理费”构成《反不正当竞争法》第30条规定的“滥收费用”行为。

【附录】

编写人：汪菲（行政庭法官助理）

一审案号：（2017）沪0104行初185号

二审案号：（2018）沪01行终6号

二审合议庭：周瑶华（审判长兼主审法官）、宁博、刘智敏

59. 因被害人死亡近亲属申请国家司法救助的审查与认定

——林 F 等申请国家司法救助案

【案例要旨】

刑事案件被害人受到犯罪侵害而死亡，加害人无赔偿能力，近亲属无法通过诉讼或执行获得赔偿，陷入生活困难，提出国家司法救助申请的，应当予以救助。救助金的标准应当结合具体案情，考量申请人受到伤害的程度、家庭生活困难情况等因素，在规定的幅度范围内作出裁量。

【案情简介】

申请人：林 F，系被害人林某兴之妻。

申请人：林 Y，系被害人林某兴之女。

申请人：林 B，系被害人林某兴之子。

林 F、林 Y、林 B 系刑事附带民事判决的附带民事诉讼原告人，亦系该案被害人林某兴的妻子、子女。

被告人熊某、余某为获取钱财，由熊某提议抢劫其网友林某兴，并共同购买了单刃尖刀、绳子、封箱胶带等作案工具。2016 年 8 月 11 日晚 23 时许，熊某、余某根据与被害人林某兴的约定，至本市浦东新区某停车场处，分别从两侧车门登上林某兴驾驶的轿车，并以绳子捆绑手脚、胶带封嘴和刀刺胸、腿部等暴力手段对林某兴实施抢劫，从林某兴随身劫得人民币 600 余元。嗣后，被告人熊某、余某为掩盖抢劫罪行，驾车将林某兴劫持至桥墩下，熊某用单刃尖刀划割林某兴的左侧颈部，再用膝盖顶住林某兴的背部，用衬衫猛勒林某兴的颈部，后又与余某共同猛勒林某兴的颈部，直至其不动弹后逃离现场。被害人林某兴因遭外力作用致缺血缺氧性脑病等，处于植物生存状态，后于 2017 年 1 月 14 日不治身亡。后被告人熊某、余某在浦东新区某网吧被公安民警抓获，二人到案后均主动交代了上述作案事实。

一审法院判决被告人熊某犯故意杀人罪，判处死刑，缓期两年执行；余某犯故意杀人罪，判处无期徒刑；熊某、余某两人赔偿附带民事诉讼原告人林F等经济损失共计634300元，包括丧葬费39023元，医疗费565277元等费用。

【裁判结论】

因熊某、余某未自觉履行刑事附带民事判决确定的赔偿义务，林F等向一审法院申请强制执行。法院在执行过程中查明，熊某、余某二人名下均无财产可供执行，申请执行人亦提供不出被执行人的可供执行的财产线索。申请人林F等因经济困难，于2017年年底向法院提交国家司法救助申请书，申请救助金23万元（以上海市2016年度职工月平均工资6504元为标准，6504元/月×36个月＝234144元）。

执行局认为申请执行人家庭困难，因被执行人名下无财产可供执行，未能追偿到财产。另，申请执行人未因本案在相关部门接受过其他救助，申请人亦无重大过错或其他不予救助情况，并承诺息讼罢访，符合司法救助条件。故请司法救助办公室审核批准，给予申请人救助金23万元，缓解其家庭困难。

司法救助委员会经审查后认为，根据《最高人民法院关于加强和规范人民法院国家司法救助工作的意见》第3条第1款第（3）项的规定，刑事案件被害人受到犯罪侵害而死亡，因加害人死亡或者没有赔偿能力，依靠被害人收入为主要生活来源的近亲属无法通过诉讼获得赔偿，陷入生活困难的，当事人提出国家司法救助申请，应当予以救助。本案中，申请人林F等提交的相关材料能够证明其身份及生活困难且未获得赔偿的情况，其申请符合上述司法救助规定的情形，故依照《最高人民法院关于加强和规范人民法院国家司法救助工作的意见》第3条第1款第（3）项及第12条第1、2款的规定，决定对申请人林F等准予司法救助，合计发放救助金23万元。

【评析意见】

本案焦点在于申请人提出的申请是否符合司法救助的情形，申请的救助金额是否符合规定。

一、国家司法救助制度对刑事案件的保障意义

国家司法救助是给予面临急迫困难的当事人经济上的特殊救助，主要在于

保障当事人的生存权和发展权等基本人权。在当下刑事犯罪案件多发的背景下，因被告人没有赔偿能力或赔偿能力不足，致使被害人及其近亲属无法得到赔偿，生活陷入困境的情况不断增加。如此不仅损害当事人合法权益，也不能有效化解矛盾，彻底解决案件纷争。司法实践中，多有因被告人无赔偿能力，被害人近亲属无法获得合法赔偿的情况，即使到了执行阶段，也因被执行人名下无财产可供执行，无法追偿。最高人民法院在《关于加强和规范人民法院国家司法救助工作的意见》中对刑事案件的救助情形做了详细的规定，亦说明国家司法救助制度对刑事案件的重要保障作用。对刑事案件中的救助对象进行司法救助，更能起到帮扶群众、化解矛盾的积极作用，使得受损的社会关系得以修复，从而化解和消除不稳定因素，避免矛盾的再次激发，促进社会和谐稳定。

二、对是否符合司法救助申请条件的审查认定

《最高人民法院关于加强和规范人民法院国家司法救助工作的意见》第3条第1款第（3）项规定，刑事案件被害人受到犯罪侵害而死亡，因加害人死亡或者没有赔偿能力，依靠被害人收入为主要生活来源的近亲属无法通过诉讼获得赔偿，陷入生活困难的，当事人提出国家司法救助申请，应当予以救助。因此在刑事案件被害人受到犯罪侵害而死亡的情况下，需同时满足以下几个条件方可对其近亲属予以救助：（1）加害人死亡或者没有赔偿能力；（2）近亲属系依靠被害人收入为主要生活来源；（3）近亲属无法通过诉讼获得赔偿；（4）近亲属陷入生活困难，面临急迫困难。本案中，申请人提交了司法救助申请书、身份证明、其所在村委会出具的经济困难证明等材料，可以证明其身份及生活困难且未获得赔偿的情况，其申请符合上述司法救助规定的情形。

三、救助金额的标准及幅度

《最高人民法院关于加强和规范人民法院国家司法救助工作的意见》第6条规定，救助金以案件管辖法院所在省、自治区、直辖市上一年度职工月平均工资为基准确定，一般不超过三十六个月的月平均工资总额。本案中因被害人遭受外力作用致缺血缺氧性脑病等，处于植物生存状态，抢救治疗期间所产生的医疗费用较大，最终法院判决熊某、余某两人赔偿附带民事诉讼原告人林F等经济损失共计人民币634300元，包括丧葬费39023元，医疗费565277元等。至执行阶段，因被执行人无可供执行的财产，申请执行人无法得到救助，

故于2017年年底申请司法救助，申请救助金额23万元（上海市2016年度职工月平均工资6504元/月×36个月=234144元）。本案因受害人治疗期间花费的医疗费用巨大，法院对其医疗期间所花费的数额亦予以支持，申请人的申请金额既未超过法院判决被执行人赔偿其经济损失的数额，也未超过上述规定的上海市2016年度三十六个月的职工月平均工资总额，符合国家司法救助金额的规定。

四、救助效果的判定评析

法院的司法救助工作旨在增强困难群众在救助中的获得感。本案被害人系家庭经济支柱，妻子系普通家庭妇女，女儿及儿子均系在校学生，被害人死亡后该家庭负债累累，又无经济来源，生活困难，经济拮据。若不准予救助或只准予一般刑事案件中不多于5万元的救助金额，显然不能真正解决申请人生活困难的情况，不能使其偿还高额的医疗费用，维持基本的生活状态。虽本案中申请救助金额较大，但基于申请人因被害人救治支付的医疗费用巨大，家庭生活困难等情形，其申请救助金额亦在规定的救助标准范围内，对该家庭给予最高数额的救助金合情合理，符合法律规定，亦符合司法救助制度的精神和宗旨。

【附录】

编写人：汪菲（行政庭法官助理）

刑事附带民事案号：（2017）沪01刑初2号

司法救助案号：（2018）沪01司救执3号

司法救助合议庭：岳婷婷（审判长兼主审法官）、侯俊、陈根强

执　行

60. 当事人通过恶意诉讼方式侵害他人合法权益可以成为第三人撤销之诉的撤销事由

——D投资管理公司诉E酒店管理公司、F月子会所第三人撤销之诉案

【案例要旨】

当事人之间恶意串通，通过诉讼调解方式侵害他人合法权益的，可以作为第三人撤销之诉的撤销事由。本案通过民事案件优势证据的证明标准，推定被执行人与他人恶意串通，通过民事调解方式，逃避履行生效法律文书确定的义务，侵害了债权人的合法权益，故依债权人的诉求，依法作出撤销原民事调解的判决，对打击被执行人意图通过诉讼调解逃避执行有示范意义。

【案情简介】

上诉人（原审原告）：D投资管理公司。

被上诉人（原审被告）：E酒店管理公司。

被上诉人（原审被告）：F月子会所。

一、当事人之间的关系

涉案房屋产权所有人为案外人A公司，该产证登记了包括涉案房屋在内的30幢房屋，案外人B公司受托对上述房屋进行经营管理。2007年上半年，D投资管理公司向B公司承租了包括涉案房屋在内的11栋房屋。2007年，案外人C公司向D投资管理公司承租包括涉案房屋在内的多套房屋，先后签订《租赁合同》及补充条款。

2009年3月20日，D投资管理公司、C公司和E酒店管理公司签订《补充合同》，约定C公司将原合同和补充协议的所有权利和义务转让给E酒店管

理公司，租赁期限至2012年8月31日止。

2011年8月16日，E酒店管理公司与F月子会所签订《租赁合同书》，约定E酒店管理公司将其租赁房屋中的涉案房屋出租给F月子会所，租赁期限自2011年9月1日至2021年8月31日止。

二、执行依据的诉讼过程及生效判决的执行情况

2012年3月6日，D投资管理公司就租赁合同纠纷起诉E酒店管理公司、C公司、F月子会所，请求解除租赁合同，返还涉案房屋等。在诉讼过程中，D投资管理公司因故撤销对F月子会所的诉讼。法院于2014年5月15日作出（2012）×民一（民）初字第7504号（以下简称7504号）民事判决书，判决D投资管理公司与E酒店管理公司之间的租赁合同及相关补充协议于2012年3月14日解除；E酒店管理公司于判决生效后30日内从租赁房屋及场地内迁出，并将租赁房屋及场地返还D投资管理公司；E酒店管理公司于判决生效后30日内支付D投资管理公司至房屋及场地返还之日止的租金、使用费，其中截至2012年3月14日的租金为14608607.44元，2012年3月15日至2013年9月30日的使用费为1246万元，2013年10月1日起至房屋及场地返还之日止的使用费按每月941268.08元的标准计付等。E酒店管理公司不服提出上诉，二审法院于2014年9月28日作出二审判决，驳回上诉，维持原判。

因E酒店管理公司未履行上述生效判决，D投资管理公司向法院申请强制执行。2015年2月9日，经执行法院强制执行，迁出E酒店管理公司，该判决金钱部分未执行到位。

三、原案民事调解的诉讼过程及调解内容

2015年3月，E酒店管理公司起诉F月子会所转租合同纠纷，要求F月子会所支付2013年3月至2014年2月期间结欠的租金611.5万元。F月子会所在该案中提起反诉，要求E酒店管理公司双倍赔偿押金656万元。在诉讼过程中，D投资管理公司申请参加该案诉讼被驳回后，E酒店管理公司当庭口头表示追加D投资管理公司参加诉讼也被驳回。F月子会所于2014年11月4日至同年12月20日期间，与D投资管理公司协商续租涉案房屋未果后，于2015年6月15日，与D投资管理公司签订《移交确认书》，F月子会所于当日从涉案房屋搬出，并将该房屋移交给D投资管理公司。

该案审理法院于2015年12月21日作出（2015）×民一（民）初字第

16012 号（以下简称 16012 号）民事调解书：一、F 月子会所于 2015 年 12 月 25 日之前支付 E 酒店管理公司租金 200 万元，视为 F 月子会所在 2011 年 8 月 16 日签署的《租赁合同书》项下的租金已经全部支付完毕；二、E 酒店管理公司和 F 月子会所双方 2011 年 8 月 16 日签署的《租赁合同书》于 2015 年 6 月 15 日终止，双方之间再无任何债权债务关系，互不再主张任何权利；三、E 酒店管理公司自愿放弃其他诉讼请求，F 月子会所自愿放弃反诉请求，双方无其他争议。

【裁判结论】

一、第三人撤销之诉的一审判决理由

2016 年 6 月 12 日，D 投资管理公司提起第三人撤销之诉，请求撤销 16012 号民事调解书，一审法院驳回其诉讼请求。D 投资管理公司不服提起上诉，二审裁定撤销原判，发回重审。一审法院重审，再次驳回 D 投资管理公司的诉讼请求。D 投资管理公司不服，再次提起上诉。

D 投资管理公司提起第三人撤销之诉的主要理由为：在 7504 号生效判决执行过程中，被执行人 E 酒店管理公司未清偿债务，却与 F 月子会所恶意串通诉讼，达成民事调解，将 F 月子会所拖欠数千万房屋使用费，以 200 万元协商了结，且 E 酒店管理公司收到该款后未履行执行义务，严重损害 D 投资管理公司对 E 酒店管理公司债权的实现；侵害了 D 投资管理公司向 F 月子会所主张房屋占用使用费、被执行人对 F 月子会所享有到期债权的代位权诉讼权益。

一审法院认为：发生法律效力的判决、裁定、调解书的部分或者全部内容错误，需满足损害起诉人民事权益的条件。从 D 投资管理公司与 E 酒店管理公司、F 月子会所之间的关系看，D 投资管理公司与 E 酒店管理公司之间系租赁关系，E 酒店管理公司将其承租房屋中的部分转租给了 F 月子会所，E 酒店管理公司与 F 月子会所之间建立了租赁合同关系。已经生效的 7504 号民事判决书认定 D 投资管理公司与 E 酒店管理公司之间的《租赁合同》及相关补充协议已经于 2012 年 3 月 14 日解除，由此，无论 E 酒店管理公司与 F 月子会所的转租关系当初是否得到 D 投资管理公司的认可，至少自 2012 年 3 月 14 日开始，E 酒店管理公司与 F 月子会所之间的租赁合同关系亦随着 D 投资管理公司和 E 酒店管理公司之间租赁合同的解除而解除或无效。因此，F 月子会所使

用涉案房屋所发生的费用性质实际为房屋使用费，而非房屋租金，16012号民事调解书主文中所涉F月子会所支付E酒店管理公司租金200万元的表述确有不妥。

7504号民事判决书已经明确判令由E酒店管理公司支付D投资管理公司至房屋及场地返还之日止的租金、使用费，F月子会所是基于与E酒店管理公司之间签的租赁合同而使用涉案房屋，即使F月子会所未能迁出，F月子会所相应的法律后果由E酒店管理公司向D投资管理公司负责，并由E酒店管理公司基于7504号民事判决书向D投资管理公司承担相应的法律责任。故在16012号案件中D投资管理公司未参加诉讼，并未损害D投资管理公司的合法利益，D投资管理公司要求依法撤销16012号民事调解书的诉讼请求，不予支持。D投资管理公司称在16012号案件中将E酒店管理公司迁出后，F月子会所的房屋占用使用费调解支付E酒店管理公司，实际损害了D投资管理公司的利益。在7504号案件执行过程中，系争房屋使用费由E酒店管理公司向D投资管理公司承担。至于E酒店管理公司与F月子会所以200万元达成调解，系E酒店管理公司与F月子会所之间基于《租赁合同书》之间是否结欠租金、结欠多少租金，是E酒店管理公司与F月子会所之间的法律关系需解决的问题，与D投资管理公司基于本案提起的诉讼，并无直接法律关系。故一审法院依照《民事诉讼法》第56条、第64条第1款，《最高人民法院关于适用〈中华人民共和国民事诉讼法〉的解释》（以下简称《民事诉讼法解释》）第90条的规定，判决：驳回D投资管理公司的诉讼请求。

二、二审裁判的结果和理由

二审法院经审理后认为：16012号案件存在E酒店管理公司与F月子会所恶意串通，通过诉讼调解的方式逃避履行法律文书确定的义务的情形，且侵害了他人合法权益，故二审法院作出撤销一审判决及16012号民事调解书的判决。

主要的事实和理由：

1. 被执行人不能清偿债务，但对第三人享有到期债权的，执行法院可以依申请执行人或被执行人的申请，向该第三人发出履行到期债务的通知。第三人对债务部分承认、部分有异议的，可以对其承认的部分强制执行。被执行人放弃其对第三人债权的行为无效。7504号案件已进入执行，即使被执行人E酒店管理公司因转租合同，而对F月子会所享有到期租金收益权，也应向执行法院申报，由执行法院按照被执行人对他人享有到期债权的处理办法处置。

2. 本案的争议焦点为，16012 号案件是否存在 E 酒店管理公司与 F 月子会所恶意串通，通过诉讼调解的方式，侵害 D 投资管理公司合法权益的情形。

根据《民事诉讼法》第 112 条、第 113 条的规定，当事人之间、被执行人与他人恶意串通，企图通过诉讼、调解等方式侵害他人合法权益的，人民法院应当驳回其请求，并根据情节轻重予以罚款、拘留；构成犯罪的，依法追究刑事责任。

E 酒店管理公司恶意情形的认定：根据本案查证的事实，D 投资管理公司与 E 酒店管理公司租赁关系经 7504 号生效民事判决确认，已于 2012 年 3 月 14 日解除。E 酒店管理公司于 2015 年 2 月 9 日经法院强制迁出后，未向 D 投资管理公司履行生效法律文书确认的租金，却于 2015 年 3 月 18 日向法院起诉 F 月子会所，要求 F 月子会所支付 2013 年 3 月至 2014 年 2 月的租金，总计 611.5 万元，最终以 200 万元达成调解协议，收取该款后，也未履行被执行人清偿义务。在 16012 号案件审理过程中，E 酒店管理公司在 D 投资管理公司申请参加该案诉讼被驳回后，申请追加 D 投资管理公司为该案第三人，并不能排除 E 酒店管理公司有恶意诉讼，规避执行的目的。

F 月子会所恶意情形的认定：F 月子会所与 D 投资管理公司于 2014 年 12 月协商续租事宜未果后，在 16012 号案件诉讼过程中，于 2015 年 6 月 15 日将涉案房屋交付给 D 投资管理公司，又于 2015 年 12 月 18 日与 E 酒店管理公司达成上述调解协议。

综上，16012 号案件中 E 酒店管理公司与 F 月子会所恶意达成书面协议，致使该民事调解书的内容，与 7504 号生效判决和强制执行的内容相矛盾。且该案中未查明 E 酒店管理公司有金钱债务未履行，尚在执行过程中的事实，将该案调解的 200 万元支付给被执行人 E 酒店管理公司，损害了申请执行人 D 投资管理公司的合法权益。从 16012 号案件中 E 酒店管理公司与 F 月子会所诉讼的时间、诉讼请求内容、诉讼过程和诉讼结果来看，D 投资管理公司主张 16012 号案件中，E 酒店管理公司与 F 月子会所存在恶意串通，导致 E 酒店管理公司逃避和规避执行，侵害其合法权益的上诉理由，有相应的事实依据。

【评析意见】

本案主要涉及当事人之间恶意串通，通过诉讼调解方式侵害第三人合法权益能否成为第三人撤销之诉可撤销的法定事由。

本案笔者根据该诉讼程序的立法目的和功能，认为第三人撤销之诉中原案涉恶意诉讼的，第三人可以提起撤销之诉。起诉和审查条件为：(1) 原案当事人有恶意串通诉讼的情形；(2) 原案生效法律文书损害了第三人的合法权益。以本案为例，分析如下：

一、第三人提起撤销之诉的法定条件

审判实务中第三人撤销之诉立法目的是为了保护因客观原因未参加诉讼程序而受生效裁判损害的第三人的程序权利和实体权利，[①] 是事后的救济程序。

（一）提起第三人撤销之诉的程序性条件

提起撤销之诉的第三人与生效的法律文书存在利害关系。本案涉案房屋是E酒店管理公司从D投资管理公司处承租后，又转租给F月子会所使用。经7504号生效判决认定E酒店管理公司与D投资管理公司的租赁关系解除。后E酒店管理公司就转租合同纠纷提起与F月子会所的16012号案件。从起诉时间来看，前者租赁关系解除后，转租关系也相应解除。D投资管理公司与16012号案件争议的事实、裁决的内容有着密不可分的利害关系，应追加D投资管理公司为当事人，确定讼争内容的权利义务主体。

（二）提起第三人撤销之诉的实体性条件

实体条件之一：原生效法律文书内容错误。16012号民事调解书确认E酒店管理公司与F月子会所之间的租赁合同于2015年6月15日终止，F月子会所支付E酒店管理公司租金200万元，双方之间再无其他债权债务，互不主张任何权利等。结合7504号案件D投资管理公司与E酒店管理公司租赁纠纷生效判决内容，错误有三：(1) D投资管理公司与E酒店管理公司租赁关系已于2012年3月14日解除，即使转租合法有效，E酒店管理公司与F月子会所之间的转租关系也于该日解除，故16012号案件确认2015年6月15日终止租赁合同错误；(2) 解除租赁关系后，F月子会所继续占用房屋产生的是房屋使用费，并非租金，16012号案件确定租金属性错误；(3) 7504号案件确定E酒店管理公司支付房屋使用费至迁出之日止，该公司于2015年2月9日被法院执行强迁，房屋使用费计算也截止到该日，16012号案件确定租金计算至

① 沈德咏主编：《最高人民法院民事诉讼法司法解释理解与适用（下）》，人民法院出版社2015年版，第781页。

2015 年 6 月 15 日止的区间错误。

实体条件之二：生效法律文书内容损害第三人合法的民事权益。(1) D 投资管理公司向 F 月子会所主张 E 酒店管理公司迁出后至 F 月子会所迁出止的房屋使用费，F 月子会所抗辩称 16012 号案件已民事调解结案，其已履行该期间的房屋使用费，该诉因此被裁定中止审理。(2) E 酒店管理公司作为 7504 号生效判决的被执行人，16012 号民事调解书内容损害了申请执行人 D 投资管理公司债权实现的利益。

（三）涉恶意诉讼构成第三人撤销之诉的要件

《民事诉讼法解释》规定，第三人撤销之诉的构成要件是：生效的法律文书的全部或部分错误；该错误内容损害第三人的民事权益。恶意诉讼情形的构成要件是：有恶意串通的行为；通过诉讼、调解的方式；侵害他人的合法权益。涉恶意诉讼主观恶性及结果的危害性，会对法律的严肃性及司法救济程序的正当性构成严重威胁，故根据立法本意，利用民事诉讼法优势证据审查原则，足以推定生效法律文书涉恶意诉讼、侵害他人合法权益的，第三人可以提起撤销之诉。

二、恶意诉讼的证据标准和审查程序

涉恶意诉讼在实践中存在以下几个问题：(1) 人民法院应当依当事人的申请审查，还是依职权调查；(2) 恶意诉讼如何证明；(3) 对恶意诉讼如何处理。

（一）法院依职权调查原则

“恶意诉讼”扰乱正常诉讼程序，侵害他人合法权益。人民法院在第三人提起撤销之诉后，可以采用依职权调查方式，发现有恶意串通诉讼的情形，当事人又不能举证证明该恶意情形不存在，则可以按诚实信用原则以及公序良俗原则，认定存在恶意串通情形。

（二）恶意诉讼认定标准

从案件诉讼过程及侵害结果予以认定。

1. 案件诉讼过程：本案从已进入执行的 7504 号生效判决的时间、被执行人 E 酒店管理公司被执行强迁的时间、E 酒店管理公司提起 16012 号案件的诉讼时间、诉讼请求、诉讼结果，以及在诉讼过程中 F 月子会所将涉案房屋向 D 投资管理公司交付，却与 E 酒店管理公司达成房屋使用费调解协议，将数千万争议的租金以200万达成调解协议的结果，可以认定E酒店管理公司与F月子会所之间存在恶意串通诉讼的情形。

E酒店管理公司的恶意情形具体表现在：7504号生效判决已确定E酒店管理公司与D投资管理公司的租赁关系于2012年3月14日解除，确定房屋使用费计算至迁出之日止，其于2015年2月9日经法院强制迁出后，明知对涉案房屋没有租金收益权，仍提出与F月子会所之间转租合同诉讼，却未将涉案房屋权利人D投资管理公司一并列为当事人；诉讼过程中，知悉D投资管理公司申请参加诉讼被驳回后，也申请追加D投资管理公司，意图掩盖恶意情形；E酒店管理公司诉请标的600多万元，却与F月子会所达成200万元的房屋使用费；E酒店管理公司明知未履行7504号生效判决确定的债务，在收取200万元后，也未向执行法院履行执行义务。

F月子会所恶意情形具体表现在：从涉案房屋使用过程中，发生停水、停电等争议；在7504号生效判决进入执行程序后，F月子会所为了续租与D投资管理公司几次商谈，且16012号案件起诉时间在F月子会所商谈续租未果后，足以推定F月子会所应知、明知E酒店管理公司与D投资管理公司的租赁纠纷、E酒店管理公司没有转租收益权，7504号案件已进入执行程序及E酒店管理公司已被迁出；在16012号案件诉讼过程中，F月子会所向D投资管理公司交付房屋，却与E酒店管理公司达成房屋使用费协议，意图以200万元抵偿其欠付的高额房屋使用费。

2. 第三人合法权益损害已经发生：16012号生效民事调解，侵害了D投资管理公司向F月子会所主张房屋使用费的民事权益及代位权诉讼的民事权利。E酒店管理公司系7504号生效判决执行案件的被执行人，金钱债务尚未履行，E酒店管理公司又是F月子会所的债权人，根据《最高人民法院关于人民法院执行工作若干问题的规定（试行）》第66条规定、[①]《合同法》第73条规定，[②] 在16012号案件中，E酒店管理公司放弃部分债权势必影响其作为债务人的偿债能力，该放弃债权行为无效，债权人D投资管理公司可以以自己的名义代位行使E酒店管理公司的债权，提起代为权诉讼。

---

① 《最高人民法院关于人民法院执行工作若干问题的规定（试行）》第66条规定：被执行人收到人民法院履行通知后，放弃其对第三人的债权或延缓第三人履行期限的行为无效，人民法院仍可在第三人无异议又不履行的情况下予以强制执行。

② 《合同法》第73条第1款规定：因债务人怠于行使其到期债权，对债权人造成损害的，债权人可以向人民法院请求以自己的名义代位行使债务人的债权，但该债权专属于债务人自身的除外。

（三）恶意诉讼处理的法律依据

根据《民事诉讼法》第 112 条的规定，在诉讼过程中，发现当事人之间恶意串通的，人民法院应当驳回其请求。《民事诉讼法》第 113 条规定，被执行人与他人恶意串通的，人民法院应当根据情节轻重予以罚款、拘留等。本案 E 酒店管理公司即是 16012 号案件的当事人，又是 7504 号执行案件的被执行人，其恶意串通情形既涉诉讼又涉及执行程序。根据上述法律规定，恶意串通诉讼是违法行为；第三人撤销之诉是实体审查，根据举轻以明重的司法解释原则，涉恶意诉讼审查重于实体内容审查，故恶意诉讼可以成为第三人撤销之诉可撤销的法定事由。

三、第三人撤销之诉中涉恶意诉讼的认定和处理

第三人撤销之诉中，人民法院依据民诉诉讼优势证据原则审查后，足以推定生效法律文书涉恶意诉讼的，人民法院应当依法撤销该生效法律文书。

《民事诉讼法解释》规定，第三人撤销之诉设立目的是审查人民法院作出的生效法律文书是否存在错误，设立功能是第三人通过启动该程序让法院自查，审查重点是生效法律文书是否存在错误。根据《民事诉讼法解释》第 190 条第 2 款规定，第三人撤销之诉审查中，发现原案当事人之间恶意串通进行虚假诉讼的，适用第 112 条规定处理。也就是从第三人撤销之诉实体性审查转化为查清恶意串通行为的程序性审查，但未明确第三人撤销之诉的裁判结果。在第三人撤销之诉中，发现有第 113 条涉执行恶意串通情形的，未规定法律适用及裁判结果。

根据恶意诉讼审查程序设立的目的及功能，法律依据适用应采用举轻以明重的原则。在第三人撤销之诉中发现原案涉恶意诉讼的，依照上述法律规定，应判决撤销该生效法律文书。16012 号案件中 E 酒店管理公司与 F 月子会所之间存在恶意串通的情形；E 酒店管理公司又是 7504 号执行案件的被执行人，其与 F 月子会所恶意串通，意在逃避执行义务；16012 号生效民事调解书侵害了 D 投资管理公司的合法权益。故 D 投资管理公司的撤销该民事调解书的请求成立。

四、后　语

本案源于审判和执行之间的衔接问题，值得作为经验教训汲取。

1. 7504号案件遗漏必要共同诉讼当事人。7504号案件系出租人提起租赁合同纠纷，请求解除租赁关系及返还租赁物。该租赁物又被承租人转租给次承租人，据其诉请，次承租人应属于必要的共同当事人。虽出租人因故撤销对次承租人一并提起的诉讼，然该案判决结果内容与尚未迁出的次承租人有利害关系，若将次承租人列为当事人，可以杜绝判决内容与执行的矛盾，及租赁关系与转租关系的冲突，也不会发生16012号诉讼。

2. 16012号案件未查明与关联案件的冲突。在16012号案件诉讼过程中，D投资管理公司已披露7504号生效判决及进入执行的情况，该案却未向同一法院的执行部门核实，审查是否存在为了规避执行而恶意诉讼的情形，而确认转租当事人之间达成的调解协议，并将款项向涉执行的被执行人发放，导致申请执行人债权受损。

3. 7504号案件执行程序不规范。在7504号案件执行过程中，执行部门应该知晓次承租人占用房屋，且有欠租情形，却未向被执行人对他人享有的到期债权发出协助执行通知书，若发出协助执行通知书后，他人对协助义务有异议，申请执行人即可通过代为诉讼，避免被执行人的债务人自行给付导致执行不能。

【附录】

编写人：宋赟（民五庭审判员）、徐林祥宇（民五庭法官助理）

一审案号：（2017）沪0115民初5066号

二审案号：（2017）沪01民终8803号

二审合议庭：阮国平（审判长）、宋赟（主审法官）、吉顺祥

后 记

自1995年建院以来，上海市第一中级人民法院一直高度重视对精品案例的编纂工作，借此激励法官审判能力的提升，同时亦进一步推进司法公开的质效。本书收录的是2018年上海市第一中级人民法院已审结的60件精品案例，涵盖了刑事、民事、商事、行政等不同审判领域，比较集中地反映了该院的审判水平与成果。

上海市第一中级人民法院黄祥青院长非常关心本书的编辑工作，亲自为本书撰写序言。在本书收录的精品案例的审理和编写过程中，各审判业务庭精心审理、深入提炼，研究室各责任编辑精心审稿，分管院长亲自严把质量关，保证了本书收录案例的品质。本书由研究室负责选编、修改和定稿。最后，谨向所有关心、支持和参与本书案件审理和案例撰写的同志们致以衷心的感谢。

编 者

二〇一九年一月